Evelyn Hanzig-Bätzing
Selbstsein als Grenzerfahrung

HEGEL-FORSCHUNGEN

Herausgegeben von
Andreas Arndt, Karol Bal und Henning Ottmann

Evelyn Hanzig-Bätzing

Selbstsein als Grenzerfahrung

Versuch einer nichtontologischen Fundierung von Subjektivität zwischen Theorie (Hegel) und Praxis (Borderline-Persönlichkeit)

Akademie Verlag

Die Deutsche Bibliothek – CIP-Einheitsaufnahme

Hanzig-Bätzing, Evelyn :
Selbstsein als Grenzerfahrung : Versuch einer nichtontologischen Fundierung von Subjektivität zwischen Theorie (Hegel) und Praxis (Borderline-Persönlichkeit) / Evelyn Hanzig-Bätzing. – Berlin : Akad. Verl., 1996
(Hegel-Forschungen)
Zugl.: Berlin, Freie Univ., Diss., 1994
ISBN 3-05-002711-8

Der Akademie Verlag ist ein Unternehmen der VCH-Verlagsgruppe.

Gedruckt auf chlorfrei gebleichtem Papier.
Das eingesetzte Papier entspricht der amerikanischen Norm ANSI Z.39.48 – 1984 bzw. der europäischen Norm ISO TC 46.

Druck: GAM Media GmbH, Berlin
Bindung: Verlagsbuchbinderei Mikolai GmbH, Berlin

Printed in the Federal Republic of Germany

Für Ulli

Vorwort

Diese Untersuchung ist die überarbeitete Fassung meiner Dissertation, die unter dem Titel "Selbstsein als Grenzerfahrung. Eine problemorientierte Analyse der Genese des Selbst bei Hegel und den psychoanalytischen Objektbeziehungstheorien von M.S. Mahler und O.F. Kernberg" im Winter 1993 vom Fachbereichsrat des Fachbereichs Philosophie und Sozialwissenschaften I der Freien Universität Berlin angenommen wurde.

Die vorliegende Arbeit ist nicht allein das Resultat rein spezifisch fachbezogener Vorarbeiten; sie verdankt sich einer langen Auseinandersetzung mit der Frage, was denn überhaupt unter dem Selbst des Menschen zu verstehen sei und aus welcher Perspektive man einen Verstehenszugang zu ihm erhält. In diese Auseinandersetzung gingen unzählige Anregungen ein, die ich aus vielen Gesprächen mit Philosophen und Psychoanalytikern, aber auch aus persönlichen Erfahrungen mit anderen Menschen gewonnen habe, vor allem mit jenen, denen ich während meiner klinischen Tätigkeit begegnet bin. Um den Praxisbezug des philosophisch evident erscheinenden Grundsachverhalts des Selbst wenigstens ansatzweise eruieren zu können und wegen der Theorielastigkeit des Philosophie- und Psychologiestudiums habe ich eine Krankenhaustätigkeit aufgenommen, der ich während meines Studiums über einen Zeitraum von drei Jahren nachgegangen bin. Die fachlichen und persönlichen Erfahrungen, die ich in der Psychiatrie und der Intensivmedizin mit den Patienten, aber auch mit dem Pflegepersonal und den Ärzten und schließlich mit mir selbst machen durfte, haben zur Entwicklung meiner heutigen Position wesentlich beigetragen. In dieser Zeit festigte sich meine Auffassung, daß sich ein Begriff vom Selbst nur aus der Analyse kranken Seelenlebens verständlich machen und überhaupt erst angemessen begründen läßt.

Grundlegend für die Entwicklung meiner philosophischen Auffassung vom Selbst des Menschen waren die Seminare und Vorlesungen meines Lehrers, Professor Michael Theunissen. Von keinem habe ich soviel gelernt wie von ihm: In Auseinandersetzung mit seinem philosophisch-theologischen Ansatz habe ich über viele Jahre hinweg einen eigenen philosophischen Standort gefunden, der weit über das Fachliche hinaus auch mein eigenes Selbstverständnis verändert hat. Ein besonderer Dank gilt Theunissen dafür, daß er die Entwicklung der systematischen Konzeption dieser Arbeit – auch über Durststrecken – begleitet hat.

Mitbetreut wurde die Arbeit von dem Psychoanalytiker, Professor Helmut Bach, bei dem ich mich für viele bereichernde Gespräche und Ratschläge bedanken möchte.

Ein herzlicher Dank gilt Professor em. Helm Stierlin (Heidelberg) für Gespräche, aus denen ich wertvolle Anregungen hinsichtlich einer kritischen Distanz zur Freudschen Psychoanalyse erhalten habe.

Zu bedanken habe ich mich auch bei Professor Christa Rohde-Dachser (Frankfurt), mit der ich auf der Grundlage ihrer therapeutischen Erfahrungen mit Borderline-Patienten mein theoretisches Verständnis der Borderline-Persönlichkeit besprechen konnte.

Für unzählige Diskussionen im Rahmen einer Hegel-Arbeitsgruppe und vor allem für seine inhaltliche Beteiligung an den Auseinandersetzungen über das Problem der Begründbarkeit einer Verknüpfung von Philosophie und klinischer Psychoanalyse bin ich meinem Freund Thomas Puschke sehr dankbar.

Zu großem Dank verpflichtet bin ich den Professoren Andreas Arndt (Berlin), Karol Bal (Breslau) und Henning Ottmann (München), die sich als Herausgeber der Reihe "Hegel-Forschungen" engagiert für die Aufnahme der Arbeit in diese Reihe eingesetzt haben.

Meinem Mann, Professor Werner Bätzing, möchte ich Dank sagen für den langen Weg, den er ermutigend und in voller Überzeugung von der Sache mitgegangen ist.

Schließlich habe ich meiner Schwester, Dagmar Kriwath, für ihre finanzielle Unterstützung zu danken, die es mir in schwierigen Zeiten ermöglichte, mich ausschließlich meinem Studium zu widmen.

Frau Franziska Jossi (Bern) danke ich sehr herzlich für die sorgfältige Abschrift des Manuskriptes.

Zum Schluß möchte ich einen Dank aussprechen, der mir besonders am Herzen liegt und dessen Adressat mit der Arbeit als solcher wenig, mit deren Grund aber sehr viel zu tun hat. Meinem heute 20-jährigen Sohn Ulrich und der Beziehung zu ihm verdanke ich zentrale Impulse für meine Auseinandersetzung mit der Grundsatzfrage dieser Arbeit: Mein Verständnis vom Selbst wurde wesentlich dadurch mitgeprägt, daß ich an der Entwicklung und Erweiterung seiner inneren Erfahrungen teilnehmen durfte. Ihm möchte ich deshalb diese Arbeit widmen.

Erlangen, im Januar 1996 Evelyn Hanzig-Bätzing

Inhaltsverzeichnis

Einleitende Bemerkungen über die Grundsatzfrage dieser Arbeit und ihren Bezug zum Problem gegenwärtiger Selbst- und Welterfahrung 1

Anmerkungen 14

I

G.W.F. Hegel: Selbstbewußtseins-Theorie
Die Selbsterfahrung – Bei-sich-selbst-Sein im Anderen 19

1. Zur systematischen Intention der Auseinandersetzung mit dem Begriff des Selbstseins bei Hegel 21

2. Das Bewußtsein – die Verdeckung des Selbst: Verkehrung von "Für-sich-sein" und "An-sich-sein" 33

3. Das Selbst-Bewußtsein – die Entdeckung des Selbst
Das dialektische Umschlagen der intrasubjektiven Differenz in den Konstitutionsgrund von Subjektivität 49

4. Die Wahrheit des Selbstseins
Ursprüngliche Selbst-Erfahrung – die Selbstgewißheit 70

Vorbemerkung 70

a) Die Motivationsbasis des Tuns 73
b) Die Art und Weise des Tuns 81

5. Schlußbetrachtung 87

Anmerkungen 94

II

M.S. Mahler, O.F. Kernberg: Objektbeziehungstheorie

Die Welterfahrung – Selbsterfahrung als Grenzerfahrung 103

1. Einleitung 105

2. S. Freud: Ursprüngliche Realitätserfahrung und Sozialbeziehung 109

3. M.S. Mahler: Die Hypothese von der Universalität des symbiotischen Ursprungs der conditio humana 122

4. O.F. Kernberg: Die "Borderline-Persönlichkeitsorganisation" – Zur Begründung der Konstituierung des Selbst 135

   Vorbemerkung 135

   a) Das "Borderline-Syndrom" – Klinische Merkmale 138
   b) Die Genese der Borderline-Persönlichkeitsstruktur: Theoretische Grundannahmen gelingenden Selbstseins 148
   c) Das "Prinzip der Synthesefunktion des Ichs": Die Konstituierung des Selbst als "Drang nach Integration und Synthese" 159

5. Schlußbemerkung 165

Anmerkungen 171

Nachwort 175

Ausblick 183

Verzeichnis der Abkürzungen 195

Literaturverzeichnis 197

Über die Autorin 210

Einleitende Bemerkungen über die Grundsatzfrage dieser Arbeit und ihren Bezug zum Problem gegenwärtiger Selbst- und Welterfahrung

I

Es gibt nur wenige Realitäten unseres heutigen Lebens, die beunruhigender sind als die sich dem Subjekt entziehende Erfahrbarkeit seiner selbst. Indessen gibt es aber kaum einen Gegenstand gegenwärtigen Denkens und Handelns, der so vehement verteidigt wird wie der unter dem Titel *Autonomie* begegnende Anspruch des Subjekts auf Selbstbestimmung und Selbstverwirklichung.

Selbstverwirklichung und Selbstbestimmung sind Begriffe, die untrennbar mit unserer gegenwärtigen lebensweltlichen Realität verbunden sind und zwar in dem Sinne, daß die Erfahrung von ihr unablösbar ist sowohl von dem sich dem Subjekt entziehenden Erfahrungszugang zu *sich* als auch von seinem Bedürfnis nach Selbstverwirklichung. Es hat denn auch auf der einen Seite den Anschein, als käme mit unseren heutigen, auf Freiheit und Unabhängigkeit abzielenden Lebensweisen das Bedürfnis des Subjekts nach Selbstverwirklichung überhaupt erst auf. Demgegenüber zeigt sich jedoch auf der anderen Seite, daß das mit einem solchen Bedürfnis verbundene Verständnis von Selbstverwirklichung ein bestimmtes ist, sofern sich nämlich in ihm die immanente Paradoxie unserer heutigen Realitätserfahrung niederschlägt: Die Verwirklichung des Selbst und der sich dem Subjekt entziehende Erfahrungszugang zu *sich* stehen in einem umgekehrt proportionalen Verhältnis zueinander. Je weniger das Subjekt *sich*, und das heißt das, was es wirklich ist, zu verwirklichen vermag, ein umso gesteigerteres Bedürfnis nach Selbstverwirklichung entwickelt sich in ihm.

Um die Ausgangsposition dieser Arbeit zu markieren, möchte ich in aller Kürze meine Sichtweise vom gegenwärtigen Selbst- und Weltverhältnis des Menschen darlegen. Es kann hierbei natürlich nur um eine, empirisch nicht abgesicherte, perspektivische Betrachtung gehen, die auf gar keinen Fall den Anspruch erhebt, das, was heute ist, angemessen wiederzugeben.

Das Verhältnis, das das heutige, das sogenannte *postmoderne* Subjekt[1] zu sich selbst und zu Anderen und anderem hat, findet sich vergegenständlicht in den neuen, weltweit sich ausbreitenden Informations- und Kommunikationssystemen. Deren Gebundenheit an die Gleichzeitigkeit (von Ungleichzeitigem), das heißt deren Unablösbarkeit von der Enträumlichung und der Verzeitlichung, von der Nivellierung alles Heterogenen und Ungleichzeitigen, haben wir es zu verdanken, daß unsere Beziehungen zu Anderen und anderem unabhängig von unserer Anwesenheit ermöglicht werden. Indem Beziehungen überhaupt sich der Abhängigkeit von den neuen Medien verdanken, indem sie geradezu der Teilhabe an der neuen Raum- und Zeitordnung entspringen, definieren sie sich zunehmend durch unsere Nichtanwesenheit, das heißt durch unsere Ortsungebundenheit und unsere Unabhängigkeit schlechthin: Das postmoderne Selbst, das ist die Fähigkeit, überall zugleich zu sein und sein Subjekt überall verfügbar zu machen.

Die Gebundenheit der neuen Medien an die Entgrenzung suggeriert eine Freiheit, die ihrerseits unablösbar ist von der Bindungslosigkeit des Subjekts. Indes wird das Verhältnis, das das Subjekt zu sich selbst hat, marginalisiert, indem es durch die universelle Abwertung seiner psycho-sozialen inneren und äußeren Raumgebundenheit und durch die Aufhebung seines Zukunfts- und Vergangenheitsbezuges in die Augenblicksbeziehung des medial vernetzten universellen Gegenwärtigseins aufgelöst wird, das seinerseits einen unmittelbaren Zugriff auf die Wirklichkeit als Ganzes verspricht. Die Freiheit des Subjekts ist eine sich totalisierende Entgrenzung seiner Innen- und Außenwelt.

Diese Entgrenzung des Selbst- und Weltverhältnisses des Menschen geht unweigerlich mit der Unmöglichkeit seines Rückzugs auf sich einher; das sich totalisierende Medium der Gleichzeitigkeit verdinglicht alle Lebendigkeit, die somit selber keinen Lebensraum, sondern bloß noch einen Überlebensraum in einem passiven Gelebtwerden findet, welches *sich*, das heißt seiner Lebendigkeit allein Ausdruck und Sprache in einer Psychopathologie zu verschaffen vermag, in der das Subjekt genau an dem erkrankt, als was sich die Bedingung seiner grenzenlosen, absoluten Freiheit erweist: das ist die seine Innenwelt durchdringende, sie auflösende Entgrenzung. Oder anders ausgedrückt: das Subjekt erkrankt an der Unmöglichkeit des Sich-Abgrenzens, der Grenzziehung zwischen seiner inneren und der äußeren Welt und darin an der sich ihm entziehenden Bedingung des Wirklichwerdens seiner selbst *durch* es selbst, seiner Selbstverwirklichung als einem Anderssein gegenüber Anderen und anderem.

In dem passiven Gelebtwerden, oder besser gesagt, in der aktiven Passivität des postmodernen Subjekts manifestiert sich eine Lebenswelt *als* das Medium permanenter Gegenwärtigkeit, die als solches nicht mehr diesen Namen verdient. Seinen Niederschlag findet eine derartige Aktivität indes in einer unsere Zeit spezifisch kennzeichnenden Psychopathologie. Das ist das "Borderline-Syndrom" als Chiffre für die Pathogenität jener Entgrenzung, für das Krankwerden des Menschen an der Unmöglichkeit nicht nur des Rückzugs auf sich, sondern auch und vor allem an der Unmöglichkeit der Entäußerung seiner inneren Welt in die äußere, so daß man behaupten darf: Unter dem sich totalisierenden Zwang identitätslogischen Denkens verbleibt ein Residuum von Lebendigkeit, die aber bloß noch in dem scheiternden Versuch besteht, ein sinnentleertes Selbst zu retten.[2]

Das mit der Erfahrung postmoderner Realitäten aufkommende Verständnis von dem, als was sich das Subjekt verwirklicht, wenn es *sich* zu verwirklichen sucht, ist ein diese Realitäten spezifisch kennzeichnendes Verständnis von Selbstverwirklichung. Es verhält sich demnach nicht so, als entstünde in unserer Zeit überhaupt erst das Bedürfnis nach Selbstverwirklichung und als sei es im Subjekt vorhergehender Generationen gar nicht oder nur partiell auszumachen. Im Gegenteil: Das christliche wie auch das vorchristlich-platonische Bewußtsein besteht geradezu in dessen Selbstverwirklichung. Nur unterscheidet sich das metaphysische Verständnis von ihr grundlegend von dem des heutigen Bewußtseins. Und es unterscheidet sich durch die Auffassung dessen, von *woher* sich das Subjekt versteht, und folglich auch in dem, *als was* es sich zu verwirklichen sucht.

Metaphysisches Bewußtsein vermochte sich noch in der und durch die Erinnerung dessen zu verwirklichen, dem alles Seiende entspringt und in dem es auch selbst seinen *Grund* hat. Selbstverwirklichung bedeutet ihm immer schon *Konstituierung* von Subjektivität überhaupt, so daß durch sie dasjenige zur Wirklichkeit gelangt, was das Subjekt seinem Grunde nach *ist*: Sich selbst verwirklichend, realisiert das metaphysische Bewußtsein das, was der Mensch *als* Mensch zu sein hat. Es ist nun diese ehemalige Prätention des Subjekts, Selbstverwirklichung nämlich *als* die Konstituierung von Subjektivität zu begreifen, die dem Subjekt unserer Zeit unter dem Druck der Internalisierung des normativen Anspruchs auf Unabhängigkeit von zwischenmenschlichen Bezügen, auf Selbständigkeit im Sinne von Autarkie, zur radikalen Alternative gerät gegenüber seinem Anspruch auf Verwirklichung des Einmaligen, Unverwechselbaren, Authentischen seiner je eigenen Individualität.

Verstand sich das metaphysische Bewußtsein vom Anderen der real existierenden Welt her, dessen fundamentaler Voraussetzung es die Gewißheit der Einlösung seines Anspruchs auf Selbst-Verwirklichung verdankte, so läßt sich in dem bereits mit dem Ende der Metaphysik einsetzenden Selbstverständnis des Subjekts nicht mehr ausmachen, von woher es sich versteht, wenn es unter Preisgabe sowohl des absolut Anderen als auch der Beziehung zu Sozialpartnern sich von *sich* her zu verstehen beansprucht: In seiner Beziehung nur auf sich strebt das Subjekt danach, jeglicher Bestimmtheit durch Andere zu entfliehen.

Inhaltlich unbestimmt bleibt hier aber das bestimmte *sich*, auf das sich das Subjekt bezieht, wenn es sich auf *sich* bezieht. Denn das im reinen Selbstbezug gründende Sich-zu-*sich*-Verhalten offenbart ja ein Selbstverständnis des Subjekts, das sich nur insofern von *sich* her zu verstehen vermag, als es sich von der Außenwelt zurückzieht, und das heißt, indem es die Bewegung der Abwendung von Anderen und anderem vollzieht. Die Beziehung nur auf sich ist ein bloßes Abstraktum, weil sich das Subjekt in ihr nicht auf diese Bewegung und damit auch nicht auf das seine Abwendung und das seinen Rückzug auf sich Veranlassende bezieht. Und das bedeutet, daß das Subjekt einer solchen Selbstbeziehung sich auch nicht wirklich sich selbst zuzuwenden vermag: seine Beziehung auf sich ist eigentlich gar keine, weil dem Subjekt die Bewegung des Rückzugs auf sich zur reinen Abwendung erstarrt. Lebendig, und das heißt *wirklich* wird sie erst dann, wenn sich das Subjekt in ihr auf das bezieht, als was es sich in seiner Abwendung von Anderen sich selbst zuwendet, wenn es sich also auf diese Doppelbewegung *als* auf sich selbst bezieht. In reiner Selbstbeziehung entzieht *sich* das Subjekt seiner Lebendigkeit, und darin enteignet es *sich* jener Fähigkeit, die es nämlich seinem Grunde nach *ist* und nicht bloß *hat*: das ist seine Beziehungsfähigkeit.

In dem postmodernen Verständnis vom Selbst- und Weltverhältnis des Menschen manifestiert sich eine kollektive Beziehungslosigkeit, ein Mangel an verläßlichen inneren und äußeren Ausrichtungen und die Verlorenheit des Einzelnen, die sich ihrerseits in seiner Orientierungslosigkeit und inneren Zerrissenheit, weder mit *sich* eins noch zusammen mit Anderen zufrieden sein zu können, zur Sprache bringt.

Das gegenwärtige Verständnis von Selbstverwirklichung hat seine Entsprechung in der auf innere Emigration abzielenden postmodernen Selbstkonzeption, die das Bewußtsein an die Sucht nach Authentizität bindet, indem sie sein Selbst an den in die Unmittelbarkeit der Realitätserfahrung sich verdichtenden Identitätszwang fesselt und dem Subjekt damit nicht nur seinen Erfahrungszugang zur Realität entzieht, sondern auch und vor allem zu deren bewußtseinsmäßiger Verarbeitung. Als libidinös besetztes, "narzißtisches" Selbst verschmilzt es mit allem, was es nicht ist, während sein Subjekt den Verlust seiner Selbst*grenze* dadurch zu kompensieren versucht, daß es sich seinerseits von der Außenwelt abgrenzt, in seiner Beziehung auf sich Andere und anderes aus *sich* ausschließt. Als Mimesis an den Identitätszwang seiner Realitätserfahrung täuscht das Verständnis eines solchen Selbst auf diese Weise eine harmonische Existenz seines Subjekts vor: das Einssein mit sich. Im Subjekt vermag aber ein Gefühl des Übereinstimmens mit *sich*, das heißt ein Einssein-mit-sich *durch* sich selbst, nicht zu entstehen, weil es nur an Anderen das erfahren kann, was es durch *sich* nicht sein kann. Und das bedeutet: er vermag sich überhaupt nur durch Andere zu erleben.

Dem heutigen Selbstverständnis liegt ein fundamentaler Widerspruch zugrunde: nämlich der, daß das Subjekt *sich* in seiner Beziehung nur auf sich allein *durch* Andere zu erfahren vermag. Indem es sich nur auf sich bezieht, bekommt es *sich* allein *durch* Andere zu erfahren, das heißt *als* ein durch sie Vermitteltes. Dieser Widerspruch schlägt sich nun in dem nieder, als was sich die Verwirklichung seines Selbst offenbart. Selbstverwirklichung offenbart sich als das Realwerden eines Selbst, das als *gespaltenes* das Subjekt unter seine Herrschaft zwingt. Um sein, das heißt existieren zu können, muß das Subjekt *sich* aufspalten, indem es entweder bei sich selbst verharrt oder sich seinem Vermitteltsein durch Andere unterwirft. Fundamental ist dieser Widerspruch nun aber nicht schon deshalb, weil ein solches Sich-zu-sich-Verhalten die Grundhaltung des Subjekts kennzeichnet: fundamental ist er vielmehr dadurch, daß das Subjekt *durch* diese Grundhaltung sich von *sich*, das heißt von dem, was es *ist*, losreißt. Reißt es sich aber *durch* diese Dauerhaltung der Spaltung von *sich* los, so zeigt dies, daß diese Haltung ein Vermitteltes, ein seinem Sein gegenüber Fremdes ist. Und die Grundhaltung der Spaltung ist ein ihm gegenüber Fremdes, weil das Subjekt nichts ist als seine Beziehungsfähigkeit. Phänomenale Konkretion erhält eine solche Herrschaft des Selbst übers Subjekt durch jenes Leiden, das ein im klinischen Sinne ausweisbares psychopathologisches Leiden des Subjekts unter sich selbst ist: nämlich ein Leiden des Subjekts nicht *an* etwas, sondern eines, *durch* anderes gelebt zu werden; oder anders gesagt: ein Leiden des Subjekts unter seiner Beziehungsunfähigkeit.

Diese Sichtweise vom heutigen Verständnis des Selbst- und Weltverhältnisses des Menschen markiert die Ausgangsposition dieser Arbeit. Mit ihr verbindet sich meine Auffassung, daß im gegenwärtigen Bewußtsein sich eine gesellschaftliche Realität niederschlägt, die ihrerseits in den Verhältnisweisen des Subjekts überhaupt zur Darstellung kommt, und daß sich in dem Prozeß der Verinnerlichung dieser Realität die Pathogenese jenes Leidens freilegen und ausweisen läßt. Aus dieser Auffassung entstand die Überzeugung, daß die Frage nach dem, was das Selbst sei, sich nur aus dem Scheitern des Subjekts an *sich* beantworten läßt: Das, was das Selbst *ist*, läßt sich nur durchsichtig und überhaupt erst einsichtig machen aus der Analyse dessen, *wie* und *wodurch* jene Psychopathologie im Subjekt entstehen kann.

II

Kaum ein anderer Gegenstand der Philosophie ist so vielschichtig wie das *Selbst*. Und in kaum einem anderen Thema wird die Zäsur zwischen der abendländischen Philosophietradition und den nachhegelschen Philosophien – vor allem denen unseres Jahrhunderts – so sichtbar, wie in der Auffassung dessen, was das Selbst sei und worin sein Wesen bestehe.

Das, was das Selbst sei, was man unter seinem Wesen zu verstehen habe, entscheidet sich mit der Frage, von *woher* man es versteht. Dieser Behauptung scheint die nur allzu offenkundige Tatsache zu entsprechen, daß mit der Frage nach dem *Woher* zugleich nach den Bedingungen mitgefragt ist, die erfüllt sein müssen, damit ein Bewußtsein vom Selbst und damit die Frage nach ihm überhaupt möglich ist. Der Standpunkt, von dem aus man einen Verstehenszugang zum Selbst zu gewinnen sucht, muß demnach die Bedingungen thematisieren, unter denen sich dem Bewußtsein ein Erfahrungszugang zu *sich* erschließt, oder anders gesagt, in denen das Selbst-Bewußtsein gründet. Dementsprechend sind es dann auch diese Bedingungen, die Auskunft über eine Realität geben, die sowohl als die des Selbst als auch als das die Frage nach ihm Veranlassende zu begreifen sein muß. In der Auffassung dessen, als was man diese Realität versteht, liegt die Entscheidung über die Zugangsweise zum Selbst.

Philosophie thematisiert das Selbst im Absehen von seiner konkreten geschichtlichen und gesellschaftlichen Bestimmtheit, sofern sie das, was es *ist*, nicht im Durchgang durch dessen gesellschaftliche und soziale Vermitteltheit, also nicht aus der konkreten menschlichen Praxis des Subjekts gewinnt. Entweder legt sie das Selbst vom Anderen der real existierenden Welt her auf ihn hin aus und setzt darin immer schon voraus, daß mit der ursprünglichen Erfahrung jener Realität dem Subjekt ein unmittelbarer Zugang zur Wahrheit als der Wirklichkeit im Ganzen sich erschließt und daß sich mit dem Selbst als der Manifestation des Absoluten gleichsam eine Grundlegung alles Seienden durchs Subjekt einsichtig machen läßt. Oder Philosophie versucht das Selbst – wie dies im existenzphilosophischen Denken vor allem Heideggers und Sartres, aber auch im rein zeitdiagnostischen Denken des frühen Marx und im geschichtsphilosophischen Negativismus von Adorno begegnet – aus seiner jeweiligen historischen und gesellschaftlichen Situation heraus verständlich zu machen, um es auf diese Weise allererst gegen jede metaphysische Vorherbestimmtheit abzuheben. Diese Philosophien versuchen das Selbst aber aus seiner konkreten Situation heraus einsichtig zu machen, um es von der Realität seiner Außenwelt abzugrenzen und von seiner Bestimmtheit durch Andere abzutrennen. Sie gewinnen einen Begriff vom Selbst nicht aus der Analyse des Prozesses seiner Vermitteltheit, sondern vielmehr so, daß sie die Realität des Selbst gegenüber der seiner Aussenwelt scharf abgrenzen. Und das heißt, sie setzen das, was das Selbst *ist*, allem Begegnen mit innerweltlich Seiendem immer schon voraus und zwar so, daß das Subjekt derart sich selbst bestimmt, daß es *sich* vor allem Begegnen mit Anderen (vorher-)bestimmt, indem es sich – wie dies in Sartres Sozialontologie am deutlichsten zum Ausdruck kommt – im Sich-Losreißen vom Sein als das, was es *ist*, selbst bestimmt. Ein solcher Begriff vom Selbst ist ein bloß theoretisches Konstrukt, dem keine praktische Zugangsweise des Subjekts zu *sich* und deshalb auch keine praktische Einsicht in sein Sich-zu-sich-Verhalten entspricht.

Obwohl das metaphysisch begründete Selbst auf der einen Seite und das in zeitdiagnostischer Perspektive wahrgenommene oder aus existenzphilosophischer Auffassung in Form einer Theorie der *conditio humana* konstruierte Selbst auf der anderen Seite konkurrierende Zugangsweisen zum Realitätsbezug des Subjekts zu *sich* und zur Welt darstellen, so kommen beide doch in der Grundauffassung überein, daß sich jene Realität, die als die Bedingung des Selbst zugleich das das Bewußtsein von ihm Ermöglichende ist, *als* die Realität des Selbst selber manifestiert: Die Realität des Subjekts als die seines Selbst- und Weltbezuges wird allein von seinem Selbst her konstruiert. Damit wird aber ein unmittelbares Wissen von ihm zugrundegelegt und darin ein direkter Zugang zu ihm behauptet. Durch diese Grundlegung des Selbst nivelliert die Philosophie – auch die nachmetaphysische – die *Differenz* zwischen dem Selbst als der Innenwelt des Subjekts und seiner Außenwelt. Und sie nivelliert sie in dem Sinne, daß sie sie entweder ontologisiert oder als die Manifestation des Absoluten ins Selbst hinein aufhebt. Dementsprechend bildet sich dann auch die *Beziehung* von Subjekten nicht aus deren Differenz zueinander, sondern sie generiert sich allein im Subjekt selber. Infolgedessen vermag der Andere nicht *als* anderes Subjekt zu begegnen, sondern bloß als das andere *des* Subjekts. Als das andere *des* Subjekts verdankt sich die *Beziehung* zum *anderen* Subjekt entweder der Anwesenheit des absolut Anderen oder dem *Grund* des Subjekts selber als seinem Sich-Losreißen von ihr.

Gegenüber der Philosophie als reiner Theorie gewinnen die empirischen Einzelwissenschaften Aufschlüsse über das, was das Subjekt *ist*, aus der Analyse seiner konkreten gesellschaftlichen und sozialen Praxis. Sofern sie ihre Theorien übers Subjekt aus dessen konkreten lebensweltlichen Zusammenhängen entwickeln, erscheint das, was in den philosophischen Theorien über den Menschen ausgesagt wird, als abstrakt.

Nun verhält es sich aber zumeist so, daß die empirischen Wissenschaften in ihrer jeweils spezifischen zeitdiagnostischen Zugangsweise ein bestimmtes Menschenbild stillschweigend voraussetzen. Und das bedeutet – etwas überspitzt ausgedrückt –, daß sie das, was das Subjekt *ist*, lediglich auf seine Praxis hin durchsichtig machen. Insofern möchte ich behaupten, daß dem in zeitdiagnostischer Perspektive entwickelten Verständnis vom Subjekt dasjenige vorausgesetzt wird, um das es in der philosophischen Reflexion aufs Selbstbewußtsein immer schon geht: um die *conditio humana* als Begriff vom Selbst.

Beispielhaft hierfür ist die Theorie des aus den praktischen Lebenszusammenhängen klinisch rekonstruierten Selbst der Freudschen Psychoanalyse anzuführen. Daß Freud zwischenmenschliche Beziehungen und die äußere Realität des Subjekts lediglich aus dem Blickwinkel der Projektionen individuellen inneren Erlebens wahrnehmen und äussere Konflikte als bloß unbewältigte innere Konflikte verstehen konnte, hat seinen Grund in Freuds Auffassung, derzufolge sich die äußere Realität des Subjekts allein aus der auf seine Innenwelt zentrierten, aus der Realität des Selbst ableiten läßt. Und dieser Auffassung liegt Freuds dualistisches Menschenbild zugrunde, mit dem er ein Verständnis vom Selbst gewinnt durch die Ausgrenzung seiner Nicht-Identität. Ursprünglich identisch mit *sich* zielt das Subjekt in seinem Daseinsvollzug auf eine vertraute Innerlichkeit, aber auf die beim Anderen, sofern er es ja ist, von dem her es allein die Verwirklichung seiner selbst erwartet, und das bedeutet das Realwerden jenes Prinzips, wonach es *sich* von zunächst primitiven zu immer reicheren Strukturen, von seiner anfänglichen Undifferenziertheit zu einem getrennten, selbständigen Subjekt entwickelt. – Die empirisch-klinische Psychoanalyse Freuds unterlegt dem Selbst des Subjekts einen Entwicklungsplan, mit dem, als Grundlegung von Subjektivität überhaupt, sich die Prätention verknüpft, Sozialbeziehungen von jenem Prinzip her rekonstruieren und einsichtig machen zu können.

Die Konstruktion dieser Arbeit beruht auf der Auffassung, daß das, was das Selbst sei, sich nur aus dem Scheitern des Subjekts an *sich* bestimmen läßt. Und das bedeutet, mit dieser Auffassung gehe ich von der Annahme aus, daß sich in dem Scheitern als solchem etwas durchhält, aus dem heraus sich das, was das Subjekt *ist*, verständlich machen, daß sich also sein *Selbst* in diesem Scheitern freilegen läßt. Auszugehen ist demnach davon, daß dasjenige, was ein solches Scheitern des Subjekts an *sich* veranlaßt, nicht als ein bloß von außen auf das Selbst einwirkendes Ereignis begriffen werden darf, sondern daß es als eine dem Selbst selber implizite Möglichkeit verstanden werden muß. Insofern ist beides, das Selbst und das das Scheitern Veranlassende, unter dem Gesichtspunkt jenes Rückzugs zu betrachten, den das Subjekt vollzieht, wenn es sich von der sich *ihm*, das heißt der Realität seines Selbst, entziehenden äußeren Realität zurückzieht.

Auszugehen ist deshalb von derjenigen *Bewegung* des Selbst, in der und durch die sich das Subjekt in seinem Rückzug von der Außenwelt auf *sich* zurückzieht. Allein im Ausgang von ihr wird sich ein Verstehenszugang zum Selbst erschließen lassen. Denn nur aus dem, wohin sich das Subjekt zurückzieht – oder genauer gesagt – worauf es sich in seinem Rückzug auf *sich* bezieht, wird jene Realität verständlich zu machen sein, die als die des Selbst in das seinen Rückzug Veranlassende Einblick gibt. Und dies bedeutet, daß man das, was das Selbst *ist*, nur aus der Perspektive dessen, wie und als was das Subjekt Realität ursprünglich erfährt, in den Blick bekommt.

In Frage steht somit jene Erfahrung des Subjekts, die als eine seinem Rückzug von der äußeren Realität vorausgehende, ihn gleichsam voraussetzende auszuweisen ist: das ist die basale Realitätserfahrung des Subjekts. Sofern sich das Selbst – wie gesagt – nur aus dem Scheitern des Subjekts an *sich*, nämlich aus der Psychopathogenese seiner Beziehungsunfähigkeit begründen läßt, muß sich jener Rückzug des Subjekts sowohl auf die äußere Realität als auch auf die des Selbst selber zurückführen. Der Rückzug muß sich also durch die Psychopathogenese hindurch auf eine basale Realitätserfahrung zurückführen lassen, in der sich das Subjekt *durch* seinen Rückzug von einem anderen Subjekt sich selbst zuzuwenden vermochte, oder anders gesagt: in der das Subjekt seinen Rückzug auf *sich* als Zuwendung von seiten des Anderen erfahren hat.

Mit einem derartigen Verstehenszugang zum Selbst verbinde ich zugleich die Absicht, die psychoanalytische Problemstellung – nämlich die Aufklärung des Selbst aus der Psychopathogenese der Beziehungsunfähigkeit des Subjekts in den Griff zu bekommen – in eine philosophische Fragestellung zu überführen, um diese Psychopathologie auf das hin durchsichtig zu machen, was die Psychoanalyse zur Bildung einer Theorie des Selbst veranlaßt und was die Philosophie in Abstraktion von der Empirie als das humanum überhaupt beschreibt. Und ich verfolge darin das Ziel, die aus der Psychopathologie gewonnenen Aufschlüsse über die Konstituierung des Selbst – entgegen einer rein philosophischen Begründetheit entweder durch eine ontisch-ontologische oder eine theologische Vorherbestimmtheit – auf jene konkrete Selbst- und Welterfahrung zurückzuführen, die das Subjekt in dem Mißlingen seines Konstituierungsprozesses macht.

Diese Zugangsweise zum Selbst ist von der Intention getragen, die Selbst- und Welterfahrung eines solchen Mißlingens gegen jede philosophische Grundlegung des Selbst ins Feld zu führen, um die Begründungsbedürftigkeit dessen, als was die Philosophie sich selbst zum Gegenstand hat, durch diese Erfahrung des Subjekts zu erweisen. In diesem Sinne stellt eine philosophische Bezugnahme auf eine empirische Problemstellung ihrerseits einen inneren Bezug zur empirischen Theorie her, sofern sie ihren Gegenstand aus dem die Theorie begründenden klinischen Material gewinnt. Philosophie und Psychoanalyse stehen demzufolge in einem nicht bloß äußerlichen Verhältnis zueinander. Beide haben einen gemeinsamen Boden in dem empirisch-klinischen Material jener Psychopathologie, das auf diese Weise als Ausweisungsfeld eines empirisch fundierten Begriffs vom Selbst als dem humanum dient.

Hinsichtlich der mit meinem Verstehenszugang verbundenen Intention, jene psychoanalytische Problemstellung zu einer philosophischen Sache zu machen, knüpfe ich an die Philosophie Hegels an, sofern auch er das Negative auf das Positive hin durchsichtig macht, und sofern er sich in seinem dialektisch-negativistischen Zugang sowohl jedem unmittelbaren Wissen vom Selbst als auch jedem direkten Zugriff aufs Selbst immer schon entzieht. Indem Hegel das Selbst und dessen Bewußtwerdung ex negativo erschließt, das heißt seine Vermitteltheit auf das hin durchsichtig macht, was es wirklich ist, distanziert er sich von vornherein von jeder Vorabbestimmung, also von jeder äusserlichen Bestimmung des Selbst, mit der ja bloß zu bestimmen wäre, was es *sein soll.*

Von zentraler inhaltlicher Bedeutung für meine Bezugnahme auf Hegels Philosophie ist dies, daß die hier unter dem Titel "Selbstbeziehung" begegnende Innerlichkeit des Subjekts immer schon soviel meint wie Intersubjektivität. Sofern sich nämlich bei Hegel das Selbst aus einer ursprünglichen Abwendung konstituiert, offenbart es sich *als* Beziehung und zwar als *Beziehung* auf das diese Abwendung Veranlassende. Grundlegender Gedanke, den die Philosophie in die Aufklärung des Selbst aus der Psychopathologie der Beziehungsunfähigkeit des Subjekts einbringt, ist deshalb der des Selbst als reflektierter Innerlichkeit, oder anders ausgedrückt: das Selbst als das Prädikat nicht des Subjekts, das mit einem anderen in Beziehung tritt, sondern von deren *Beziehung*. Wenn vorhin davon die Rede war, daß die Philosophie, indem sie jene klinische Problemstellung zu ihrer Fragestellung macht, einen Beitrag zur Aufklärung des Selbst zu leisten vermag, mit dem der Psychoanalyse von seiten der Philosophie etwas entgegenkommt von dem, was sie selbst zu ihrem Gegenstand hat, dann ist es die mit der Fragestellung als *philosophische* mitbeschlossene Grundannahme: daß nämlich das Selbst weder allein durchs Subjekt noch bloß durch ein anderes konstituiert zu werden vermag, sondern daß es sich nur aus deren Beziehung konstituiert. Es ist diese Grundannahme in der Philosophie Hegels, die es mir gerechtfertigt erscheinen läßt, die philosophische und die psychoanalytische Frage nach dem Selbst auf dem Grunde der klinischen Fragestellung nach der Psychopathogenese der Beziehungsunfähigkeit miteinander in Beziehung zu setzen. Eine derartige Verknüpfung von Philosophie und klinischer Psychoanalyse bedingt eine Interpretation der Hegelschen Philosophie, die von vornherein in der Perspektive dieser klinischen Fragestellung steht.

Insofern kann es hier nicht um eine rein philosophisch-hermeneutische, aus bestimmten Texten sich herleitende Interpretation gehen, sondern um eine, die sich in den Dienst der psychoanalytischen Aufklärung des Selbst stellt. Es geht mir deshalb um eine Interpretation, die 1. darauf abzielt, die von der Psychoanalyse aus der Psychopathogenese der Beziehungsunfähigkeit gewonnenen Aufschlüsse über das Selbst auf das hin durchsichtig zu machen, als was sich in der Philosophie Hegels die dialektische Bewegung von Abwendung und Zuwendung in der ursprünglichen Realitätserfahrung des Subjekts offenbart: das ist die Konstituierung des Selbst *als* Beziehung, um dann 2. diesen Hegelschen Begriff vom Selbst wiederum auf seinen konkreten Bedeutungsgehalt für die subjektkonstitutive Selbst- und Welterfahrung hin zu befragen, und das heißt, ihn aus jener Erfahrung des Subjekts von dem Mißlingen der Konstituierung seiner selbst auf seinen Realitätsgehalt für deren Gelingen hin zu überprüfen.

Hinsichtlich dieser Zugangsweise zum Selbst stellt sich nun aber auch die Frage nach dem Grund für meine Bezugnahme auf die bestimmte Psychopathologie der Beziehungsunfähigkeit, denn klinische Befunde, mit denen dem Subjekt eine ebensolche Unfähigkeit attestiert wird, gibt es auch und vor allem außerhalb dieser Psychopathologie, etwa bei allen Formen sogenannter präödipaler Störungen wie zum Beispiel bei den Psychosen. Die Psychopathologie des "Borderline-Syndroms" als Ausweisungsfeld eines empirisch fundierten Begriffs vom Selbst als dem humanum ausgewählt zu haben, ist durch ein von Hegel inspiriertes Vorverständnis des Selbst motiviert, nämlich durch die Annahme, daß sich das Selbst aus einer ursprünglichen Abwendung *als* dialektische Beziehung von Abwendung und Zuwendung konstituiert. Deshalb schien es mir sinnvoll zu sein, auf eine Forschungsrichtung innerhalb der Psychoanalyse bezug zu nehmen, die ihre Interpretation der klinischen Befunde aus der Analyse des Prozesses gewinnt, in welchem das Subjekt die *Beziehung* zu seinem Objekt verinnerlicht. Das spezifisch Kennzeichnende der "Objektbeziehungstheorie" als "Theorie der Verinnerlichung von Objektbeziehungen" ist dies, daß sie den Konstituierungsprozeß des Selbst als die in der zeitlichen Abfolge von "Trennung und Wiederannäherung" sich entwickelnde Selbst-Bewußtwerdung des Subjekts verstanden wissen will. In der Borderline-Pathologie erblickt der Kliniker diesem Verständnis zufolge einen Konstituierungsprozeß, in dem das Subjekt auf "halbem Wege", nämlich in der Bewegung der Wiederannäherung, steckengeblieben ist, weshalb der Patient auf die Bewegung der Abwendung bzw. der Trennung "fixiert" ist.

Das, was mich an der Objektbeziehungstheorie wesentlich interessiert, ist dies, daß deren Deutung des klinischen Materials des Borderline-Syndroms es erlaubt, den Konstituierungsprozeß des Selbst von der Erfahrung seines Subjekts her zu begründen. Das heißt, der Akt, in dem das Subjekt sein Selbst konstituiert, kann auf die Erfahrung von ihm zurückgeführt werden und zwar insofern, als sie der Analytiker nicht bloß rekonstruierend erschließt, sondern weil sie dem Patienten – im Unterschied übrigens zu dem Psychotiker – durchaus bewußtseinsmäßig zugänglich ist.

Die Objektbeziehungstheorie – vor allem die des amerikanischen Psychoanalytikers Otto Kernberg – erhebt den Anspruch, das Selbst im Ausgang von der *Beziehung* zwischen Trennung und Wiederannäherung, und zwar aus der mißlungenen Bewegung der Wiederannäherung, verständlich und für eine Theorie vom Selbst fruchtbar zu machen. Von großer Überzeugungskraft für die Verifizierung der Bestimmung des Selbst *als* diese Beziehung ist deshalb für mich die Psychopathogenese des Borderline-Syndroms, also die Aufklärung der Erkrankung des Subjekts an der *Grenze* zwischen Psychose und Neurose als die Fixierung des Subjekts auf das *Zwischen* der Bewegung von Abwendung und Zuwendung, sofern ich mir aus den für die Borderline-Erkrankung spezifischen Verarbeitungsweisen des pathogenen Geschehens Aufschlüsse über das erwarte, woraus und als was sich das *normale* Selbst konstituiert. Ich vermute denn auch, daß sich in der Art und Weise der Verarbeitung der Erfahrung von der sich der Wiederannäherung entziehenden Zuwendung des Anderen die Dialektik jener Beziehung freilegen läßt, die als die des Selbst sich in der Erfahrung von ihr ausweist und zwar als *liebende Zuwendung*.

III

Die Konstruktion meiner Arbeit beruht also auf der Auffassung, daß das, was das Selbst sei, sich nur aus dessen pathologischer Abwandlung heraus bestimmen läßt. Und diese Auffassung stützt sich ihrerseits auf die Vorannahme, daß sich in der inneren Struktur der Borderline-Symptomatik eine Kontinuität durchhält, die es ermöglicht, das sich aus einer basalen Abwendung *als* liebender Zuwendung konstituierende Selbst gleichsam durch die auf die mißlungene Wiederannäherung folgenden Verarbeitungsweisen der basalen Abwendung hindurch wahrzunehmen. Die Verknüpfung von Philosophie und Objektbeziehungstheorie zielt demzufolge darauf ab zu zeigen, daß diese Pathologie des Selbst nicht aufgeht in den für sie spezifischen Ausdrucksformen, sondern daß sie ihrerseits auf etwas über sie Hinausweisendes verweist, nämlich auf das die *Normalität* des Selbst Kennzeichnende.

Mit der folgenden These ist zum einen die Grundlage bezeichnet, auf der die Verknüpfung von Philosophie und Objektbeziehungstheorie aufruht. Und indem sie die Objektbeziehungstheorie aus ihrem empirischen Material heraus auf die Philosophie bezieht, bildet sie zum anderen den Ausgangspunkt für einen empirisch fundierten Ansatz bei einem Selbst, das sich als solches allein durch jene Erfahrung von ihm ausweisen läßt, die sein Subjekt macht, wenn es sich durch das, was es selbst nicht ist, mit sich vermittelt.

Meine These lautet: Das Selbst konstituiert sich *als* dialektische Beziehung,

1. sofern diese als *dialektische* das gegenseitige Bedürfnis nach einer Zuwendung artikuliert, die als *gegenseitige* das Bedürfnis auf ein ebensolches Bedürfnis hin auslegt, und

2. indem sich aus der Beziehungs*fähigkeit* als dem Vermögen des Selbst, die Differenz zu einem anderen Selbst und das Phänomen der Differenzierung zu sein, ihr intersubjektivitätstheoretischer Sinn als die Fähigkeit zum Lieben erschließt.

Diese These bildet die Grundlage der aus meiner Deutung der Ätiologie des Borderline-Syndroms gewonnenen Auffassung vom Selbst. Insofern stellt sie den Hauptbezugspunkt sowohl für meine philosphische Bezugnahme auf die Objektbeziehungstheorie als auch für meine Interpretation dieser Psychopathogenese dar. Und sie gibt gleichsam den Gesichtspunkt ab, unter dem ich mich mit dem der Objektbeziehungstheorie zugrundeliegenden dualistischen Begriff des Selbst und mit Hegels metaphysisch fundierter Totalaffirmation von Beziehung überhaupt ins Verhältnis setze, um die mit ihren jeweiligen Grundannahmen verbundenen Prätentionen in den Blick zu bekommen.

Indem ich mir von Hegels Ansatz bei der Konstituierung des Selbst *als* dialektischer Beziehung eine Verifizierung meiner These erwarte, gehe ich mit Hegel davon aus, daß sich das Selbst aus einer basalen Abwendung *als* Beziehung auf sein Anderes konstituiert und daß es als solches die Fähigkeit zum Lieben *ist*. Indem ich aber die aus der Psychopathologie gewonnenen Aufschlüsse über den Prozeß, in dem das Subjekt sein Selbst konstituiert, gegen Hegels Universalisierung der Differenz von Abwendung und Zuwendung *als* Zuwendung ins Feld führe, gehe ich mit der Objektbeziehungstheorie davon aus, daß sich die Beziehungsfähigkeit des Subjekts als die Intersubjektivität des Selbst in seiner Fähigkeit zum Lieben Ausdruck verschafft und daß sie sich erst aus der gelungenen Wiederannäherung heraus begründen läßt. Es geht hier darum, mit den klinischen Befunden den Aufweis zu erbringen, daß der Prozeß, in dem das Subjekt sein Selbst konstituiert, sich zwar als die Dialektik von Abwendung und Wiederannäherung offenbart, aber nicht so – wie bei Hegel angenommen –, daß er sich *als* diese dialektische Beziehung auf eine Zuwendung zurückführt, die als die des Absoluten dessen metaphysischer Grund und deshalb kein anthropologisches Phänomen ist, sondern daß der Konstituierungsprozeß des Selbst sich in der zeitlichen Abfolge von Abwendung und Wiederannäherung vollzieht und daß deren dialektische Beziehung *als* das Gelingen dieses Prozesses erst in der und durch die Beziehung zu einem anderen Subjekt (dessen Selbst selber diese dialektische Beziehung ist) ermöglicht wird.

Ich wende mich jedoch gegen die Objektbeziehungstheorie, sofern sie – ihrem positivistischen Selbstverständnis zufolge – das, was das Selbst *ist*, immer schon, das heißt vor aller subjektiven Selbst- und Welterfahrung, voraussetzt. Gegenüber ihrem rekonstruktiven Interpretationsverfahren der klinischen Befunde mache ich eine Dialektik geltend, mit der ich mich insofern in den Dienst dieser klinischen Befunde stelle, als ich diese zwar aus der Perspektive des Selbst *als* dialektischer Beziehung wahrnehme, mir aber gegenwärtig halte, daß sich diese Sichtweise erst durch den Aufweis der konkreten Erfahrung von ihr legitimieren läßt, nämlich aus jener Erfahrung des Subjekts, durch die die Borderline-Erkrankung entsteht. Es ist dies die Erfahrung des Borderline-Patienten, daß er *sich* in bezug auf ein anderes Subjekt bloß als das andere *des* Anderen erfährt und nicht als das, als was er sich seinem Bedürfnis gegenseitiger Zuwendung nach erfährt, nämlich als das Vermögen der Intersubjektivität und insofern *als* die Fähigkeit des In-Beziehung-Seins.

Meine Bezugnahme auf die Psychopathologie des Borderline-Syndroms ist von der Intention getragen, durch sie eine gewisse Rechtfertigung meines Unternehmens zu erhalten. In dieser Hinsicht erhoffe ich mir denn auch eine empirische Fundierung meiner These durch deren klinische Befunde. Nach der anderen Seite aber, nach welcher diese These die Perspektive auf eine Deutung dieser Psychopathologie ermöglicht, durch die die Psychopathogenese und das aus ihrer Aufklärung gewonnene Verständnis vom Selbst sich einsichtiger machen und das heißt, ihrer Sache nach angemessener begründen läßt, als dies durch den objektbeziehungstheoretischen Ansatz bei einem dualistischen Begriff vom Selbst möglich ist, – nach dieser Seite stellt sich diese These in den Dienst der Psychopathologie, weil sich mit ihr der Anspruch verbindet, eine Revision des theoretischen Ansatzes dieser Forschungsrichtung innerhalb der Psychoanalyse zu leisten. Und insofern verspreche ich mir von der Einlösung des mit dieser Arbeit verbundenen Anspruchs zu der Gewinnung eines Verständnisses vom Selbst beizutragen, das es

– weder metaphysisch begründet, indem es die Beziehung des Subjekts auf sich als ein unverfügbares, der Herstellbarkeit entzogenes Ereignis begreift und das Selbst demzufolge vom absolut Anderen her auf dessen Antizipation hin auslegt,

– noch im positivistischen Selbstverständnis der Psychoanalyse als ein der Selbst- und Welterfahrung des Subjekts vorausgehendes Entwicklungs-Prinzip vorstellt,

– sondern das dem Selbst eine Eigensphäre zuspricht und zwar in dem Sinne, daß sich seinem Subjekt die Differenz zu einem anderen Subjekt in jener Beziehung erschließt, die sich zwischen seinem Selbst und einem anderen[3] aus deren gegenseitiger Zuwendung als "intermediärer Raum" entfaltet, in welchem die Intersubjektivität des Selbst seinem

Subjekt als liebende Zuwendung erfahrbar und als solche aus der Differenz zum anderen kommunikativ erschlossen wird.

Ein derartiges Verständnis vom Selbst kommt dann mit dem von Kernberg Gemeintem überein:

> "Liebe ist die Enthüllung der Freiheit der anderen Person, und sie fördert die eigene widersprüchliche Natur darin zutage, daß das Begehren danach strebt, durch Zerstörung des begehrten Objekts erfüllt zu werden, während die Liebe entdeckt, daß dieses Objekt unzerstörbar ist und sich nicht ersetzen läßt."
> Kernberg, 1988, S. 333

IV

Aus der methodischen Zugangsweise zur Problemstellung dieser Arbeit ergibt sich folgende Gliederung:

Das erste Kapitel hat die Aufgabe, im Durchgang durchs Hegels Theorie des Selbstbewußtseins und ihren begriffslogischen Implikationen den Horizont zur Sprache zu bringen, in welchem Hegel den intersubjektivitätstheoretischen Sinn des Begriffs vom Selbst thematisch macht. Damit wird zum einen die Absicht verfolgt, die nicht-anthropologische Begründetheit der Intersubjektivität herauszuarbeiten und sie auf das hin durchsichtig zu machen, als was sich die Liebe in der subjektiven Erfahrung von ihr erweist. Und darin verbindet sich zum anderen jene Aufgabe mit der für diese Arbeit grundlegenden Intention, nämlich einer philosophischen Bezugnahme auf die Theorie jener Forschungsrichtung innerhalb der Psychoanalyse, von deren klinischen Befunden ich mir einen Aufweis des Selbst *als* dialektischer Beziehung erwarte, und zwar durch die konkrete Erfahrung des Subjekts von dem Mißlingen der Konstituierung seines Selbst als seiner Fixierung auf jenes *Zwischen* (der Bewegung von Abwendung und Zuwendung), das bei Hegel, als ein unverfügbares Ereignis, metaphysisch begründet wird.

Im zweiten Kapitel wird in Auseinandersetzung mit Freuds Verständnis der frühkindlichen Realitätserfahrung und dem von ihm auf sie zurückgeführten Bestimmungsgrund von schweren seelischen Erkrankungen das in Freuds rekonstruktivem Interpretationsverfahren (erschlossene Bestimmung von seelischer Gesundheit) gründende Ungenügen zum Verständnis jenes Krankheitsbildes herauszuarbeiten sein, mit dem es die Objektbeziehungstheorie Kernbergs zu tun hat. Der Schwerpunkt in diesem Kapitel liegt auf dem Begründungsversuch meiner philosophischen Bezugnahme auf den durch Mahlers Beobachtungen frühkindlicher Mutter-Kind-Beziehungen inspirierten und durch Kernberg eingeleiteten Perspektivenwechsel der psychoanalytischen Sichtweise des Konstituierungsprozesses des Selbst und den aus ihr gewonnenen Verstehenszugang zur Borderline-Pathologie und ihrer Genese. Dabei fällt das Hauptgewicht auf die empirische Überprüfung meiner These, die das Fundament der Verknüpfung des Hegelschen Begriffs des Selbst mit dem der klinisch-psychoanalytischen Objektbeziehungstheorie bildet.

Die Arbeit schließt mit einem Nachwort, in dem ihre beiden Hauptbezugspunkte sowie deren Verhältnis untereinander zusammenfassend dargestellt werden.

Aufgabe dieser Arbeit will und kann es nicht sein, einen eigenen systematischen Ansatz zu entfalten. Sie beabsichtigt vielmehr, der Frage nachzugehen: Wie läßt sich *Andersheit* ohne jene *Einheit* denken, die alles Anderssein, alles Unberechenbare auf das einheitslogisch Begriffene, Berechenbare zurückbiegt, aufs Identifizierbare reduziert und die den anderen Menschen zum bloß anderen *des* Anderen depotenziert, weil sie das Andere schlechthin dem Selben immer schon zuschlägt? Und indem die Arbeit diese Absicht verfolgt, will sie die Voraussetzungen eines systematischen Ansatzes explizit machen, um die Richtung deutlich werden zu lassen, auf die hin die mit diesem Ansatz verbundene Intention abzielt. Diese wenigstens ansatzweise zu beschreiben, wird in Form einer, wenn auch nur vorläufigen Skizze meines Verständnisses vom Selbst des Menschen in einem "Ausblick" versucht

Abschließend sei noch darauf hingewiesen, daß die beiden Kapitel der Arbeit unabhängig voneinander gelesen werden können. Sie sind deshalb jeweils mit einer Einleitung und einer zusammenfassenden Schlußbetrachtung versehen.

Anmerkungen zur Einleitung

1. Unter "Postmoderne" verstehen deren Befürworter, wie z. B. der Philosoph Wolfgang Welsch in bezug auf Jean-François Lyotard, nicht eine durch Architekten, Künstler oder Philosophen erschaffene Realität, die der eigentlichen, der Wirklichkeit unser aller Lebenswelt gegenübersteht. Unsere Lebenswelt ist vielmehr postmodern geworden:
"Im Zeitalter des Flugverkehrs und der Telekommunikation wurde Heterogenes so abstandslos, daß es allenthalben aufeinandertrifft und die Gleichzeitigkeit des Ungleichzeitigen zur zweiten Natur wurde. Real ist eine Gesamtsituation der Simultaneität und Interpenetration differenter Konzepte und Ansprüche entstanden. Auf deren Grundforderungen und Probleme sucht der postmoderne Pluralismus zu antworten. Er erfindet diese Situation nicht, sondern reflektiert sie." (Welsch,W.: "Unsere postmoderne Moderne", 1993, S.4)
Daß *Reflexion* hier auf gar keinen Fall als eine im traditionellen Verständnis gemeinte Syntheseleistung des Bewußtseins aufgefaßt werden darf, davon legen die in der gegenwärtigen Diskussion um die zu beobachtenden Wahrnehmungs- und Verhaltensveränderungen des postmodernen Selbst gegenüber dem traditionell geprägten ein beredtes Zeugnis ab, während Lyotards Gegenwartsdiagnose dem Bewußtsein bereits die Indifferenz seines Selbst- und Weltverhältnisses bescheinigt, weil die Realität als solche nicht mehr erfahrbar und deshalb nicht mehr bewußtseinsfähig ist. Die aus diesem Befund zu ziehende Konsequenz ist nicht etwa die einer Trauer um einen Objekt- oder Selbstverlust und folglich auch nicht einer Verlustverarbeitung. Die Konsequenz ist vielmehr die bedingungslose Anerkennung der Heterogenität schlechthin, denn sie ist es, die unsere Realität durch und durch ausmacht: die der Außenwelt und der Innenwelt des Subjekts. Sofern Heterogenität nämlich – so Lyotards Auffassung – das traditionelle logisch-rationale Einheitsdenken gleichsam ersetzt, bildet sie nunmehr das Fundament der inneren und der äußeren Welt des Subjekts. Dementsprechend gilt dann dem durch Heterogenität gekennzeichneten postmodernen Selbst, das sich um keine Einheit mehr zentriert, das traditionell geprägte als Verschwundenes: In dem vom Absoluten besetzten Raum *zwischen* seiner Innen- und Außenwelt ist das traditionelle Subjekt ein immer schon Verschwindendes. Der zentrale Begriff der Lyotardschen "Nicht-Bewußtseins-Philosophie" ist der Begriff der "condition postmoderne". Unter ihm ist gemäß der nicht bewußtseinsfähigen postmodernen Realität nicht das Bewußtsein unserer Gegenwart zu verstehen. Der Begriff der condition postmoderne bricht radikal mit allen durchs Subjekt vermittelten Bezügen, die immer schon synthetisierende sind, und er bedeutet entsprechend der radikalen Trennung des postmodernen Selbstverständnisses vom traditionellen, auch vom modernen (dessen Intention einer solchen Trennung verfehlt wurde, weil dem Denken der Moderne das traditionelle Einheitsverständnis noch anhaftet und zwar als Verarbeitung von dessen Verlust): innere und äußere Heterogenität als Bedingung von Nicht-Erinnerung, von Vergessen als solchem (nicht aber von Vergessenem). Das Verständnis postmodernen Bewußtseins zielt denn auch auf eine *Unmittelbarkeit* ab, aber als nicht vermittelte und nicht zu vermittelnde, eine Unmittelbarkeit, die sich auf *nichts* zurückführt – ohne

Erinnerung. Schlüsselbegriff dieses Verständnisses ist deshalb der Begriff der "Umschlagserfahrung" als die Kennzeichnung unserer gegenwärtigen Selbst- und Welterfahrung, die ihrerseits durch einen "Reflexionssprung" gegenüber allen bisherigen Erfahrungsgehalten sich auszeichnet.
Im Leitmotiv postmodernen Denkens (der "Vielheitsfähigkeit" und "Übergängigkeit") zeichnen sich die neuen Wahrnehmungs- und Verhaltensmuster ab: So beschreibt der amerikanische Literaturkritiker Fredric Jameson in seinem Vergleich zweier klassischer Bilder der Moderne mit einem für die Postmoderne typischen Bild deren Charakteristik: "Schwinden des Affekts", "das Hervortreten einer neuen Flachheit oder Seichtheit, einer neuen Oberflächlichkeit, eine Mimikry ohne Original". (Jameson, F.: "Zur Logik der Kultur im Spätkapitalismus", in: "Postmoderne", 1986, S. 54f., S. 62) Diese Beobachtungen führen Jameson zu der Annahme, daß "Angst und Entfremdung" tendenziell verschwinden, was er als "Substitution des *entfremdeten* Subjekts durch das *fragmentierte* Subjekt definiert" (S. 59) und was offenkundig als Verschiebung der Pathologie des neurotischen (entfremdeten) Subjekts hin zum psychotischen (fragmentierten) Subjekt verstanden wird. (Siehe hierzu Anm. 2) Die "Dezentrierung" des "ehemals einheitlichen Subjekts", die affektlose Zersetzung intersubjektiver Bindungen ist als "neue ethische Norm", als "empirische Tatsache" aufzufassen (a.a.0.), und sie vollzieht sich mit einer "merkwürdigen Euphorie" (S. 60), in der sich die neuen Wahrnehmungs- und Verhaltensweisen des Subjekts, das postmoderne Selbst spiegelt. Diese Euphorie gilt dem aus äußerlichen Versatzstücken zusammengeschweißten in sich aufgelösten Selbst, und sie speist sich aus der in seinem auf sich selbst fixierten Ich sich spiegelnden universalen Warenwelt: aus der *Inszenierung* des Lebens. Das "flüchtige, transitorische, sich selbst nie präsente" narzißtische Subjekt "ist nicht nur die besondere Erfahrung eines Ichs", es ist inzwischen vielmehr "zur alltäglichen Erfahrung geworden". (Schütze, J.C. "Aporien der Literaturkritik", in: "Postmoderne", S. 214)
Gemäß des propagierten Gesellschaftskonzeptes der Postmoderne, daß diese die "Aktiv-Wendung der Gegenwartserfahrung" sei (Welsch, W., S. 154), ist "nicht nur die *alte* Entfremdung, sondern die *neue* Schizophrenie lustvoll zu besetzen." Als "klinische Ätiologie des Subjekts im postmodernen Zeitalter" ist die Schizophrenie nämlich "unter dem Zeichen der narzißtischen Spiegelung" sogar "konsumierbar zu machen". (Elsaesser, T.: "American Graffiti und Neuer Deutscher Film", in: "Postmoderne", S. 315) Dementsprechend ist das Verständnis von gelingendem Leben im postmodernen Denken unablösbar von der Fähigkeit des Subjekts zur unmittelbaren positiven Besetzung (der Vielheitsfähigkeit) von unmittelbar Gegebenem. Aus dieser Grundvoraussetzung als der Grunderfahrung der Postmoderne entsteht eine neue, dem postmodernen Pluralismus entsprechende Ethik, die allein auf die aus den normativen Ansprüchen des postmodernen Alltags erwachsenen Forderungen abzielt und unter dem Titel "transversale Vernunft" fungiert. Postmoderne Realität ist gekennzeichnet durch die – auf die Herrschaft der Indifferenz zugeschnittene – Übergängigkeit und Vielheitsfähigkeit des Subjekts, deren Vollzug sich aber gedächtnislos, unmittelbar, gleichsam *als* Reflex des jeweils Gegebenen ereignet.
"Für die menschlichen Individuen werden die Mittel des Vermittelns zum Sinn des zu Vermittelnden selber, indem die Zeichen anfangen, auf sich selber zu beharren, und damit eine Realität stiften, auf die sie eigentlich nur hatten verweisen sollen: Sie verweisen so nicht mehr." (Schmidt, B.: "Postmoderne-Strategien des Vergessens", 1994, S. 219f.) Als bloßer Reflex des Zeitalters der Computertechnologie ist die Postmoderne nichts anderes als eine in Zeichen und in Symbolhaftes sich auflösende, in die paralysierte Binnenwelt des Individuums *übergehende* Realität. Eine Realität, die mit der Logik des Einheitsdenkens einer 2300-jährigen Tradition bricht, indem sie diese durch eine neue Logik ersetzt: durch die "Logik der Leere". (Lipovetsky, G.: "Narziß oder Die Leere", 1995, S. 21)
(Vgl. Lyotard, J. -F.: "Das postmoderne Wissen", 1982; "Der Widerstreit, 1987; "Grabmal des Intellektuellen", 1985. Huber, J. (Hrsg.): "Wahrnehmung von Gegenwart", 1992. Söder-Mahlmann, J.: "Coputerfaszination und Gesellschftsentwicklung", 1991. Baudrillard, J.: "Der symbo-

lische Tausch und der Tod", 1982; "Agonie des Realen", 1978. Spinner, H.F.: "Pluralismus als Erkenntnismodell", 1974. Heinz, R., Kamper, D., Sonnemann, U. (Hrsg.) "Wahnwelten im Zusammenstoß", 1993. Lasch, Ch.: "Das Zeitalter des Narzißmus", 1986. Theunissen, M.: "Selbstverwirklichung und Allgemeinheit", 1982. Welsch, W.: "Vernunft", 1995)

2. In der gegenwärtigen Postmoderne-Diskussion trifft man zunehmend auf den zur Beschreibung sowohl der heutigen gesellschaftlichen als auch der persönlichen Realität des postmodernen Subjekts verwendeten Begriff der "Schizophrenie". Offenkundig wird der völlig unspezifische Gebrauch dieses Begriffs dazu verwendet, Schizophrenie als Spiegel der Zeit, als die sich in der Innenwelt des Subjekts spiegelnde nicht bewußtseinsfähige Realität *als* die des Subjekts selber auszuweisen. Als Chiffre für die "Aktiv-Wendung der Gegenwartserfahrung" (Welsch, W.: "Unsere postmoderne Moderne", S. 154) soll der Begriff der Schizophrenie zum einen auf die in dem – psychoanalytisch ausgedrückt – "Realitätsverlust" liegende Möglichkeit der Entbindung des Subjekts von allen äußeren Zwängen verweisen. Und zum anderen scheint man mit diesem Begriff auf die mit der Entbindung des Subjekts auch von seiner inneren Realität von den Postmoderne-Befürwortern vorausgesetzte Fähigkeit des Subjekts zur positiven Besetzung seines Realitätsverlustes abzuzielen: Befreit von allen äußeren und inneren Bezügen steht das postmoderne Subjekt von nun an unter keinem Zwang mehr, nur noch unter dem, sich ständig, gemäß der stets wechselnden Einflüsse, zu verwirklichen.
Daß Selbstverwirklichung im Sinne einer *durchs* Subjekt nicht nur nicht gelingt, sondern daß das seiner Außen- und Innenwelt entzogene Subjekt unter seinem scheiternden Rettungsversuch seines entleerten, leb*losen* Selbst ein im psychopathologischen Sinne ausweisbares Leiden entwickelt, davon legt die Psychopathologie unserer Zeit ein beredtes Zeugnis ab: das ist das "Borderline-Syndrom". Der von den Befürwortern der Postmoderne so leichtfertig verwendete, inzwischen in den alltagsprachlichen Gebrauch eingegangene Begriff der Schizophrenie als Titel für die propagierte Positiverfahrung des entleerten, für zwanglos ausgegebenen, Selbst- und Weltverhältnisses des Subjekts, kommt mit der Borderline-Erfahrung des postmodernen Subjekts überein und läßt sich meiner Auffassung nach als Borderline-Persönlichkeitsstruktur ausweisen und als solche auch begründen.

3. Mein Versuch einer nichtontologischen Fundierung von Subjektivität, die das Selbst nicht vom Sein her, sondern aus seiner Beziehung zu einem Anderen begründet, weist gewisse Strukturähnlichkeiten auf mit dem sozialphilosophischen Projekt des französischen Philosophen Emmanuel Lévinas, genauer gesagt, mit der darin verfolgten Intention, Andersheit als irreduzible und erst in der Begegnung zweier Menschen sich generierende verständlich zu machen. Gegen die Gleichsetzung von Subjektivität und Wissen und insbesondere gegen den Totalitätsanspruch der Philosophie Hegels opponiert Lévinas (in seinem ersten Hauptwerk "Totalität und Unendlichkeit" von 1961), indem er die in der Beziehung zu einem anderen Menschen gründende Beziehung des Subjekts auf sich als eine ethische ausweist. Mit Lévinas' Denken einer *Ethik der Andersheit*, die sich aus der Begegnung mit dem Anderen "von Angesicht zu Angesicht" als "unser soziales Sein" begründet (Lévinas, E.: "Die Spur des Anderen, 1983, S. 219), verbindet sich meine Auffassung von der Genese des Selbst als unhintergehbare Andersheit.
Gegenüber dem traditionellen Identitätsdenken und insbesondere gegenüber dem Hegelschen Diktum von der aufzuhebenden Andersheit macht Lévinas eine vorbehaltlose Anerkennung der Andersheit des Anderen geltend, die – *als* Verantwortung für den anderen Menschen – Subjektivität ist und die als solche die traditionelle "Ichbezogenheit des Ich umstürzt", weshalb "das Bewußtsein aufhört, die erste Stelle einzunehmen": Verantwortung als Subjektivität verstanden ist für Lévinas durch und durch ethisch bestimmt und als solche *ist* sie "Erste Philosophie". (S. 223) *Angesichts* des Anderen entsteht eine ethische Beziehung, die in die immer schon – durch die alles übergreifende Macht des Absoluten – konstituierte Sozialbeziehung einbricht, sofern sie sich nämlich auf

kein identisch Seiendes festlegen und reduzieren läßt. Eine solche Beziehung entsteht vielmehr dadurch, daß der Mensch in seiner Begegnung mit einem Anderen die Verfügungsgewalt einbüßt und zwar nicht nur über den Anderen, sondern auch und vor allem über sich selbst. Und er büßt seine Verfügungsgewalt ein, sofern er in dieser Begegnung eben nicht auf ein sie begründendes Prinzip trifft, auf das er *sich* berufen könnte, sondern weil er darin allein auf sich selbst trifft. Und das bedeutet: er trifft auf sein Verantwortlichsein *angesichts* des unabweisbaren Verlangens des Anderen, seine "absolute Unabhängigkeit, – die sich nicht setzt durch ein Entgegensetzen" (Lévinas, E.: "Totalität und Unendlichkeit", 1987, S. 31) – zu bewahren, indem er *sich* gleichsam *für den Anderen einsetzt*, d.h. indem er – indem er außer *sich* tritt – die Andersheit des Anderen "transzendiert". "Von daher bedeutet Ichsein, sich der Verantwortung nicht entziehen können" ("Die Spur des Anderen", S. 224), so daß man sagen kann: In der Begegnung mit dem Anderen trifft das Subjekt auf 'sich' – und zwar auf sich als einen, der verantwortlich *ist*. Trifft das Subjekt aber auf *sich*, so trifft es, indem und dadurch daß es ein vom Anderen Betroffenes *ist*, auf die Subjektivität des Subjekts als ein immer schon Unterworfenes.

Meine Überlegungen zu der aus der Sozialbeziehung als unhintergehbares Anderssein sich konstituierenden Subjektivität kommen mit der Auffassung Lévinas' von der Irreduzibilität der Andersheit dort überein, wo er Subjektivität aus der Begegnung zweier Menschen begründet. Sie unterscheiden sich aber grundlegend an dem Punkt, an dem ich diese Begegnung als durch die Gegenseitigkeit der Zuwendung der Begegnenden konstituierte verstehe, während Lévinas diese als eine asymmetrische, nicht-wechselseitige beschreibt, um nämlich einsichtig machen zu können, daß das Dem-Anderen-Unterworfensein "das Empfangen des absolut Anderen" (a.a.O.) indiziert. Denn der Andere "bedeutet" immer schon, in der Spur des absolut Anderen, des "geoffenbarten Gottes" zu sein. "Zu ihm hingehen heißt nicht, dieser Spur, die kein Zeichen ist, folgen, sondern auf die Anderen zugehen, die sich in der Spur halten." (S. 235) Es ist denn auch die nichteinholbare Vorrangstellung des Anderen, die jede Annahme von gleichberechtigt Begegnenden sowie die einer Gegenseitigkeit ihrer Begehren nach Anerkennung ihrer Andersheit von vornherein zunichte macht. So entsteht Verantwortung bei Lévinas geradezu dadurch, *daß* der Andere mir immer schon zuvorkommt. Demgemäß ist er nicht mir, sondern allein ich bin es, der ihm gegenüber verpflichtet ist. Und in dieser Selbsterfahrung erfahre ich mit, daß ich allein *durch* den Anderen zu existieren vermag. Meine Existenz ist nur von ihm her möglich: Denn er ist es, der *mich* (das meint bei Lévinas immer Selbstbeziehung *als* Ichbezogenheit) radikal in Frage stellt, indem er die "selbstherrliche Identifikation des Ich mit sich selbst" (S. 219) verwandelt und zwar in jene Bedürfnislosigkeit, die als "Begehren" das Verantwortlichsein für den Anderen ist. Die grundlegende Ungleichheit der Begegnenden: nämlich dies, daß ich nur dadurch *sein* kann, daß der Andere *durch* sich selbst *ist*, findet sich eindrücklich illustriert in einem von Lévinas aus Dostojewskis Roman "Die Brüder Karamasow" zitierten zentralen Satz: "Jeder von uns ist vor allen Anderen für alle und für alles schuldig und ich mehr als die Anderen". (Lévinas, E.: "Gott und die Philosophie" in Casper, B. (Hrsg.): "Gott nennen", 1981, S. 114f.)

Lévinas' Ethik der Andersheit setzt dem Identitätsdenken der traditionellen Ontologie ein Verständnis von Sozialbeziehung entgegen, in der sich die Andersheit des Anderen als nicht synthetisierbare und die Beziehung zum Anderen als Dualbeziehung erweist, die sich ihrerseits auf nichts Drittes zurückführt. Dialektischem Denken wirft Lévinas vor, "die Identität des Sich-selbst" als "die Rückkehr des Bewußtseins zu sich" auf das immer schon Selbe zurückzubiegen. ("Die Spur des Anderen", S. 304) Demgegenüber bedeutet ihm die Begegnung des Anderen gerade das Sich-selbst-entrissen-Werden des Subjekts, das bedingungslose, restlose Aufgehen im Anderen, das Rückkehr zu sich unmöglich und deshalb die Transzendenz der Andersheit des Anderen als die seiner absoluten Unabhängigkeit allererst möglich macht. Denn "der Andere kommt her vom unbedingt Abwesenden. Aber seine Verbindung mit dem absolut Abwesenden, von dem er herkommt, *bezeichnet* diese Abwesenheit *nicht, enthüllt es nicht*; und dennoch hat das Abwesende im

Antlitz eine Bedeutung." (...) "Ein solches Bedeuten ist das Bedeuten der Spur. Das Jenseits, von dem das Antlitz kommt, bedeutet als Spur." (S. 227f.) So ist der Andere "der eigentliche Ort der metaphysischen Wahrheit und für meine Beziehung zu Gott unerläßlich. Er spielt keineswegs die Rolle des Vermittlers. Der Andere ist nicht die Inkarnation Gottes; vielmehr ist er durch sein Antlitz" (...) "die Manifestation der Höhe, in der sich Gott offenbart." ("Totalität und Unendlichkeit", S. 108)
(Vgl. auch: Lévinas, E.: "Die Zeit und der Andere", 1984; "Ethik und Unendliches", 1992; "Wenn Gott ins Denkens einfällt", 1988; "Jenseits des Seins oder anders als Sein geschieht", 1992)

I
G.W.F. Hegel: Selbstbewußtseins-Theorie

Die Selbsterfahrung – Bei-sich-selbst-Sein im Anderen

"Das Bewußtsein hat erst in dem Selbstbewußtsein, als dem Begriffe des Geistes, seinen Wendungspunkt, auf dem es aus dem farbigen Scheine des sinnlichen Diesseits und aus der leeren Nacht des übersinnlichen Jenseits in den geistigen Tag der Gegenwart einschreitet."
Hegel, Phänomenologie des Geistes, S. 145

1. Zur systematischen Intention der Auseinandersetzung mit dem Begriff des Selbstseins bei Hegel

I

Die Philosophien unseres Jahrhunderts kennzeichnet ein durchgängiger Bruch mit der abendländischen Philosophietradition, der sich durch eine ihnen eigentümliche Abkehr von dem identitätsstiftenden Fundament der Überlieferung zum Ausdruck bringt. Hegels Vollendung der Metaphysik scheint zumindest eingeholt durch die Abkehr von ihr, und die Wiederherstellung neuer Abhängigkeiten scheint der Wiedergewinnung eines Selbstverständnisses des Menschen für immer zu weichen, das seine Autonomie als absolute aus sich selbst heraus begründet. Für Hegel erweist sich die Selbstverwirklichung des Subjekts *als* die Verwirklichung der Beziehung auf sein Anderes und als solche als die in gegenseitiger Anerkennung sich vollziehende Freiheit des Menschen. Und sofern sich hier Freiheit als Liebe manifestiert, erschließt sich in der und durch die Selbstverwirklichung des Subjekts der intersubjektivitätstheoretische Sinn seines Tuns: Selbstverwirklichung bedeutet Verwirklichung der Freiheit des Selbst als die seines Anderen, und als solche meint sie immer schon soviel wie die Konstituierung von Subjektivität überhaupt. Demgegenüber besitzt ein solches Verständnis von Selbstverwirklichung, von Beziehung als das Medium zwischenmenschlichen Begegnens, für die Existenzphilosophien unseres Jahrhunderts nicht mehr diesen Bedeutungsgehalt. Selbstverwirklichung bedeutet nicht mehr die Verwirklichung der Freiheit aller als die allgemeinen Selbstseins. Als normatives Ideal gilt der Selbstverwirklichung des Einzelnen nunmehr die "Möglichkeit" des Wirklichwerdens seiner je eigenen Individualität durch sich selbst als alleinige Bedingung von Selbstverwirklichung. Infolgedessen wird das, was bei Hegel noch In-Beziehung-Sein meinte, als Begrenzung und Einschränkung der je eigenen, individuellen Freiheit aufgefaßt. Beispielhaft hierfür steht die Behauptung, daß das Subjekt die Möglichkeit seiner Selbstverwirklichung nicht hat, sondern daß es diese *ist*. Dies ist die Behauptung, die Sartres Intersubjektivitätsbegriff kennzeichnet und die soviel meint wie das Scheitern der Freiheit des Menschen, sofern man sie aus der Beziehung zu einem anderen Menschen oder gar in diesem begründet. – Ich möchte in aller Kürze Sartres sozialontologischen Ansatz von "Das Sein und das Nichts" erörtern, um die Konsequenzen und die Problematik des existenzphilosophischen Begriffs des Selbstseins für das Selbst- und Weltverhältnis des Menschen und meine Bezugnahme auf Hegels Begriff gelingenden Selbstseins, aus dem ich mein Verständnis eines solchen Gelingens zu entwickeln versuche, deutlich zu machen. Sartres Hauptwerk "Das Sein und das Nichts" zentriert sich seinem Grunde nach um die Konstituierung eines Individuums, das sich – indem es weder durch ein anderes, noch in der und durch die Beziehung zu ihm konstituiert wird – *als* diese Möglichkeit verwirklichend sich selbst verwirklicht. Und diese Selbstverwirklichung ist für Sartre die Verwirklichung von Subjektivität überhaupt. Dieser Ansatz läßt sich Sartres Auffassung zufolge nicht aus der Beobachterperspektive, das heißt im "äußerlichen" Erfassen des "Selbst" begründen, sondern allein aus der Binnenperspektive des Selbst selber erschließen. Mit dieser durchaus richtigen Sichtweise ist die Intention verbunden, jenen Dualismus aufzuheben, in den die *objektive* Ontologie insofern notwendig hineintreibt, als sie ihre Begriffe von außen auf ihren Untersuchungsgegenstand aufträgt und deshalb zu deren *objektiver* Begründbarkeit auf die Annahme metaphysischer Prämissen angewiesen ist. Sartres Intention einer Aufhebung des Dualismus von "An-sich" und "Für-sich" steht im Horizont seiner zentralen These von der "Nicht-Identität" des Bewußtseins; "das Bewußtsein ist nicht, was es ist, und es ist, was es nicht ist". (SN, S. 118) Auf der Hegelschen Folie der "negativen Beziehung auf sich" zieht Sartre die inhaltliche Umkehrung der phänomenologischen Auffassungen Husserls und Heideggers ab, indem er vom Da-sein sagt, es ginge diesem in seinem Sein um das Nichts des Seins (S. 63); und indem es dem Da-sein um dieses Nichts geht, geht es ihm immer schon um sich selbst. Verrät die These von der Nicht-Identität des Bewußtseins bereits die Negation der Beziehung aufs Sein, so deutet die Umkehrung des Heideggerschen Satzes auf die radikale Trennung des Bewußtseins vom Sein hin. Diese Abgetrenntheit des Bewußtseins vom Sein ist für Sartre die "ontologische Kennzeichnung" (a.a.0.) des Bewußtseins.

Was hat es nun mit diesem "Nichts" auf sich, das bei Sartre die Faktizität des Bewußtseins konstituiert und durch das das Sein – das faktische Gegebensein – transzendiert wird? Mein Interesse an dieser Frage gilt der "Beziehung" zwischen Faktizität und Transzendenz, da Sartre in dieser Beziehung sowohl die Haltung der "mauvaise foi" (S. 117) als auch und vor allem den Konstitutionsgrund von Subjektivität erblickt.

Die Duplizität, in der Sartre diese Beziehung hält, intendiert zum einen die Aufhebung aller metaphysisch begründeten Identitätsauffassungen. Zum anderen soll Beziehung als der Ort, in dem das "Nichts" sich generiert, den Konstitutionsgrund des Bewußtseins markieren und zwar in dem ihm spezifischen Sinn: als Bewußtsein "von", das, indem es sich konstituiert, den Abstand (*als* das "Nichts") zur Welt gleichsam herstellt. Als solches ist das Nichts eines, das durch den Menschen in die Welt kommt. (S. 65)

Nun wird dieses "Von" (Bewusstsein von) aber nicht erst im Akt des sich konstituierenden Bewußtseins hervorgebracht, so, als wäre dieser Akt ein Erstes. Das "Bewußtsein von" ist vielmehr eines, das aller Reflexion immer schon zuvorkommt; es *ist* ein "präreflexives". Dementsprechend ist der Abstand zur Welt ein der Herstellbarkeit Entzogenes: mit der Konstituierung des Bewußtseins *ist* der Abstand zu Anderen und zu anderem hergestellt. "So gibt es keine Art von Vorrang der Reflexion über das reflektierte Bewußtsein: nicht jenes entdeckt dieses für sich selbst. Ganz im Gegenteil, das nicht reflexive Bewußtsein macht die Reflexion erst möglich: es gibt ein präreflexives cogito, das die Voraussetzung des Cartesianischen cogito ist." (S. 19)

Sartre legt das Bewußtsein vom "Sich-Losreißen" als Akt, in dem es *sich* konstituiert auf diesen hin aus. Das "Losreißen" des "Sich" vom Sein ist das "Kennzeichen der Selbstheit". (S. 57) Als solches *ist* es die "ganze Weite" (a.a.0.), durch die sich die Selbstbeziehung des Subjekts vom Sein abscheidet. In der und durch die zwischen Sich und Sein aufgerissene Kluft generiert sich die Nicht-Identität des Bewußtseins, aber nicht so, daß diese durch jene hervorgebracht würde. Im Gegenteil: Die Konstituierung des Bewußtseins *als* die des Sich *ist* das Nichtidentischseiende. Was hat es nun aber mit der ontologischen Kennzeichnung des Bewußtseins durch das Nichts in bezug auf Sartres zentrale These von der Nicht-Identität des Bewußtseins, als *nicht* zu sein, was es ist und zu *sein*, was es nicht ist, auf sich?

Zunächst ruht der Mensch, Sartres Auffassung zufolge, inmitten von Seiendem, das nach Sartre reine Positivität ist. Durch einen nichtenden Schritt nach rückwärts reißt sich der Mensch vom Seienden los, das ist "eine zeitlich ablaufende Operation". (S. 66) Mit diesem Schritt nichtet er das Sein und zwar insofern, als er zu sich als dem Inmitten-von-Seiendem-Sein einen Abstand aufreißt, und sofern er *sich* durch diesen nichtenden Schritt konstituiert, ist in ihm der "Ursprung der Verneinung" (S. 39) situiert, die für Sartre folglich ein "irreduzibles Faktum" ist. (S. 334) In dem Losreißen des Sich als dem Aufreißen des Abstands zum Sein manifestiert sich eine Zeit, die, als die der Konstituierung des Bewußtseins, dessen spezifische Zeitlichkeit kennzeichnet: Das Sich-von-sich-Losreißen fällt mit der Nichtung des Seins zusammen. So verstanden, besteht die von Sartre gemeinte Konstituierung in nichts anderem als in einer "Nichtungsbewegung" des Bewußtseins (S. 64), die sich auf das hin auslegt, worin sie gründet: das ist das Sich-Losreißen.

Nimmt man die Nicht-Identität des Bewußtseins aus der Perspektive dieser Nichtungsbewegung wahr, dann bekommt man das in den Blick, was dieses *Nicht* der Nicht-Identität meint: nämlich das Losreißen *als* Nichtung. Das Bewußtsein ist nicht, was es ist, das heißt, es *ist* keines, das erst dadurch *ist*, daß es *durch* Andere oder *mit* ihnen ist. Identität im Sinne dessen, daß man ist, was man *ist*, kommt nach Sartre bloß der vollen Positivität des Seins, auf gar keinen Fall aber dem Bewußtsein zu. Natürlich ist das Bewußtsein das, was es ist, aber nur so, daß es immer schon *ist*, was es nicht ist. *Was* es ist, ist es insofern, als es faktisch *ist*, und es ist dies zugleich nicht, weil es diese Faktizität übersteigt. Das Bewußtsein *ist* nicht, *was* es ist, denn es ist, wenn es *ist*, immer schon über die (identitätsstiftende) Faktizität, das "Was-sein" hinaus. Das Bewußtsein transzendiert *sich*, indem es sich in nichtenden Akten von *sich* losreißt. Und es *ist* das Sich-von-sich-Losreißen, sofern es, *sich* konstituierend, *nicht* eines Grundes außerhalb seiner selbst bedarf.

Das, was das Subjekt *ist*, offenbart sich ihm in der Begegnung mit einem anderen Subjekt; durch sie vermag es sich überhaupt erst seines Grundes als das Sich-Losreißen zu vergewissern. Dies bedeutet aber nicht, daß das Subjekt eines anderen bedarf, um sich seiner selbst zu vergewissern. Im Gegenteil: Die Begegnung als solche ist das das Losreißen Veranlassende, und insofern wird sich das Subjekt durch sie als eines inne, das des anderen *nicht* bedarf. In der von Sartre vorgestellten "Begegnung" von Subjekten begegnet nicht das eine dem anderen, sondern das Subjekt begegnet allein sich *selbst*; sie ist nicht der Ort, in dem sich Ich und Du als Andersseiende begegnen. Die Beziehung zum anderen Menschen fundiert allein das Begründungsverhältnis des sich auf *sich* beziehenden Subjekts. Und dies bedeutet: Der andere Mensch fungiert als Rechtfertigung für die Abwendung von ihm. (Vgl. hierzu Lévinas' Verständnis von "Andersheit", die analog zu Sartres Begründung des Selbst: 1. jeglicher Reflexion zuvorkommt und 2. den anderen Menschen als durch sich selbst seiend vorstellt, – die aber im fundamentalen Unterschied zu Sartres Selbstseinsbegriff darauf abzielt, das absolute Verantwortlichsein für den anderen Menschen aus seiner Begegnung mit ihm zu begründen. – Siehe Anmerkung 3 zur Einleitung dieser Arbeit)

Sartres Selbstseinsbegriff begründet sich aus der gegenseitigen Ablehnung der Subjekte. Es ist denn auch diese Ablehnung als *gegenseitige*, die den intersubjektivitätstheoretischen Sinn des Begriffs vom Selbstseins ausmacht.

Das Verständnis von dem, *was* das Subjekt verwirklicht, wenn es *sich* verwirklicht, hat in den nachhegelschen Philosophien und vor allem in denen unseres Jahrhunderts einen prekären Bedeutungswandel gegenüber der traditionellen Auffassung von Selbstverwirklichung erfahren. Mit dem Vertrauensverlust in metaphysisches Denken begründet sich die existenzphilosophische Auffassung, daß der Mensch seine je eigene Individualität allein durch die Abwendung von Anderen auszubilden vermag. Selbstverwirklichung als die Verwirklichung individuellen Selbstseins erscheint nunmehr unter dem positiven Vorzeichen der Individualisierung bloß noch als Befreiung von Anderen: Selbstsein versteht sich positiv allein unter der negativen Voraussetzung des Sich-Losreißens. Eingeengt aufs Private und reduziert auf seine Innerlichkeit ist das existenzphilosophische Selbst immer schon ausgeschlossen von der Möglichkeit eines Selbstwerdens durch und mit Anderen.

Ein solches Selbstverhältnis, das ein bloßes Ausschließungsverhältnis ist, indiziert bereits das, was die gegenwärtige gesellschaftliche und individuelle Situation des Menschen spezifisch kennzeichnet: das ist seine "Beziehungsunfähigkeit". Mit dem Verlust des Anderen offenbart sich schon in der Existenzphilosophie und vor allem in der Sartreschen dasjenige, was die Psychopathologie heute unter dem abstrakt klingenden Titel "Grenzstörungen" oder "Borderline" beschreibt; das ist der Verlust des Anderen als der Selbstverlust des Subjekts.

II

Meine Kritik an Sartres Selbstseinsbegriff begründet sich aus der Auffassung, daß ein Selbst, das als bloßer Rückzug auf sich fungiert, weder das diesen Rückzug Veranlassende noch seinen eigenen Daseinsvollzug reflektierend anzueignen vermag. Ein Selbstsein, das mehr sein soll als ein solch abstrahierender Rückzug auf Innerlichkeit besteht gerade in jener Reflexionsfähigkeit, als welche Hegel die Beziehung des Subjekts auf sich im Horizont seiner Selbstbewußtseinstheorie entwirft.

Nun scheint aber auch bei aller Kritik am existenzphilosophischen Denken eine vorbehaltlose Anknüpfung an die traditionelle Philosophie äußerst problematisch. Denn es stellt sich gerade hinsichtlich der traditionellen und hier vor allem der Hegelschen Auffassung von Vernunft in bezug auf Subjektivität die Frage: Gibt es einen Zusammenhang zwischen dem identitätslogischen Vernunftverständnis unserer abendländischen Denktradition und unserer gegenwärtigen gesellschaftlichen und wissenschaftlich-technischen Totalisierung? Diese Frage drängt sich auf angesichts des sich zunehmend totalisierenden, weltumgreifenden technologischen Verfügungswahns und der damit einhergehenden Auflösung von sozialen und interpersonalen Beziehungsstrukturen. So war beispielsweise für Hegel Erkenntnis unablösbar von Vernunft: Vernunft, das bedeutete bereits bei Hegel Aufhebung aller Unbestimmtheit, alles Zufälligen.[1]

Hinsichtlich der zunehmenden Erfahrung der Begrenztheit der Vernunft erhebt sich aber zumindest der Verdacht, daß das Vertrauen in unsere traditionelle Einheitsvernunft, – begründet in der Ontologie, die, als die Wissenschaft vom Sein, alles Nichtbeherrschbare als Einschränkung der Vernunft-Herrschaft, als Aufzuhebendes verstand und es dem bloß Zufälligen, Bedeutungslosen zuordnete –, einen Zusammenhang besitzt zu unserem heutigen Selbst- und Weltverständnis, zu der sich totalisierenden Auffassung von wissenschaftlicher Vernunft und den durch sie begründeten gesellschaftlichen und individuellen Lebensformen der Menschen.

Die Frage, ob und gegebenenfalls inwiefern man einen Zusammenhang für ausweisbar hält zwischen a) dem abendländisch geprägten Logos, der das Ich zum Zentrum eines Weltverhältnisses macht, in welchem das Andere schlechthin auf das immer schon Gewußte zurückgebogen, auf das Wissen von ihm reduziert wird, indem es ins Berechenbare und Klassifizierbare gezwungen wird und b) der in unserer gegenwärtigen Erfahrungswelt sich manifestierenden Entgrenzung von Beziehung überhaupt –, diese Frage läßt sich nur aus der Perspektive heraus beantworten, aus der man das, was ist, wahrnimmt.

Eines scheint jedoch bei allen möglichen Sichtweisen eines solchen Zusammenhangs unbezweifelbar zu sein: Selbst wenn der Mensch der absoluten Erkenntnis, der Berechenbarkeit allen Daseins wirklich gewiß sein könnte, so wären doch die unausdenkbaren Leiden derer nicht "aufzuheben", deren Andersheit sich der Berechenbarkeit des Beherrschungswissens und seiner Bemächtigung immer schon entzieht. Es scheint mir denn auch nur allzu offenkundig, daß das, was Adorno bereits Mitte der sechziger Jahre als das mit dem identifizierenden Denken "fusionierte unterdrückende Prinzip"[2] beschreibt, mit dem übereinkommt, was dem Menschen im Ausgang dieses Jahrhunderts als empirische Realität gegenübertritt und als was er sich darin selbst vorkommt: Empirische Realität, das ist heute der durch den Zwang identifizierenden Denkens bis zur Unkenntlichkeit zusammengeschweißte Abstand zwischen Subjekt und Welt, das seiner Andersheit beraubte, ins Begriffliche hinein aufgelöste empirisch Reale, sowie die auf einen Begriff absoluter Freiheit gebrachte Entgrenzung des Subjekts, die sich ihrerseits aus dem Imperativ einer Lebensmaxime begründet: nämlich aus der ans Subjekt ergehenden Forderung nach innerer und äußerer Unabhängigkeit als unabdingbare Voraussetzung seiner Freiheit.

Das Selbst- und Weltverhältnis des gegenwärtigen, sogenannten "postmodernen" Subjekts gerinnt zu einem Residuum von Abstraktionen, deren praktische Vermitteltheit nicht mehr auszumachen ist, weil dieses Verhältnis als solches zu einer alle räumlichen und zeitlichen Distanzen auflösenden permanenten Gegenwart zusammenzuschmelzen droht, die dem Subjekt nicht mehr als eine durch es aktiv gestaltete gegenübertritt, weil es in einer solchen Gegenwart bloß noch als ein sich in sie hinein Auflösendes vorkommt – wie ein Ding unter unendlich vielen anderen. Mit der sich totalisierenden Entgrenzung der Innen- und Außenwelt des Subjekts, und das heißt, mit der sich auflösenden Andersheit schlechthin gerinnt das Subjektivität Kennzeichnende zum Objekt: das Selbst wird als Objekt der Verfügbarkeit zu einem seinem Subjekt gegenüber Fremden, weil es sich darin selbst unverfügbar wird. Und sofern das Selbst *als* zum Objekt Geronnenes selber als Entgrenzendes fungiert, steht sein Subjekt nunmehr, *als* dessen Funktion, unter dem Diktat, selber auflösend zu wirken, das heißt, alles ihm gegenüber Fremde, Andersseiende, unter die alles gleichmachende Herrschaft der Entgrenzung zu zwingen.

Die offenkundig angemessendste Antwort auf diesen Verlust des Selbst läßt sich an dem ablesen, *wie* das Subjekt diesen Selbst-Verlust verarbeitet. Selbst wenn man diese Verarbeitungs*weisen* als solche pathologisch nennen mag, so läßt sich der – in der Einleitung dieser Arbeit erwähnte – Versuch des Subjekts, sein sinnentleertes Selbst zu retten, doch als eine Aktivität begreifen, die, als Widerstand gegen den Verlust seines Selbst verstanden, durchaus als Selbsterhaltung des Subjekts aufzufassen wäre – wenngleich auch als scheiternde. Und wenn demnach dieser Rettungsversuch des Selbst nicht allein als bloße Ausdrucksform seines Scheiterns begriffen wird, dann muß er vielmehr als Restitutionsversuch eines durch den Identitätszwang seiner Lebendigkeit enteigneten Lebens verstanden werden.

Wird nun aber dieser Rettungsversuch als Restitutionsversuch verstanden, dann rückt mit diesem Verständnis die Möglichkeit ins Blickfeld, dasjenige wahrzunehmen, was dem identifizierenden Denken als das schlechthin Negative im Sinne des Unwahren gilt: das ist das der Macht der Begriffsbestimmung Widerstehende als die der Verfügungsgewalt der Vernunft-Herrschaft sich entziehende Andersheit von Anderen und anderem. Mit einer solchen Wahrnehmung eröffnet sich denn auch zugleich die Möglichkeit, einen dem traditionellen Begriff von Beziehung überhaupt entgegengesetzten, aus der *realen* Beziehung des Subjekts gewonnenen Standpunkt einzunehmen: nämlich Beziehung überhaupt als das unhintergehbare *Zwischen* im Sinne von deren *Gebrochenheit* [3] zu denken, und das heißt: Beziehung von der Andersheit im Sinne einer seiner Bemächtigung sich entziehenden Nicht-Identität her zu denken. Und zwar als Voraussetzung, den Anderen und das andere in seiner jeweiligen Besonderheit, in seiner je eigenen, uneinholbaren Vergangenheit der Aufhebung ins Allgemeine, der Auflösung in die Einheitsvernunft zu entwinden. Gegen die einheitliche Logik identitätsstiftenden Denkens, gegen den Identitätszwang des verheerenden Einheitsbedürfnisses unserer abendländisch geprägten Rationalitätsauffassung, von dem die Leiden derer zeugen, die sich dem auf die Aufhebung aller Andersheit abzielenden Vernunft- und Normalitätsverständnis allein um den Preis gesellschaftlichen Ausgeschlossenseins zu entziehen vermögen, – gegen die Vernunft-Herrschaft absoluten Wissens bringt sich in der Psychopathologie unserer Zeit die Bedingung der Möglichkeit zur Geltung, das Selbst- und Welt*verhältnis* des Menschen als *Offenheit* zu denken und darin wirkliche Andersheit als dessen Konstituens allererst sichtbar werden zu lassen. Es muß demnach darum gehen, die Andersheit von Anderen und anderem als Konstituens von Beziehung überhaupt zu denken und deren Unhintergehbarkeit als Offenheit zu verstehen. Und dies bedeutet: das Nichtidentifizierbare als das dem Begreifen sich Entziehende, das dem Begriffslosen entspringende Unsagbare, das Nichtkommunizierbare *als* das Beziehung Stiftende zu begreifen.

Von einer solchen Denkmöglichkeit aus rückt der Ort ins Blickfeld, den die mit jener Entgrenzungserfahrung vom Subjekt miterfahrene Auflösung seines Zukunfts- und Vergangenheitsbezuges in seine, als Unmittelbares, als Totalitäres sich verdichtende permanente Gegenwärtigkeit, – der Ort also, den die Unmittelbarkeit seines Gegenwartsbezuges zusammen mit jener Unmittelbarkeitserfahrung einnimmt, als die die philosophische Tradition die metaphysische Erlebnisfähigkeit des Menschen zur grundlegenden Voraussetzung gelingenden Lebens macht. Indem Beziehung überhaupt unter dem Primat des in der Realisierung nicht nur seines, sondern *des* Begriffs sich vollendenden Menschseins steht, kommt diese Fähigkeit mit jener Vernunft-Herrschaft überein, sofern durch die Realisierung des Begriffs, oder anders gesagt, durch die Selbstverwirklichung des Subjekts, alles Daseiende allererst zu sich selbst kommt, das heißt, *seinem* Begriff in der Wirklichkeit zu entsprechen. Es ist dies der Ort, an dem sich auf bestimmte Weise die neue, postmoderne Unmittelbarkeit und die traditionelle Unmittelbarkeit verschwistern und zwar in der und durch die Erfahrung der Entgrenzung des Subjekts. Die mit der *auf bestimmte Weise* ausgesprochene Einschränkung hinsichtlich eines Übereinkommens der traditionellen philosophischen Auffassung mit der heutigen Erfahrung von Entgrenzung betrifft den Unterschied in der Begründetheit der Entgrenzung: Während die philosophische Tradition das Selbst- und Weltverhältnis des Menschen auf dasjenige hin auslegt, in dem alles, was ist, seinen Grund hat, verfällt sie dem Verdikt, die Beziehung des Menschen zu Anderen und anderem auf ihren Begriff *als* die als vernünftig anzuerkennende Herrschaft des absoluten Grundes zu reduzieren und darin alles, was ist, in das immer schon Be*gründete* als das je Begriffene aufzuheben.

Demgegenüber zielt das heutige Selbst- und Weltverhältnis des Menschen – in radikaler Abgrenzung selbst noch von der Erfahrung des Selbst-Verlustes des Subjekts – auf die bloße Affirmation von Gegebenem: Das heutige Selbst- und Weltverhältnis begründet sich in der Affirmation eines gesellschaftlichen Pluralismus, dessen Gegebenheitsweisen im unmittelbaren Übergehen der Subjekte zwischen den verschiedenen, gleich*gültigen* Rationalitäten, Lebens- und Handlungsmustern gründen, und es ist darin unablösbar von einem Einheitsbedürfnis des Subjekts, welches sich, *als* absolutes Vertrauen in das technisch Machbare, in den Verarbeitungsweisen seines Ausgeliefertseins an dieses Bedürfnis zur Sprache bringt. Dieses ungeheure Vertrauen in das absolut technisch Machbare liegt offenkundig in der vermeintlichen Erkenntnis begründet, daß absolutes Wissen Vernünftigkeit bedeutet.

Beide: das heutige Selbst- und Weltverständnis und das traditionell geprägte kommen – meiner Auffassung nach – darin überein, daß der für Wissen gehaltene Glaube an die als Vernunft ausgegebene Verfügbarkeit der Welt ein Sich-selbst-Unverfügbarsein des Menschen zur Voraussetzung hat. Offenkundig scheint denn auch zu sein, daß die heute auf unmittelbare Bedürfnisbefriedigung und darin auf den unmittelbaren Zugriff auf Andere und anderes abzielende absolute Verfügbarkeit ihre Wurzeln in der abendländischen Grundlegung hat, in die hinein jener vernunftbegründete Herrschaftsanspruch reicht, unter den schon das traditionelle Denken die Freiheit des Subjekts gefaßt hat: nämlich als Begriff verinnerlichter Herrschaft. Mit der umstandslosen Verabschiedung vom grundlegenden traditionellen Vernunftverständnis, ohne erstes bzw. letztes Fundament auskommend, beansprucht das postmoderne Denken, den Aufweis zu erbringen, daß unmittelbares Übergehen, aber *als* Unmittelbares, die reine Freiheit des Subjekts und deshalb Vernunft *ist*. Mit der inhaltlichen Unbestimmtheit der Vernunft soll Freiheit allererst das werden, was sie im traditionellen Verstande zu sein beanspruchte: das Wirklichwerden des Begriffs als das in seiner Selbstverwirklichung zur Übereinstimmung mit sich kommende Subjekt.

Diese eine Idee der Vernunft: die Unmittelbarkeit des Übergehens, die der Grund der Freiheit des Subjekts sein will, scheint indes durchaus – auch gegen alle anderslautenden Behauptungen postmodernen Denkens – auf *Einheit* abzuzielen. Aber auf eine grund*lose*, das heißt, auf eine ohne Fundament. Als *grundlose* ist die postmoderne Freiheit jedoch nichts anderes als ein Surrogat für etwas, was bereits den Projektionshorizont unserer abendländischen Vernunfttradition bildet: das ist das Prinzip von Subjektivität, verstanden als das Zusammenfallen von reiner Verstandesvernunft mit der Selbstverwirklichung des Subjekts und zwar *als* die Bedingung gelingenden Lebens – aber jetzt als *grundloses* Zusammenfallen begriffen.

Freiheit als grundlose steht von nun an nicht mehr unter der gewaltsamen, alle wirkliche Andersheit ausgrenzenden Macht des traditionellen Begriffs von ihr. Sie setzt gegenüber jener traditionellen Erlebnisfähigkeit die Fähigkeit unmittelbarer Übergängigkeit[4] aber nicht als unmittelbares *Über*gehen im Sinne traditionellen *Aufgehens* im Anderen oder in anderem voraus. Jene Freiheit begründet sich vielmehr *als* die Fähigkeit unmittelbaren Über*gehens*. Ein solches Über*gehen* ist kein *Über*gehen, sofern es nicht auf die vollständige Unterwerfung allen wirklichen Andersseins unter die Vernunftmacht abzielt. Insofern ist es kein gewaltsames; es meint ja ein bloßes Hinweggehen, aber als solches ein Über*gehen* über alles, was diese Fähigkeit nicht besitzt. Postmoderne Freiheit benötigt gegenüber der traditionellen nicht mehr die Gewißheit jener Vernunft, weil sich ihre Herrschaft längst in deren Subjekt hinein fortgesetzt hat und zwar so, daß sie sich gleichsam, durchs Subjekt hindurchgehend, *durchs* Subjekt selber Geltung verschafft. Die Gewaltlosigkeit des unmittelbaren Übergehens ist demnach nur eine scheinbare. Denn sie hat jene Gewalt zur Voraussetzung, die das Subjekt sich selbst antut, wenn es sich jene Herrschaft derart aneignet, daß diese zu einer *durchs* Subjekt wird. Gewalttätig gegen sich, radikalisiert das Subjekt der postmodernen Freiheit das traditionelle Prinzip von Subjektivität derart, daß es, indem es seine innere und äußere Ungebundenheit als das als vernünftig anzuerkennende allgemeine Verfügbarsein ausgibt, den Universalisierungsanspruch vollständiger Verfügbarkeit zu einem durch es selbst erklärt.

Postmoderne Freiheit reduziert die Ungebundenheit des Subjekts auf das Vermögen, das seine Bindungslosigkeit Veranlassende als vernünftig anzuerkennen, so daß ich behaupten möchte: diese Freiheit *ist* nichts anderes als die Fähigkeit zu einem gleichgültigen Selbst- und Weltverhältnis, das sich seinerseits nicht mehr als Lebens*vollzug*, sondern bloß noch als Inszenierung des Lebens zur Darstellung bringt: eines Lebens, in welchem das Subjekt – indem es als solches verschwindet – als universell medial Vermitteltes, als gleichgültiges Jetztwesen in Erscheinung tritt. In Erscheinung tritt da aber in Wirklichkeit der in den Denk- und Lebensformen des Subjekts sich verkörpernde Identitätszwang des traditionellen Prinzips von Subjektivität – aber reduziert auf ein Prinzip, das – als *projektive Identifikation* – den universellen Verfügungswahn als Projektionshorizont für das Mißlingen der Vernichtung der eigenen innersten Andersheit des Subjekts zum Gegenstand von dessen Selbst- und Weltverhältnis macht.

III

In dem heutigen Verständnis von Selbstverwirklichung bringt sich eigens zur Sprache, daß das, worauf es abzielt: das ist die Übereinstimmung des Subjekts mit sich als die absolute Autonomie, lediglich eine Umformulierung des traditionellen Identitätsbegriffs in andere Normierungen darstellt, die hinter diesem zurückbleiben, sofern sie dessen Intention, indem sie umstandslos von ihm abspringen, letztlich bloß radikalisieren. Das heutige Einheitsbegehren des radikal autonomen Selbst grenzt wirkliche Andersheit radikal aus, indem es *sich* unmittelbar über*geht*. Seinen vielleicht deutlichsten Niederschlag findet dies in jenen bestimmten Ausprägungen, durch die sich das heutige Scheitern des Selbst zum Ausdruck bringt und die in der Psychopathologie phänomenologisch als "Borderline-Syndrom" beschrieben werden, wie beispielsweise: die Unfähigkeit des Menschen zu vertrauensvoller Abhängigkeit und gleichzeitiger Unabhängigkeit, die Unfähigkeit, Gefühle anderer Menschen zu verstehen, also das Fehlen jeglicher Empathie, sowie das Fehlen differenzierter Gefühle der Trauer als das Resultat einer Unabhängigkeit, die mit unmittelbarer Verfügbarkeit, mit Objektlosigkeit gleichgesetzt wird und untrennbar damit verbunden die Ausnutzung Anderer zur unmittelbaren Befriedigung eigener Bedürfnisse, ohne dabei Schuldgefühle zu entwickeln.

Der Versuch dieser Arbeit, diese bestimmte Psychopathologie des heutigen Selbst- und Weltverhältnisses des Menschen in Verbindung mit der conditio humana zu thematisieren, zielt darauf ab, über den Begriff der *Beziehungsfähigkeit* Philosophie und klinische Psychoanalyse zu verbinden und zwar so, daß diese Psychopathologie auf die conditio humana hin durchsichtig wird. Dabei geht es darum, die Bedingungen gelingenden Selbstseins in Hegels Theorie des Selbstbewußtseins und Kernbergs klinisch-psychoanalytischer Objektbeziehungstheorie herauszuarbeiten, um in ihnen dasjenige ausfindig zu machen, was ihrem Begriff eines solchen Selbstseins widerstehend sich entzieht, indem es das traditionelle und das heutige Einheitsverständnis als Grund des Scheiterns des Selbst zur Sprache bringt. Wenn es gelingt, ein solches Moment in beiden theoretischen Ansätzen zu entdecken, dann ist es möglich, das Verständnis vom *Gelingen* des Selbstseins, ohne es von außen zu kritisieren, über sich selbst aufzuklären. Und zugleich ermöglicht dies einen Perspektivenwechsel im Verständnis des Selbst und vor allem in der Auffassung von dessen Gelingen.

Zentraler Begriff meiner Auseinandersetzung mit beiden theoretischen Ansätzen beim Selbst ist *Andersheit* und nicht *Identität*, nicht ein Selbstverhältnis, das auf Einheit in dem Sinne abzielt, daß das Selbst bloß als das andere *des* Anderen fungiert, sondern eines, das als *Identität* ein *Sich* ist, welches, als ein *Sich-Öffnen*, die Andersheit des Anderen nicht vergegenwärtigt, indem es sie in die Gegenwart des eigenen Seins zwingt, sondern eines, das die Andersheit als irreversible Offenheit verstanden wissen will. Und zwar in dem ausgezeichneten Sinn, daß die *Begegnung* der Selbste die ihrer unhintergehbaren Andersheit *ist* und die deshalb immer schon soviel wie *umstandslose Anerkennung der Andersheit* bedeutet. Und dies heißt: Die in der Begegnung erfahrene Andersheit ist die mit der Erfahrung der Uneinholbarkeit der Vergangenheit des Anderen miterfahrene Unverfügbarkeit der eigenen, die in dem Bedürfnis, den Anderen als das zu würdigen, als was er je begegnet, ihre Entsprechung findet. Einem Menschen wirklich begegnen (und nicht bloß mit ihm zusammentreffen) ist deshalb unablösbar von der Einsicht in die Unmöglichkeit, ihn aus seiner Vergangenheit heraus auf seine Zukunft hin, also als zu identifizierendes Ganzes zu verstehen. Und darin manifestiert sich das traditionelle Eins-Sein als Zwang und sein Bedürfnis als Machtanspruch. Einem Menschen begegnen bedeutet demnach, das gegenseitige Anderssein als gemeinsames, die Begegnung begründendes Getrenntsein als irreduzibles Faktum anzuerkennen. Ein solches Verständnis von Identität befindet sich in fundamentaler Differenz zum traditionellen, weil es – jenseits allen Denkens, das aufs reine Wissen reduziert wird – auf ein spezifisches Denken abzielt, das nicht mehr bloß sich selbst zum Gegenstand hat, sondern das sich vielmehr in der vorbehaltlosen Anerkennung des Anderen generiert und das deshalb – gleichsam als objektloses – in der empathischen Zuwendung jenen Ort hat, in dem es sich allererst *durch* das Begegnen der Andersheit wirklich sich selbst zu begegnen vermag. Einem solchen Denken tritt der Andere dann auch nicht mehr als Objekt gegenüber, dessen Andersheit es anzueignen und aufzuheben gilt, sondern er *begegnet*, und indem er dies *tut*, offenbart er das zutiefst Menschliche.

Aus diesem Verständnis begründet sich das systematische Interesse dieser Arbeit an jenen bestimmten Denkfiguren Hegels, insbesondere der "Phänomenologie des Geistes"[5], deren theoretische Mittel ich für eine Auseinandersetzung mit dem von der Psychoanalyse aus der Aufklärung der Borderline-Genese gewonnenen theoretischen Ansatz beim gelingenden Selbstsein fruchtbar machen möchte. Orientierungspunkt meiner Auseinandersetzung mit Hegel ist das *Selbstsein*, aber so, daß ich das, als was es Hegel verstanden wissen will: nämlich als das als identitätslogisches Bewegungsprinzip sich manifestierende absolute Selbstverhältnis, nicht aus der Perspektive der Beziehung des Subjekts auf sich, sondern aus der konkreten Beziehung zu einem anderen Menschen wahrnehme. Hegels Begriff des Selbstverhältnisses aus der Beziehung zum anderen Menschen wahrzunehmen, geschieht in systematischer Absicht: Ich folge Hegels Intention, die Freiheit des Menschen als Liebe im Sinne des Bei-sich-selbst-Seins im Anderen aus der Genese des Selbst als *kommunikativer* zu begründen, um nach dem Bedeutungsgehalt des integrativen Erfahrungscharakters dieses Selbstseins für jenes konkrete zwischenmenschliche Begegnen zu fragen und zwar mit der Absicht, Hegels Begriff des Selbst anders zu denken.

IV

Mit dem Problem einer Beurteilung der Hegelschen Theorie des Selbstbewußtseins und der Begründung einer eigenen Position gegenüber dieser Theorie ist untrennbar die Frage verbunden, ob man die systematische Intention, die Hegels Theorie des Selbstbewußtseins im Rahmen seiner Philosophie verfolgt, für sinnvoll hält. Das heißt, ob man Hegels Konstruktionsprinzipien der Grunderfahrung selbstbewußten Lebens zu folgen bereit ist. Der Entschluß, eine solche Grunderfahrung zu akzeptieren, bedeutet letztlich, die Grundverfassung menschlichen Daseins *als* das Gelingen des zur Übereinstimmung mit der Welt gebrachten Bewußtseins anzuerkennen, oder anders gesagt, dem Menschen eine metaphysische Erlebnisfähigkeit zuzusprechen.

Daß ein derartiges *Gelingen* bei den hier und heute lebenden Menschen kaum auszumachen sein wird, ist wohl eine unstrittige Feststellung. Man wird eher die Behauptung bekräftigen können, daß ein mit der Welt übereinstimmendes Bewußtsein eine Anpassungsleistung vollbracht hat, die ihrerseits auf pathologische Bewußtseinsstrukturen verweist[6].

In Anerkenntnis der Hegelschen Intention, das Selbst des Menschen auf ein Selbstverhältnis hin auszulegen, das mehr meint als eine Beziehung des Subjekt auf sich selbst und das unter Selbstsein anderes versteht als das bloße Bei-sich-selbst-Sein, werde ich von dem Boden abspringen, in dem Hegels spekulativer Anspruch gründet: den Fortgang von der unterdrückenden Herrschaft zur befreienden im Bewußtsein des Menschen auf die Gewißheit der Herrschaft Gottes zurückzuführen. Es ist dies der Boden des Christentums. Der Preis, den man für eine Distanzierung von der inhaltlichen Grundlage der Philosophie Hegels aufzubringen hat, ist der Verzicht auf eine Grundlegung des menschlichen Bewußtseins sowie der Verzicht auf eine universale Lebensdeutung.

Meine Abwendung von dieser inhaltlichen Grundlage ist von der Überzeugung getragen, daß philosophische Letztbegründbarkeitsansprüche in sich die Tendenz besitzen, auf Herrschaft über das Subjekt abzuzielen: auf die Aufhebung wirklicher Andersheit. Daß das Anderssein immer schon als das Anzueignende und schließlich Aufzuhebende gedacht wird, begründet sich aus dem identitätslogischen Bewegungsprinzip, das sich, indem alle Andersheit sich ihm vollständig unterwirft, als Absolutes manifestiert. In Distanz zu einer solchen Grundlegung fühle ich mich dem Denken Adornos verbunden, das die "Erfahrung Auschwitz" als den unwiderleglichen Beweis für das Mißlingen einer Kultur verstanden wissen will, deren Entwicklung sich im wesentlichen jenem Identitätszwang verdankt. "Gelähmt ist die Fähigkeit zur Metaphysik, weil, was geschah, dem spekulativen metaphysischen Gedanken die Basis seiner Vereinbarkeit mit der Erfahrung zerschlug." (ND, S. 354)

Indem ich Hegels Konstruktion des Selbstbewußtseins gegen das abhebe, aus dem sie sich begründet, verfolge ich das Ziel, die formale Konstruktion des Selbst- und Weltverhältnisses des Menschen in dessen *konkrete* Erfahrung zurückzubiegen, ausgehend davon, daß sich deren Bedeutungsgehalt für das Selbst- und Weltverhältnis allein durch die Erfahrung des Menschen angemessen begründen lässt. Das bedeutet, die formale Konstruktion nicht bloß auf deren Erfahrbarkeit hin zu untersuchen, sondern das Selbst- und Weltverhältnis selber aus der konkreten Erfahrung des Menschen verständlich zu machen. Ich knüpfe hierbei an jene bestimmte psychoanalytische Theoriebildung an, die auf dem Grunde klinischer Befunde, als "Objektbeziehungstheorie", die "Verinnerlichung der Beziehung" zwischen dem Selbst und seiner Welt zum Thema gemacht hat.

Der Verzicht, der inhaltlichen systematischen Intention Hegels zu folgen, und das an bestimmten Denkfiguren orientierte systematische Interesse dieser Arbeit bringen fundamentale Schwierigkeiten mit sich, sofern sich bereits die durch diese selektive Zugangsweise bedingte nicht-hermeneutische Textinterpretation dem Verdacht der Unwissenschaftlichkeit aussetzt. Darüberhinaus steht der Versuch einer Korrektur jener Hegelschen Grundlegung des Selbstbewußtseins in der Schwierigkeit, in den Grenzen der Integrationsfunktion des Hegelschen Systems zu bleiben. Rechtfertigen und sinnvoll begründen läßt sich ein solcher Versuch überhaupt nur dann, wenn es gelänge, in einer solchen Grundlegung etwas freizulegen, was sich diesem Selbstbewußtsein entzieht und was es erlaubte, das Selbstbewußtsein anders zu begründen: Der Versuch einer Korrektur an Hegels Grundlegung des Selbstbewußtseins beabsichtigt, Hegels Begriff des Selbst von empirischen Sachverhalten aus in den Blick zu nehmen mit dem Ziel, das Selbst- und Weltverhältnis des Menschen aus dieser Perspektive heraus als ein nicht-ontologisches Verhältnis weiterzudenken.

Dabei wird – wie gesagt – zunächst davon ausgegangen, daß sich in dem konkreten gegenwärtigen Selbst- und Weltverhältnis des Menschen etwas durchhält, was als das Prinzip von Subjektivität verstanden werden darf. Dementsprechend hat der Versuch einer Korrektur der Hegelschen Grundlegung des Selbstbewußtseins beides, nämlich Hegels Begriff des Selbst und jene konkrete Lage des Menschen unter dem Gesichtspunkt dessen zu betrachten, was den gegenwärtigen Selbstverlust des Menschen und dessen Verständnis von Autonomie ausmacht: das ist die Abwendung des Menschen von Anderen *als* Rückzug auf sich selbst. Dieser Zugangsweise meines Versuchs einer Korrektur der Hegelschen Grundlegung des Selbstbewußtseins liegt also die Annahme zugrunde, daß eine solche Abwendung etwas Universelles besitzt und daß sie somit auch und vor allem der conditio humana zugerechnet werden darf.

Meine These von der Universalisierung der Abwendung erhebt einen eingeschränkten Geltungsanspruch, sofern ihr Bezugspunkt allein die Frage nach der konkreten Erfahrbarkeit einer mit der conditio humana miterfahrenen Abwendung ist. In dem eingeschränkten Rahmen, in dem ich die These ausweisen möchte, will ich dies an der Hegelschen *Genese* des Selbstbewußtseins tun. Und dies bedeutet: die *ursprüngliche Erfahrung* des Menschen zum Gegenstand der Untersuchung zu machen.

Eingeschränkt ist meine Untersuchung überdies in zweifacher Hinsicht. Sie ist dies zum einen insofern, als sich meine Auseinandersetzung mit Hegels Verständnis der Genese des Selbstbewußtseins auf den "Wendungspunkt" zentriert, in dem Hegels systemimmanenter Existenzmodus der "Selbstbeziehung" in sich umschlägt und der *Grund* der absoluten Stellung, auf die hin diese Selbstbeziehung ausgelegt ist, als das Bei-sich-selbst-sein *im Anderen* den Horizont von Beziehung überhaupt sichtbar werden läßt und damit auch von jener, um deretwillen die Auseinandersetzung mit Hegel geführt wird: das ist die *Beziehung* zum anderen Menschen.

Eingeschränkt ist meine Untersuchung zum anderen aber auch dadurch, daß sie unter Verzicht auf die Auseinandersetzung mit den logischen Strukturen des Procedere der Selbstbeziehung einzig darauf abzielt, den Bedeutungsgehalt herauszuarbeiten, den die in der Selbsterfahrung miterfahrene Grundsituation menschlichen Daseins für jene empirisch fundierte ursprüngliche Realitätserfahrung besitzt, die die psychoanalytische Objektbeziehungstheorie als den *Grund* gelingenden Selbstseins zu beschreiben und verständlich zu machen versucht.

In Frage steht, *wie* und *als was* erfährt der Mensch das Konstituens von Subjektivität, wenn er die darin miterfahrene Grundsituation des Anderen als das andere *seiner* selbst erfährt? Oder anders gefragt: Als was erfährt *sich* der Mensch ursprünglich?

2. Das Bewußtsein – Die Verdeckung des Selbst

"Verkehrung" von "Für-sich-sein" und "An-sich-sein"

Der Begriff des "Selbstbewußtseins" nimmt in der Philosophie Hegels eine ausgezeichnete Stellung ein, versammelt sich in ihm doch nichts geringeres als der Weg der Stationen, den das Selbstbewußtsein von der sinnlichen Gewißheit zur Wahrheit des Selbstseins zu gehen hat.

Die zentrale Position des Selbstbewußtseins gegenüber anderen Geistgestalten läßt sich meines Erachtens im wesentlichen aus zwei Gründen ableiten: 1) Das Selbstbewußtsein ist das Scharnier zwischen den in der Phänomenologie des Geistes sich darstellenden Erkenntnis- und Erfahrungsweisen des Bewußtseins und der in der Logik sich selbst thematisierenden Subjektivität. 2) Im Begriff des Selbstbewußtseins tritt Hegels systematische Intention zutage, indem ihre Forderung, die an das Selbstbewußtsein ergeht, *als* dessen eigener Anspruch aufbricht: nämlich die dialektische Bewegung zu vollziehen, die seinem Seinsstatus als Selbstbewußtsein eignet. Damit ist gemeint, daß das Selbstbewußtsein, um sein zu können, was es *ist*, seinen Anspruch *als* sein Gegebensein begreift und als solches zur Darstellung bringt.

Indem das Selbstbewußtsein seinen Anspruch *darstellt*, überschreitet es sich auf sich selbst hin, auf das Bewußtsein seines Selbst. Darin ist in ihm der Begriff des Geistes erreicht *als* seinem "Wendungspunkt", auf dem es aus dem farbigen Scheine des sinnlichen Diesseits und aus der leeren Nacht des übersinnlichen Jenseits in den geistigen Tag der Gegenwart einschreitet". Und darin entspringt dem Selbstbewußtsein das, was das Kapitel über das "Selbstbewußtsein" in der Phänomenologie des Geistes so berühmt gemacht hat: das ist die Freiheit.

Wenn es zutrifft, daß mit dem Auftreten des Selbstbewußtseins in der Geschichte der Erfahrung des Bewußtseins der Begriff des Geistes erreicht ist, dann darf man vermuten, daß das Selbstbewußtsein, indem es seine Erfahrung des sich Transzendierens vor sich bringt, zugleich die mit dem menschlichen Dasein mitgegebene Grundsituation ans Licht bringt. In welcher Weise auch immer in der Erfahrung des Selbstbewußtseins die fundamentale Situation des Menschen durchscheint, so darf doch davon ausgegangen werden, daß in seinem Wendungspunkt, dem Begriff des Geistes, diese Situation auszumachen ist.

Mit dem Versuch, den Begriff des Selbstbewußtseins aufzuklären, muß der komplexe Zusammenhang mitaufgeklärt werden, in dem das Selbstbewußtsein steht und aus dem es sich ergibt. Das hat zur Folge, daß dieser Versuch sogleich mit einem Problem konfrontiert ist, das für das Wesen der Hegelschen Philosophie von zentraler Bedeutung ist: Es ist das Problem des Anfangs. Zu fragen ist also dies, wo unser Versuch einer Aufklärung des Begriffs des Selbstbewußtseins anzusetzen hat. Man hat keine Chance, den vollständigen Inhalt dieses Begriffs zu verstehen, wenn man meint, unmittelbar beim Selbstbewußtsein selber ansetzen zu müssen. Das ist insofern der Fall, als man in den Prozeß der dialektischen Bewegung einbricht, in dem das Selbstbewußtsein sich befindet und die es seinerseits vollzieht. Das bedeutet, daß man einen Ausschnitt der Bewegung in den Blick bekommt, ohne zu wissen, welchen Platz er in ihr einnimmt und welche Funktion ihm in dieser Bewegung zukommt. Der Ausschnitt, der sich einem zeigt, läßt weder Rückschlüsse auf den Beginn des Prozesses zu, noch ermöglicht er eine Beschreibung seines Fortgangs.

Man kommt demnach nicht umhin, dem Prozeß der dialektischen Bewegung des Selbstbewußtseins Folge zu leisten. Allein darin liegt die Bedingung der Möglichkeit, seinem Begriff auf die Spur zu kommen und den inneren Reichtum des Wesens des Selbstbewußtsein zu erfassen.

Einen Ansatzpunkt für unsere Untersuchung bietet Hegels zentrale Behauptung, daß das Bewußtsein Selbstbewußtsein ist. Denn mit dieser Behauptung läßt sich sogleich die Frage verbinden: Wie und wodurch kommt das Bewußtsein dazu, Selbstbewußtsein zu sein? Oder genauer: Wie und wodurch wird dem Bewußtsein bewußt, daß es Selbstbewußtsein *ist*?

Wenn mit dieser Frage der Sachverhalt, den Hegels Behauptung meint, richtig wiedergegeben ist, dann können wir aus dieser Frage heraus das Untersuchungsfeld abstekken, in dem sich das Selbstbewußtsein bewegt: Es ist dies der *Fortgang* vom Bewußtsein zum Bewußtsein seiner selbst.[7]

Offenkundig besteht zwischen dem *Bewußtsein* und dem *Bewußtsein seiner selbst* ein Unterschied. Wie ist er zu bewerten und woraus ergibt er sich? Auf keinen Fall dürfen wir davon ausgehen, daß Hegels Verständnis vom Selbstbewußtsein darauf beruht, daß es zunächst ein Bewußtsein und dann auch noch ein Bewußtsein seiner selbst gibt. Die Unterscheidung, die die Phänomenologie des Geistes trifft, zielt darauf ab, durch das Bewußtsein hindurchzugehen, in sein Inneres einzudringen und das freizulegen, was seine Wahrheit ist: Es ist das *Selbst*, das die Wahrheit über das Bewußtsein offenbart; in ihm liegt der Weg von der Gewißheit zur Wahrheit, und die Bewußtwerdung dieses Weges ist die Selbstoffenbarung des Bewußtseins.

Am Anfang der Phänomenologie des Geistes begegnen wir einem Bewußtsein, das sich seines Wesens, sich als Bewußtsein seiner selbst zu verhalten, noch ganz und gar unbewußt ist. Der sogenannte *gesunde Menschenverstand*, mit dem die Phänomenologie anhebt, macht in "sinnlicher Gewißheit" Erfahrungen mit sich selbst, die den Prozeß aller Erfahrungen des sich offenbarenden Bewußtseins vorzeichnen. Diese Anfangs-Erfahrung kann "als der Weg des natürlichen Bewußtseins, das zum wahren Wissen dringt, genommen werden, oder als der Weg der Seele, welche die Reihe ihrer Gestaltungen, als durch ihre Natur ihr vorgesteckter Stationen, durchwandert, daß sie sich zum Geiste läutere, indem sie durch die vollständige Erfahrung ihrer selbst zur Kenntnis desjenigen gelangt, was sie an sich selbst ist". (PhdG, S. 72)

Der Standpunkt der sinnlichen Gewißheit des Bewußtseins stellt eine Herausforderung für alle folgenden Standpunkte dar. Der Standpunkt der sinnlichen Gewißheit fordert das Bewußtsein heraus, seinen Standpunkt zu ändern, sich selbst zu verändern. Er fordert das Bewußtsein heraus, aus sich selbst hinauszugehen und seinen Standpunkt, den es einzunehmen intendierte, offenzulegen. Anders gesagt: Er fordert vom Bewußtsein, daß es ihn als ein *aus sich selbst heraus* Hervorgebrachtes ausspricht. Was hat es nun mit dem Standpunkt der sinnlichen Gewißheit des Bewußtseins auf sich? Wenn wir diese Frage aufgeklärt haben, kennen wir die Erfahrung, die dem Selbstbewußtsein aus dieser Gewißheit entspringt; oder anders ausgedrückt: Das Selbstbewußtsein antwortet auf die Herausforderung jener Erfahrung, die den Standpunkt des auf sinnlicher Gewißheit beharrenden Bewußtseins charakterisiert.

Dieser Standpunkt des Bewußtseins zeichnet sich durch die "Gewißheit" aus, den Anspruch erheben zu dürfen, die "Wahrheit" über seinen Gegenstand aussagen zu können. Das Bewußtsein ist sich dessen gewiß, daß die Erfahrung seines Wahrnehmens die Wahrheit über den Gegenstand ausweist. Dieses Wissen des Bewußtseins meint, die Wahrheit des Gegenstandes zu wissen; Gewißheit und Wahrheit meint das Bewußtsein als in sich Vereintes zu wissen.

Hegels Theorie der sinnlichen Gewißheit überführt diesen positivistischen Standpunkt, den die philosophische Tradition vom naturwissenschaftlichen Kausalitätsdenken ererbt und ihrerseits ungebrochen reformuliert hat, seiner Unwahrheit. Wie die rein kontemplative Erkenntnisweise die Unwahrheit über das auf sinnlicher Gewißheit beharrende Bewußtsein mit sich führt, so dementiert die Erfahrung dieser Erkenntnisweise ihrerseits den Wahrheitsanspruch des Bewußtseins; das Bewußtsein vermag durch die kontemplative Erkenntnisweise seines Erfahrungsgehaltes nicht habhaft zu werden.

Wir wollen uns einen Zugang zu dem Sinn verschaffen, den Hegels Theorie des Selbstbewußtseins mit dem Ansatz bei der sinnlichen Gewißheit verfolgt. Erinnert sei an dieser Stelle noch einmal an Hegels Behauptung, daß das Bewußtsein Selbstbewußtsein ist. Der Leitfaden, an dem wir uns zu orientieren haben, wenn wir uns nun diesem Ansatz zuwenden, läßt sich in folgendem Satz zusammenfassen: Die Wahrheit des Gegenstandes hat sich als das Selbst des Bewußtseins zu erweisen.

Die Meinung des Bewußtseins, zu wissen, was es meint, bezieht es aus den Prinzipien seiner sinnlichen Gewißheit: dem "Hier" und dem "Jetzt". Und diese Prinzipien beruhen auf einer spezifischen Wahrnehmung des Gegenstandes: Das Bewußtsein versenkt sich so in seinen Gegenstand, daß es darin aufgeht – seine Wahrnehmung ist rein rezeptiv, sie ist reines Empfangen. So würde das Bewußtsein "auf die Frage: *was ist das Jetzt?*" (PhdG, S. 84) antworten: *"Das Jetzt ist die Nacht".* (a.a.O.) Um die Wahrheit der sinnlichen Gewißheit einer Prüfung zu unterziehen, wird diese Wahrheit aufgeschrieben. *Jetzt*, am Mittag, ist das Jetzt der behaupteten Wahrheit ein Vergangenes. "Das Jetzt, welches Nacht ist, wird *aufbewahrt*, d.h. es wird behandelt als das, für was es ausgegeben wird, als ein *Seiendes*; es erweist sich aber vielmehr als ein Nichtseiendes. Das *Jetzt* selbst erhält sich wohl, aber als ein solches, das nicht Nacht ist; ebenso erhält es sich gegen den Tag, der es jetzt ist, als ein solches, das auch nicht Tag ist, oder als ein *Negatives* überhaupt. Dieses sich erhaltende Jetzt ist daher nicht ein unmittelbares, sondern ein vermitteltes; denn es ist als ein bleibendes und sich erhaltendes *dadurch* bestimmt, daß anderes, nämlich der Tag und die Nacht, nicht ist." (a.a.O.)

Was für den Gesichtspunkt gilt, unter dem das Bewußtsein das jetzt Wahrgenommene als die Wahrheit des Jetzt behauptet, trifft auch für die Perspektive zu, in der das Bewußtsein etwas wahrnimmt und es als ein "Hier"-Seiendes festlegt. "Das *Hier* ist z.B. der *Baum*. Ich wende mich um, so ist diese Wahrheit verschwunden und hat sich in die entgegengesetzte verkehrt: *Das Hier ist nicht ein Baum*, sondern vielmehr ein *Haus*. Das *Hier* selbst verschwindet nicht; sondern *es ist* bleibend im Verschwinden des Hauses,

Baumes usf. und gleichgültig, Haus, Baum zu sein." (PdhG, S. 85) Der unmittelbaren Meinung, Etwas sei hier und jetzt wahr, liegt das Bedürfnis zugrunde, dieses Etwas als ein Bleibendes für sich festzuhalten. Woraus schöpft das Bewußtsein die Gewißheit, daß das, was es zu wissen meint, wahr ist? Liegt in der Unmittelbarkeit des Meinens, daß das Bewußtsein im absoluten Sinne überhaupt nicht weiß, was es zu wissen meint, was es mit dem von ihm Gemeinten meint? Man wird schlechterdings nicht behaupten können, daß das Bewußtsein gar keinen Wissensinhalt besitzt. Denn es wäre kein Bewußtsein, fiele das, von dem es meint zu wissen und von dem es meint zu wissen, was es meint, in das absolute Nicht-Wissen. Zu hinterfragen ist also der Wissensinhalt des gemeinten Wissens.

Ich möchte hier die Behauptung aufstellen: Das Bewußtsein schöpft seine Gewißheit von Wahrheit aus der Paradoxie eines Grundsachverhaltes, der seinerseits in die fundamentale Situation fällt, die mit der menschlichen Existenz mitgegeben ist. Wenn dies zutrifft, dann ließe sich aus dieser Behauptung eine weitere ableiten, nämlich die, daß in der Erfahrung, die das Bewußtsein mit seinem Wahrheitsbegriff macht, eben jene Paradoxie offenkundig wird, die der fundamentalen Situation menschlichen Existierens entspringt.

Schauen wir zu, ob sich diese Behauptung verifizieren läßt. Zunächst muß es darum zu tun sein, den Wissensinhalt aufzuklären, der dem unmittelbaren Meinen entspricht. In der Perspektive, in der das Bewußtsein dieses oder jenes wahrnimmt und als hier und jetzt Wahres behauptet, verknüpft es Sachverhalte nach der Wenn-Dann-Struktur. Das heißt, die Behauptung des hier und jetzt Wahren gehorcht dem Kausalitäts-Prinzip. Demgemäß bestimmt das Bewußtsein seinen Gegenstand immer nur von der Seite her, die es an ihm wahrnimmt, während es die Seiten, die es nicht sieht, ausschließt. Es behauptet beispielsweise: *Wenn* ich hier stehe, *dann* ist das, was ich sehe, das, was es *ist:* es ist wahr. Oder das Bewußtsein behauptet: *Wenn* ich jetzt auf die Uhr schaue, *dann* ist es in Wahrheit 12 Uhr. Die behauptete Wahrheit ist unmittelbar an das Hier und Jetzt des Bewußtseins gebunden. Unter einem Perspektivenwechsel stellt sich dem Bewußtsein unter der Hand eine *neue* Wahrheit ein. Den kausalen Charakter seiner Wahrnehmung stellt das Bewußtsein am Gegenstand fest. Denn jede Perspektive, die es einnimmt, offenbart ihm die Einseitigkeit des Wahrgenommenen und die Inadäquatheit seines Wahrnehmens. Die Inadäquatheit seiner Wahrnehmung dementiert die behauptete Wahrheit und kündet von ihrer Unwahrheit. Zugleich verweist sie auf den Grund des Gesichtspunktes, unter dem das Bewußtsein seine perspektivische Betrachtungsweise als wahr auszugeben meint. Der Grund liegt in dem Bedürfnis, das wahrgenommene Etwas als ein Bleibendes für sich festhalten zu wollen. Was es mit diesem *Grund* im einzelnen auf sich hat, wird des näheren Schritt für Schritt zu erläutern sein. An dieser Stelle genügt es, wenn wir uns daran erinnern, was den Gesichtspunkt der Kausalität veranlaßt und zur Abhängigkeit des Wahrheitsbegriffs vom Kausalitäts-Prinzip geführt hat: Es war die spezifische Form der rein rezeptiven Wahrnehmung. Wir wollen die rezeptive Wahrnehmung zunächst in aller Vorläufigkeit für den Grund des Gesichtspunktes ausgeben, unter dem das Bewußtsein dieses oder jenes für wahr behauptet. Hinzuzufügen ist nun, nachdem sich uns im Perspektivenwechsel der Gegenstand als das dem Bewußtsein Widerspenstige und der Wahrheit Widerstrebende gezeigt hat, daß es nicht allein die rein rezeptive Wahrnehmung des Bewußtseins ist, die den Grund seines Gesichtspunktes ausmacht. Es scheint vielmehr die Begrenztheit des Bewußtseins *durch* den Gegenstand zu sein, durch die der Gesichtspunkt charakterisiert ist. Das bedeutet, daß der durch die einseitige Perspektive im Hier und Jetzt fixierte Gegenstand seinerseits auf das Bewußtsein als ein fixiertes, *endliches* zurückverweist und dessen Gesichtspunkt als einen endlichen kennzeichnet. Und zugleich weist der Perspektiven*wechsel* auf die *Bewegung* des Wahrnehmens hin und damit auf das Überschreiten seines endlichen Gesichtspunktes.

Denn dies, daß das Bewußtsein den Gegenstand immer nur von einer bestimmten Seite aus sieht, der Gegenstand sich nach und nach von dieser, dann von jener Seite her zeigt, offenbart die Unerfahrbarkeit der Wenn-Dann-Struktur von unmittelbar Gemeintem. Das heißt, die Unmittelbarkeit des Meinens von unmittelbar Gemeintem verstrickt sich in einen Widerspruch. Sofern die Logizität der Unmittelbarkeit des Gemeinten, also die kausale Beziehung zwischen der unmittelbaren Wahrnehmung und dem unmittelbaren Meinen, nicht unmittelbar erfahrbar ist, bedarf es einer *Umwendung* der rein logischen Unmittelbarkeit in eine reale Unmittelbarkeit, auf deren Vermittlung sie angewiesen ist. Das bedeutet, daß sie eine durch die Erfahrung vermittelte ist, auf die Erfahrung von ihr zurückgeführt werden muß. Die kausale Beziehung zwischen der unmittelbaren Wahrnehmung und dem unmittelbaren Meinen führt demnach zu einer Umwendung des Meinens des Bewußtseins. Oder anders gesagt: Die Kausalität zwischen unmittelbarer Wahrnehmung und unmittelbarem Meinen kann nur solange behauptet werden, als man mit ihr nichts anderes meint als die bloße Logizität eines Sachverhaltes von unmittelbar Gemeintem, in dem die Relata austauschbar sind, das heißt, wo der Standort des "Hier", von dem aus wahrgenommen wird, mit dem Wahrgenommenen vertauscht werden kann. Es besteht dann zwischen Wahrnehmung und Wahrgenommenem eine Identität. Vorausgesetzt ist dabei aber immer schon, daß die Wahrnehmung mit ihrem Gegenstand identisch ist, daß sie vollständig in ihrem Gegenstand aufgeht. Das bedeutet: Vorausgesetzt ist der Ausschluß jener Bewegung, die das Wahrgenommene überhaupt erst zu einem *Wahr-Genommenen* macht: Es ist dies die Bewegung der *Rückkehr* vom Wahrgenommenen zur Wahrnehmung als solcher. Die Kausalität jener Beziehung hat also nur darin ihr Bestehen, daß die Wahrnehmung als *Akt* ausgeschlossen bleibt. Diese Beziehung ist demzufolge nichts anderes als eine Ausschließungsbeziehung. Und darin liegt, daß die Unmittelbarkeit, an der die Logizität des Gemeinten einzig und allein hängt, in sich different ist und daß sie einer noch unmittelbareren Unmittelbarkeit bedarf, auf deren Vermittlung sie angewiesen ist. Das heißt des näheren, sie bedarf einer ursprünglichen Unmittelbarkeit, in der sie nicht bloß als relatum vorkommt, sondern in der sie zusammen mit dem Ausschließen die ursprüngliche Unmittelbarkeit selber ausmacht: Die Relata treten *als* relatio auf.

Die Aporie des Meinens ist auf den unaufgeklärten Widerspruch jener Unmittelbarkeit zurückzuführen, die sich als Ausschließungsverhältnis ausgewiesen hat. Hegels Kritik an Kant setzt bei dieser Aporie des Meinens an. Das bedeutet, sie setzt bei dem von Kant einer Gegenwelt preisgegebenen An-sich-Sein an, um es in diese relatio zu überführen und es darin dem Erfahrungszugang der realen Welt des Bewußtseins zuzuführen. Indem sie es der Erfahrung zugänglich macht, vermag sie die relatio als die Selbst-Referenz des Bewußtseins theoretisch zu fassen und das An-sich-Sein aus dieser Selbst-Referenz heraus begreiflich zu machen. (Wir müssen auf diese interne Differenz der Unmittelbarkeit zurückkommen, wenn wir uns der Hegelschen Aufklärung der Beziehung zwischen Bewußtsein und Gegenstand zuwenden.)

Versuchen wir uns zunächst verständlich zu machen, was die *Umwendung* des Meinens veranlaßt hat. Die Vermutung scheint nach dem bisher Gesagten nicht unbegründet zu sein, die Bewegung der Rückkehr als das die Umwendung Veranlassende zu verstehen. Denn wie könnte das Bewußtsein in seiner Wahrnehmung das Wahrgenommene überhaupt meinen, und wie könnte das Bewußtsein seine Perspektive in seiner Wahrnehmung als solche wahrnehmen, wendete es sich nicht vom Wahrgenommenen ab und wendete es sich nicht selbst wieder zu? Im Wechsel seiner Perspektive – so sagten wir – offenbart sich dem Bewußtsein am Gegenstand seiner Wahrnehmung die Endlichkeit seines Gesichtspunktes und zugleich sein Überschreiten dieser Endlichkeit. Damit ist aber eigentlich nichts anderes ausgesagt, als daß es der Gegenstand zu sein scheint, der aus seinem fixierten "Jetzt" verschwindet und sich in ein Früher und ein Später ausfaltet und dadurch eine Kluft aufreißt zur Endlichkeit des Gesichtspunktes des Bewußtseins.

Würde man die Umwendung des Meinens des Bewußtseins nur aus diesem Sachverhalt heraus verstehen, so müßte man allein im Gegenstand den Grund für die Umwendung sehen. Das heißt, man müßte die Beziehung zwischen Bewußtsein und Gegenstand in den Gegenstand verlegen, also diese Beziehung als interne Beziehung des Gegenstandes selber begreifen. Damit würde man zu der Auffassung gelangen, daß der Gegenstand – hier sei hinzugefügt: der Gegenstand qua *Welt* – den Erfahrungsgehalt des Bewußtseins *vor*bestimmt und die Direktiven für die Erkenntnisweisen vorgibt. Dem Gegenstand qua Welt wäre eine Unmittelbarkeit unterstellt, die, abgedichtet gegen jede Vermittlung von seiten des Bewußtseins, welche sie zu einem In-Beziehung-Sein verflüssigte, sich dem Erfahrungszugang des Bewußtseins entzöge. Die Verlegung der Beziehung in den Gegenstand würde eine Selbstbeziehung des Gegenstandes etablieren, in der das Bewußtsein nur noch vorkommt und zwar so, daß es ausgeschlossen ist. Eine solche innere Beziehung des Gegenstandes wäre für das Bewußtsein nicht nur eine Fremdbeziehung, sie wäre auch eine entfremdende; der Gegenstand geriete zu einem Abstraktum, weil der Raum, innerhalb dessen das Bewußtsein ihm allererst begegnet, ganz und gar vom Gegenstand ausgefüllt wäre. Distanzlos wäre das Bewußtsein dem Gegenstand – der Welt – ausgeliefert, oder anders ausgedrückt: Der Status des Bewußtseins, das *Bewußtsein* seines *Selbst*, wäre von Welt vollständig bestimmt, und über*weltigt* von Welt, wäre es ihr immer schon verfallen.[8]

An Sartres "Selbstsein" sei hier erinnert, das auf die Fremdheit der Welt nur dadurch zu antworten vermag, daß es sich derart von ihr "losreißt", daß es diese Fremdheit als solche nicht mehr reflektierend in sich aufnehmen kann, d.h. daß es sich dieser Fremdheit als dem Grund für sein Sich-Losreißen von ihr nicht zu vergewissern vermag. Sartres Begriff des Selbstseins impliziert ja letztlich ein Ausschließungsverhältnis, das dem Ausschließungsverhältnis des Gegenstandes – wie wir es soeben beschrieben haben – gleichkommt. Betrachten wir dieses Selbstsein aus dieser Perspektive, so läßt sich hier wiederum die Auffassung vertreten, daß der Akt des Sich-Losreißens, durch den sich nach Sartre *Subjektivität* überhaupt erst konstituiert, allein die *Reaktion* auf die Fremdheit der Welt darstellt. Wenn wir unter dem Sich-Losreißen mehr verstehen wollen als den Akt, durch den sich ein *objektloses* (Los-Sein-von-Welt) Bei-sich-selbst-sein konstituiert, dann müssen wir voraussetzen, daß die Fremdheit keine vollständige sein kann, und wir müssen auch davon ausgehen, daß der Gegenstand bzw. die Welt aneignungsfähig ist. Das bedeutet in bezug auf das bisher Gesagte: Obwohl dem Bewußtsein am Gegenstand die Endlichkeit seines Gesichtspunktes aufgeht, unter dem es ihn für *wahr* nimmt, kann nicht davon ausgegangen werden, daß der Gegenstand allein die Umwendung des Bewußtseins zu veranlassen vermag. Der Gegenstand ist nur aneignungsfähig, wenn ihm vom Bewußtsein selber etwas entgegenkommt.

Will das Bewußtsein den Akt seiner Wahrnehmung selbst erkennen, will es sich des Grundes seiner Einstellungsänderung vergewissern, so muß es auch in dieser Änderung selber am Werke sein. Wie wir sahen, bildet der Gegenstand durchaus den Grund für die Einstellungsänderung des Bewußtseins. Damit ist aber noch nichts darüber ausgesagt, was das Bewußtsein motiviert, seine Einstellung gegenüber dem Gegenstand auch zu verändern. Zu fragen ist also nach der Motivationsbasis der Abwendung vom Gegenstand und der Zuwendung zu sich. Nur in dieser Bewegung des Bewußtseins kann die Bedingung der Möglichkeit liegen, daß sich das Bewußtsein des Überschreitens seines endlichen Gesichtspunktes inne wird. Mit der Frage nach der Motivationsbasis dieses Überschreitens ist untrennbar die Frage verbunden: Worum geht es dem Bewußtsein, wenn es die Endlichkeit des Gegenstandes behauptet? Wir sind dieser Frage schon einmal begegnet, als wir uns darum bemühten, den Standort des Bewußtseins in seiner vermeintlichen Gewißheit der Wahrheit über den Gegenstand zu markieren, und wir haben – ohne es an Ort und Stelle ausgewiesen zu haben – die Antwort gegeben: Der unmittelbaren Meinung, Etwas sei hier und jetzt wahr, liegt das Bedürfnis zugrunde, dieses Etwas als ein Bleibendes für sich festzuhalten.

Begnügen wir uns zunächst mit dieser Behauptung und verbinden wir sie mit unserer Frage nach der Motivationsbasis der Abwendung vom Gegenstand und der Zuwendung zu sich selbst, so wird ein Zusammenhang zwischen der Meinung des Bewußtseins und seinem Bedürfnis offenkundig (wir wollen hier den spezifischen Begriff des *Bedürfnisses*, sofern mit ihm wesentlich die biologische Sphäre der Triebstrukturen verbunden ist, durch den Begriff der *Intention* ersetzen.). Die Meinung ist von der Intention des Bewußtseins nicht zu trennen; im Gegenteil: Die Meinung ist unablösbar von der Intention; sie scheint sogar durch sie angeleitet zu sein. Es genügt aber nicht, die Unablösbarkeit von Meinung und Intention zu konstatieren, wenn wir uns der Beantwortung der Frage nach der Motivationsbasis der Meinungsänderung nähern wollen. Denn wir hätten damit nichts weiter gewonnen als die triviale Feststellung, daß eine Einstellungsänderung der Intention zu einer Meinungsänderung führt. Die *alte* Intention stünde der *neuen* unvermittelt gegenüber, genauso wie die Meinungsänderung unmittelbar der vorherigen Meinung gegenübersteht. Das Auftreten der neuen Intention wäre genauso ein Erstes, wie die *Änderung* der Meinung nicht als *geänderte* Meinung hervortritt, sondern ebenfalls als Meinung schlechthin. Das Verändernde, das die Veränderung Veranlassende käme als ein Drittes hinzu. Die getroffene Feststellung der Unablösbarkeit von Intention und Meinung käme der Reformulierung jener Unmittelbarkeit der in sinnlicher Gewißheit behaupteten Wahrheit gleich. Warum haben wir mit dieser Feststellung nichts gewonnen? Der Grund dafür liegt auf der Hand: Wir haben die *Unablösbarkeit* für die Identität von Meinung und Intention gehalten, d.h. wir haben die *Beziehung* zwischen ihnen außer acht gelassen. Insofern konnten wir nicht über den Punkt hinauskommen, die Intention als die bloße Faktizität des Ausgerichtetseins auf Etwas zu fassen und die Meinung für die unmittelbare Prädikation des Intendierens zu halten. Das bedeutet, wir kommen der Beantwortung der Frage nach der Motivationsbasis der Abwendung vom Gegenstand und der Zuwendung zu sich nicht näher, wenn wir unser Augenmerk allein auf das Intendieren als solches richten, weil wir darin nur dasjenige, *was* intendiert wird, in den Blick bekommen. Die Frage nach dem, *worum* es dem Bewußtsein geht, muß erweitert werden auf das, *wie* es ihm darum geht. Demzufolge müssen wir uns dessen gewahr werden, auf welche *Weise*, das heißt *wie* das Etwas intendiert ist. Dieses *wie* des Intendierens gibt uns Auskunft über die Intention selber und deckt die Motivation ihrer Einstellungsänderung auf. Mit der Aufklärung dieses *wie* dürfen wir uns Aufschluß über das erwarten, was diesem Etwas in seiner Beziehung zum Bewußtsein von diesem Bewußtsein selber entgegenkommt. Und zugleich wird sich darin jene *Unmittelbarkeit* zur Sprache bringen, die sich als die der Unmittelbarkeit des Meinens ursprünglichere Unmittelbarkeit erwiesen hat. Diese *Unmittelbarkeit* – so sagten wir – ist in sich different, weil sie die relatio des unmittelbaren Intendierens (Wahrnehmung als *Akt*) und des Ausschließens dieses Aktes bildet.

Wir werden unsere Frage nach dem, *wie* das Bewußtsein etwas intendiert, in Hegels Analyse der *Beziehung* von Bewußtsein und Gegenstand wiederfinden, und es wird sich zeigen, daß mit ihr zugleich nach der Entstehung von *Erfahrung* mitgefragt wurde. Wenden wir uns nun dieser Analyse Hegels zu, so werden wir nicht nur mit einem bestimmten Verständnis von "Erfahrung" konfrontiert, wir werden auch und vor allem einem Begriff vom "Selbstbewußtsein" begegnen, dessen implizite Konsequenzen uns im Hinblick auf das *Selbstsein* im dritten Abschnitt dieses Kapitels wesentlich zu beschäftigen haben.

Bevor wir uns mit der Auffassung Hegels auseinandersetzen, wollen wir noch einmal in aller Kürze nachfragen, welchen Sinn Hegels Theorie des Selbstbewußtseins[9] mit dem Ansatz bei der "sinnlichen Gewißheit" verfolgt; dabei werden wir gleichzeitig eine Zusammenfassung des Vorverständnisses unserer bisherigen Erörterungen gewinnen.

Mit dem Ansatz bei der sinnlichen Gewißheit ist die fundamentale Frage nach der Defizienz eines Wissens verbunden, dessen Erkenntnisauffassung und absoluter Wahrheitsanspruch sich allein auf die Prinzipien der Kausalität beruft. Mit dieser Frage setzt Hegels Kritik an der Tradition des abendländischen Denkens an, das von Platon über Galilei und Newton bis hin zu Kant auf die Einlösung dieses Wahrheitsanspruchs ausgerichtet war. Und mit der Beantwortung dieser Frage überwindet die Philosophie Hegels die Defizienz dieses Denkens, indem sie es vollendet. Die dialektische Methode des *Überwindens* durch *Aufhebung* entnimmt Hegel dabei der Selbstaufklärung dieses Denkens, dessen dualistischer Standpunkt *sich* in einen dialektischen umkehrt, weil die reale Wirklichkeit sich dem dualistischen Prinzip der Kausalität entzieht. Das heißt, die Defizienz erfährt das Wissen an seinem Gegenstand selber, indem sich ihm dieser immer nur als in Veränderung Befindliches, als "absoluter Wechsel" (PhdG, S. 120) zeigt. Sofern das Wissen diese Veränderung nicht als Sich-Veränderndes begreift, projiziert es auf den Gegenstand nur das, als was er *ihm* erscheint, was er für es *sein soll*. Im dialektischen Gang offenbart sich demzufolge diese Entäußerungsform des Bewußtseins als Verdinglichung dessen, was dem Bewußtsein das Wahre ist, so daß der Gegenstand nicht nur als intendierter dasteht, sondern daß er auch und vor allem – als intentionale Formbestimmung – den materialisierten Ausdruck der Bewegung darstellt, die das Bewußtsein in seiner Erkenntnis *an* ihm vollzieht, aber nicht thematisiert, sondern ignoriert.

Das, worum es dem Bewußtsein geht, kehrt sich ihm am Gegenstand um, und "das *Verhältnis der Kausalität* geht als sich auf sich Beziehendes in *Wechselwirkung* über". (LI, S. 218) Dies zwingt das Bewußtsein zu einer Umkehr bei sich, genauer gesagt, zu einer *Rückkehr* zu sich selbst. Indem es ihm um das Bleiben des Gegenstandes geht, zeigt sich das, worum es ihm in *Wahrheit* geht: Es geht ihm in *Wahrheit* um das Verschwinden seines Bedürfnisses und zwar so, daß das Verschwinden ein Bleiben ist. Darum geht es ihm aber so, daß es ihm darin um sich selbst geht.

Es ist die "Negativität" des Anderswerdens oder das Bleiben als die Wahrheit des Verschwindens, auf die Hegels Ansatz bei der sinnlichen Gewißheit abzielt und zwar so, daß das Bewußtsein sie im Gang seiner dialektischen Bewegung des Sich-Zuwendens zum Gegenstand und des Sich-Abwendens aneignet und sie darin gleichsam *vor sich* bringt. Als das In-sich-Verkehrt-Sein (PhdG, S, 107–136) des Bewußtseins *ist* diese Negativität das jene Verneinung Veranlassende, und zugleich bildet sie deren *Grund*. Das Sich-dem-Gegenstand-Zuwenden ist deshalb nach der Seite, nach der es ein Sich-von-sich-Abwenden ist, ein Sich-von-sich-Losreißen im Modus des Sich-gegen-sich-selbst-Wendens. "Dies Innere (...) ist ihm darum das Wahre, weil es darin als in dem *Ansich* zugleich die Gewißheit seiner selbst oder das Moment seines Fürsichseins hat; aber dieses Grundes ist es sich noch nicht bewußt, denn das *Fürsichsein*, welches das Innere an ihm selbst haben sollte, wäre nichts anderes als die negative Bewegung; aber diese ist dem Bewußtsein noch die *gegenständliche* verschwindende Erscheinung, noch nicht sein *eigenes* Fürsichsein; das Innere ist ihm daher wohl Begriff, aber es kennt die Natur des Begriffes noch nicht." (PhdG, S. 116f.) Diesem Satz ist zu entnehmen, worauf es Hegel ankommt: Das Bewußtsein begreift nur das, was wirklich ist, wenn es sich des Grundes seines eigenen Begriffs vergewissert, d.h. wenn es sein Innerstes als diesen Grund auch *weiß*. Und im Anschluß an diesen Satz Hegels erfahren wir, was sich dem Bewußtsein in seinem Innersten erschließt: "In diesem *inneren Wahren*, als dem *Absolut-Allgemeinen*, welches vom *Gegensatze* des Allgemeinen und Einzelnen gereinigt und *für den Verstand* geworden ist, schließt sich erst über der *sinnlichen* als der *erscheinenden Welt* nunmehr eine *übersinnliche* als die *wahre* Welt auf, über dem verschwindenden *Diesseits* das bleibende *Jenseits*." (PhdG, S. 117)

In kritischer Aufklärung des Wahrheitsproblems, das das in der Traditionslinie platonischer Metaphysik stehende philosophische und naturwissenschaftliche Denken erzeugt, indem es die in seiner Erkenntnis*weise* zu vollständiger Übereinstimmung gelangenden Wahrheit des Erkenntnisgegenstandes mit der Erkenntnis behauptet, deckt die Philosophie Hegels die Wahrheit über dieses *Wahre* auf. Sie tut dies, indem sie dessen Unwahrheit als allem Bewußtsein innewohnende Wahrheit zu beweisen sucht. Dieses dem Kantischen Übereinstimmungsanspruch *vor* aller Erfahrung vorausgesetzte Selbstbewußtsein will Hegel allererst als zu Beweisendes begriffen wissen. Demgemäß untersucht er, wie unter der Bedingung eines der Erfahrung vorausgehenden begrifflich urteilenden Erfassens das Bewußtsein zum Bewußtsein seiner selbst kommt und wie es darin seinen Wahrheitsanspruch einzulösen vermag. Mit der Vorfrage, *wie* ein solches Bewußtsein etwas *weiß*, eröffnet Hegel seine Kritik am metaphysischen Wahrheitsbegriff in gleichzeitiger Darstellung seiner sich in dieser Kritik entfaltenden dialektischen Erfahrungstheorie. In Frage steht, womit denn jene von Kant beanspruchte *Wahrheit* übereinstimmt, wenn der Gegenstand mit der Erkenntnis übereinstimmt.

Nun kann und darf es Hegel nicht darum gehen, jene *Unwahrheit* zu destruieren und ihr in bloßer Entgegensetzung seinen Wahrheitsbegriff gegenüberzustellen. Sofern es ihm nämlich darum zu tun ist, *in* dieser Unwahrheit die allem Bewußtsein innewohnende Wahrheit als den Weg des Bewußtseins zum Selbstbewußtsein von diesem Bewußtsein selber aufdecken zu lassen, folgt seine Methode dem Prozeß des Bewußtseins, das, als

In-sich-Verkehrt-Sein, zum Wissen dessen gelangt, was dem Aufhebungsgesetz alles Lebendigen unterliegt: Das ist der Prozeß der Rückführung auf den *Grund*. Demgemäß überführt Hegel jene Unwahrheit nicht auf einen anderen Boden, sondern er führt sie auf ihren eigenen zurück. Er tut dies so, daß er tiefer in sie eindringt, als das eine *Wahrheit* vermag, die, gegen jede Erfahrung von ihr abgedichtet, mit dem einer Gegenwelt preisgegebenen *Ansich* zusammenschmilzt. Von zentraler Bedeutung ist, daß Hegel darauf abzielt, den Gegensatz zwischen dem Gegenstand, wie er dem Bewußtsein erscheint, und dem "Ding an sich" in der Erfahrung des Bewußtseins aufzuheben. Das bedeutet, daß er den Kantischen Letztbegründbarkeitsanspruch von Wahrheit der Erfahrung des Menschen zugänglich macht: Dieser hat sich nur in ihr zu erweisen. "Es muß aus diesem Grunde gesagt werden, daß nichts *gewußt* wird, was nicht in der *Erfahrung* ist. (...) Denn die Erfahrung ist eben dies, daß der Inhalt (...) *an sich*, Substanz und also *Gegenstand* des *Bewußtseins* ist." (PhdG, S. 585)

Indem Hegel in das Innerste dieser *Wahrheit* vordringt, sie auf die Begründung ihres Grundes zurückführt, fundiert er sie zugleich in ihr und unterläuft somit ihren Wahrheitsgehalt. Und darin, daß er ihren Grund in einem ursprünglicheren begründet, vollendet er sie überhaupt erst – darin übersteigt er diese Wahrheit.

Am sogenannten "natürlichen Bewußtsein" (PhdG, S. 72) demonstriert Hegel, was Philosophie zu einer Selbstaufklärung des Subjektes, zum Verständnis seines Selbst- und Weltverhältnisses zu leisten vermag, wenn sie im Überstieg über die Erkenntnisauffassung des Subjektivismus, den jedes Denken notwendig erzeugt, das dem mechanistischen Weltbild verhaftet ist, bei der *Erfahrung* des Bewußtseins ansetzt. Bereits in der Bezeichnung "natürliches Bewußtsein" liegt Hegels ironische Kritik an diesem Bewußtsein, welches im Absehen von sich und von der Wirklichkeit der Welt die Einheit zwischen sich und seinem Gegenstand als die Wahrheit seiner selbst und seines Gegenstandes unter Beweis zu stellen meint.

In Hegels Ansatz bei der *Erfahrung* des Bewußtseins entfaltet sich eine dialektische Wahrheitstheorie, mit der und durch die gezeigt werden kann, daß zum einen ein solches Bewußtsein ein entfremdetes Bewußtsein ist, eines, das "auf die Autorität anderer oder aus eigener Überzeugung im Systeme des Meinens und des Vorurteils zu stecken" (PhdG, S. 73), die Unwahrheit über sich selbst zur Darstellung bringt. Und zum anderen wird durch Hegels Wahrheitsauffassung die Wahrheit über das "natürliche Leben" überhaupt offenkundig. Denn "was auf ein natürliches Leben beschränkt ist, vermag durch sich selbst nicht über sein unmittelbares Dasein hinauszugehen; aber es wird durch ein Anderes darüber hinausgetrieben, und dies Hinausgerissenwerden ist sein Tod". (PhdG, S. 74)

Das natürliche Bewußtsein gibt es nicht, denn Bewußtsein ist immer schon, wenn es *ist*, über sich und damit über seine sogenannte Natürlichkeit hinaus. Hegels Erfahrungstheorie wird uns zeigen, *wie* das Bewußtsein ein über sich selbst Hinaussein ist. In seiner Kritik, die zugleich immer auch Darstellung seiner Erfahrungstheorie ist, legt er das Fundament frei, auf dem sein Begriff vom Bewußtsein sich ausfaltet: Das natürliche Bewußtsein erliegt entweder der Autorität, dem Anspruch anderer, oder es bleibt in der "Eitelkeit" des Überzeugtseins allein von sich im bloßen Meinen stecken. Dementsprechend spiegelt die *Natürlichkeit* dieses Bewußtseins seine Übereinstimmung mit *Natur* (oder Welt) vor, indem es der Gewißheit ihrer Wahrheit mächtig zu sein vorgibt, während es zugleich den Anspruch, dem es darin folgt, verschleiert. Eine solche Übereinstimmung steht unter der Voraussetzung jenes Anspruchs, dem gemäß sich Natur nach der Erkenntnis des Bewußtseins zu richten hat. Das Kantische Übereinstimmungspostulat, nach dem der Gegenstand mit dem Bewußtsein übereinstimmen *soll*, d.h. in der und durch die Erkenntnis zur Übereinstimmung gebracht wird, impliziert genau die Struktur dieses Anspruchs. Denn dies, daß die Entsprechung von Bewußtsein und dem *ihm* erscheinenden Gegenstand allein an dem dieser Entsprechung vorausgesetzten "Ding an sich" hängt, läßt einen Anspruch erkennen, dessen Einlösbarkeit gerade nicht in der *konkreten* Entsprechung zu erreichen ist.

Der mit dem Übereinstimmungspostulat verbundene Anspruch auf Wahrheit fällt selber in das jenseitige "Ansich", dessen eigentliche Unbestimmtheit nun die Bestimmung dafür abzugeben hat, was das Bewußtsein *sein soll*, sofern es nicht sein kann, was es seinem Anspruch nach sein will: nämlich in der Übereinstimmung mit seinem Gegenstand sich selbst zu entsprechen. Dieses von sich selbst und seinem Anspruch entfremdete Bewußtsein, das sich durch die vollständige *Hinwendung zu seinem Gegenstand* die Erkenntnis absoluter Wahrheit erhofft, gibt in Hegels Phänomenologie die eine Richtung an, in die die Kritik am "natürlichen Bewußtsein" zielt: Ein Bewußtsein, das sich umstandslos der Welt anzupassen, mit ihr zu identifizieren sucht, erliegt nicht bloß seinem Wahrheitsanspruch, denn "dies *Ansich* ist die abstrakte Allgemeinheit, in welcher von seiner Natur, *für sich zu sein*, und damit überhaupt von der Selbstbewegung der Form abgesehen wird". (PhdG, S. 24) Ein solches Bewußtsein verfehlt auch und vor allem seine Entsprechung mit sich selbst, denn die von ihm intendierte "ungetrübte Gleichheit und Einheit mit sich selbst" macht nicht "Ernst mit dem Anderssein und der Entfremdung sowie mit dem Überwinden dieser Entfremdung". (a.a.O.) Der Weg, den ein Bewußtsein zu gehen hat, das die Realisierung *seines Begriffs* derart verfehlt, ist deshalb ein Weg, auf dem es den "Verlust seiner selbst" erleidet, "denn es verliert auf diesem Wege seine Wahrheit", weil es sich an den Gegenstand je verloren hat. Was bleibt, ist der "Skeptizismus" eines Bewußtseins, das an der Uneinlösbarkeit seines Anspruchs verzweifelt. Hegel nennt diesen "sich vollbringenden Skeptizismus" den "Weg der Verzweiflung". (PhdG, S. 72)

Die andere Richtung, in die Hegels Kritik geht, bezieht sich auf den umgekehrten Fall, nämlich auf einen Wahrheitsanspruch, dem "die Verkehrung des Dafürhaltens aus Autorität in Dafürhalten aus eigener Überzeugung" zugrundeliegt, wodurch sich aber – wie Hegel ausdrücklich betont – der Inhalt des Bewußtseins nicht ändert, an die Stelle des Irrtums nicht Wahrheit tritt. (PhdG, S. 73)

Wir haben es hierbei mit jener Form "natürlichen Bewußtseins" zu tun, die Hegel am *romantischen Denken* kritisiert. Die bestimmte Natürlichkeit, auf die bereits der frühromantische Reflexionsbegriff abzielt, den Novalis und Schlegel in der Auseinandersetzung mit Fichtes absoluter *Selbstbestimmung* des "Ich" herausarbeiten, rekurriert auf die *Innerlichkeit* des Menschen, um sie gegen den Zwang zur Vermittlung mit der Herrschaft der Welt auszugrenzen und mit ihr die Versöhnung des Menschen mit sich selbst in der Endlichkeit wirklich werden zu lassen. Entgegen der Aufhebung der Differenz zwischen Mensch und Welt in jener unvordenklichen, unerfahrbaren Welt der "Dinge an sich" soll diese Innerlichkeit in vollständiger *Abwendung von Welt* die Aufhebung dieser Differenz bewerkstelligen, indem sie sie als Vermitteltheit ihres unmittelbaren Für-sich-seins auszuweisen versucht. Zu bewerkstelligen aber ist eine solche Aufhebung der Differenz nur um den Preis des Absehens von ihr. Und nur unter der Voraussetzung, daß Innerlichkeit zum Absoluten[10] gemacht wird, das heißt die Unmittelbarkeit des Für-sich-seins universalisiert wird, kann sie gegen jegliche Vermittlung von *außen* abgedichtet und als *Mittel* begriffen werden, dem Zwang der Herrschaft zu entrinnen und, mit sich selbst versöhnt, sich in Übereinstimmung mit sich zu wissen.

Die mit der Aufhebung der Differenz angestrebte Aufhebung des Vermitteltseins mit Welt zielt auf einen Seinsstatus des Bewußtseins ab, der selber auf Herrschaft aus ist, um sich der Herrschaft von Welt gleich-gültig zu machen. Mit der Aufhebung des Vermitteltseins mit Welt verhält sich das Bewußtsein aber lediglich nur indifferent zu deren Herrschaft, weil in diesem Aufheben zugleich aktive Tätigkeit zum Erliegen kommt. Das bedeutet, daß auch die *Aneignung* als innerlich zu vollziehende Tätigkeit unmöglich wird, weshalb die Innerlichkeit selber in dem Maße, in dem sie sich der Tätigkeit entzieht, indifferent wird. Und damit wird sie aufs reine Selbst-Gefühl eingeengt und vermag sich nur noch durch dieses mitzuteilen. Infolgedessen sinkt die Innerlichkeit zur Äußerlichkeit, zu einem Für-Andere-sein herab, während die angestrebte Herrschaft sich auf die Selbstherrschaft des Subjekts reduziert. Ein solches Bewußtsein "findet sich nur als *begehrend* und *arbeitend*" und folglich "ist für es nicht vorhanden, daß, sich so zu finden, die innere Gewißheit seiner selbst zum Grunde liegt und sein Gefühl des Wesens dies Selbstgefühl ist. Indem es sich *für sich selbst* nicht hat, bleibt sein Inneres vielmehr noch die gebrochene Gewißheit seiner selbst." (PhdG, S. 170)

Wird hier die Differenz in der zum Absoluten erhobenen Innerlichkeit aufzuheben versucht, so wird sie dort in der instrumentalistischen Auffassung von Erkenntnis vollständig eingeebnet – hier findet diese Aufhebung in der absoluten Innerlichkeit ihren Niederschlag als der Verlust des substantiellen Gehalts der Tätigkeit, während die Differenz sich dort hinter dem Rücken der sie nivellierenden Erkenntnisauffassung durchsetzt und als der an das "Ansich" verlorengegangene Wahrheitsanspruch des Bewußtseins hervortritt.

Hegels Kritik zeichnet die Inkonsequenz des "natürlichen Bewußtseins" nach, und sie zeigt nicht nur, daß *im* Absehen von sich, genauso wie *im* Absehen von Welt dasjenige wiederhergestellt wird, wogegen es sich wendet. Sie demonstriert aber auch und vor allem, daß das Absehen selber, indem das Bewußtsein auch von seiner Motivationsbasis des Absehens absieht, die Legitimation der Heteronomie bestehender Verhältnisse darstellt. So hat die "Versöhnung in der Form des *Ansichseins*" wie auch die "Versöhnung in der Form des *Fürsichseins*" (PhdG, S. 579) nicht als eine dem anderen entgegengesetzte Motivationsbasis, und beide Formen stellen nicht zwei voneinander getrennte Erfahrungen des Bewußtseins dar. Sie bringen lediglich unterschiedliche Weisen zum Ausdruck, durch die das natürliche Bewußtsein seine Erfahrung einzig zu verarbeiten vermag. Bringt die Versöhnung im Ansichsein die Hoffnung des Bewußtseins zur Sprache, in der *abstrakten Welt* der "Dinge an sich" das vorzufinden, was ihm durch die Nichtentsprechung der *konkreten Welt* verwehrt bleibt, so offenbart die Versöhnung im Fürsichsein das Bedürfnis des Bewußtseins, in seiner Innerlichkeit zu finden, was ihm durch das Vermitteltsein mit Welt versagt ist. In dem einen wie auch in dem anderen Fall bleibt das Bewußtsein dem verhaftet, wogegen es sich wendet. Denn sofern sich das Bewußtsein in beiden Fällen bloß abstrakt, durch unmittelbares Absehen, und nicht durch konkrete Tätigkeit gegen das geltend macht, wovon es absieht, sinkt es in dieses zurück und liefert sich ihm darin allererst aus. So zeigt zum Beispiel die auf Selbstbeherrschung eingeschränkte Innerlichkeit nur an, daß die Sache, um die es dem Bewußtsein in seinem

Rückzug von der Herrschaft der Welt geht, in dieser Herrschaft gleichsam verschwindet. Daß sie in ihrem Gegenteil verschwindet, zeigt, daß Herrschaft sich in sie hinein fortgesetzt hat und sich nunmehr überhaupt erst zu einer totalen ausweiten kann.

Wie sich gezeigt hat, sind beide Formen der Erfahrungsverarbeitung unvollständige Formen. Was ist damit gemeint, worin besteht diese Unvollständigkeit und inwiefern und inwieweit kündet sie von jener Wahrheit, die Hegel als die allem Bewußtsein zueigene zu beweisen sucht? Unvollständig sind diese Formen der Verarbeitungsweisen nicht schon deshalb, weil sie die Erfahrung der Nichtübereinstimmung der vom natürlichen Bewußtsein beanspruchten Übereinstimmung zum Ausdruck bringen. Unvollständig sind sie allein dadurch, daß sie das Bewußtsein als mit seinem Anspruch übereinstimmende Formen ausgibt. Die Unvollständigkeit besteht demnach darin, daß das Bewußtsein von jener Erfahrung absieht und zugleich diese Formen *als* sein in Übereinstimmung befindlicher Anspruch behauptet. Damit nimmt der Anspruch selber das Aussehen eines für sich bestehenden Etwas an, das sich aber einzig dem Absehen von der Erfahrung der Uneinlösbarkeit dieses Anspruchs verdankt. Und darin liegt, daß der Anspruch als solcher zu einem Abstraktum gerinnt; er bildet gleichsam das Residuum jener Abstraktion, die das Bewußtsein ja schon dadurch erzeugt hatte, daß es sich von seiner Erfahrung getrennt hat.

Betrachten wir diesen Sachverhalt aus der Innenperspektive des Anspruchs selber, so wird offenkundig, daß sein bloßes Zusammenfallen mit dem Ansich- oder dem Fürsichsein keine Versöhnung im Sinne einer sich vollendenden Übereinstimmung sein kann. Denn die Unvermitteltheit der Zuwendung zu diesem oder jenem bezeugt, daß der Anspruch sich als reine *Beziehung nur auf sich* versteht. Als absolute Selbstbeziehung schließt er notwendig die Beziehung auf anderes aus, und er nimmt dadurch den Platz ein, den die in der Verarbeitung von seiner Erfahrung sich vollendende Übereinstimmung erst erreichen soll.

Die Vorwegnahme des Übereinstimmens durch die Absentierung der Erfahrung des Nichtübereinstimmens hypostasiert aber nur, was dem Bewußtsein als in Übereinstimmung Befindliches gilt. Zugleich zeigt die Vorwegnahme an, daß sie als Befreiungsversuch des Bewußtseins von seiner Erfahrung fungiert. Sofern das Bewußtsein sich aber von ihr so zu befreien sucht, daß es unvermittelt von ihr abspringt, dokumentiert die Vorwegnahme als solche – und nicht erst das, was durch sie vorweggenommen wird – das Festsitzen des Bewußtseins in dem Zustand des Nichtübereinstimmens. Demzufolge ist die Vorwegnahme ein leeres Ausgreifen auf Zukünftiges, von dem das Bewußtsein nur noch ohnmächtig eine Befreiung erwartet; sie ist ein bloßes *Wollen*, das seinerseits an einem *Sollen* orientiert ist, sofern es das Zukünftige ist, das das Bewußtsein befreien soll.

Weil das natürliche Bewußtsein seine Erfahrung nicht *verarbeitet*, sondern in unmittelbarer Vorwegnahme die antizipierte Übereinstimmung an die Stelle der Erfahrung *setzt*, wird ihm diese Übereinstimmung zu einer defizienten. Sie gerinnt ihm gleichsam zu einem Übereinstimmen-Wollen, und darin sinkt sie gleichsam auf das Niveau jener Übereinstimmung, an der das Bewußtsein ihr Gegenteil *erfahren* hat. Damit wird die Erfahrung *als* das Fundament, auf dem das Bewußtsein die Übereinstimmung entweder in der *Form* des Ansichseins oder in der *Form* des Fürsichseins zu etablieren suchte, so dünn, daß dasjenige durchscheint, was aus dem Innersten des Bewußtseins selber als Motivationsbasis seines *Absehens* hervorbricht: Es ist die *Vermitteltheit* der Transzendenz des intendierten Gegenstandes mit dem intendierenden Bewußtsein. Das bedeutet, daß der Gegenstand nicht von außen an das Bewußtsein herankommt, sondern daß er, als mit dem Bewußtsein je Vermitteltes, dessen Motivationsbasis mitausbildet. Demgemäß verweisen die Formen des Ansichseins und des Fürsichseins (die ich bereits in aller Vorläufigkeit als Verarbeitungsweisen des Bewußtseins bezeichnet habe) auf ihren *Grund*, der diese Vermitteltheit *als* Motivationsbasis *ist*, so daß weder dem Ansich- noch dem Fürsichsein ein Vorrang zukommt. Die eine oder andere Form bringt deshalb nur zum Ausdruck, was das Bewußtsein selber sein oder nicht sein will, wenn der Gegenstand für es dieses oder jenes sein soll oder nicht sein soll. Das Ansichsein wie auch das Fürsichsein begegnen einzig im Horizont jener Vermitteltheit.

Wie sind sie darin vermittelt – oder anders gefragt, wie ist das intendierende Bewußtsein mit der Transzendenz des intendierten Gegenstandes vermittelt? Worin gründet die Vermitteltheit ihrerseits? Was die beiden entgegengesetzten Positionen des natürlichen Bewußtseins betrifft, so liegt die Antwort auf der Hand. Die Position der Metaphysik, wie sie selbst noch in der Kritik, die die Transzendentalphilosophie Kants an ihr übte, reformuliert wird, würde lauten: Die Vermitteltheit gehört der konkreten Welt der Erscheinungen an, die ihrerseits aber ihren Grund in der unvermittelbaren Unmittelbarkeit der Gegenwelt der "Dinge an sich" hat. Etwas zugespitzt könnte man in diesem Sinne die Vermitteltheit so kennzeichnen: Das Bewußtsein will das Ansichsein in der Form des Fürsichseins.

Demgegenüber wäre die Position, wie sie das romantische Denken[11] entwickelt hat, so zu beschreiben: Die Vermitteltheit *ist* als das Fürsichsein die Intentionalität überhaupt. Insofern kommt ihm der fundamentale Vorrang vor dem intendierten Gegenstand qua Ansichsein zu, so daß sich hier die Vermitteltheit so kennzeichnen ließe: Das Bewußtsein will das Fürsichsein in der Form des Ansichseins. Hegel, der beide Positionen *als* die des natürlichen Bewußtseins kennzeichnete, hat sie in dieser Vermitteltheit zusammenzubringen versucht. Die Beantwortung jener Fragen dürfen wir von der Aufklärung seines Begriffs vom Selbstbewußtsein erwarten, obschon wir bereits hier einen Ansatzpunkt für eine – wenn auch vage – Vorabklärung abgeben können. Wenn es zutrifft, daß jene Beziehungsglieder die Vermitteltheit ausmachen, und wenn es weiterhin zutrifft, daß diese Vermitteltheit zum einen jene Motivationsbasis des Bewußtseins abgibt und zum anderen die gründende Einheit ihrer Beziehungsglieder ist, dann muß der Grund der Vermitteltheit in ihr selbst liegen. Wir wollen die Frage nach diesem Grund, bevor sie uns in Hegels Erfahrungstheorie begegnet, zunächst mit dem Hinweis auf das *ursprüngliche Sein* des intendierenden Bewußtseins beantworten.

Was haben wir aus unseren Überlegungen gewonnen? Wir haben ein Vorverständnis über den zentralen Grundsachverhalt erhalten, der sich aus unserer Erörterung des motivationalen Zusammenhangs des *Tuns* des Bewußtseins ergeben hat: Es ist dies die Seinsverfassung der Intentionalität. Anknüpfend an das *ursprüngliche Sein* des intendierenden Bewußtseins *als* dem Grund der Vermitteltheit von intendierendem Bewußtsein und der Transzendenz des intendierten Gegenstandes bekommen wir das Ansich- und Fürsichsein von dort aus als ursprünglich Vermitteltes in den Blick, und das bedeutet, daß sie nur aus der Tiefendimension des Bewußtseins selber erklärt und begründet werden können. Diese Behauptung ist natürlich begründungsbedürftig genauso wie die, daß deren Vermitteltheit sich jenem ursprünglichen Sein des Bewußtseins verdankt. Da sie uns aber lediglich dazu dient, unser Verständnis von der hier zu verhandelnden Sache zu vertiefen, um aus diesem Verständnis heraus unsere Fragen an die Hegelsche Theorie des Selbstbewußtseins zu formulieren, können wir uns von einer Begründung unserer Behauptung entlasten.

Wir wollen unsere Überlegungen aus dem bisher Gesagten noch kurz auf einen weiteren Gesichtspunkt lenken, nämlich auf den der *Übereinstimmung*. Wenn es zutrifft, daß der intendierte Gegenstand als Beziehungsglied jener Vermitteltheit zusammen mit dem intendierenden Bewußtsein die diese Vermitteltheit gründende Einheit bildet, dann dürfen wir vermuten, daß Übereinstimmung ihrem Ursprung nach soviel bedeutet wie Übereinstimmung des Bewußtseins mit sich selbst. Das heißt, bereits vor aller Übereinstimmung mit dem Gegenstand *draußen ist* Bewußtsein Übereinstimmung mit sich selbst. Dies ist es aber nur so, daß es zugleich, *in Bezug* auf sein ursprüngliches Sein, *Nicht*-Übereinstimmung ist; das Bewußtsein ist demnach in sich different. Und offenkundig ist es diese Differenz in ihm selbst *als* das Nichtübereinstimmen mit sich, von der das natürliche Bewußtsein abgesehen hatte. Das bedeutet, jenem Absehen von der Nichtübereinstimmung mit dem Gegenstand seiner Intention geht folglich ein Absehen voraus, das der inneren Differenz des Bewußtseins entspringt. Evident scheint zu sein, daß sie die Bedingung der Möglichkeit für das Absehen überhaupt *ist*. Und erst dadurch, daß das Bewußtsein seine innere Differenz zu einer *durch* sich macht, vermag es zur Übereinstimmung mit sich zu gelangen.

Gegenüber dem resultativen Status, den Übereinstimmung in der Perspektive des natürlichen Bewußtseins besaß, rückt nunmehr ihr prozessualer Sinn und ihre perfektivische Bedeutung ins Blickfeld. Übereinstimmung wird – auf dem Grunde des ursprünglichen Seins des intendierenden Bewußtseins – zum Prädikat. Dies wird sie aber nicht so, daß sie entweder Prädikat des ursprünglichen Seins oder Prädikat jener Vermitteltheit ist, sondern derart, daß sie zum Prädikat von deren Beziehung wird. Diesem Sachverhalt begegnen wir, wenn wir uns der Aufklärung des Hegelschen Begriffs des Selbstbewußtseins zuwenden, und wir werden sehen, daß ihm ein wesentlicher Bedeutungsgehalt für die Beantwortung der Frage nach dem, womit das Bewußtsein übereinstimmt, wenn es mit sich übereinstimmt, zukommt. Vorab genügt es, aus dem Gesagten folgendes festzuhalten: Sofern das *Sein* des Bewußtseins darin besteht, daß es die Übereinstimmung von Übereinstimmung und Nichtübereinstimmung *ist*, liegt in ihm die Bedingung der Möglichkeit ihres Gelingens oder ihres Mißlingens.

Im nächsten Abschnitt, zu dem wir nun übergehen wollen, werden wir uns im wesentlichen mit dem *Verhältnis* zwischen der Vermitteltheit des intendierenden Bewußtseins mit der Transzendenz des intendierten Gegenstandes und dem ursprünglichen Sein des intendierenden Bewußtseins zu beschäftigen haben. Indem wir uns mit Hegels Erfahrungstheorie auseinandersetzen und darin der schrittweisen Aufklärung des Selbstbewußtsein folgen, werden wir erkennen, *wie* und *als wie* sich der innere Zusammenhang dieses Verhältnisses ergibt und welche inhaltliche Bestimmung ihm daraus erwächst. Unser Augenmerk werden wir dabei insbesondere auf die Klärung der Frage richten müssen, welcher Bedeutungsgehalt dem von uns so genannten ursprünglichen Sein des intendierenden Bewußtseins für Hegels Wiedergewinnung eines *konsistenten* Begriffs vom Selbstbewußtsein zukommt, wenn anders Hegels Absicht darin besteht,

1) das von der Tradition überlieferte Denken sowie dasjenige, das *als Reaktion* darauf in bloßer Abkehr von ihm dieses Denken in umgekehrter Weise reproduziert, der Inkon-

sistenz zu überführen und es, indem er es auf seinen Grund zurückführt, allererst zu vollenden;

2) seinen Begriff vom Selbstbewußtsein aus der Äquivokation herauszuarbeiten, die durch die Konfrontation dieses Denkens mit seiner Erfahrung von ihm entsteht, um ihn wiederum als deren Grund auszuweisen.

Das bedeutet: Zum einen muß die Erfahrung des Menschen eine *Übereinstimmung* bezeugen, die durch das, was sie nicht ist, mit sich vermittelt ist, das heißt, die ihre Herkunft aus diesem Umschlagen an ihr selbst zeigt. Zum anderen muß in diesem Umschlagen als solchem die Verkehrung der positivistischen Position der überlieferten Metaphysik in eine subjektivistische sichtbar werden. Demzufolge muß an der Erfahrung selber darzulegen sein, daß sie ihre Herkunft aus dem Umschlag in das, was das Bewußtsein nicht ist, an ihr selbst offenbar werden läßt. Anders ausgedrückt: An der Erfahrung als solcher ist zu zeigen, daß das Bewußtsein an ihr selbst ihr Gegenteil, die Nichterfahrbarkeit, erfährt.

Mit der Wiedergewinnung eines vollständigen Begriffs vom Selbstbewußtsein werden wir auch einem Begriff von *Erfahrung* begegnen, dem jene Inkonsistenz des Bewußtseins als *Mittel* zur Fundierung seiner Wahrheit dient und zwar so, daß die Erfahrung, indem sie jenen Doppelsinn aufhebt, in sich umschlägt und das an ihr selbst Andere als den Grund der Wahrheit des Selbstbewußtseins sehen läßt.

In dem "Wendungspunkt" des Selbstbewußtseins "als dem Begriffe des Geistes" (PhdG, S. 145) wird sich uns dann zeigen, worin Hegels Erfahrungsbegriff gründet und das heißt:

– worin jenes Umschlagen besteht,
– was das Umschlagen veranlaßt.

Der Wendungspunkt wird sich uns als Erschließungsfunktion dessen darstellen, worauf Hegels Begriff vom Selbstbewußtsein abzielt, was durch ihn wiedergewonnen werden soll. Und darin werden wir erfahren, was es denn ist, *womit* das Bewußtsein übereinstimmt, wenn es mit sich übereinstimmt, und schließlich, was mit dem *Gelingen* des Übereinstimmens gemeint ist.

3. Das Selbst-Bewußtsein – Die Entdeckung des Selbst

Das dialektische Umschlagen der intrasubjektiven Differenz in den Konstitutionsgrund von Subjektivität

"Die Wahrheit des Bewußtseins ist das *Selbstbewußtsein* und dieses der Grund von jenem, so daß in der Existenz alles Bewußtsein eines anderen Gegenstandes Selbstbewußtsein ist; ich weiß von dem Gegenstande als dem meinigen (er ist meine Vorstellung), ich weiß daher darin von mir." (Enz.III., S. 213) Auf dem Wege, den wir zu gehen haben, um zum Verständnis dessen zu gelangen, was bei Hegel *Übereinstimmung mit sich selbst* meint, und welche Absicht der Bedeutungsgehalt des *Gelingens* einer solchen Übereinstimmung verfolgt, müssen wir dem Prozeß nachzugehen versuchen, den die *Erfahrung* des Bewußtseins als das *Zur-Übereinstimmung-Kommen* bei Hegel beschreitet. Diesen Erfahrungsprozeß des Bewußtseins *mitzuverfolgen* heißt dann, ihn in den Horizont unserer Frage nach der Herkunft der Vermitteltheit von intendierendem Bewußtsein und der Transzendenz des intendierten Gegenstandes zu stellen.

Der obige Satz, mit dem Hegels "Philosophie des Geistes" den Abschnitt über "Das Selbstbewußtsein" beginnt, gibt uns eine erste Auskunft darüber, was Hegel unter der Wahrheit des Bewußtseins verstanden wissen will: Es ist das Selbstbewußtsein *als* die Beziehung zwischen dem Bewußtsein und dem Gegenstand als seinem *Selbst*. Offenkundig bringt sich in diesem Satz eine zentrale Auffassung von *Wahrheit* zur Geltung, die wir in aller Vorläufigkeit wie folgt zusammenfassen wollen: Die Wahrheit des Gegenstandes ist das *Selbst* des Bewußtseins. Wie und in welcher Weise sich dem Selbstbewußtsein diese Wahrheit seiner selbst *als* die Wahrheit seines *Selbst* in seinem Erfahrungsprozeß erschließt, das heißt, ob und inwiefern dem Selbstbewußtsein aus der Beziehung zwischen ihm und seinem Gegenstand die Erfahrung seines Selbst als die seiner Wahrheit schlechthin erwächst, wird sich uns zeigen, wenn wir nun der Hegelschen Explikation des *Selbstbewußtseins* folgen.

In Hegels Selbstanzeige seines "Systems der Wissenschaft" vom 28. Oktober 1807 lesen wir: "Die Phänomenologie des Geistes soll an die Stelle der psychologischen Erklärungen oder auch der abstrakteren Erörterungen über die Begründung des Wissens treten." (PhdG, S. 593) Folgt man dieser Absichtserklärung Hegels, indem man sie in den Horizont *seiner Begründung* des Wissens stellt, so tritt der bestimmte, die Phänomenologie des Geistes auszeichnende Anspruch hervor, für den der programmatische Titel der *Wissenschaft von der Erfahrung des Bewußtseins* (PhdG, S. 38) einsteht. Und dieser Anspruch kennzeichnet das, "worauf es überhaupt bei ihr (der Philosophie) und ihrem Studium ankommt" (PhdG, S. 593): Es geht um "die Sache selbst", das heißt um "das wirkliche Erkennen dessen, was in Wahrheit ist". (PhdG, S. 68) Da Hegels Wissenschaft von der Erfahrung des Bewußtseins "ohne irgendeine Voraussetzung, die als Maßstab zugrunde gelegt wird" (PhdG, S. 75) auszukommen beansprucht – und dies ist es, was den Anspruch der Phänomenologie auszeichnet –, sie sich sogar allein aufs "Zusehen" dessen beschränken will, was dem Bewußtsein *in* seiner Erfahrung mit seinem Gegenstand erwächst, hängt ihr Selbstverständnis, also ihr intentionaler Gehalt, Methode und Inhalt daran, daß dem Bewußtsein aus seiner Erfahrung eine Wahrheit entspringt, die als Wahrheit allen Bewußtseins bewiesen werden kann. Das bedeutet, daß die Einlösung ihres Anspruchs davon abhängt, ob die Übereinstimmung von Gewißheit und Wahrheit als die Wahrheit in allem Bewußtsein aufgezeigt werden kann. Ausgeschlossen ist also die Möglichkeit eines derartigen Nichtübereinstimmens – ein solcher Fall käme dem zu, das Nicht-Bewußtsein *ist*.

Wir haben es offensichtlich bei dem, worauf sich Hegels Blick richtet, wenn er seine Wissenschaft aus der *Erfahrung* des Bewußtseins heraus begründet wissen will, mit jenem Spezifikum zu tun, durch das allein das menschliche Dasein sich auszeichnet. Hegel rekurriert demzufolge auf einen Begriff von Erfahrung, in dem die basale Grundstruktur des menschlichen Daseins *als* die fundamentale Situation des Menschen sich zur Darstellung bringt. "Das Bewußtsein weiß und begreift nichts, als was in seiner Erfahrung ist; denn was in dieser ist, ist nur die geistige Substanz, und zwar als *Gegenstand* ihres Selbsts." (PhdG, S. 38) Und das, *wodurch* das Bewußtsein selber der Erfahrung seiner fundamentalen Situation inne wird, bringt Hegels programmatischer Satz aus der *Einleitung* der Phänomenologie zum Ausdruck. Das Bewußtsein *"unterscheidet* nämlich etwas von sich, worauf es sich zugleich *bezieht"*. (S. 76) Die Erfahrung des Bewußtseins muß demnach ihrerseits eine Erfahrung bezeugen, die sich als die der menschlichen Grundsituation zur Geltung bringt und die deshalb *in* der Erfahrung selber als die sie konstituierende vom Bewußtsein miterfahren wird. Das bedeutet, *in* der Erfahrung, die das Bewußtsein mit seinem Gegenstand macht, muß sich ihm, indem es in ihr seine fundamentale Situation miterfährt, die Wahrheit als das seine Erfahrung Konstituierende erschliessen. Daß das Bewußtsein dadurch zur *Übereinstimmung mit sich selbst* und darin zum "wirklichen Erkennen dessen, was in Wahrheit ist" gelangt, wird man annehmen dürfen, offenbart sich ihm in seiner Erfahrung doch nicht nur die Wahrheit seines (Mensch-) Seins, sondern gereicht ihm die Erfahrung als solche zur Realisierung der Gewißheit dessen, was die fundamentale Situation als die Wahrheit des Menschen *ist*. Um zu sehen, auf welchem Wege das Bewußtsein zur Realisierung seiner Wahrheit kommt, wollen wir den Prozeß nachzuzeichnen versuchen, den es in Hegels Erfahrungstheorie vollzieht.

Erinnern wir uns: Der Gegenstand des *sinnlichen Bewußtseins* war dadurch charakterisiert, daß er dem Bewußtsein verborgen blieb. Dasjenige, *wovon* es Bewußtsein ist, blieb ihm unbekannt, weil es darin unmittelbar versunken war. Dieser Grundsachverhalt in Hegels Phänomenologie wirft eine Frage auf, die uns noch einmal kurz auf Sartres sozialontologischen Ansatz zurückführt. Mit dieser Rückbesinnung auf Sartre werden wir uns deutlicher vor Augen führen können, *worin* Hegels Ansatz über den Sartreschen hinausgeht, sofern auch er von der Selbstkonstituierung des Selbstbewußtseins ausgeht, aber im Absprung von der Vorrangigkeit des nicht reflexiven Bewußtseins vor der Reflexion den Konstitutions*grund* von Subjektivität überhaupt als dessen absolute Wahrheit zu retten versucht. Die Frage, die sich aus jenem Grundsachverhalt stellt, ist die, ob die Struktur des *Bewußtseins von etwas* eine hinreichende Begründung des Selbstbewußtseins abgeben kann, das heisst, ob und in welcher Weise das *Bewußtsein von etwas* zugleich Bewußtsein davon ist, *daß* es Bewußtsein von etwas *ist*. Und weiter gefragt: Wenn diese

Struktur das Selbstbewußtsein hinreichend begründet, worin liegt dann diese Begründung, worin liegt die Charakteristik des Bewußtseins, Bewußtsein *von etwas* zu sein? Sartres, durch Husserls "Intentionalitätsbegriff" inspirierte Ansatz bei der Selbstsetzung des Bewußtseins – "das Bewußtsein existiert durch sich selbst" (SN, S. 21) – ist darauf gerichtet, zu zeigen, "daß *nichts* die Ursache des Bewußtseins ist, daß es die Ursache seiner eigenen Seinsweise ist". (SN, S. 22, Anm. 1) Die Begründung, *daß* Bewußtsein immer schon Bewußtsein *von etwas* ist, liefert Sartre dadurch, daß er in diesem *von* – "Jedes Bewußtsein ist Bewußtsein *von* etwas" (SN, S. 27) – den Fundierungszusammenhang des Bewußtseins von sich selbst erblickt. Sofern also dieses *von* (etwas) das *Sein* des Bewußtseins von sich selbst ausmacht, ist in dem Begriff des Bewußtseins von etwas die Reflexion eingeschlossen; Bewußtsein ist Bewußtsein *von* etwas, indem und dadurch, daß es "bewußt-sein" (SN, S. 16) *ist*. Das bedeutet, "bewußt-sein" zu sein ist die Kennzeichnung des Bewußtseins als dessen "transphänomenale Seinsdimension" (a.a.O.). Der Ausdruck *bewußt-sein* expliziert die Seinsverfassung der Intentionalität in der zweifachen Weise, in der er zum einen – als Prädikat-Ausdruck – die Transzendenz des Bewußtseins meint, die ihm als sein Gegenstand eignet, *von* dem es Bewußtsein hat. Indem "bewußt-sein" im prädikativen Sinne als die Transzendenz des Bewußtseins zu verstehen ist, liegt dem Bewußtsein immer schon Bewußtsein von seiner Transzendenz vor. Nach dieser Seite bedeutet *Intentionalität* Transzendenz *qua* bewußt-sein. Dies ist die notwendige Bedingung: "Wenn mein Bewußtsein sich nicht bewußt wäre, Tischbewußtsein zu sein, so wäre es Bewußtsein von diesem Tisch, ohne ein Bewußtsein davon zu haben, es zu sein". "Ein Tisch ist nicht *im* Bewußtsein". (SN, S. 16f.)

Zum anderen ist der Ausdruck "bewußt-sein" dadurch ausgezeichnet, daß er das Subjekt der Transzendenz, das *Sein* des Bewußtseins von *sich ist*. Als solches *ist* "bewußt-sein" Intentionalität in dem wörtlich zu verstehenden *Sinn* als der Struktur der Intentionalität, nämlich empfangende Aufnahme, Offenheit, In-Beziehung-Seiendes zu sein. Nach dieser Seite meint "bewußt-sein" den Seinsgrund des Bewußtseins schlechthin, das ursprüngliche Sein der Intentionalität. Indem Sartre die Intentionalität von metaphysischen und idealistischen Motiven frei halten will, ist es für ihn unabdingbar und demzufolge völlig konsequent, wenn er das ursprüngliche Sein der Intentionalität ganz und gar in der Sphäre des Bewußtseins ansiedelt. Daß dieses im Bewußtsein installierte ursprüngliche Sein, daß dieses Ineinssein des Bewußtseins mit dem ursprünglichen Sein der Intentionalität Sartres *Ansatz* trägt und seine *These* in ihrem tiefsten zusammenhält, braucht hier nicht noch einmal hergeleitet zu werden, geht es uns doch augenblicklich nur darum, die Konsequenzen deutlich zu machen, die aus seinem Ansatz für die *Beziehung* zwischen dem Bewußtsein und seinem Gegenstand im Hinblick auf den Begriff, den Sartre von der Intentionalität hat, folgen. Die eine Konsequenz besteht darin, daß das Bewußtsein des Bewußtseins von etwas nicht zurückgeführt werden kann auf dessen Erkenntnis, genauer: auf die Erkenntnis des Bewußtseins von diesem *etwas*. Denn dies, "daß ein erkennendes Bewußtsein Erkenntnis *seines* Objektes ist, daß es Bewußtsein von sich selbst als von dieser Erkenntnis ist" (SN, S. 17), entlastet das Bewußtsein davon, einen *Grund* dafür angeben zu müssen, wie es als "der Erkennende seinerseits zu etwas Erkanntem wird". (SN, S. 18) Demzufolge ist, nach Sartres ausdrücklicher Versicherung, die Notwendigkeit, die Erkenntnis ontologisch oder erkenntnistheoretisch zu begründen, durch seinen Ansatz ausgeschlossen. (a.a.O.) "Das Sein der Intention kann nur Bewußtsein sein, andernfalls wäre die Intention Gegenstand im Bewußtsein." (SN, S. 20)

Weil das Objekt, auf das die Intention ausgerichtet ist, immer schon in der Innenwelt des Bewußtseins beheimatet ist, ist es ihm *unmittelbar gegenwärtig*. Und deshalb erwächst dem Bewußtsein seine Objekt-Erfahrung nicht erst aus der *Beziehung* zur Welt, sondern sie enthüllt sich ihm allein aus seiner Innenperspektive heraus. Das Bewußtsein hat also nicht das Objekt *als* das seiner Erfahrung vor sich, sondern immer nur sich selbst. "Denn das einzige Bewußtsein (...) ist *das meine*, und es kann das nur sein, indem es auf jede Objektivität verzichtet." (SN, S. 325)

Die Intention zielt demnach nicht auf *etwas* (das Objekt) ab, um es dann, gleichsam in einem zweiten Schritt, *für* das Bewußtsein erfahrbar zu machen; im Gegenteil, das Bewußtsein ist sich des Objekts unmittelbar inne, es ist für es unmittelbare Gegenwart, sofern das Bewußtsein selber durch und durch Intentionalität *ist*. Dies *ist* es aber so, daß seine Intention mit seinem Für-sich-sein zusammenfällt. Das bedeutet, daß dem Für-sich-sein qua Intentionalität die Erschließungsfunktion des *Bewußtseins von etwas* zukommt: *Bewußtsein von etwas* zu sein erschließt sich ihm nicht *mittels* des Objekts seiner Handlung, sondern *unmittelbar*. Sartre sagt dann auch unmißverständlich: "Wenn man annähme, das Sein enthülle sich dem Menschen im *Tun*, so müßte noch das Sein des Tuns außerhalb der Handlung gesichert werden." (SN, S. 16) Indem das Objekt direkt gegenwärtig ist, vermag das Bewußtsein ihm nicht erst inmitten und vermittels der Welt zu begegnen. Denn es ist sich seines Wesens schon vor aller Vermittlung durch Welt inne, weil es dies, sofern es ihm unmittelbar begegnet, in unverstelltem Blick vollständig zu erfassen imstande ist. Jene "Unmittelbarkeit", durch die das Hegelsche Subjekt, wie wir noch sehen werden, das Andere seiner selbst erreicht, um dieses Anderen vollständig inne zu werden und sich darin der Wahrheit seiner selbst gewiß zu sein, unterscheidet sich fundamental von der, auf die Sartre aus ist. Offenbart sich dem Hegelschen Subjekt durch *(via)* die Welt als dem Ort, in dem es dem Anderen überhaupt erst begegnet, jene Unmittelbarkeit ihrerseits als der Horizont, in dem der Ort seines innerweltlichen Begegnens steht, so ist offenkundig, daß diese Unmittelbarkeit allererst im Gang durch die Welt in den Blick kommt: Das Abhängigsein von weltlicher Realität läßt ihr Gegenteil, das "übersinnliche Jenseits", als die Freiheit im Sinne von Weltunbedürftigkeit, an ihm selbst aufscheinen.

Bei Hegel erreicht das Subjekt das Andere seiner selbst indem und dadurch, daß es gleichsam durch die weltliche Realität hindurchgeht. Auf seinem Wege zu seinem Anderen versammelt sich seine Welterfahrung in ihm. Und es wird des Anderen gewahr, sofern es durch ihn und in ihm zur Vollendung seiner selbst kommt. Demgegenüber und im Gegensatz dazu zielt Sartres Begriff der Unmittelbarkeit darauf ab, daß der Andere überhaupt nur dadurch vollständig erfaßt werden kann, daß "nichts" zwischen ihm und seinem Anderen *vermittelnd* wirkt. Nur durch die vollständige Ungebundenheit, Unabhängigkeit von Welt ist der Andere in seiner Ganzheit unmittelbar gegenwärtig. Dies ist er aber so, daß er "für" seinen Anderen *ist*, was er *nicht ist*, und *nicht ist*, was er *ist*. Vermöge dessen, daß das "Für-sich" bei Sartre seinem Wesen nach "Transzendenz" *ist*, bekommt das Subjekt das faktische Sein des Anderen *als* ein *Ihm-Entzogensein* in den Blick. So, wie es sich selbst entzogen, das heißt, losgerissen von sich selbst *ist*, entrinnt es dem Anderen unmittelbar, in jedem *Augenblick*. Und unmittelbar gegenwärtig, vollständig erfaßt ist der Andere *für* das Subjekt allein dadurch, daß es wiederum *für* ihn *nicht* das *ist*, als was es diesem im Augenblick erscheint. Das bedeutet: Dieser *negativ* bezeichnete Sachverhalt stellt die Bestimmtheit des Ursprungs dar, *in* dem und *durch* den beide, als aufeinander Bezogene, *durcheinander* bestimmt sind. Denn dadurch, daß die faktische Erfüllung der Intention durch den Anderen in der Transzendenz liegt, das heißt, in ihr erreicht ist, erfährt das Subjekt seine Kontingenz, weil es sich, indem es sich dem Für-den-Anderen-Sein entzieht, sich von sich selbst losreißt, über das unmittelbare Gegenwärtigsein *für* den Anderen transzendiert und darin sich selbst *als* seine *Möglichkeit* ergreift.

Positiv hingegen ist dieser Sachverhalt dadurch bestimmt, daß der Ausschluß von Welt, also dies, daß das Subjekt ihrer nicht bedarf, um des Anderen unmittelbar gewahr zu sein, die Bedingung der Möglichkeit eines solchen unmittelbaren Begegnens ist. Der Ausschluß von Welt gehört nicht nur wesentlich mit zur Bestimmtheit jenes Ursprungs – zusammen mit ihm bildet er das Begründungsverhältnis für das Durcheinander-Bestimmtsein der Subjekte. Folglich ist er in dem Selbstbezug des Subjekts von Grund auf verankert, weil er das "Sichlosreißen" Veranlassende ist.

Daß Sartres *Bewußtsein* als konkretes Sein *sui generis* und nicht als abstraktes Identitätsverhältnis ohne Rechtfertigung (SN, S. 321) verstanden werden kann, beruht letztlich darauf, daß dem Bewußtsein – jenseits von Welt – eine basale Erfahrung entspricht, aus der heraus ihm die Transzendenz *als* seine Möglichkeit entspringt. Die "Unmittelbarkeit", von der Hegel sagt, daß sie die ganze Fülle des menschlichen Daseinsvollzuges in sich schließt und in der Realisierung des *Etwas* als die Vollkommenheit inneren Reichtums erfahren wird, hat bei Sartre den Status der Äußerlichkeit, sofern das Subjekt von ihr bloß Bewußtsein *hat*. Das Bewußtsein *ist* nicht unmittelbar seine Möglichkeit, es *hat* sie nur, und es kann sie jederzeit einbüßen.

Im Absprung von Metaphysik will Sartres Ansatz bei der *Selbstkonstituierung des Bewußtseins* Subjektivität schlechthin als den Akt des Sich-Losreißens verstanden wissen. Als solches *ist* Subjektivität nichts anderes, als auf dem Sprung zu sein, sich jeglicher Fixierung zu entziehen, jede *Vorherbestimmtheit* zu unterlaufen. Demgegenüber ist Hegels Absprung von Metaphysik seinem Wesen nach Rückbesinnung auf deren Begründetheit, worin sich allererst die Wahrheit des sich selbst konstituierenden Bewußtseins zu erweisen hat. Das bedeutet, daß Hegels Begriff vom Bewußtsein nicht auf einem Fundament etabliert wird, das dem der Metaphysik gegenübersteht, im Gegenteil: Auf dem Boden der Metaphysik stehend erinnert sich dieses Bewußtsein deren philosophiegeschichtlicher Entwicklung. Daß es dies in der für seinen eigenen *Selbstwerdungsprozeß* notwendigen kritischen Distanz zu tun vermag, liegt in dem Auftrag begründet, der ihm gleichsam als *geistige Mitgift* mitgegeben ist, nämlich die *Wahrheit* der Metaphysik in deren Vollendung zu treiben.

Das Bewußtsein hat von Anfang an "zwei Gegenstände", sozusagen seinen *eigenen* und den der Metaphysik Kantischer Prägung. Hegel beschreibt diesen Umstand so: "Das Bewußtsein weiß *etwas*, dieser Gegenstand ist das Wesen oder das *Ansich;* er ist aber auch für das Bewußtsein das *Ansich;* damit tritt die Zweideutigkeit dieses Wahren ein. Wir sehen, daß das Bewußtsein jetzt zwei Gegenstände hat, den einen das erste *Ansich*, den zweiten das *Für-es-Sein dieses Ansich.*" (PhdG, S. 78f.) Womit haben wir es zu tun, wenn wir die *Beziehung* von intendierendem Bewußtsein und intendiertem Gegenstand unter den Anspruch stellen, den Hegels Bewußtseinsbegriff einzulösen hat, sofern das, *was* das Bewußtsein weiß, mit dem Wesen des an sich seienden Gegenstandes zusammenfällt? Oder anders gefragt: Wodurch zeichnet sich jene *Beziehung* aus, wenn wir sie im Horizont dessen zu thematisieren und aufzuklären versuchen, als was dem Hegelschen *Bewußtsein* die Wahrheit seines intentionalen Gegenstandes vorkommt und als was sich das Bewußtsein selber erweist, wenn sein Begriff und sein Gegenstand *in* das Wissen fallen? Auf Klärung drängt zunächst die Frage, was denn mit der "Zweideutigkeit" des Wahren gemeint sein kann. Mit der Beantwortung dieser Frage eröffnet sich uns der Verstehenshorizont, innerhalb dessen wir uns schrittweise der Beantwortung jener Fragen anzunähern vermögen. Was hat es also mit Hegels Behauptung von der Zweideutigkeit des Wahren auf sich? Untrennbar mit dieser Frage scheint zugleich die nächste verbunden zu sein, nämlich die, was wir darunter zu verstehen haben, wenn Hegel behauptet, daß das Bewußtsein *zwei Gegenstände* hat?

Die "Zweideutigkeit" des Wahren ist im subjektiven und im objektiven Sinne zu verstehen: Zum einen bringt sie die Differenz zwischen dem, was dem Bewußtsein als das Wahre gilt, und der wirklichen Wahrheit zum Ausdruck. Zum anderen stellt die Zweideutigkeit des Wahren die Differenz im Gegenstande selber heraus: Als an sich seiender Gegenstand ist er ein dem Bewußtsein vorgegebenes Seiendes. Zugleich ist er, als vom Bewußtsein abhängiger Begriff, ein korrelatives Seiendes und zwar derart, daß seine Bestimmtheit *durch* das Bewußtsein in der Bestimmung des Bewußtseins selber fundiert ist. Das bedeutet: Gegenstand und Bewußtsein sind als durcheinander Bestimmte aufeinander bezogen. Wir haben es offenkundig bei dem, *was* das Bewußtsein weiß, mit zweierlei zu tun. Einerseits fällt das, "was das Bewußtsein innerhalb seiner für das *Ansich* oder das *Wahre* erklärt" (PhdG, S. 77), nicht mit der wirklichen Wahrheit zusammen, weil es eben nur eines ist, das *ihm* das Wahre ist. Andererseits nimmt aber das, was dem Bewußtsein als das Wahre gilt, an der wirklichen Wahrheit teil, sofern sich das Bewußtsein auf sie *bezieht*. Denn, "allein gerade darin, daß es überhaupt von einem Gegenstande weiß, ist schon der Unterschied vorhanden, daß *ihm* etwas das *Ansich*, ein anderes Moment aber das Wissen oder das Sein des Gegenstandes *für* das Bewußtsein ist". (PhdG, S. 78) Mit der Gedoppeltheit des Gegenstandsbegriffs – also dies, daß das Bewußtsein zwei Gegenstände hat, nämlich das, was *ihm* das Wahre ist, und das, was ihm gleichsam, als an sich seiender Gegenstand, immer schon im zeitlichen und räumlichen Sinne zuvorkommt – legt Hegel das Fundament seiner Theorie von der Erfahrung des Bewußtseins. Und darin folgt er dem Ziel Kantischer Kritik, zwischen dem, was dem Bewußtsein als Wahres *erscheint* und den Dingen *ansich* als der wirklichen Wahrheit zu unterscheiden. Hegel tut dies aber allein zu dem Zweck, die durch die Kantische *Trennung* von "Erscheinungen" und "Dingen an sich" dem Erfahrungszugang des Bewußtseins unzugängliche Wahrheit wiederzugewinnen und zwar so, daß das Bewußtsein selber, indem es in der und durch die Erfahrung mit seinem Gegenstande jene Trennung aufhebt und darin die Wahrheit über die Unwahrheit der von Kant der Gegenwelt der Dinge an sich übereigneten Wahrheit ans Licht bringt. In dieser Absicht steht der Doppelsinn, in dem Hegel seinen Begriff vom Gegenstande verstanden wissen will.

Als dem Bewußtsein vorgegebenes Sein und Wesen kann das "Ansich" dem Bewußtsein nicht vollständig fremd sein, es kann nicht außerhalb des *ihm* für wahr Geltenden liegen, käme ihm doch nicht die Begriffsbestimmung des *nicht* Bestimmbaren zu. Anders gesagt: Das Bewußtsein hätte kein Wissen von dem, was *ihm* als das Wahre gilt, würde es in der und durch die Erfahrung mit seinem Gegenstande nicht auch zugleich die Unerfahrbarkeit des ihm vorgegebenen, ansichseienden Gegenstandes noch miterfahren. Indem das Bewußtsein "einerseits Bewußtsein des Gegenstandes, andererseits Bewußtsein seiner selbst; Bewußtsein dessen, was ihm das Wahre ist, und Bewußtsein seines

Wissens davon" (PhdG, S 77) ist, hat es demzufolge auch einen Begriff vom an sich Seienden. Insofern fällt der Maßstab, durch den und an dem das Bewußtsein die Überprüfung seines Wissens von der Wahrheit des Gegenstandes vornimmt, weder allein in den Gegenstand noch bloß in das subjektive, *ihm* für wahr Geltende, welches, als vom objektiven Gegenstand Geschiedene, zu einer aufs reine Gefühl von Wahrheit herabgesunkenen Mitteilungsform des Bewußtseins sich reduzieren würde. Hegel hat auf eindrückliche Weise gezeigt, daß der Maßstab, den das Bewußtsein selbst aufstellt, um sein Wissen daran zu messen, in das Bewußtsein fällt. Denn dies, daß es das Ansich oder das Wahre als einen ihm innewohnenden Gegenstand weiß, ermöglicht es ihm zu prüfen, "ob sein Wissen von dem Gegenstande diesem entspricht oder nicht". (PhdG, S. 78) Wenngleich ihm das Wahre zunächst auch nur als das *ihm* für wahr Geltende vorkommt, so *bezieht* sich das Bewußtsein doch auf jene Wahrheit, der das Kantische Bewußtsein erliegt, weil es dieser immer schon ausgeliefert ist.

Dadurch, daß *"Begriff* und *Gegenstand, Für-ein-Anderes-* und *An-sich-selbst-Sein" für* das Bewußtsein Seiende sind und demgemäß in sein Wissen fallen, bringt das Bewußtsein in der und durch seine Erfahrung "die Sache, wie sie *an* und *für sich* selbst ist" selbst zur Darstellung. (PhdG, S. 77) "Begriff und Gegenstand, der Maßstab und das zu Prüfende (sind) in dem Bewußtsein selbst vorhanden" (a.a.O.), aber so, daß es *"für dasselbe* wird, ob sein Wissen von dem Gegenstande diesem entspricht oder nicht". (PhdG, S. 78) Diese Behauptung Hegels, daß die Entsprechung des Gegenstandes *für* das Bewußtsein wird, können wir nicht vorbehaltlos hinnehmen, unterstellt sie doch nichts geringeres als das Vermitteltsein von wirklicher Wahrheit mit dem Für-das-Bewußtsein-Sein. Die Feststellung nämlich, daß das Bewußtsein zwei Gegenstände hat, schließt noch keine hinreichende Begründung für die im Für-es-Sein des Bewußtseins und *durch* es aufgehobene Gegensätzlichkeit derjenigen Wahrheit, die *ihm* als solche gilt und der wirklichen Wahrheit ein. Denn *für* das Bewußtsein kann die Entsprechung von Wissen und Gegenstand ja nur dann *werden*, wenn das Bewußtsein die *Differenz* zwischen dem, was *ihm* das Wahre ist und der wirklichen Wahrheit als Für-es-Seiendes aufheben würde. Hegel hat unseren Vorbehalt so formuliert: "Der Gegenstand scheint zwar für dasselbe nur so zu sein, wie es ihn weiß; es scheint gleichsam nicht dahinterkommen zu können, wie er *nicht für dasselbe*, sondern wie er *an sich* ist, und also auch sein Wissen nicht an ihm prüfen zu können." (PhdG, S. 78)

Sehen wir zu, *wie* und *wodurch* das Bewußtsein die "Zweideutigkeit des Wahren" erfährt, so werden wir die Begründetheit jenes von Hegel behaupteten Vermitteltseins in den Blick bekommen und erfahren, wie und auf welche Weise die wirkliche Wahrheit mit dem Für-es-Sein vermittelt ist. Und darin werden wir des Bedeutungsgehaltes gewahr, den das "Für-es-Sein dieses Ansich" für die Erfahrung des Bewußtseins besitzt. (PhdG, S. 79)

Wir kommen der Aufklärung des Problems jener *Entsprechung* von Wissen und Gegenstand als das Für-das-Bewußtsein-Sein auf die Spur, wenn wir uns aus dem bisher Gesagten verständlich zu machen versuchen, was es mit dem "etwas" auf sich hat, von dem das Bewußtsein *weiß*. Erinnern wir uns hier an Sartres Behauptung, wonach jedes Bewußtsein Bewußtsein *von* etwas ist, und tragen wir Hegels Satz: "Das Bewußtsein weiß *etwas"* auf diese Behauptung auf, so wird in bezug auf Hegels Feststellung von der Entsprechung wirklicher Wahrheit und der dem Bewußtsein geltenden Wahrheit, die *für* das Bewußtsein wird, bereits deutlich, daß das "etwas", das das Bewußtsein weiß, jenes

Bewußtsein einschließt, von dem Sartre sagt, daß es Bewußtsein *von* etwas ist. Denn dies, daß das Bewußtsein dieses "etwas" als das "Wesen" oder das "Ansich" *weiß*, weil es gleichsam *für* es ist, kennzeichnet nicht nur das Bewußtsein als eines, *für* das es *ist*, Bewußtsein des Bewußtseins von "etwas" zu sein. Daß "etwas" *für* das Bewußtsein *ist*, bezeichnet auch und vor allem dasjenige, von dem aus und auf das hin das Bewußtsein sich bezieht. Sofern ihm nämlich "etwas" als Für-es-Sein *ist*, vermag das Bewußtsein genau dasjenige *vor sich* zu bringen, wovon es Bewußtsein *ist:* Es ist das "etwas" *als* das *Selbst* des Bewußtseins, von dem aus und auf das hin es sich bezieht. In aller Kürze können wir zusammenfassend sagen: Indem das Bewußtsein "etwas" weiß, *ist* es Bewußtsein seines Wissens vom Bewußtsein seiner *selbst*.

Im Ausgang von der Gedoppeltheit des Gegenstandsbegriffs werden wir nun mitverfolgen, als was sich dem Bewußtsein die Erfahrung des Für-es-Sein jener Entsprechung erweist. Mit der Aufklärung des Hegelschen Erfahrungsbegriffs dürfen wir uns auch eine Auflösung unseres Problems erwarten.

Die Unterscheidung des Bewußtseins, "daß *ihm* etwas das Ansich, ein anderes Moment aber das Wissen oder das Sein des Gegenstandes *für* das Bewußtsein ist" (PhdG, S. 78), *ist* die dialektische Bewegung, in der und durch die das Bewußtsein die Erfahrung macht, daß die Entsprechung seines Wissens mit dem Gegenstande *für* es wird. Das bedeutet zunächst, daß das Sein des Gegenstandes *für* das Bewußtsein nicht äußerlich zu dem hintritt, als was *ihm* etwas das Ansich ist, sondern daß es selber in das Unterscheiden fällt. Demzufolge ist der Behauptung Hegels, daß allein schon darin, daß das Bewußtsein von einem Gegenstand weiß, der Unterschied vorhanden ist, zu entnehmen, daß das Bewußtsein ein Wissen nicht nur von dem hat, als was ihm etwas das Ansich ist, sondern daß es durchaus auch ein Wissen von dem Gegenstand hat, der ihm als das Ansichsein vorgegeben ist. Insofern dürfen wir in dieser Behauptung zugleich eine Grundlegung des Vermitteltseins vom Sein des Ansich mit der Intentionalität des Bewußtseins vermuten, wenn anders das Sein des Ansich in das Wissen des Bewußtseins fallen soll.

Der Prozeß, innerhalb dessen sich das Bewußtsein dieser Vermitteltheit inne wird, heißt *Erfahrung*. Denn sofern das Bewußtsein nämlich etwas von *sich* unterscheidet, worauf es sich zugleich *bezieht* (PhdG, S. 76), *erfährt* es die Unterschiedenheit seiner beiden Gegenstände, die Differenz seines Wissens.

Um sein Wissen von dem Gegenstande diesem gemäß zu machen, muß es sein Wissen ändern. Mit dieser Wissensänderung geht nun notwendig auch eine Veränderung des an sich seienden Gegenstandes einher. Weil nämlich der an sich seiende Gegenstand untrennbar mit dem Sein *für* das Bewußtsein verbunden ist, ist die Änderung des Wissens unabdingbar an die Veränderung des Ansichseins geknüpft. "Denn das vorhandene Wissen war wesentlich ein Wissen von dem Gegenstande; mit dem Wissen wird auch er ein anderer, denn er gehörte wesentlich diesem Wissen an." (PhdG, S. 78)

Wenn "die *dialektische Bewegung*, welche das Bewußtsein an ihm selbst, sowohl an seinem Wissen als an seinem Gegenstande ausübt", dasjenige ist, "was *Erfahrung* genannt wird" (a.a.O.), dann muß die Intentionalität selber, *als* das mit dem Sein des Ansich Vermittelte, *Gegenstand* der Erfahrung sein. Das würde nichts geringeres bedeuten als dies, daß die Differenz seiner beiden Wissensinhalte als Gegenstand aufträte. Haben wir es hierbei mit einem *dritten* Gegenstand zu tun? Evident scheint zu sein: Indem das, was dem Bewußtsein als das Wahre gilt, vermittelt ist mit dem Sein *für* das Bewußtsein, erfährt es mit dem *ihm* für wahr Geltenden immer auch dieses *Sein* des Ansich mit. Sofern es dies aber nur *mit*erfährt, begegnet es diesem Sein nur *durch* die Nichtentsprechung seiner beiden Gegenstände. Seine Wahrheitserfahrung bleibt dem *ihm* für wahr Geltenden verhaftet, wenn das Bewußtsein auch durch die Mannigfaltigkeit seiner Erfahrungen in seiner Erkenntnis der wirklichen Wahrheit voranschreitet. Was muß also zu diesem Sachverhalt hinzukommen, damit dem Bewußtsein die wirkliche Wahrheit derart zueigen wird, daß es sie nicht bloß mit dem *ihm* für wahr Geltenden miterfährt, sondern daß die Erkenntnis *seiner* Wahrheit als wirkliche Wahrheit sich ihm offenbart? Oder anders gefragt: Als was muß sich die Erfahrung des Für-es-Seins des Ansich erweisen, wenn dem Bewußtsein in der Vermitteltheit des ihm für wahr Geltenden mit dem Sein des Ansich die wirkliche Wahrheit offenbar werden soll?

Hegels Antwort auf diese Frage können wir dem Hinweis auf die Veränderung des Gegenstandes entnehmen. An dem, *wie* Hegel diese Veränderung verstanden wissen will, läßt sich ablesen, daß das Für-es-Sein des Ansich dem Bewußtsein den Erfahrungszugang zur wirklichen Wahrheit seines Wissens eröffnet. Denn die Veränderung des Ansich bedeutet, es "hört auf, das Ansich zu sein": es wird dem Bewußtsein zu einem solchen, das für es Ansich ist. (PhdG, S. 79) Wenn Hegel – scheinbar beiläufig – bemerkt, daß dieser neue Gegenstand die über ihn gemachte Erfahrung ist (a.a.O.), dann spielt er zugleich auf die Nichtigkeit der bloßen Vorgegebenheit des Ansich gegenüber dem Bewußtsein an.

Als das reine dem Bewußtsein Vorgegebene entzieht sich das Ansich seinem Erfahrungszugang und damit der bewußtseinsmäßigen Verarbeitung von dessen Nicht-Erfahrbarkeit. Sofern das Ansich aber ein dem Bewußtsein Gegebenes ist, ist es nicht bloß ein Gegebensein unter anderen Gegebenheiten, das dem Bewußtsein auch nicht gegeben sein könnte. Ist das Ansich ein dem Bewußtsein Gegebenes, so wird das Bewußtsein vermöge der ihm gegebenen wirklichen Wahrheit der Nichtigkeit ansichtig, als die ihm das Vorgegebensein des Ansich im neuen Gegenstand erscheint. Mit dem *Entstehen* des neuen Gegenstandes wird dem Bewußtsein das Ansich zu einem Gegenstand, "der nur *für es* das *Ansich* ist".

Nun enthält der neue Gegenstand aber nicht nur jene Nichtigkeit, sondern in ihm ist zugleich auch die Nichtigkeit des dem Bewußtsein für wahr Geltenden vorhanden. Denn sofern dem Bewußtsein das Sein des Ansich als die Wahrheit des Gegenstandes mitgegeben ist, hat es *seinen* Begriff von Wahrheit zu ändern. Somit ist der neue Gegenstand die über die Nichtigkeit der Erfahrung der unter dem Primat des bloßen Vorgegebenseins stehenden, rein subjektiven Wahrheitsauffassung gemachte Erfahrung. Mit dem neuen Gegenstand scheint dem Bewußtsein das Für-es-Sein des Ansich als das Wahre auf, das für es das Wesen der über jene Erfahrung gemachte Erfahrung ist.

Das *Entstehen* des neuen Gegenstandes ist die dialektische Bewegung des Anderswerdens des Wissens und seines Gegenstandes – den *Inhalt* dieser Bewegung bringt das Bewußtsein im Fortschreiten seiner Wahrheitserkenntnis zur Darstellung. Da das Bewußtsein das Für-es-Sein des Ansich aber immer nur im Horizont dessen, was *ihm* als das Wahre gilt, versteht, muß etwas im Bewußtsein selber dem Sein des Ansich entgegenkommen, damit es das ihm für wahr Geltende in den Horizont wirklicher Wahrheit stellt, damit es *seine* Wahrheitsauffassung an ihr orientiert. Dem Bewußtsein muß eine *Empfänglichkeit* für das Sein zugesprochen werden, wenn anders ihm die Seinserfahrung zur Leitfunktion seiner Erkenntnis von Wahrheit werden soll. Und umgekehrt muß dem Bewußtsein etwas vom Sein entgegenkommen, damit es seine Erfahrung von der *Differenz* zwischen dem ihm Wahren und der wirklichen Wahrheit in den Horizont dessen stellt, als was ihm das Für-es-Sein des Ansich wird, wenn es – Hegels Absicht zufolge – zur Entsprechung seines Wissens mit dem Gegenstande werden soll.

Was muß das Sein des Ansich sein – so ist bei Hegel nachzufragen –, damit dem Bewußtsein gleichsam aus dieser Erfahrung heraus offenbar werden kann, daß die Differenz selber im Horizont wirklicher Wahrheit steht? Denn nur dadurch, daß sich dem Bewußtsein in dem Erfahren des Differierens seiner beiden Gegenstände die Gewißheit erschließt, daß diese Differenz bloß die Perspektive abgibt, von der aus allererst der Horizont wirklicher Wahrheit aufscheint, vermag es diese Erfahrung auf die wirkliche Wahrheit hin auszurichten und an ihr zu orientieren. Das heißt: Sofern die im Horizont wirklicher Wahrheit stehende Erfahrung des Bewußtseins aus dieser Differenz heraus die Gewißheit wirklicher Wahrheit gewinnt, ist die Erfahrung immer schon auf sie hin ausgerichtet. Und das bedeutete: Die Intentionalität des Bewußtseins wäre die Wahrheit des Gegenstandes.

Daß die subjektive Erkenntnis von Wahrheit an der wirklichen Wahrheit und damit am objektiven Gegenstand teilhat, haben wir bereits Hegels Behauptung vom Wissen des einen wie auch des anderen Gegenstandes entnehmen können. Damit war jedoch nichts weiter ausgesagt als dies, daß das Bewußtsein ein Wissen von der wirklichen Wahrheit hat. Ein Wissen von der wirklichen Wahrheit aber nur zu *haben* besagt zugleich, daß das Bewußtsein dieses Wissen auch einbüßen kann, denn sofern das Wort *haben* ein Besitzverhältnis zum Ausdruck bringt, aus dem das Bewußtsein austreten kann oder das es als solches auch einbüßen kann, indiziert der Ausdruck *von etwas ein Wissen haben*, daß dieses Wissen von außen an das Bewußtsein herangekommen ist, also ein dem Bewußtsein äußerliches Wissen ist. Und weil es ein ihm äußerliches ist, kann das Bewußtsein auch von ihm absehen. Dieses Wissen verändert nicht notwendig sein Sein: Das, was das Bewußtsein weiß, ist ein von ihm Getrenntes, denn es gehört nicht konstitutiv zu seinem Sein.

Hegel tritt einer derartigen Auffassung dadurch entgegen, daß er das Verhältnis von subjektiver und objektiver Wahrheit im Bewußtsein fundiert. Damit wird die Begründungsbedürftigkeit, der der Aneignungsprozeß des Wissens der wirklichen Wahrheit notwendig unterliegt, hinfällig. Durch die Gedoppeltheit des Gegenstandsbegriffs ist die Intentionalität die Kennzeichnung des Seins des Hegelschen Bewußtseins. Aber auch damit ist doch lediglich aussagt, daß die wirkliche Wahrheit ins Bewußtsein fällt; sofern nämlich das Zusammenfallen von Bewußtsein und Wahrheit *im* Bewußtsein angenommen wird, ist darin nicht notwendig mitbeschlossen, daß die Intentionalität in sich die Richtung auf die wirkliche Wahrheit birgt. Auch eine solche Annahme von der bloßen Vorhandenheit wirklicher Wahrheit im Bewußtsein schlägt Hegel aus.

Offenkundig ist: Wenn sich dem Bewußtsein in der und durch die Erfahrung der Differenz seiner beiden Gegenstände überhaupt erst die Gewißheit von der wirklichen Wahrheit erschließt, dann muß das Bewußtsein die Differenz selber als dasjenige erfahren, das, im Lichte wirklicher Wahrheit stehend, ihm die Richtung auf diese hin angibt. Die Gedoppeltheit des Gegenstandsbegriffs muß ihrerseits der Widerschein wirklicher Wahrheit sein, wenn anders dem Bewußtsein aus jener Differenz die Wahrheit seiner auf die wirkliche Wahrheit abzielenden Intention emporsteigt. Das bedeutet, das Für-es-Sein des Ansich kann nicht nur das Korrelat dessen sein, was dem Bewußtsein als das Wahre gilt: Das Sein des Ansich muß, *indem* es *für* das Bewußtsein ist, daß es *"für dasselbe"* wird, "ob sein Wissen von dem Gegenstande diesem entspricht oder nicht" (PhdG, S. 78), eines sein, das durch das Bewußtsein *in* es versenkt wird. Das heißt, das Bewußtsein muß selber in sich dem Sein des Ansich Platz verschaffen, damit seine Intentionalität durch das Sein die Ausrichtung auf die wirkliche Wahrheit gewinnt. Oder anders gesagt: Das Sein des Ansich kann nur *für* das Bewußtsein werden, wenn es sich durch es *in* es hineinversetzen kann. Insofern erhält die Rede vom Für-es-Sein des Ansich erst dann ihre volle Berechtigung, wenn darin mitbeschlossen ist, daß das Für-es-Sein als ein durch das Bewußtsein selber Vermitteltes ausgewiesen wird.

Was muß das Sein des Ansich sein, damit es derart im Bewußtsein Platz nehmen kann, daß es als ein *durch* es Vermitteltes auftreten kann? Was muß das Sein des Ansich für das Bewußtsein sein, wenn es *für* es zu einem *durch* es Für-es-Sein wird?

Gesagt wurde, daß das Sein des Ansich als das dem Bewußtsein Vorgegebene zugleich seinem Wesen nach eines ist, das *für* das Bewußtsein ist. Damit war aber noch nichts darüber ausgesagt, *wie* es *für* das Bewußtsein ist. Wie kann es dazu kommen, daß das Wissen von diesem Sein gleichsam den Horizont ausbildet, auf den hin der Prozeß der Wahrheitserkenntnis des Bewußtseins ausgerichtet ist? Die auf das Sein des Ansich bezogene Wissens*änderung* muß ihren *Grund* im intentionalen Gegenstand als der wirklichen Wahrheit haben, der seinerseits wiederum im Bewußtsein fundiert sein muß.

Offenkundig scheint zu sein, daß mit der Frage nach dem, *wie* das Sein des Ansich *für* das Bewußtsein ist gleichzeitig die Frage nach dem, *wie* das Bewußtsein für das Sein des Ansich ist, mit gestellt ist. Wenn das Für-es-Sein des Ansich der intentionale Gegenstand ist, an dem der Prozeß der Wahrheitserkenntnis des Bewußtseins orientiert ist, dann kann dieses Sein nicht bloß in dem Sinne *für* das Bewußtsein sein, daß es ein ihm Gegebenes unter anderen Gegebenheiten ist. Das Sein des Ansich muß das Wesen des Gegebenseins des Bewußtseins selber sein: So, wie sich das Bewußtsein immer schon *vor*findet, ist es durch das ihm gegebene Für-es-Sein ausgezeichnet. Demgemäß *ist* die Differenz seiner beiden Gegenstände die Differenz in ihm selbst, aber so, daß diese Differenz selber als der an der wirklichen Wahrheit orientierte Erkenntnisprozeß des Bewußtseins fungiert. Die Frage nach dem *Wie* des Für-es-Seins verschmilzt demnach mit der Frage nach dem Vorgegebensein des Sich-selbst-Gegebenseins des Bewußtseins.

Nun ist aber auch mit dem Hinweis auf das Für-es-Sein *als* das Sich-selbst-Vorgegebensein des Bewußtseins noch nicht einsichtig gemacht, daß dem Bewußtsein die "*gefühlte Wahrheit, als innerlich geoffenbartes* Ewiges" (PhdG, S. 585), die ihm aus der Erfahrung der Differenz seiner beiden Gegenstände entspringt, auch wirklich zur Wahrheit der Gewißheit seiner selbst gereicht.

Einsichtig wird der aus bloß gefühlter Wahrheit zum bewußtseinsmäßig verarbeiteten, auf die Wahrheit des eigenen Vorgegebenseins hindrängende Erkenntnisprozeß nur dann, wenn hinreichend begründet werden kann, daß das Für-es-Sein des Ansich *als* das Wesen des Vorgegebenseins des Bewußtseins dessen Prädikat und zugleich das wahre Sein ist. Und dies begründen hieße zu zeigen, daß das Für-es-Sein als solches das Verhältnis von prädikativem und wahrem Sein *ist*. Und indem es das Verhältnis von prädikativem und wahrem Sein *ist*, hat es die Funktion, die Annäherung des prädikativen an das wahre Sein *durch* Identifikation in die Übereinstimmung zu treiben und damit jenes in diesem aufgehen zu lassen und darin schließlich zu vollenden. Was des näheren unter der Vollendung des Daseins im Sein zu verstehen ist, soll an dieser Stelle nicht erörtert werden. Wir werden dieser zentralen Problematik im nächsten Abschnitt begegnen, wenn wir der Frage nachgehen, was bei Hegel mit der *Übereinstimmung mit sich selbst* gemeint ist.

Eines sei aber bereits hier gesagt: Dem Für-es-Sein des Ansich kann nur dann eine identifizierende Funktion unterstellt werden, wenn die aus der Differenz der aufeinander bezogenen Wahrheiten entspringende *Antizipation* (von deren Übereinstimmung im objektiven Versöhnungsgeschehen) sich als das die Differenz auf sich Beziehende ausweisen läßt. Es müßte demnach gezeigt werden: Die Antizipation der Übereinstimmung der aufeinander bezogenen Wahrheiten mit der wirklichen Wahrheit geht mit der Differenz jener beiden Wahrheiten einher, aber so, daß das Antizipierte diese Differenz auf sich bezieht. Das bedeutete: 1. Die Antizipation macht die Differenz *als* das zur Übereinstimmung zu bringende erfahrbar. 2. Differenz und Antizipation sind, als aufeinander Bezogene, durcheinander dadurch bestimmt, daß sie *in* das, *wodurch* sie sich aufeinander zu beziehen vermögen, eingehen, weshalb sich 3. das sie Beziehende als das erweist, dem sie allererst ihr Durcheinander-Bestimmtsein *als* das miteinander zusammengehende Eingehen im Antizipierten verdanken. – Die identitätsstiftende Funktion der Antizipation macht die ausstehende Übereinstimmung beider Wahrheiten *als* ausstehende erfahrbar.

Der Prozeß des Entsprechens von Wissen und Gegenstand, innerhalb dessen die antizipierte Übereinstimmung mit der wirklichen Wahrheit sich als die immanente Transzendenz des intentionalen Gegenstandes emporhebt, erweist sich als Relatum jener Relation, die die *Beziehung* zwischen Wissen und Gegenstand *als* der intentionale Gegenstand ist, in dem diese Beziehung als die Übereinstimmung ihres Inhalts mit sich selbst zur Darstellung kommt. Das bedeutet nichts geringeres als die Fundierung des Erfahrungsprozesses des Bewußtseins in der Wahrheit als der Intentionalität des Gegenstandes. Denn dies, daß sein Verhältnis zwischen Wissen und Gegenstand sich als die Intentionalität des Gegenstandes erweist, fundiert den Erfahrungsprozeß des Bewußtseins in diesem Gegenstand, so daß der Prozeß selber als das durch den Gegenstand veranlaßte Auf-ihn-Hindrängende fungiert. Und das bedeutet, daß der Prozeß zum Gegenstand des intentionalen Gegenstandes herabsinkt. Sobald aber das Bewußtsein, wie sich noch zeigen wird, durch sein Wissen von dessen Vermitteltheit die Übereinstimmung mit dem intentionalen Gegenstand antizipiert, offenbart sich ihm darin, daß es es selber ist, dem die Transzendenz seines Erfahrungsprozesses als das Vorgegebensein seines eigenen Gegebenseins gleichsam mit seiner Existenz mitgegeben ist: Das *Selbst* des Bewußtseins *ist* als intentionale Beziehung *In-Beziehung-Seiendes*, indem und dadurch, daß es auf das Sein als dem intentionalen Gegenstand ausgerichtet ist, weil es sich selbst als durch es Vermitteltes weiß.

Hegel deutet den Sachverhalt, daß der Erfahrungsprozeß im intentionalen Gegenstand fundiert ist, in seiner Vorrede zur Phänomenologie an, wenn er "die Ungleichheit, die im Bewußtsein zwischen dem Ich und der Substanz, die sein Gegenstand ist, stattfindet" als "die Ungleichheit der Substanz zu sich selbst" (S. 39) verstanden wissen will. Denn sofern sich die "Substanz wesentlich Subjekt zu sein" zeigt und darin die "Trennung des Wissens und der Wahrheit" überwunden ist, ist das Sein absolut vermittelt; "es ist substantieller Inhalt, der ebenso unmittelbar Eigentum des Ichs, selbstisch oder der Begriff ist". (a.a.O.)

In diesen Sätzen kündigt sich die bestimmte Verknüpfung des Hegelschen Erfahrungs- und Wahrheitsbegriffs an, die Hegels Erfahrungstheorie zur Begründungsfunktion seines metaphysischen Wahrheitsbegriffs macht. Verstehen wir diese Sätze gleichsam als Vorentwurf seiner Wahrheitstheorie und verbinden wir sie mit unserer Frage nach dem *Wie* des Seins *für* das Bewußtsein, so können wir uns diese Frage mit dem Hinweis auf die

die dialektische Bewegung des Erfahrungsprozesses konstituierende wirkliche Wahrheit beantworten. Denn dies, daß die Erfahrung des Bewußtseins jener dialektischen Bewegung gehorcht, durch die die wirkliche Wahrheit aufscheinen kann, weil durch diese Bewegung als solche die Erfahrung ihre Begründetheit im Ausgerichtetsein auf die wirkliche Wahrheit erfährt, läßt die konstituierende Kraft der Wahrheit *durch* die dialektische Bewegung erkennen. Die dialektische Bewegung der Erfahrung "ist eben dies, daß der Inhalt – und er ist der Geist – *an sich*, Substanz und also *Gegenstand* des *Bewußtseins* ist. Diese Substanz aber, die der Geist ist, ist das *Werden* seiner zu dem, was er *an sich* ist. (...) Er ist an sich die Bewegung, die das Erkennen ist, – die Verwandlung jenes *Ansich* in das *Fürsich*, der *Substanz* in das *Subjekt*, des Gegenstandes des *Bewußtseins* in Gegenstand des *Selbstbewußtseins*, d.h. in ebensosehr aufgehobenen Gegenstand oder in den *Begriff*." (PhdG, S. 585) Demgemäß ist die Tätigkeit des Bewußtseins, das die Erfahrung von der Erfahrung ihres Begründetseins in dem wirklich Wahren macht, eine Tätigkeit, die ihrerseits, als die Bewegung des Wahren, dessen Existenz demonstriert. "Was außer ihr (der Substanz) vorzugehen, eine Tätigkeit gegen sie zu sein scheint, ist ihr eigenes Tun, und sie zeigt sich wesentlich Subjekt zu sein." (PhdG, S. 39)

Wenden wir uns noch einmal dem Problem des Für-es-Seins zu. Indem wir unsere Frage nach dem, *wie* das Für-es-Sein *für* das Bewußtsein ist, erweitert haben auf die Frage, was dem Bewußtsein vom Sein des Ansich entgegenkommen muß, damit ihm das Für-es-Sein zum intentionalen Gegenstand als der Leitfunktion seiner Wahrheitserfahrung wird, ist uns zugleich die Frage begegnet, womit es das Bewußtsein bei sich selbst zu tun hat, wenn es in sich so etwas wie eine Empfänglichkeit für das Sein vorfindet. Wie wir sahen, vermag das Bewußtsein in der und durch die Erfahrung der Differenz zwischen dem ihm für wahr Geltenden und der wirklichen Wahrheit das Wahre als den intentionalen Gegenstand derart auf seine Erfahrung der Differenz zu beziehen, daß ihm diese Erfahrung als solche zur Antizipation des intentionalen Gegenstandes wird. Dies vermag das Bewußtsein aber dadurch, daß es sich *selbst* als eines weiß, dem das Wahre als die Leitfunktion der Erfahrung seines Selbst- und Weltverhältnisses mitgegeben ist. Denn sofern dem Bewußtsein die dialektische Bewegung zur Erfahrung seines eigenen Hindrängens zum Wahren wird, gereicht sie ihm zur Transzendenz und zwar so, daß es die Erfahrung der dialektischen Bewegung als solche zum Akt seines Intendierens macht. Das Für-es-Sein des Ansich ist *für* das Bewußtsein indem und dadurch, daß es das Vorgegebensein seines eigenen Gegebenseins ist. In dem so verstandenen Sinne *ist* das Für-es-Sein für das Bewußtsein das Absolute, denn es ist, wenn es *ist*, indem es sein eigenes Gegebensein *ist*, zugleich sein Ihm-Vorgegebensein. Dies ist es aber nicht so, daß es in der Realisierung seines Gegebenseins gleichzeitig sein Vorgegebensein bloß mitrealisiert; im Gegenteil: Die Realisierung seines Gegebenseins *ist* die Realisierung *als* die seines Vorgegebenseins, denn "das Selbst führt das Leben des absoluten Geistes durch". (PhdG, S. 581)

Daß sich im Erfahrungsprozeß die Entsprechung von Wissen und Gegenstand der wirklichen Wahrheit anzunähern vermag, liegt also darin begründet, daß dieser Prozeß selber die Annäherung des Bewußtseins an sein Selbst ist. Denn das Selbst *ist* die intentionale Beziehung, die als der intentionale Gegenstand die Wahrheit der *Beziehung* von Wissen und Gegenstand kennzeichnet. Und als solche *bezieht* das Selbst das Bewußtsein auf das Wahre, auf den Gegenstand der Erfüllung seiner Intention. Darin liegt, daß die *Beziehung* von Beziehendem und Bezogenem, von Selbst und Bewußtsein die Erfüllung der Intention des Bewußtseins kundgibt. Hegels Wort von der gefühlten Wahrheit meint doch offenkundig nichts anderes als dies, daß der Zeitraum bis zur Erfüllung der Intention sich dem Bewußtsein in der Transzendenz des intentionalen Gegenstandes, also in der dialektischen Bewegung, die sich zwischen ihm und seinem Selbst vollzieht, als die von ihm zu vollbringende Erfüllung offenbart. Aus diesem Sachverhalt können wir, wenn auch nur vorläufig, die Feststellung ableiten: Die Wahrheit des Bewußtseins liegt in seinem Selbst, sofern der Erfahrungsprozeß auf das Selbstsein als die Wahrheit des Gegenstandes gerichtet ist.

Unsere Frage, was dem Bewußtsein vom Sein des Ansich entgegenkommt, ist untrennbar mit der Frage nach dem, was das Bewußtsein sein muß, damit das Für-es-Sein *für* es werden kann, verbunden. Die erste Frage haben wir mit dem *Vorgegebensein* des Gegebenseins des Bewußtseins beantwortet: Das Für-es-Sein ist *für* das Bewußtsein indem und dadurch, daß es, als ein ihm Gegebenes, sein eigenes Sich-selbst-Vorgegebensein ist.

Wir wollen nun das Bewußtsein aus seiner Innenperspektive heraus zu begreifen versuchen und im Ausgang von dem Verständnis des *Selbst*, das wir aus Hegels Verknüpfung seiner Erfahrungstheorie mit seinem Wahrheitsbegriff gewonnen haben, der Frage nachgehen, *wie* und *als was* das Bewußtsein sich darin selbst vorfindet. Hegels Wort von der gefühlten Wahrheit war nach der Seite, nach der das Bewußtsein *durch* dieses Gefühl sich in seiner Wahrheitserkenntnis Schritt für Schritt der wirklichen Wahrheit annähert, als die Antizipation der Übereinstimmung seines Wissens mit dem intentionalen Gegenstand zu verstehen. Diese gefühlte Wahrheit muß auf einer Retention erfüllter Intention, das heißt auf einer Retention des Bewußtseins an die in einem Ruhepunkt zur Übereinstimmung mit sich gekommenen finalen dialektischen Bewegung aufruhen: nämlich auf einer Retention an gelungene Übereinstimmung. Das Voranschreiten des Bewußtseins in seiner Wahrheitserkenntnis bliebe richtungslos und sein antizipierender Ausgriff auf zukünftige Übereinstimmung mit dem Wahren wäre eine bloße Projektion von Nichtgegebenem auf die Gegebenheitsweisen seiner ihm umgebenden Welt, würde das Bewußtsein nicht dank einer Retention an einen Zustand, in dem es sich in Übereinstimmung befand, sein gegenwärtiges Gegebensein als ein Nicht-in-Übereinstimmung-*Befindliches* erfahren.

Diese Erfahrung des sich nicht in Übereinstimmung Befindens bekundet die Nicht-Gegenwart des Wahren. Daß das Bewußtsein bei Hegel aber gerade durch eine solche Erfahrung derart auf Zukunft auszugreifen vermag, daß ihm sein gegenwärtiges Gegebensein, indem es ihm die Nicht-Gegenwart des Wahren erfahrbar macht, zur zukunftserfüllten Gegenwart wird, ist in der bestimmten Art der Intentionalität begründet, die Hegel dem Gegenstand als der wirklichen Wahrheit unterstellt: Wenn das Gegebensein dem Bewußtsein dadurch zur zukunftserfüllten Gegenwart wird, daß es ihm die Nicht-Gegenwart des Wahren erfahrbar macht, dann muß der auf die Erfüllung der Intention ausgerichtete Zeitraum, also die *Differenz* zwischen Wissen und intentionalem Gegenstand, durch die Gegenwärtigkeit der Nicht-Gegenwart dieses Wahren ausgefüllt sein. Das bedeutet, daß die immanente Transzendenz des intentionalen Gegenstandes, d.i. die dialektische Bewegung, die "Verwandlung (...) der Substanz in das Subjekt" (PhdG, S. 585), dessen Nicht-Gegenwart in der gefühlten Wahrheit lebendig werden läßt. Und daraus folgt: Der intentionale Gegenstand *ist* ein dem Bewußtsein Gegebenes und zwar so, daß

1. er sich dem Bewußtsein gibt, indem er sich ihm entzieht;

2. das Bewußtsein sich ihn selbst gibt und darin
– des Gegenwärtigseins der Nicht-Gegenwart des Gegenstandes sowie
– seines eigenen Sich-selbst-Gegebenseins *als* die lebendige, sich ihm gebende Gegenwärtigkeit des ihm verborgenen Wahren inne wird.

Indem sich der intentionale Gegenstand dem Bewußtsein derart gibt, daß es ihn sich selbst gibt, *ist* der Gegenstand das *sich* Sich-selbst-Geben des Bewußtseins Veranlassende. Wird dem Bewußtsein in dem Akt, in dem es sich den intentionalen Gegenstand selbst gibt, dasjenige erfahrbar, was *im* Gegenstand seiner Intention *entspricht*, so wird ihm im Vollzuge dieses Aktes sein eigenes Gegebensein selber zur Gegenwärtigkeit der Nicht-Gegenwart des Gegenstandes. Und darin wird es sich selbst *als* der Transzendenz seines gegenwärtigen Gegebenseins inne; das heißt, das Bewußtsein wird sich selbst zur faktischen Erfüllung der Intention. Dies bedeutet schließlich: Das Bewußtsein kann erst sein, was es *ist*, wenn es sich selber gibt, *wie* es sich selbst vorgegeben ist; wenn es das, was sich ihm gibt, sich selbst gibt, also so in sich aufnimmt, daß es darin eingeht. Dieses *Eingehen* ist aber, wie sich noch zeigen wird, ein *Aufgehen-in-ihm*, weil das Bewußtsein erst dadurch wiederzugeben vermag, was sein faktisches Gegebensein ist. Denn dies, "daß der Gegenstand nicht *ist*, *was* er ist" (JR, S. 206), kennzeichnet das Bewußtsein als eines, das nicht das ist, was es *ist*. Denn es ist nur das, was es ist, sofern es nicht das *ist*, was es ist.

Um uns verständlich zu machen, worin der Erfahrungszugang des Bewußtseins zum Sein des Ansich gründet und wodurch das Umschlagen des Seins *für es* in die Erfahrung eines *durch* es Für-es-Seins motiviert ist, haben wir in aller Vorläufigkeit unterstellt, daß das Bewußtsein eine ganz bestimmte Empfänglichkeit für das Sein besitzt. Evident scheint zu sein: Wenn die Empfänglichkeit dem Bewußtsein das Sein derart erfahrbar macht, daß es dies als ein *durch* sich selbst Erfahrenes erfährt, dann kann sie nicht bloß ein Prädikat des Bewußtseins sein, sondern dann muß sie ineins sein mit ihm. Als das Ineinssein mit ihr können wir demnach das Bewußtsein nach der Seite, nach der ihm die Bewegung des sich ihm hin*gebenden* Seins selber zur Bewegung seines Sich-Hinwendens wird, so verstehen, daß es *als* Empfänglichsein das Sein *in sich* hat. Erst dadurch würde sich dann auch hinreichend erklären lassen, weshalb und wodurch das Bewußtsein das Sein als ein *durch* sich selbst Erfahrenes erfährt: Indem es nämlich das Sein *in sich* hat, vermag es dies zu einem *durch* sich zu machen. Nach der anderen Seite aber, nach der das Empfänglichsein das aktive Tun des Bewußtseins evoziert, die Hinwendung zum Sein durch das aktive Streben nach ihm sich konkretisiert, muß das Bewußtsein als *Mangel* begriffen werden. Denn dies, daß dem Bewußtsein in der Erfahrung des Gegenwärtigseins der Nicht-Gegenwart des Seins sein *Bedürfnis* nach ihm aufgeht, verweist das Bewußtsein auf die Abwesenheit des Seins und das heißt, auf *seinen* Mangel an Sein.

Die Empfänglichkeit für das Sein ist auf den Mangel des Bewußtseins zurückzuführen, der seinerseits durch das Bedürfnis zur Sprache gebracht wird. Wenn unsere Interpretation des Bewußtseins als das auf dem Mangel an Sein beruhende Empfänglichsein richtig ist, dann dürfen wir diesen Mangel verstehen als "die Ungleichheit, die im Bewußtsein zwischen dem Ich und der Substanz, die sein Gegenstand ist, stattfindet". (PhdG, S 39) Unsere Annahme, daß die Evokation des aktiven Strebens nach dem Sein sich dem Empfänglichsein des Bewußtseins verdankt, das sich seinerseits aber auf den Mangel als die Gegenwärtigkeit der Nicht-Gegenwart des Seins zurückführt, zieht eine weitere Vermutung nach sich: Das Empfänglichsein und der Mangel sind als aufeinander

Bezogene durcheinander bestimmt. Und dieser Bestimmungsgrund ist der Mangel *als* die "Seele oder das Bewegende" (a.a.O.) als das Hegel die im Bewußtsein *stattfindende* Ungleichheit zwischen dem Ich und seinem Gegenstand, der Substanz, verstanden wissen will. Gibt unsere Deutung des Durcheinander-Bestimmtseins von Empfänglichsein und Mangel die Hegelsche Intention, den Mangel als die Seele oder das Bewegende jener *stattfindenden* Ungleichheit zu fassen, richtig wieder, dann scheint es der Mangel zu sein, der sich, als das *Bewegende*, in dem Empfänglichsein *als* der *Hin*wendung zum Sein niederschlägt.

Befindet sich das Ich in Ungleichheit mit der Substanz, so ist der Mangel die *Befindlichkeit* des mit sich nicht übereinstimmenden Bewußtseins. Die Nichtübereinstimmung des Bewußtseins mit sich selbst ist die mit seinem *Selbst*. Da aber das Selbst, wie wir sagten, intentionale Beziehung ist, *ist* es die *Bewegung* des Bewußtseins in sich selbst, seine auf den intentionalen Gegenstand ausgerichtete Selbstbewegung. "Ebenso ist die innere, die eigentliche Selbstbewegung, *der Trieb* überhaupt (Appetit oder Nisus der Monade, die Entelechie des absolut einfachen Wesens) nicht anderes, als daß Etwas *in sich selbst* und der Mangel, *das Negative seiner selbst*, in einer und derselben Rücksicht ist." (LII, S. 76)

Die Nichtübereinstimmung des Bewußtseins mit *sich* muß zurückgeführt werden auf die des Selbst mit sich. Denn ist das Selbst, *appetitio*, zum einen das *Verlangen* (nach etwas), das *Streben* (auf etwas hin), also der *Prozeß* des Verlangens, des Strebens, so muß es zum anderen das schon Erfüllte, das Erstrebte sein, wenn anders der prozessuale *Sinn* des Strebens in dem Erstrebten als solchem liegen soll. Demgemäß können wir das Selbst zunächst so definieren: Es ist das auf Übereinstimmung hindrängende Streben als die ausstehende Anwesenheit des Sinns des Erstrebten.

Der auf den terminus a quo bezogene terminus ad quem des Selbst zeichnet einerseits den Weg vor, den das Bewußtsein zu gehen hat, um die Erfüllung seines Strebens *als* die Übereinstimmung mit *sich* zu erreichen; und *als* der terminus a quo, das heißt als das Erfüllte kennzeichnet das Streben seinerseits das Selbst als das Ausgerichtetsein auf *sich*. Das Selbst ist demnach diese *Bewegung* des Bewußtseins in sich selbst und zugleich ist es das diese Bewegung Veranlassende. Daraus ergeben sich folgende Überlegungen, die uns sogleich für den Übergang zum "Selbstbewußtsein" den Boden bereiten sollen, auf dem wir dann der Frage nach der konkreten Erfahrbarkeit des *Selbst* als der "inneren Selbstbewegung" des Bewußtseins nachzugehen haben: Wenn das *Selbst* jene *Bewegung* des Bewußtseins in sich selbst ist und zugleich dasjenige, das diese Bewegung veranlaßt, dann muß das, *als was* und *wie* sich das Bewußtsein selber erfährt, sich aus der Art und Weise dieser "Selbstbewegung" heraus bestimmen. Und des weiteren ergäbe sich, daß das *Verhältnis* des Bewußtseins zu sich selbst, sein Selbstverhältnis, *durch* sich selbst bestimmt wäre. Die Bestimmung des Bewußtseins *durch sich* wäre die seiner Selbstbestimmung, die Bestimmung durch oder mit Anderen[12] immer die einer Fremdbestimmung. Die bestimmte Art der Selbstbestimmung *durch sich* – und das wird wesentlich zu zeigen sein – zeichnet das Selbstverhältnis als das eines Selbstseins aus.

Wenn für Hegels Bewußtseinsbegriff die bestimmte Art und Weise eines *Selbstseins* gilt, welches Übereinstimmung mit *sich* meint, dann dürfen wir von der Erfahrung des Selbstbewußtseins, das heißt, durch die konkrete Selbst-Erfahrung, eine Antwort auf die Frage erwarten, womit denn das Bewußtsein übereinstimmt, wenn es mit *sich* übereinstimmt. Oder anders gesagt: dann muß die Erfahrung des Hegelschen Selbstbewußtseins die inhaltliche Bestimmung des *sich* hervorbringen als den Bestimmungsgrund seiner Erfahrung überhaupt. Mit dem Rückgang auf Erfahrung als dem Selbstbestimmungsgrund des Bewußtseins wird notwendig *ursprüngliche Erfahrung* in den Vordergrund unseres Interesses treten: In Frage steht das, *als was* und *wie* das *Selbst* erfahren wird. Das heißt, daß die Art und Weise der Erfahrbarkeit seiner selbst auf die ursprüngliche Erfahrung des Bewußtseins zurückweist und darin der Konstitutionsgrund von *Subjektivität* sichtbar wird.

Sofern der zentrale Gedanke unserer Überlegungen, daß das *Selbst* die innere Selbstbewegung und das sie Veranlassende *ist*, mit dem übereinkommt, als was Hegel den Bestimmungsgrund von Erfahrung überhaupt verstanden wissen will, dann scheint man daraus den Schluß ziehen zu dürfen: Subjektivität konstituiert sich nicht in der Beziehung zu Sozialpartnern; das Subjekt wird nicht erst dadurch es *selbst*, daß es mit einem anderen Subjekt in Beziehung ist, in der und durch die es allererst konstituiert wird. Positiv ausgedrückt heißt das: Subjektivität konstituiert sich in dieser und durch diese Bewegung seines Selbst. Diese Schlußfolgerung wird nun aber sogleich durch die Hegelsche Bestimmung des "Selbstbewußtseins" dementiert. Denn es heißt im ersten Satz des berühmten Abschnitts über "Herrschaft und Knechtschaft": "Das Selbstbewußtsein ist *an* und *für sich*, indem und dadurch, daß es für ein Anderes an und für sich ist; d.h. es ist nur als ein Anerkanntes." (PhdG, S. 145) Offenkundig scheint der Bezugspunkt der Beziehung des Bewußtseins auf sich selbst ein anderes Selbstbewußtsein zu sein. Selbstbewußtsein *ist* demnach nur, sofern es sich als solches im Anderen bestätigt findet. Beide "*anerkennen* sich als *gegenseitig sich anerkennend.*" (S. 147) Und das heißt doch nichts anderes, als daß das Subjekt erst in der Beziehung zu einem anderen Subjekt es *selbst* werden kann, und durch diese Beziehung zur Übereinstimmung mit *sich* zu gelangen vermag. Konstituiert sich Subjektivität bei Hegel nun doch in der Beziehung zu Sozialpartnern? Untrennbar mit dieser Frage ist die nächste verbunden: Ist der Gegenstand der Erfahrung das intersubjektive Verhältnis und nicht, wie bisher angenommen, das *Selbst* des Bewußtseins? Evident scheint zu sein: Die Dialektik der "Anerkennung" suggeriert, daß sich Subjektivität in den Sozialbezügen der sich als gegenseitig sich anerkennender Bewußtseine generiert.

Wir werden der Aufklärung dieser Fragen nachzukommen versuchen, indem wir mitverfolgen, *wie* der Prozeß der Anerkennung "für das Selbstbewußtsein erscheint" (a.a.O.) und *wodurch* es diese Anerkennung erfährt. Eines können wir aber bereits jetzt festhalten: Sofern das Selbstbewußtsein nur als ein Anerkanntes *ist*, ist Anerkennung nicht ein Prädikat des Subjekts, das in Beziehung mit einem anderen Subjekt ist, sondern das Prädikat ihrer *Beziehung*. Demzufolge kann es keinen Fall von Selbstbewußtsein geben, dem Anerkennung nicht zukommt. Selbstbewußtsein *ist* nur als ein Anerkanntes, oder es *ist nicht*.

Die "Bewegung des Anerkennens" (S. 146) setzt die "Verdoppelung des Selbstbewußtseins" (S. 144), oder anders gesagt, die "Entzweiung" des Selbstbewußtseins voraus. Daß die Verdoppelung als Entzweiung des Selbstbewußtseins aufgefaßt werden muß, wird sich uns aus dem Prozeß der Anerkennung selber ergeben. Zunächst ist aber, der Hegelschen Darstellung zufolge, von "zwei entgegengesetzten Gestalten des Bewußtseins" auszugehen: "die eine das selbständige, welchem das Fürsichsein, die andere das unselbständige, dem das Leben oder das Sein für ein Anderes das Wesen ist; jenes ist der *Herr*, dies der *Knecht.*" (S. 150) Wodurch zeichnet sich das Wesen des Herrn und wodurch das des Knechts aus? Hegel begründet die Unterschiedenheit des Wesens dieser beiden Bewußtseinsgestalten aus der Art und Weise, *wie* beide den Kampf um Anerkennung führen. Und das bedeutet, er begründet sie in dem, was für sie das jeweils Wesentliche ist, das sie durch den Anderen anerkannt wissen wollen. "Das Verhältnis beider Selbstbewußtsein(e) ist also so bestimmt, daß sie sich selbst und einander durch den Kampf auf Leben und Tod *bewähren.*" (S. 149) Offenkundig ist das Anerkennungsverhältnis bestimmt durch die unterschiedliche Ausrichtung des Interesses an der *Bewahrung* des Lebens. Das heißt: das Verhältnis beider Selbstbewußtseine bestimmt sich aus der Erfahrung des Kampfes auf Leben und Tod zur Bewahrung der ihnen lebenswichtigen Ziele.

Die Gestalt des Herrn zeichnet sich dadurch aus, daß sie das vitale Leben der subjektiven Anerkennung untergeordnet hat. Das biologische Bedürfnis[13] nach Selbsterhaltung und damit die Abhängigkeit von Natur überhaupt, das heißt, von allem endlichen Seienden, also auch die Abhängigkeit von seinem eigenen endlichen Leben, wird dem Bedürfnis nach Anerkennung durch ein anderes Selbstbewußtsein untergeordnet. *Nicht* an das endliche Seiende gebunden zu sein, macht diese Bewußtseinsgestalt zur Herrschaft über es. Man kann die Herrschaft so beschreiben: Sie will nicht das endliche Seiende sein, das sie *ist*; sie will *durch* das intersubjektive Anerkennungsverhältnis über seine Abhängigkeit von *sich* hinausgehoben werden. Anerkennung bedeutet dem Herrn soviel wie die reine Transzendenz seiner *selbst*. Indem er aber im Kampf auf Leben und Tod sein Leben so einsetzt, daß er es durch ein nicht lebensnotwendiges Ziel *ersetzt*, gerät ihm sein Herrschaftsanspruch zu einem Selbstwiderspruch. Das Ziel, um dessentwillen er den Kampf geführt hat, gerinnt ihm zur Nichtigkeit, weil das Scheitern der Realisierung seines Anspruchs ihn auf das zurückverweist, aus dem sich sein Anspruch herleitet: Auf das Bedürfnis nämlich, die Abhängigkeit von *sich* zu überwinden, sein endliches Dasein zu transzendieren. Indem sich der Herr von seinem biologischen Bedürfnis, das auf Selbsterhaltung des vitalen Lebens ausgerichtet ist, *unmittelbar* abwendet und an dessen Stelle das Bedürfnis nach Anerkennung setzt, wendet er sich *unmittelbar* dem anderen Subjekt zu, von dem her er sich Anerkennung erwartet. Kennzeichnend für die Bewußtseinsgestalt des Herrn ist nun aber, daß sie von dieser *Bewegung* des Abwendens von sich und der Zuwendung zum anderen absieht. Die Gestalt einer solchen Herrschaft erweckt den Schein, sich selbst derart beherrscht zu haben, daß ihm die Nichtigkeit seiner vitalen Bedürfnisbefriedigung zur Unabhängigkeit von aller Endlichkeit gereicht. Die Abhängigkeit dieses Bewußtseins besteht nicht in der Anerkennung, um deretwillen es den Kampf auf Leben und Tod geführt hat, sondern abhängig bleibt ein solches Bewußtsein von seiner endlichen Begierde, um deren Befriedigung jenes Bewußtsein sich zu bemühen hat, das in diesem Kampf das Leben nicht gewagt hat und deshalb an die Endlichkeit gebunden bleibt. Denn sofern und soweit jenes Bewußtsein auf die Bedürfnisbefriedigung dieses, an der Endlichkeit seines Lebens festhaltenden Bewußtseins angewiesen ist, bleibt es an die biologische Selbsterhaltung gebunden, wenn es auch die *Tätigkeit* des knechtischen Bewußtseins für seine Bedürfnisbefriedigung zwischen das Ding und sich eingeschoben hat (S. 151). Auf der Hand liegt dann auch die Unmöglichkeit des Zustandekommens des Anerkennungsverhältnisses: Ein Bewußtsein, das nicht als Anerkennendes anerkannt werden kann, weil das ihm lebenswichtige Ziel eben nicht in der Anerkennung eines anderen Bewußtseins besteht – ein solches Bewußtsein kann demzufolge auch notwendig nicht in ein Anerkennungsverhältnis sich als gegenseitig sich anerkennender Subjekte eintreten. Das Scheitern dieser Anerkennungsbeziehung hängt offenkundig mit der Abhängigkeit des Herrn von der Abhängigkeit der Bedürfnisbefriedigung seines endlichen vitalen Lebens zusammen; nur aus seiner Perspektive läßt sich von einer gescheiterten Anerkennung sprechen, denn das knechtische Bewußtsein hat ja dem Anerkanntwerden durch ein anderes Bewußtsein die Erhaltung seines biologischen Lebens vorgezogen. Nun ist dieses Scheitern aber nicht bloß ein Scheitern an der Endlichkeit des Lebens, über die der Anspruch auf Anerkennung immer schon hinaus sein will. Das Scheitern liegt vielmehr in dem Widerspruch begründet zwischen dem Anspruch und dem, *wie* dieser eingelöst zu werden versucht: Indem der Herr durch das Absehen von der Abhängigkeit seiner Bedürfnisbefriedigung glaubt, den Anspruch auf Unabhängigkeit von aller Endlichkeit erheben und daraus sein Anerkanntwerden meint ableiten zu dürfen, etabliert er erneut eine Abhängigkeit, nämlich die von einem Bewußtsein, das an die "Dingheit" geknüpft ist, sofern es dem Herrn allein zu dessen Bedürfnisbefriedigung dient.

"Um diesen Widerspruch zu überwinden, dazu ist es nötig, daß die beiden einander gegenüberstehenden Selbste in ihrem *Dasein*, in ihrem *Sein-für-Anderes*, sich als das setzen und sich als das anerkennen, was sie *an sich* oder ihrem Begriffe nach sind, – nämlich nicht bloß *natürliche*, sondern *freie* Wesen. Nur so kommt die *wahre* Freiheit zustande; denn da diese in der Identität meiner mit dem anderen besteht, so bin ich wahrhaft frei nur dann, wenn auch der andere frei ist und von mir als frei anerkannt wird. Diese Freiheit des *einen* im *anderen* vereinigt die Menschen auf innerliche Weise, wogegen das *Bedürfnis* und die *Not* dieselben nur äußerlich zusammenbringt. Die Menschen müssen sich daher ineinander wiederfinden wollen. Dies kann aber nicht geschehen, solange dieselben in ihrer Unmittelbarkeit, in ihrer Natürlichkeit befangen sind; denn diese ist eben dasjenige, was sie voneinander ausschließt und sie verhindert, als freie füreinander zu sein." (Enz.III, S. 220, Zusatz)

Das Scheitern der Realisierung des Herrschaftsanspruchs liegt – so scheint es – in einem Begriff von Anerkennung, durch den diese Bewußtseinsgestalt bei Hegel einzig sich auszeichnet. Für sie begründet sich Anerkennung allein und ausschließlich aus der Herrschaft über alles Endliche und darin auch und vor allem in der Herrschaft übers Subjekt: Anerkennung bleibt hier dem verhaftet, wogegen sie sich wendet, der Endlichkeit des Seienden als der Herrschaft der Begierde im Subjekt. Die Bewußtseinsgestalt des Herrn dokumentiert nichts anderes als das Beherrschtsein des Subjekts von der Endlichkeit seines vitalen Lebens, der Endlichkeit seines Daseins.

Um dem auf die Spur zu kommen, was Hegel unter einem Anerkennungsverhältnis versteht, das "wahre Freiheit" immer schon *ist*, scheint es mir an dieser Stelle notwendig zu sein, einen Sachverhalt festzuhalten, dem wir zu folgen haben, wenn wir uns nun mit der Struktur jener Gestalt auseinandersetzen, der "die Dingheit des Wesentliche ist" (PhdG, S 150f.) und die deshalb durch die ausstehende Anerkennung gekennzeichnet ist: Das Bedürfnis wie auch die Endlichkeit seiner Befriedigung, die "Natürlichkeit" – wie Hegel sagt – trennen die Menschen oder schließen sie nur auf äußerliche Weise zusammen. *Innerlich* aber miteinander verbunden zu sein bedeutet, als gegenseitig sich anerkennende Subjekte frei zu sein *in* dem Anderen und *durch* ihn, das heißt, "als freie füreinander zu sein". Und dies wiederum bedeutet zugleich, daß dieser Freiheit die Einlösung einer Forderung vorausgegangen sein muß. Die Erfüllung dieser Forderung scheint die von Hegel beanspruchte Freiheit *als* die Identität der auf innerliche Weise verbundenen Subjekte überhaupt erst zu ermöglichen. Offenkundig besteht die Forderung in nichts anderem als der Aufhebung alles Trennenden, weil es die Subjekte "verhindert, als freie füreinander zu sein". Denn vermöge des Sich-von-sich-Unabhängigmachens werden die sich gegenüberstehenden "Selbste" durch keine äußere Schranke behindert, sich im anderen wiederzufinden und die Freiheit des anderen als die der eigenen anzuerkennen. Die "Fähigkeit zur Freiheit" (Enz.III, S. 220, Zusatz), durch die "jedes auf die Erhaltung seines Lebens als des Daseins seiner Freiheit gerichtet" (S. 221) ist, macht es unabdingbar erforderlich, daß die Abhängigkeit von *sich* aufgegeben wird. Die Fähigkeit zur Freiheit setzt die Fähigkeit zur Befreiung von *sich* voraus. Und daraus folgt: Die Realisierung dieser Freiheit desillusioniert die Erfüllbarkeit jeglicher Bedürfnisbefriedigung, die in der endlichen Realität ihren Sitz hat. Denn es ist diese Realität, in deren Boden die Bedingung der Möglichkeit wahrer Freiheit eben gerade nicht wurzeln kann. Freiheit ist das der Realität Andere, weil sie immer schon über sie hinaus ist. Aus der Perspektive jener Sphäre, wo das Losgerissensein des Bedürfnisses von der Begierde wahre Freiheit als das Gegenwärtigsein noch nicht erfüllten Bedürfnisses erfahrbar macht, wird allererst verständlich, wie schlecht es um den Realitätsbegriff steht, dessen Bedeutungsgehalt sich allein aus der Selbst- und Welterfahrung des Subjekts bildet. Denn für ein Bewußtsein, dem sich wahre Freiheit aus dem Ereignis einer Realitätserfahrung erschließt, die alle Grenzen bloß endlichen Erlebnisses transzendiert, entfaltet eine solche Erfahrung im Aufheben alles Trennenden eine Wirklichkeit, die über alle endliche hinaus ist. Wir kommen auf die Frage nach Hegels Realitätsbegriff im nächsten Abschnitt zurück, denn wir begegnen ihr noch einmal dort, wo die in "wahrer Freiheit" gemachte *Selbst*-Erfahrung des Subjekts Thema wird. Zunächst müssen wir uns aber des erreichten Standes vergewissern, um diejenigen Punkte benennen zu können, die uns einen Ausblick auf den Konstitutionsgrund von Subjektivität überhaupt ermöglichen, und um deren Explikation wir uns im folgenden Abschnitt zu bemühen haben.

Anerkennung, so sagten wir, gründet bei Hegel in einer Freiheit, die wir als die Freiheit des einen im Anderen zu verstehen haben. Diese Freiheit ruht aber offenkundig auf der Fähigkeit des Menschen zur Befreiung von *sich* auf. Und hier bekommen wir sogleich eine bestimmte Art von Bedürfnisbefriedigung in den Blick, die gleichsam die Umkehrung jener zu sein scheint, von der bisher die Rede war: Wenn die Befreiung von *sich* der Grund der "wahren Freiheit" ist, dann muß

1. die Befriedigung des menschlichen Bedürfnisses in dem Unabhängigsein von der vitalen Bedürfnisbefriedigung, in der Bedürfnis*losigkeit* liegen, denn "in der Tat setzt das Bedürfnis (...) einen weiten Gang voraus, den der Menschengeist durchgemacht haben muß; es ist, kann man sagen, das Bedürfnis des schon befriedigten Bedürfnisses der Notwendigkeit, der Bedürfnislosigkeit, zu dem er gekommen sein muß, der Abstraktion des Anschauens, Einbildens usf., der konkreten Interessen des Begehrens, der Triebe, des Willens"; (LI, S. 23)

2. das Unabhängigsein von sich wahre Anerkennung – so wie Hegel sie verstanden wissen will – indizieren, welche aber gerade *als* noch ausstehende

3. aus der Zuversicht gelingenden Freiseins im Anderen die Gewißheit der Wahrheit seiner selbst allererst aufscheinen läßt.

Dies würde bedeuten: In der Befreiung von sich käme bereits das zum Vorschein, worauf sie aus ist.

Solange das Subjekt "an dem Leben, welches der Gegenstand der Begierde ist" (PhdG, S. 144) seine Erfüllung sucht, bleibt es der Äußerlichkeit verhaftet und darin dem Zwang unterstellt, in Abhängigkeit von sich, und das heißt, in Abhängigkeit von allem Seienden in der Welt, jene Herrschaft über sich zu erdulden, für die es selbst nur etwas Dinghaftes, eine Sache unter unzähligen anderen ist, weil es vor aller Herrschaft über sich, durch sich selbst immer schon beherrscht wird. Ein solches Bewußtsein, das sich in den Dienst endlichen Daseins stellt, kann für Hegel nie zum Bewußtsein seiner selbst als der Wahrheit seines Seins gelangen. Indem es nämlich begrenzt bleibt durch *sich*, ist es sich selbst äußerlich, und seine Beziehung zu Anderen und zu anderem ist gekennzeichnet durch das *Abhängigsein* des Bewußtseins von ihnen. Das Ich des Menschen ist "nur insofern sich selber offenbar, als ihm sein Anderes in der Gestalt eines von ihm Unabhängigen offenbar wird". (Enz.III,S, 201)

Zu fragen ist nun: Was *veranlaßt* das Bewußtsein, sich von *sich* zu befreien, und wodurch wird es *motiviert*, die Bedürfnisbefriedigung seines endlichen Daseins in der Bedürfnislosigkeit erfüllt zu sehen? Im Ausgang von der Abhängigkeit der "Begierde des Herrn" bekommen wir durchs knechtische "Tun" ein Vorverständnis jenes Anerkennungsbegriffs, auf den Hegel anspielt, wenn er zeigt, wie und wodurch Anerkennung notwendig scheitern muß, sofern sie auf der Herrschaft eines Selbst aufruht, das nichts als Begierde endlicher Befriedigung ist. Am Tun des Knechts wird sich uns folglich zeigen, daß Anerkennung mehr und anderes meint als das bloße Begehren subjektiver Anerkennung, das in letzter Instanz ohnedies auf das unmittelbare Begehren begehrt zu werden reduziert bleibt.

Es wird uns bei unseren weiteren Betrachtungen demnach um eine möglichst genaue Explikation dessen zu gehen haben, was Hegel unter diesem "Tun" verstanden wissen will. Wenn *Erfahrung* bei Hegel untrennbar mit *Wahrheit* verbunden ist und zwar so, daß Wahrheit durch Erfahrung überhaupt als solche ausgewiesen zu werden vermag, dann dürfen wir vom Tun die Erschließungsfunktion dessen erwarten, das seine Umwendung in sich, seine Befreiung von *sich* veranlaßt. Und wir dürfen dann vom Tun des weiteren Aufschluß über die Motivationsbasis der Umkehrung der Bedürfnisbefriedigung in die Befriedigung des Bedürfnisses der Bedürfnislosigkeit erhalten. Indem sich in diesem Tun das Verhältnis vom Selbst und seinem Anderen zur Sprache bringt, wird sich sodann das Tun selber als die "Aneignung" jenes Grundes zur Darstellung bringen, aus dem allein heraus das Bewußtsein mit seinem Anderen uneingeschränkt in Beziehung und darin frei sein kann. Am Tun selber wird sich die Begründetheit eines Anerkennungsverhältnisses zu erweisen haben, auf das hin wahre Innerlichkeit abzielt, sofern sich nämlich in dessen Tiefendimension die Sphäre ihres Konstitutionsgrundes erschließt.[14]

4. Die Wahrheit des Selbstseins

Ursprüngliche Selbst-Erfahrung – Die Selbstgewißheit

Vorbemerkung

Im Kampf auf Leben und Tod "entsteht aus jener ersten Beziehung zweier Selbstbewußtsein(e) das Verhältnis der Herrschaft und der Knechtschaft, worin der Anfang zu einer Befreiung des Selbst von seiner innerlichen Sinnlichkeit liegt". (NHS, S. 80) Und dieser Kampf konstituiert ein Selbstbewußtsein, dessen bestimmtes Verhältnis zu sich selbst durch das *Ausstehen* einer Anerkennung charakterisiert ist, die offenkundig erst in der und durch die Befreiung des Selbst von seiner innerlichen Sinnlichkeit erlangt zu werden vermag. Eine solche Anerkennung, die sich ihrerseits auf die Aufhebung der an die endliche Realität gebundenen Sinnlichkeit bezieht, kann notwendig nicht durch ein Subjekt geleistet werden, das die Befriedigung seiner vitalen Bedürfnisse in der in sinnlicher Gewißheit gemachten Erfahrung zu erreichen meint. Die erste Beziehung zweier Selbstbewußtseine scheitert aufgrund der Abhängigkeit des Herrn von seiner Begierde, wodurch sich aber zugleich das Selbstverhältnis jener Bewußtseinsgestalt konstituiert, die durch das Ausstehen der Anerkennung motiviert ist, sich an der Befreiung seines Selbst von seiner innerlichen Sinnlichkeit zu befriedigen, das heißt, sein Bedürfnis umzuwenden in das Bedürfnis des Freiwerdens seines Selbst von aller Endlichkeit und damit von allem Trennenden. Das *Verhältnis* von Herrschaft und Knechtschaft bildet demnach das Fundament für den "Anfang" zu jener Befreiung, in der und durch die sich das Selbstverhältnis desjenigen Selbstbewußtseins begründet, das bei Hegel allein der Wahrheit der Gewißheit seiner selbst ansichtig zu werden vermag. Gleichzeitig liegt in dem *Scheitern* der Beziehung dieser beiden Selbstbewußtseine der Grund dafür, *daß* dieses Selbstbewußtsein sich von seiner innerlichen Sinnlichkeit befreit. Die Kraft zu einem solchen Tun kann das Selbstbewußtsein nur aus dem Akt gewinnen, in welchem es sich von sich befreit und aus dem es deshalb die Zuversicht des Realwerdens der Anerkennung schöpft. Das bedeutet: Der Akt des Befreiung des Selbst von seiner innerlichen Sinnlichkeit spielt gleichsam jenem Anderen zu, von dem her das Selbstbewußtsein die Gewißheit der Einlösung seiner Erwartung erlangt.

Das Scheitern der ersten Beziehung zweier Selbstbewußtseine dürfen wir als das Scheitern des Menschen an der Realisierung seiner *ersten Natur*, seiner mit der Sinnlichkeit untrennbar verbundenen Endlichkeit seines Daseins verstehen. Ein solches Scheitern, das ist für Hegel das Scheitern des Menschseins als die bloße Realisierung seines "natürlichen Bewußtseins", können wir aber nur dann annehmen, wenn wir mit Hegel davon ausgehen, daß es einen einsichtigen Rechtsgrund für seinen Begriff vom Wesen des Menschen gibt und zwar in dem Sinne, daß dieser Grund selber sinnstiftend ist für den konkreten Selbstvollzug des Menschen und darum sinnvoll für dessen Selbst- und

Weltverhältnis. Und wir dürfen vom Scheitern des Menschen an seiner ersten Natur nur dann sprechen, wenn wir auch hierbei mit Hegel davon ausgehen, daß der Mensch dem Anspruch zu entsprechen vermag, jene Wahrheit zu realisieren, durch die er – Hegels Auffassung zufolge – die wahre Anerkennung seines Seins erlangt, in der und durch die es ihm überhaupt erst ermöglicht wird, sich dessen zu vergewissern, was er wirklich *ist*, worin sich ihm der *Sinn* seines Selbst- und Weltverhältnisses offenbart. Denn ein Individuum, das seinen Daseinsvollzug in der Endlichkeit einrichtend als endlichen zu verwirklichen sucht, "kann wohl als *Person* anerkannt werden; aber es hat die Wahrheit dieses Anerkanntseins als eines selbständigen Selbstbewußtseins nicht erreicht". (PhdG, S. 149)

Aus dem *Verhältnis* von Herrschaft und Knechtschaft gewinnt das Hegelsche Selbstbewußtsein die bestimmte Art und Weise seines Tuns, das sich seinerseits in seinem Verhältnis zu sich selbst zum Ausdruck bringt: Das Selbstbewußtsein wird sich der Wahrheit seiner selbst inne, indem es sich seiner Unbedürftigkeit endlichen Daseins überhaupt vergewissert. Sein Selbstverhältnis ist deshalb indem und dadurch, daß es alles Endliche aus sich ausschließt, auf *Selbstsein* ausgelegt. Demzufolge muß auf dem Grunde des Verhältnisses von Herrschaft und Knechtschaft, also *im* Kampf auf Leben und Tod, jenes Tun hervorbrechen, durch das sich das Selbstbewußtsein aus der Bindung seines endlichen Daseins herauslöst *als* die Befreiung von sich.

Wir sind hier an dem Punkt angelangt, wo wir das Hegelsche Selbstbewußtsein aus seiner *Innerlichkeit* heraus verständlich machen können, weil wir nunmehr aus der Perspektive jener Sphäre, wo die beiden Selbstbewußtseine sich begegnen, den Grund für die Art und Weise des bestimmten Tuns explizieren können, das den Anfang zur Befreiung seines Selbst bildet und das darin die Wahrheit des menschlichen Selbst freilegt. Sofern nämlich in dem *Wie* dieses Tuns die Erfahrung, die das Selbstbewußtsein in der Begegnung mit seinem Anderen macht, zur Darstellung gebracht wird, bringt sich notwendig darin zugleich die Grundsituation seines Selbstverhältnisses mit zur Sprache. Damit tritt die ursprüngliche Erfahrung *als* der Ursprung des Selbst in unser Blickfeld. Daß wir von der Annahme ausgehen dürfen: der Mensch erfährt in seinem Tun die Wahrheit als die Grundsituation seines Seins immer schon mit, weil sie dasjenige ist, das das Tun überhaupt veranlaßt, – dies verdanken wir dem Hegelschen Erfahrungsbegriff.

Erinnert sei hier an das Kriterium für die "Prüfung" dessen, was dem Bewußtsein als das Wahre gilt und der wirklichen Wahrheit; das einzige Kriterium, das Hegel für die Bildung seines Wahrheitsbegriffs gelten läßt, ist die Erfahrung des Bewußtseins im Prozeß seiner Selbstvergewisserung. Insofern bildet die Erfahrung das Ausweisungsfeld, auf dem das Selbstverhältnis des Menschen in Beziehung zu seinem Anderen die "gefühlte Wahrheit als innerlich geoffenbartes Ewiges" hervorbringt. Die fundamentale Bedeutung dieses Erfahrungsbegriffs erhält gleichsam noch eine Zuspitzung, wenn wir über dessen Grundsachverhalt, daß Erfahrung in gefühlter Wahrheit gemacht wird, hinausgehen und die Frage nach der Erfahrbarkeit des Ursprungs des Selbst stellen. Wir können diese Frage dann nur beantworten, indem wir zunächst behaupten: Der Mensch erfährt sein Selbst immer schon so, als erführe er darin dessen Ursprung mit. In diesem Sinne ließe sich des weiteren sagen: Das Tun des Menschen *als* die Befreiung seines Selbst ist das Wieder-Holen einer ursprünglichen Erfahrung, aus der heraus ihm die Triebfeder seines Tuns entspringt, weil ihm diese Erfahrung einen Ursprung bezeugt, in welchem er in grenzenloser Freiheit dem Anderen seiner selbst begegnete und zwar so, daß er in der "unterschiedslosen Identität" mit ihm allererst mit sich selbst identisch und darin frei sein konnte. Von diesem Gedanken aus wird überhaupt erst verständlich, worauf das von Hegel geforderte Tun des Menschen abzielt, wenn es als die Befreiung seines Selbst fungiert: Die Befreiung seines Selbst zielt auf eine Freiheit ab, in der der Mensch sich zu seinem Anderen *hin* befreit, in welchem er ungetrennt bei sich selbst zu sein vermochte. Demgemäß ist ein solches Tun, indem es reiner Selbstzweck ist, zugleich intersubjektiv begründet. Denn als "das sich zur Freiheit befreiende"[15] bleibt es auf das Tun des Anderen verwiesen, sofern es darauf angewiesen ist, daß sich auch dieser von sich zu ihm hin befreit. Zielt die Befreiung *von* sich auf die Freiheit *zu* sich ab, so nur deshalb, weil sie – wie wir sagten – aus einer Freiheit entspringt, in der der Mensch, eins mit sich selbst, im Anderen bei sich selbst sein konnte.

Die Befreiung von sich zu *sich* zielt demnach auf die Wiedergewinnung des *Sich* als das freie Bei-sich-selbst-Sein im Anderen. Dementsprechend ist das Tun des einen insofern auf das Tun des Anderen angewiesen, als beide ihre Freiheit zu sich nur zu realisieren vermögen, wenn ihr gegenseitiges Tun in das eingeht, worauf es ausgerichtet ist: auf ihre Gleichheit als schrankenlose Freiheit.

Die Befreiung von sich ist als die Tätigkeit des Selbstbewußtseins zu verstehen, die dieser Freiheit gleichsam zuarbeitet zur Wiedergewinnung des Anderen, in dem es *sich* (wieder)findet. Die Wiedergewinnung des Anderen ist die der Freiheit als die ursprüngliche Identität seines Seins im Anderen. Ein solches Tun speist seine Kraft aus dieser ursprünglichen Selbst-Erfahrung, die es auf dem Wege der Wiedergewinnung seines Anderen als das realisiert, was sie ihrer Bestimmtheit nach ist: die von sich befreite Freiheit zu *sich*. Um den konkreten Bedeutungsgehalt der ursprünglichen Erfahrung für den Selbstvollzug des Menschen verstehen und dessen Konsequenz für den Bestimmungsgrund des Menschen dementsprechend explizieren zu können, um die Tragweite, die das von Hegel geforderte Tun für das Selbst- und Weltverständnis des Menschen besitzt, begreifen zu können, wollen wir die in absoluter Freiheit gemachte ursprüngliche Selbst-Erfahrung zunächst formal in ihrer Gedoppeltheit beschreiben: Bei-sich-selbst-Sein kann mit der von Hegel gemeinten Freiheit nur dann übereinkommen, wenn es als das Sein im Anderen auch *erfahren* wird. Die Erfahrung des Bei-sich-selbst-Seins wäre die der Freiheit, und dies bedeutete, bei sich selbst *im* Anderen zu sein, wäre die Erfahrung der Freiheit schlechthin.

Im Ausgang von unserer Frage nach der Erfahrbarkeit des Ursprungs des Selbst müssen wir nun auf jene Bewußtseinsgestalt zurückkommen, die "im Dienen" ihre Abhängigkeit vom natürlichen Dasein aufhebt und dasselbe, wie es heißt, "hinwegarbeitet" (PhdG, S. 153) und deren Tun durch das *Ausstehen* der Anerkennung charakterisiert ist. Zu untersuchen haben wir dieses Bewußtsein im Hinblick auf

a) die Motivationsbasis seines Tuns,

b) die Art und Weise dieses Tuns.

Und schließlich wird noch ein Wort zu jener Freiheit zu sagen sein, in der ursprüngliche Erfahrung ihren Sitz hat und auf die hin alle Tätigkeit sich richtet, sofern diese, als das innerliche Tun des Menschen, nicht bloß *Etwas* verwirklicht, sondern weil der Mensch durch sie *sich* verwirklicht. *Als* absolute Wahrheit wird sich diese Freiheit allerdings allein durch die Erfahrung von ihr ausweisen und bezeugen lassen.

a) Die Motivationsbasis des Tuns

Um den Beweggrund zu verstehen, der das Selbstbewußtsein veranlaßt, von sich als der Befriedigung vitalen Bedürfnisses abzulassen und sich *sich* zuzuwenden, um also das *Wie* seines Tuns in den Blick zu bekommen, müssen wir uns mit jener Bewußtseinsgestalt auseinandersetzen, die aus der "Furcht des Todes, des absoluten Herrn" (S. 153) die Unmittelbarkeit der Befriedigung jenes Bedürfnisses aufhebt und in diesem Tun den Anfang zur Befreiung seines Selbst macht. Betrachten wir also jene erste Beziehung zweier Selbstbewußtseine, aus der das Verhältnis der Herrschaft und der Knechtschaft entsteht, aus der Perspektive dieses Tuns, so sehen wir, daß das Herr-Knecht-Verhältnis die "Entzweiung" des Selbstbewußtseins darstellt: Die Gestalt des Herrn verweist auf die Abhängigkeit des Selbstbewußtseins von seiner endlichen Begierde, die Gestalt des Knechts ist durch die ausstehende Anerkennung charakterisiert. Die erste Beziehung zweier Selbstbewußtseine ist demnach durch den Widerspruch zwischen der Abhängigkeit und der ausstehenden Anerkennung gekennzeichnet. Es ist diese Beziehung, die sowohl Gegenstand des Tuns als auch dessen Grund ist. Diesen Widerspruch aufzuheben zeichnet die bestimmte Art des Tuns aus, von dem Hegel auszugehen scheint, wenn er aus dieser Beziehung den Anfang zur Befreiung des Selbst verständlich machen will. "Ein solches, das den Widerspruch seiner selbst in sich zu haben zu *ertragen* fähig ist, ist das *Subjekt*; dies macht seine *Unendlichkeit* aus." (Enz.II, S. 469)

Gehen wir mit Hegel davon aus, daß in dem Verhältnis von Abhängigkeit und ausstehender Anerkennung der Anfang zur Befreiung des Selbst von seiner Endlichkeit liegt, dann muß dieses Verhältnis *Gegenstand* der "ersten Erfahrung" (PhdG, S. 150) des Selbstbewußtseins sein, wenn anders der Grund seines Tuns die Befreiung des Selbst durch Aufhebung dieses Gegenstandes sein soll. Betrachten wir den Gegenstand des Selbstbewußtseins aus dem Blickwinkel seines Tuns, so erhalten wir Einsicht in die Begründetheit der Bestimmtheit des von Hegel geforderten befreienden Tuns: Der Kampf des Anerkennens ist nach der Seite, nach der er die Unterwerfung des Selbstbewußtseins unter die Herrschaft der Unmittelbarkeit der Begierde zum Resultat hat, der Grund für die "Entzweiung" des Selbstbewußtseins, das heißt für die Trennung seiner Begierde von der Befriedigung, also der Grund für das Aufreißen der Distanz zwischen endlicher Begierdebefriedigung und einer Befriedigung, die durch das Ausstehen der Anerkennung charakterisiert ist. Und nach der Seite, nach welcher dem Selbstbewußtsein jene erste Beziehung zum Gegenstand seines Tuns wird, erwächst ihm aus diesem *als* dem Grunde der sich der endlichen Begierdebefriedigung entziehenden Anerkennung das Tun seiner Befreiung von ihm, also das Aufheben der Trennung von Begierde und Befriedigung, und zwar so, daß das Tun:

– die Unmittelbarkeit der Begierdebefriedigung aufhebt,

– das "Aufgehobene *aufbewahrt* und *erhält*", (PhdG, S. 150)

– und daß sich dem Selbstbewußtsein darin die Begierdebefriedigung umkehrt in die Befriedigung der Begierde*losigkeit*.

Wir haben demzufolge die beiden Seiten, in die sich das Selbstbewußtsein in bezug auf die Furcht des absoluten Herrn auseinanderlegt, vor uns: Das ist zum einen die Seite der inneren Unmittelbarkeit seiner Begierde, die es zur Unterwerfung unter den absoluten Herrn zwingt. Und dies ist zum anderen die Seite, nach der es sich aus dessen Furcht heraus von seiner unmittelbaren Begierde befreit. – Wir müssen hier etwas genauer nachfragen, was es denn des näheren auf sich hat, von der Furcht des absoluten Herrn wie auch von der Befreiung der inneren Unmittelbarkeit der Begierde zu sprechen. Was verbirgt sich hinter dem Begriff der "Furcht des absoluten Herrn", und was haben wir unter einer solchen "Befreiung" zu verstehen? Offenkundig ist, daß die Rede von der "Befreiung des Selbst" den Zustand der Unfreiheit durch das Beherrschtsein des Menschen von seiner Begierde voraussetzt. Und des näheren muß auch vorausgesetzt werden, daß diese Herrschaft die Tendenz zur Totalisierung hat: Die Begierde übt über den Menschen eine Herrschaft aus, die ihn einerseits unter das Objekt zwingt, durch das er sie zu befriedigen sucht, und sie errichtet andererseits in ihm eine Herrschaft, sofern sie ihn zu ihrer unmittelbaren Befriedigung funktionalisiert. Die Herrschaft, die die unmittelbare Begierdebefriedigung in ihm über ihn ausübt, ist deshalb als eine totale Herrschaft zu verstehen, weil sie dem Menschen die Grundlage einer selbstbewußten Lebensführung entzieht und dadurch gleichzeitig seine Lebensgrundlage zerstört. Hegel sagt denn auch über die Begierde, daß sie "in ihrer Befriedigung überhaupt *zerstörend* wie ihrem Inhalt nach *selbstsüchtig"* ist. (Enz.III, S. 218) Durch die Furcht des Todes, die das Selbstbewußtsein im Kampf um Anerkennung erfahren hat, hat es aber diese Seite seiner Innerlichkeit schon miterfahren. Denn die Erfahrung dieser Furcht *ist* die Erfahrung seiner Endlichkeit *als* die Herrschaft seines vitalen Lebens über den Vollzug seines Daseins. Und sofern sich das Selbstbewußtsein allein in der Endlichkeit zu befriedigen sucht, wird ihm die Erfahrung der Furcht des Todes zur Erfahrung seines Daseins als einem bloß Vorläufigen, Vorübergehenden, so wie seine Befriedigung nur vorübergehend ist, weil sich in ihr wieder die Begierde erzeugt. (a.a.O.)

In der Erfahrung seiner selbst als bloß Vorübergehendem erfährt es die Faktizität seines Daseins als reine Kontingenz, das heißt als bloßes Möglichsein unter anderem endlichen. Und das bedeutet, das Selbstbewußtsein erfährt sich als Objekt jenes Subjekts, dessen absolute Herrschaft alles Seiende durchherrscht: der Tod als die absolute Herrschaft allen Lebens manifestiert sich gleichsam in der Herrschaft der Begierde übers Subjekt. Indem sich dies nämlich zur Funktion seiner Begierde macht, stellt es sich unter deren Diktat, und so gelangt die Begierde zur totalen Herrschaft, weil sie nun als *durch* das Selbstbewußtsein selber Erzeugtes erscheint. Als die schrittweise Vorwegnahme des Todes stellt deren Befriedigung die sukzessive Fragmentierung der Innerlichkeit des Subjekts dar als das Absterben seiner Subjektivität, seines eigensten Selbst.

Ein solches Tun ordnet das Selbst dem bloßen biologischen Gelebtwerden des vitalen Lebens unter. "Von unseren Empfindungen, Trieben, Interessen sagen wir nicht wohl, daß sie uns dienen, sondern sie gelten als selbständige Kräfte und Mächte, so daß wir dies selbst sind, so zu empfinden, dies zu begehren und zu wollen, in dies unser Interesse zu legen." (LI, S. 24)

Indem und dadurch, daß sich das Tun in den Dienst der vitalen Selbsterhaltung stellt, vollbringt es nicht nur eine Anpassungsleistung an die Begierde – es dient zugleich der Verleugnung des Selbst*verlustes:* Das sich in der endlichen Befriedigung der endlichen Begierde ergehende Tun leistet eine Mimesis an das alles Lebendige Kennzeichnende und zwar in dem Sinne, daß das Subjekt dies als seine Innerlichkeit ausgibt, indem es so *tut,* als ob die Motivationsbasis seines Tuns der natürlichen Selbsterhaltung entspringen würde, als ob sich der Grund seines Tuns auf die Grundsituation alles Lebendigen zurückführte.

Die unmittelbare Begierdebefriedigung ist, in dem starken Sinne einer nachahmenden Darstellung der *Grund*situation natürlichen Lebens, der Versuch und sein Scheitern, eine Identifizierung mit der innerlichen Sinnlichkeit des Selbst zu realisieren – der Realisierungsversuch ihrer *ersten Natur* ist bloß eine Mimesis an jene Herrschaft, die das Selbstbewußtsein im Kampf des Anerkennens als die äußerste Manifestation des Nichtseins seines vitalen Lebens erfahren hat. Und demzufolge hypostasiert die unmittelbare Befriedigung die Macht, die die Herrschaft des Todes über ihre erste Natur ausübt, während sich in diesem Tun die Angst vor deren Verlust offenbart. Wir können darüberhinaus sogar behaupten: Die unmittelbare Begierdebefriedigung ist nichts anderes als der scheiternde Versuch des Selbstbewußtseins, die Angst vor seinem Selbstverlust zu verarbeiten. Oder anders ausgedrückt: Das auf die Endlichkeit bezogene Tun vermag es nicht, die Herrschaft der Begierde übers Selbstbewußtsein zu überwinden, dessen Abhängigkeit von ihr aufzugeben, und das heißt, das Selbst von seiner innerlichen Sinnlichkeit zu befreien.

Die Begründetheit unserer Behauptung wird sich uns erweisen, wenn wir den vollständigen Bedeutungsgehalt aufklären, den die "Furcht des Herrn" für die Erfahrung des Hegelschen Selbstbewußtseins besitzt. Sie wird sich uns aber schon ansatzweise aus der Unterscheidung erschließen lassen, die Hegel machen muß, um die Erfahrung der Furcht des Herrn als das ganz Andere gegenüber der Angst grundlegend abzuheben; es ist dies die Unterscheidung zwischen der "Furcht" und der "Angst". "Dies Bewußtsein hat nämlich nicht um dieses oder jenes, noch für diesen oder jenen Augenblick Angst gehabt, sondern um sein ganzes Wesen; denn es hat die Furcht des Todes, des absoluten Herrn, empfunden. Es ist darin innerlich aufgelöst worden, hat durchaus in sich selbst erzittert, und alles Fixe hat in ihm gebebt." (PhdG, S. 153)

Offenkundig hebt Hegel die Angst von der Furcht ab, um sie zunächst aus ihren jeweils unterschiedlichen Bezugsrahmen heraus verständlich zu machen. Danach richtet sich Angst auf ein Objekt, während Furcht gegenstandslos ist. Und das bedeutet: Bei der Explikation der Angst läßt sich das *wovor* ausfindig machen. Demgegenüber geht die Furcht aus einem Zustand hervor, weshalb das, worauf sie sich bezieht, die Zuständlichkeit des Subjekts *in bezug* auf sein Objekt anzeigt. Die Angst vor Selbstverlust, als die wir die aus der Furcht des absoluten Herrn entstandene erste Erfahrung des Selbstbewußtseins kennzeichneten, hat insofern einen Gegenstand, als sie sich auf den Verlust des vitalen Lebens als den Gegenstand der unmittelbaren Begierdebefriedigung des Selbstbewußtseins bezieht. Im Gegensatz dazu ist die Furcht gegenstandlos, weil die Erfahrung von ihr das Selbstbewußtsein auf die durch sie inspirierte erste Erfahrung mit sich selbst zurückverweist: nämlich auf den Zustand der Angst *um sich* vor sich selbst.

Durch die Erfahrung der Furcht des Herrn wird zugleich aber auch deutlich, daß die gegenständliche Angst gar nicht das sein kann, als was sie dem Selbstbewußtsein erscheint. Denn sofern ihre Gegenständlichkeit im eigentlichen Sinne die Zuständlichkeit des sich Ängstigens *um sich* vor sich selbst ist, verbirgt die Angst vor Selbstverlust doch nur, worum es dem Selbstbewußtsein wirklich geht, wenn es ihm um *sich* geht: Es geht ihm um sich selbst[16], aber so, daß es ihm darin um die Angst*freiheit* vor sich selbst geht. Der Gegenstand der Angst ist demnach nur die vergegenständlichte Herrschaft in ihm, als die das Selbstbewußtsein die Unmittelbarkeit seiner Begierdebefriedigung im Anblick des absoluten Herrn erfährt. Das bedeutet: Die Eigentlichkeit der Angst ist die der Zuständlichkeit der Furcht, denn die Erfahrung der Furcht des absoluten Herrn erzeugt die

Angst vor Selbstverlust.[17] Geht die Angst aus der Furcht aber allererst hervor, so *ist* die Furcht als Angst vor Abhängigkeit (von sich) Furcht des "Abstreifens jeder Abhängigkeit". (PhR.II, S. 81) Die unmittelbare Begierdebefriedigung dient in diesem Sinne der Verleugnung der Erfahrung der Furcht des Herrn, und sie stellt zugleich den scheiternden Versuch dar, die Abhängigkeit des Selbstbewußtseins von der innerlichen Sinnlichkeit seines Selbst gegen diese Erfahrung zu behaupten.

Nun kann es dem Selbstbewußtsein um *sich* aber nur derart gehen, daß es ihm um das von Hegel gemeinte "Abstreifen jeder Abhängigkeit" geht, wenn es die Seite seiner Innerlichkeit ergreift, die es gleichsam über *sich* hinaustreibt und es darin von sich zu *sich* hin befreit. Diese Seite seiner Innerlichkeit wird uns Auskunft über die Motivationsbasis des von Hegel geforderten Tuns geben. Gezeigt hat sich uns bisher, daß die Furcht "nicht Furcht vor Endlichem" ist. So kann die Furcht des Abstreifens von jeder Abhängigkeit auch nicht als die Furcht des Todes, im Sinne existentiellen Nichtseins verstanden werden. Die Furcht des Herrn meint gerade das Gegenteil: Sie ist die *"Furcht des Unsichtbaren*, Absoluten, das *Gegenteil des Bewußtseins meiner*, das Bewußtsein des gegen mich, als Endlichen, unendlichen Selbstes". (a.a.O.)

Das Tun des Selbstbewußtseins, als das Abstreifen jeder Abhängigkeit verstanden, zeigt an, daß "die *Furcht des Herrn* (...) die Grundbestimmung des Verhältnisses" (S. 80) seiner Abhängigkeit von der innerlichen Sinnlichkeit seines Selbst und der ausstehenden Anerkennung ist. Und dieses Tun zeigt sich denn auch, ausschließlich *innerliches Tun* zu sein, denn es bezieht sich auf jene Seite des Selbst, nach der dies der Endlichkeit, der unmittelbaren Begierdebefriedigung verhaftet ist. Und als innerliches Tun bringt es sich *als* das "Losreißen" (a.a.O.) von *aller* Endlichkeit zum Ausdruck. Die Endlichkeit ist einem solchen Tun reine Äußerlichkeit und zwar in dem Sinne, daß es sich durch dieses Tun als ein ihm Fremdes, das Selbstbewußtsein Entfremdendes offenbart.

Das innerliche Tun des Selbstbewußtseins macht den Anfang zur Befreiung des Selbst von seiner innerlichen Sinnlichkeit und damit zur "Befreiung von allem Besonderen". (a.a.O.) Aus dem *Tun* der Innerlichkeit *als* die Befreiung des Selbst muß sich nun aber die *Innerlichkeit* des Tuns erklären lassen, nämlich als dasjenige, das es zur Befreiung des Selbst motiviert und auf das es sich als die Wiedergewinnung des Selbst ausrichtet: das ist das unendliche Selbst. Die Plausibilität des Umschlagens des Tuns erklärt Hegel aus der Erfahrung, die das Selbstbewußtsein in der Furcht des absoluten Herrn macht. Denn "durch das Bewußtsein dieses Absoluten als der einzigen, der schlechthin negativen Macht verschwindet jede eigene Kraft", das heißt jedes Tun, das sich an die Endlichkeit bindet, und "alles, was zur irdischen Natur gehört, geht schlechthin zugrunde. ... Und diese Furcht des Herrn ist der Weisheit Anfang, welcher darin besteht, das Besondere, Endliche für sich nicht als ein Selbständiges gelten zu lassen. Was gilt, kann nur gelten als Moment der Organisation des Einen, und der Eine ist die Aufhebung alles Endlichen." (a.a.O.) Am Tun muß sich demnach diese Erfahrung des Selbstbewußtseins *als* die der Innerlichkeit seines Tuns ablesen lassen. Und desgleichen scheinen wir davon auszugehen zu dürfen, daß uns diese Erfahrung Auskunft über die von Hegel in bezug auf das von ihm geforderte Tun des Selbstbewußtseins beanspruchte ursprüngliche Selbst-Erfahrung gibt. Auf Klärung drängt die Frage nach der Beschaffenheit der Innerlichkeit dieses Tuns und seiner Motivationsbasis der Befreiung des Selbst von seiner Endlichkeit.

Von unbezweifelbarer Evidenz ist, so läßt sich in bezug auf die Erfahrung sagen, die das Selbstbewußtsein in der Furcht des Herrn macht, daß dasjenige Tun, welches im Dienste der Befriedigung der innerlichen Sinnlichkeit des Selbst steht, Dienst an die Abhängigkeit des Selbstbewußtseins von ihr leistet. Denn es reproduziert sie, indem es sie durch seinen Bezug aufs Endliche unaufhörlich erzeugt. Der *Wille* des Selbstbewußtseins, seinen Selbstvollzug in der Endlichkeit zu befriedigen, erweist sich denn auch durch die Erfahrung der Furcht des Herrn, bloßer *Gehorsam* des sogenannten *Lebenswillens* zur Selbsterhaltung vitaler Bedürfnisbefriedigung zu sein. Ein solches Tun, und das ist konstitutiv für Hegels Bestimmungsgrund des Selbstverhältnisses des Menschen, ist keine Tätigkeit im Sinne eines aktiven, selbstbewußten In-Beziehung-Seins als das *Vermögen* des Bei-sich-selbst-Seins im Anderen. Dies Tun zeichnet sich vielmehr als ein Getriebenwerden durch die innerliche Sinnlichkeit des Selbst aus, deren vitale Entfaltung die Innerlichkeit an die Äußerlichkeit endlichen Daseins bindet, wodurch die Aktivität des Tuns sich in dem unendlichen Reproduzieren neuer Abhängigkeiten erschöpft und worin die Innerlichkeit des Selbstbewußtseins zu reiner Passivität erstarrt, während sich das Selbstbewußtsein selber nur noch als bloßes Gelebtwerden vorkommt. Dies bedeutet: Die Furcht des Herrn macht dem Selbstbewußtsein erfahrbar, daß die Aktivität seines auf die Sinnlichkeit des Selbst bezogenen Tuns ihrem Inhalt nach nichts anderes ist als der bloße Nachvollzug des an das endliche Dasein gebundenen Selbsterhaltungsdrangs. Und in der Erfahrung der Furcht des Herrn verkehrt sich diese Scheinaktivität in ein Tun, das das Gegenteil allen Tuns ist, welches durch die Beziehung aufs Endliche zu einer passiven Aktivität zusammenschmilzt; der Wille des Dienenden löst sich in der *Furcht des Herrn* auf. (NHS, S. 121) – In der Furcht des Herrn liegt der Anfang zur Befreiung des Selbst, und aus ihrer Erfahrung erwächst dem Selbstbewußtsein eine Aktivität, die sich dadurch auszeichnet, daß sie einzig jener Freiheit zuarbeitet, in der und durch die das Selbst zu *sich* befreit wird.

Dieses Tun ist gegenüber dem endlichen Tun das eigentliche. Es ist das Gegenteil dessen, das ganz andere jener sich mit der Endlichkeit synthetisierenden Aktivität: Seine Aktivität besteht nämlich in dem *Loslassen* alles Endlichen, alles Trennenden. Demzufolge ist ein solches Tun diejenige Tätigkeit, die im Aufheben alles Trennenden die Endlichkeit übersteigt. Es ist "das *reine Sichergehen im absoluten Selbst*, gegen welches und in welches das eigene Selbst verdunstet und verschwebt". (PhR.II, S. 81) Dieses Tun zeichnet sich durch eine Aktivität aus, die, gegenüber jener bloß passiven Aktivität dumpfen Gelebtwerdens *durch* sich, einer inneren Lebendigkeit zum Durchbruch verhilft, als die das Selbstbewußtsein sein ursprüngliches Selbst findet, weil es in ihm "seine Selbstgewißheit wiedergewinnt". (S. 82) Es ist die aktive Passivität, die genau die Tätigkeit bezeichnet, die den Anfang zur Befreiung des Selbst macht. Und sie ist deshalb die von Hegel geforderte Aktivität, welche ein Selbstbewußtsein zu leisten hat, das seinen Anspruch einzulösen sucht, die wahre Wirklichkeit als die Wahrheit seiner selbst zu realisieren.

Wie und als was erfährt nun das Selbstbewußtsein die Begegnung des Absoluten? *Als was*, so müssen wir fragen, begegnet das Absolute, damit das Selbstbewußtsein seine *Befreiung von sich als* die *in* ihm realisierte Freiheit zu *sich* erfährt?

Wenn das Selbstbewußtsein aus der Erfahrung der Furcht des Absoluten *in sich* eine Distanz aufreißt und zwar so, daß sich ihm aus dieser "Entzweiung" seiner selbst der Ursprung seines Selbst erschließt, dann muß dem Selbstbewußtsein aus der Begegnung des

Absoluten die Kraft zur Befreiung seines Selbst entspringen, wenn anders der Konstitutionsgrund seines Tuns sich als das Tun seiner Innerlichkeit erweisen soll. Aus der Erfahrung der Begegnung des Absoluten muß sich denn auch die Begründetheit des sich zu *sich* befreienden Tuns als das der absoluten Freiheit ableiten, sofern die Hegelsche Erfahrungstheorie *als* Theorie der Freiheit durch Erfahrung ausgewiesen werden soll.

Wie und *als was* erfährt das Selbstbewußtsein also das Absolute, wenn es sich durch die Begegnung mit ihm allererst sich selbst zu begegnen vermag? Eines können wir schon jetzt festhalten: Indem das Selbstbewußtsein durch die Furcht des Absoluten veranlaßt wird, sich von *sich* abzuwenden, sinkt die Macht, die die innerliche Sinnlichkeit seines Selbst in ihm ausübt, zur Äußerlichkeit herab, so wie ihm überhaupt alles Endliche bloß ein seinem Selbst Äußerliches wird. Als der Grund seines Getrenntseins von *sich* erweist sich alles Endliche überhaupt, die Realität seines Begriffs nicht vollständig an sich selbst (LII, S. 465) und deshalb seine Wirklichkeit nur als Funktion des Absoluten zu haben. Sofern das Selbstbewußtsein von seiner innerlichen Sinnlichkeit abläßt und aus sich heraussetzt, gewinnt es Unabhängigkeit von sich und darin Macht über alles Endliche. Es wird das Andere seines Selbst, indem es sich nämlich des Grundes des Aufhebens seines Getrenntseins von *sich* in ihm vergewissert; die Veränderung des Selbstbewußtseins ist seine sich *im* Anderen vollendende Beziehung auf *sich*. Diese Veränderung, das Zum-Anderen-seiner-selbst-Werden hat bei Hegel in bezug auf die Verhältnis*weise* zum Absoluten einen doppelten Bedeutungsgehalt. Sofern unter einer solchen Veränderung zum einen die Vergegenständlichung der Innerlichkeit gemeint ist, weist sie gleichsam auf die Ent-Eignung des Selbst zurück, welche sein Wesen durch die auf die Endlichkeit bezogene Sinnlichkeit entfremdet. Zum anderen weist diese Veränderung auf das Andere hin, durch das das Selbst verändert wird und zwar so, daß es als Selbst-loses sich im Anderen überhaupt erst zueigen sein kann. Die Ent-Eignung des Selbst ist eine substantialisierende, weil durch seine Vergegenständlichung (die zur Außenwelt gewordene Innenwelt) seine transzendentale Ursprünglichkeit als die eines altruistischen Selbst freigelegt wird: Mit der Ent-Eignung des Selbst findet seine Ent-Fremdung statt.

Unsere Frage nach der Motivationsbasis des Tuns, das auf die Wiedergewinnung des absoluten Selbst ausgerichtet ist und das allein als gelingende Tätigkeit verstanden werden muß, können wir in Verbindung mit der Frage beantworten, *wie* und *als was* begegnet das Absolute in der Erfahrung der Furcht vor ihm. Wir erinnern uns: Die Furcht des Absoluten ist "nicht Gefühl der Abhängigkeit, sondern das *Abstreifen jeder Abhängigkeit*" (a.a.O.), so daß sich das Selbstbewußtsein in der Erfahrung dieser Furcht von *sich* abwendet und dadurch eine Distanz in sich aufreißt, sich von *sich* als der Endlichkeit seines Seins unabhängig macht. Dieses Tun bildet den Anfang der im Hegelschen Sinne verstandenen gelingenden Tätigkeit schlechthin, denn es übersteigt im Sich-von-sich-Losreißen alle endliche Tätigkeit. Und es übersteigt sie insofern, als es sich ihr gegenüber passiv verhält, weil es von ihr abläßt. Die Leistung, die es vollbringt, besteht aber gerade in dieser passiven Haltung: in dem sich von *sich* Abwenden. Die Fähigkeit zu einer solchen aktiven Passivität erwächst dem Selbstbewußtsein in jenem Akt, in dem ihm aus der Begegnung mit dem Absoluten das konstituierende Tun seiner Befreiung von *sich* entspringt. Wenn das "Sichaufgeben" (S. 82) die Bedingung der Möglichkeit der Wiedergewinnung seines absoluten Selbst ist, dann muß die Abwendung von *sich* das Gelingen des Tuns indizieren. Das bedeutet: Dem Selbstbewußtsein muß in diesem Tun eine Erfahrung zuteil werden, die ihm die Zuversicht verleiht, daß es durch dieses Ablassen von *sich* eine Selbstidentität gewinnt, in der allein es seine Selbstgewißheit wiedergewinnt. Oder anders gesagt: *Im* Vollzug seines Tuns muß dem Selbstbewußtsein erfahrbar werden, worauf es sich ausrichtet – auf sein ursprüngliches Selbst als die absolute Wahrheit.

Was muß nun die durch die Furcht des Absoluten inspirierte Abwendung von *sich* sein, damit dem Selbstbewußtsein aus diesem Tun die Gewißheit seines Gelingens erfahrbar wird? Offenkundig begegnet das Absolute so, daß dem Selbstbewußtsein schon in diesem Tun die Gewißheit zuteil wird. Evident scheint zu sein, daß die Abwendung von *sich* eine ausgezeichnete Stellung für die Verifikation der von Hegel angestrebten bestimmten Art des Selbstverhältnisses des Menschen einnimmt. Das heißt: Der Sachverhalt der *Erfahrung der Furcht des Absoluten* verweist uns auf die fundamentale Grundstruktur dieses Selbstverhältnisses, nämlich auf die Beziehung des Absoluten auf das Verhältnis zwischen dem Subjekt des Tuns und seinem Prädikat. Indem nun das Absolute dem Selbstbewußtsein erfahrbar macht, daß der Grund seiner Abwendung von *sich* die durch die Erfahrung der Furcht motivierte "Entzweiung" seiner selbst ist, deutet es seinerseits darauf hin, daß es in dem Akt, in dem sich das Selbstbewußtsein von *sich* losreißt, mit am Werke ist. Wie ist das Absolute darin tätig, wodurch ist es dem Selbstbewußtsein gegenwärtig? Es ist ihm gegenwärtig indem und dadurch, daß es sich ihm entzieht, und zwar so, daß es das Selbstbewußtsein gleichsam zu sich hinzieht. Das bedeutet, es spielt in die Abwendung derart hinein, daß es das Selbstbewußtsein motiviert, sich ihm zuzuwenden. Wir scheinen davon ausgehen zu dürfen: Das Selbstbewußtsein erfährt den Grund seines Tuns nicht direkt, das heißt unmittelbar, sondern *als* jene Bewegung, als die sich ihm das Absolute in dem Akt seiner Abwendung von *sich* erschließt. Wenn diese Annahme mit dem übereinkommt, was bei Hegel unter der Erfahrung des Absoluten zu verstehen ist, nämlich die Erfahrung des Gegenteils meiner, das Bewußtsein des gegen mich, als Endlichen, unendlichen Selbstes (S. 81), dann würde der Erfahrung des sich Entziehens des Absoluten grundlegende Bedeutung für das Verständnis des Selbstverhältnisses des Menschen insofern zukommen, als sein Selbstvollzug sich einzig auf diese Erfahrung zurückführte. Und seine Tätigkeit als solche verdankte sich einem Tun, das sich ihr entzieht.

Nun verhält es sich tatsächlich so, daß die Tätigkeit des Selbstbewußtseins, die den Anfang zur Befreiung des Selbst macht und darin alle endliche Tätigkeit übersteigt, dieser Bewegung des Absoluten entspringt. Sie läßt sich allein aus ihr heraus begründen. Denn dies, daß sie sich dem Selbstbewußtsein *nicht* aus seiner Endlichkeitserfahrung heraus ergibt, sondern daß sie sich ihm im *Ablassen* von ihr erschließt, macht dem Selbstbewußtsein überhaupt erst erfahrbar, daß seine Abwendung von *sich* durch die Erfahrung des Absoluten hervorgerufen worden ist. So sehr die Abwendung von *sich* als die Leistung des Selbstbewußtseins verstanden werden muß, durch die es sich von allem Endlichen loszureißen vermag, so sehr muß aber ihre konstituierende Kraft der Befreiung zu *sich* auf das zurückgeführt werden, woraus sie sich ergibt und auf das hin sie ausgerichtet ist: das ist das unendliche, absolute Selbst. Wir dürfen demzufolge dieses Tun des Selbstbewußtseins auf gar keinen Fall dem Tun des Absoluten gleichbedeutend gegenüberstellen, so als würde der Bewegung der Abwendung in einem zweiten Schritt das Tun des Absoluten als die Bewegung zu ihm entgegenkommen. Das Tun des Selbstbewußtseins *ist* nur als das Tun des Absoluten. Als solches ist es dann aber eines, durch das das Selbstbewußtsein die Realisierung seiner Befreiung zu *sich* erwarten darf.

Das Selbstbewußtsein erfährt das Absolute als die Bewegung in ihm. Diese erfährt es aber so, daß ihm in seiner Abwendung von *sich* eine Zuwendung zuteil wird, die ihm die Kraft verleiht, in dieser Distanz zu *sich* zu "verweilen" (PhdG, S. 36), und die es gleichzeitig motiviert, dieser Bewegung zu folgen. Womit haben wir es bei dieser *Zuwendung* zu tun? Auf der Hand liegt: Wenn die *Abwendung* der Erfahrung des Absoluten entspringt und das Absolute als die Bewegung zu ihm erfahren wird, dann muß diese Abwendung selber *als* die Zuwendung des Absoluten erfahren werden und zwar in dem Sinne, daß sich das Selbstbewußtsein, *indem* es sich von *sich* abwendet, dem Absoluten und darin sich selbst zuwendet. Daraus folgt: Die Erfahrung der Furcht des Absoluten veranlaßt die Abwendung von *sich*, das "Sichaufgeben" des Selbstbewußtseins als endliches Daseiendes, und sie gibt ihm die Zuversicht, daß es durch dieses Tun sein Selbst als zu *sich* befreites findet. "Die Furcht kehrt sich auf diese Weise um in *absolute Zuversicht*." (PhR.II, S. 82)

Die Frage nach dem, was die Abwendung von *sich* sein muß, damit dem Selbstbewußtsein in ihr die Zuversicht erfahrbar wird, daß es durch dieses Tun seine Selbstgewißheit wiedergewinnt, daß sein Tun also ein gelingendes ist, können wir nun mit dem Hinweis auf das, als was das Selbstbewußtsein das Absolute erfährt, beantworten. Gesagt wurde: Es erfährt das Absolute als die Bewegung zu ihm. Wir können jetzt hinzufügen: *Indem* und *dadurch*, daß es das Absolute als die Bewegung zu ihm erfährt, erfährt es zugleich seine Abwendung *als* die Zuwendung des Absoluten, und es erfährt darin mit, daß dessen Bewegung zu sich *für es* die sich seiner Abwendung zuwendende Zuwendung *ist*: Die Abwendung von *sich* ist ihrem Grunde nach nichts als Zuwendung. Und das bedeutet, daß das, was die Abwendung *an sich* ist, *für* das Selbstbewußtsein schon dadurch wird, *daß* es sich von *sich* abwendet. Denn indem es sich von *sich* abwendet, folgt es ja bereits der Bewegung des Absoluten, das heißt, es nachvollzieht die ihm in seinem Tun zuteil gewordene Zuwendung.

Der "Anfang zu einer Befreiung des Selbst von seiner innerlichen Sinnlichkeit" wird durch ein Tun bewerkstelligt, durch das das Selbstbewußtsein sich bereits als von *sich* Befreites *vor*findet. Sofern ihm nämlich *im* Vollzug seines Tuns diese Zuwendung *als* Abwendung von *sich* erfahrbar wird, erschließt sich ihm die Befreiung seines Selbst zugleich als ein Befreitwerden von *sich*. Und sobald das Selbstbewußtsein diese Zuwendung in sein Tun aufnimmt, das heißt, sobald es sich im Sich-von-*sich*-Ablassen *in* die Bewegung des Absoluten einläßt, handelt es 1. in der Gewißheit seines Befreitseins durch *sich* und 2. in der Zuversicht des Befreitwerdens zu sich *im* Absoluten. Wir haben demzufolge davon auszugehen: Die von Hegel in bezug auf das von ihm geforderte Tun beanspruchte ursprüngliche Erfahrung des Selbstbewußtseins ist die Erfahrung des Befreitseins-durch-*sich*-im-Absoluten. Und was das Tun als solches betrifft, so ist von ihm zu sagen, es *repräsentiert* das Absolute: Seine Aktivität besteht in dessen Antizipation, und diese gründet ihrerseits in jener Passivität, als die sich uns nun die Abwendung von *sich* darstellt, weil sie sich einzig einer Befreiung verdankt, die allem subjektiven Tun zuvorkommt und deshalb nur als das Befreiende erfahren wird, *als* das sich ihm die Bewegung des Absoluten in seiner Abwendung erschließt. Unsere Annahme, daß das Tun, welches den Anfang zur Befreiung des Selbst macht, sich durch eine aktive Passivität auszeichnet, findet auf dem Grunde und im Hinblick auf das, worauf sich dieses Tun ausrichtet, ihre Bestätigung: Kurz gesagt können wir die Befreiung des Selbst *als* Aneignung des Absoluten verstehen, denn *angeeignet* wird da nichts anderes als das, was dem Selbstbewußtsein schon zueigen war; das ist sein Selbst als Befreites.

Wenden wir uns nun der Modalität dieses Tuns zu, so werden wir aus dessen Innenperspektive heraus in den Blick bekommen, *wie* das Selbstbewußtsein die Erfahrung der Furcht des Absoluten verarbeitet, und das bedeutet, *als was* es 1. die Erfahrung der *Beziehung* der Abhängigkeit von sich und der ausstehenden Anerkennung in die Tat umsetzt und 2. die Distanz zu sich in dem *Verweilen* in ihr setzt.

b) Die Art und Weise des Tuns

Das, was das Selbstbewußtsein seiner Endlichkeitserfahrung entgegensetzt, ist jene Tätigkeit, durch die ihm das auf die innerliche Sinnlichkeit seines Selbst bezogene Tun als seine Ent-Eignung erfahrbar wird. Als die "Befreiung von allem Besonderen", als das "Losreißen von allem zufälligen Interesse" (S. 81) antwortet diese Tätigkeit auf das in der Erfahrung der Furcht des Absoluten Erfahrene, nämlich darauf, daß die Befriedigung der innerlichen Sinnlichkeit das Selbstbewußtsein von *sich* entfremdet, weil sie sein Selbst an das "Besondere", das "zufällige Interesse" bindet, wodurch die "Befriedigung (...) aber deswegen selbst nur ein Verschwinden" ist, "denn es fehlt ihr die *gegenständliche* Seite oder das *Bestehen*". (PhdG, S. 153) Diese Tätigkeit, von der Hegel sagt, daß sie den Anfang zur Befreiung des Selbst macht und daß das Selbstbewußtsein allein durch sie seine Selbstgewißheit wiederzugewinnen vermag – diese Tätigkeit entspringt, so sagten wir, der Erfahrung der Furcht des Absoluten. Demzufolge dürfen wir sie als *Reaktion* des Selbstbewußtseins auf die durch die Furcht des Absoluten herausgeforderte Erfahrung verstehen, auf *die* Erfahrung nämlich, daß es mit dem "Verschwinden" der Befriedigung in dem Objekt seiner Sinnlichkeit zugleich von *sich* losgerissen wird und dem Vergehen der endlichen Dinge anheimfällt.

Vermöge dessen, daß dem Selbstbewußtsein aber aus der Erfahrung der Furcht des Absoluten die "gefühlte Wahrheit als innerlich geoffenbartes Ewiges" zum Leitmotiv seines Tuns wird, kehrt sich ihm die Aktivität der endlichen Befriedigung um in ein passives Verhalten seiner innerlichen Sinnlichkeit gegenüber. Aktiv verhält sich das Selbstbewußtsein allein dadurch, daß es *sich* von sich abzieht, das heißt, sich seiner Sinnlichkeit entzieht.

Diese aktive Passivität bringt nun eigens eine Wirklichkeit hervor, die über die alles Endlichen hinaus ist, weil ihr Wirken eine Herrschaft freisetzt, die der Herrschaft des Vergehens, als dessen Bewegung sich der Grund alles endlichen Seienden bestimmt, den Boden entzieht. Die Macht, die ein solches Tun über die Herrschaft alles Endlichen gewinnt, besteht darin, daß es sich von dieser Bewegung abwendet und darin das Vergehen zum Stillstand bringt. Das bedeutet, durch die Aktivität des Sich-Abwendens von der Bewegung des Vergehens kommt das Selbstbewußtsein zur Herrschaft über die innerliche Sinnlichkeit seines Selbst, und deren Befriedigung gewinnt eine Unabhängigkeit im Sinne dessen, daß ihr Bestehen sich allein jener Abhängigkeit ausstehender Anerkennung verdankt: Aus dieser Abhängigkeit des absoluten Selbst gewinnt nun die *Befriedigung* des Selbstbewußtseins ihre spezifische Form der Beständigkeit, ihre "gegenständliche Seite oder das Bestehen".

Das Tun des Selbstbewußtseins entspringt der unmittelbaren Begegnung des Absoluten. Demzufolge bringt die bestimmte Form des Tuns *als* die Entäußerung des Selbstbewußtseins die Verwirklichung seiner Erfahrung dieses Begegnens zur Darstellung. Was da des näheren zur Darstellung kommt, können wir uns verständlich machen, wenn wir noch einmal nachfragen, *als was* sich das Selbstbewußtsein in dieser Begegnung erfährt. Indem und dadurch, daß es seine Abwendung *als die* Zuwendung erfährt, durch die es das, worauf es aus ist, schon miterfährt, erfährt es *sich* durch diese Begegnung als Vorherbestimmtsein. Verwandelt sein Tun die Vorherbestimmtheit in eine Bestimmtheit *durch sich*, so erfährt das Selbstbewußtsein sein Tun (die Abwendung) *als* reflektierte Zuwendung. Denn seine Abwendung *ist* der Widerschein der Zuwendung des Absoluten, die es als die sich ihm abwendende Zuwendung erfährt. Wenn durch die Bewegung der Abwendung die des Vergehens ins Bleiben gerückt wird und die *Befriedigung* des Selbstbewußtseins darin ihr Bestehen gewinnt, dann muß sein Tun so bestimmt sein, daß es selber als die Vorwegnahme dessen fungiert, wonach die Befriedigung strebt. Das ist das Bleiben jener Zuwendung, deren Abwendung die Erfüllung der Befriedigung vorstellbar macht: d.i. die Unendlichkeit als Bleiben. Durch die spezifische Entäußerungsform seiner Subjektivität, der Vergegenständlichung, kommt das Selbstbewußtsein "zur Anschauung des selbständigen Seins *als seiner selbst*"[18] "und wird hierdurch *für sich selbst* ein Fürsichseiendes". (S. 154) Die Entäußerungsform der Vergegenständlichung bringt also nur eigens zur Sprache, was dem Selbstbewußtsein die Begegnung des Absoluten bedeuten muß, wenn sich ihm durch sie eine Tätigkeit erschließt, der im Horizont realer Wirklichkeit die Erfüllung seiner selbst aufscheint.

Die Tätigkeit der Abwendung ist die hinreichende Bedingung dafür, daß dem Selbstbewußtsein in ihr das von ihm Erstrebte erfahrbar und damit vorstellbar wird. Denn sofern in die Abwendung jene Zuwendung hineinreicht, als deren Bewegung das Absolute seinen Weg zu sich vorzeichnet, auf dem das Selbstbewußtsein *sich* wiederfindet, kommt ihm schon in seinem Tun eine Erfüllung zum Vorschein, aus der es die Kraft seines Tuns speist und *als* die es die Vor-*Gabe* seines Tuns erfährt. Das bedeutet, das Selbstbewußtsein ist sich selbst so gegeben, daß es sich *sich* dadurch wiederzugeben vermag, daß es in seinem Tun die Gegebenheitsweise seines Vorgegebenseins realisiert. Oder anders ausgedrückt, das Selbstbewußtsein findet *sich* wieder indem und dadurch, daß sein Tun als die Manifestation seines Vorherbestimmtseins fungiert und zwar so, daß sich das Selbstbewußtsein, indem es im Vollzug dieses Tuns das *Vor* seines Gegebenseins *als* sein Selbstgegebensein aneignet, sein Vorgegebensein sich selbst gibt: Die Aneignung seines Sich-selbst-Vorgegebenseins *ist* der Selbstvollzug seines Daseins. In diesem Tun "wird das Fürsichsein als *sein eigenes* für es, und es kommt zum Bewußtsein, daß es selbst an und für sich ist. Die Form wird dadurch, daß sie *hinausgesetzt* wird, ihm nicht ein Anderes als es; denn eben sie ist sein reines Fürsichsein, das ihm darin zur Wahrheit wird. Es wird also durch dies Wiederfinden seiner durch sich selbst *eigener Sinn*". (a.a.O.)

Die Begegnung des Absoluten bedeutet dem Selbstbewußtsein nach der Seite, nach der es seine Abwendung *als* Zuwendung erfährt, daß es *sich* ohne sich des von ihm Erstrebten schon inne ist. Und das heißt, daß es *sich* im "Hier und Jetzt" der realen Wirklichkeit nicht wiederfindet, daß es *sich* in der Gegenwart *dieser* Wirklichkeit nicht vollendet. Nach der Seite aber, nach der dem Selbstbewußtsein die Zuwendung des Absoluten *als* Bewegung zu ihm *gegenwärtig* ist, wird ihm erfahrbar, daß seine Abwendung von *sich* eine Wirklichkeit erschließt, die sich als die ins Bleiben gesetzte Bewegung des

Vergehens zur Sprache bringt. Ist diese Wirklichkeit nicht Gegenwart im Sinne des unmittelbaren Hier und Jetzt der endlich realen Wirklichkeit, so ist sie dieser jedoch gegenwärtig, weil sie durch sie repräsentiert wird. *Reale* Anwesenheit besitzt sie aber für das Selbstbewußtsein, weil es durch sein Tun schon an ihr teilhat. Und sofern es im Loslassen von allem Endlichen aus der Distanz zu *sich* eine Freiheit empfängt, deren Wirklichkeit als Befreiung aufscheint, erfährt das Selbstbewußtsein sein Tun bereits als gelingendes. Die "absolute Zuversicht", in der es sich handelnd der Wahrheit seines Selbst zu vergewissern sucht, vergegenwärtigt deshalb nicht nur die Freiheit, die es *im* Vollzug seiner Abwendung empfängt, sondern sie macht *gegenwärtig*, daß der Vollzug selber nichts als Befreiung ist. Dies bedeutet denn auch: Das Selbstbewußtsein überschreitet im Loslassen von allem Endlichen die Sphäre seines natürlichen Daseins, *indem* der Zuversicht des Gelingens seines Tuns eine Wirklichkeit gegenwärtig ist, die ihm gerade dadurch, daß sie *Noch-Nicht*-Gegenwart ist, in der Zuversicht seines Tuns offenkundig wird.

Sofern und soweit dem Selbstbewußtsein sein natürliches Dasein nicht mehr gegenwärtig ist, verschwindet auch die Distanz zu ihm. Denn die Abwendung als das Aufreißen der Distanz zu *sich* ist nichts als Aneignung jener Wirklichkeit, welche *Gegenwart* allein als Horizont von *Zukunft* erfahrbar macht. In der Aneignung dieser Wirklichkeit (der Unendlichkeit) verschwindet alles Endliche im Verschwinden der Distanz. Hieraus können wir uns verständlich machen, worin die Funktion der Abwendung besteht: Sofern sie nämlich, als das Aufreißen der Distanz, die *Befreiung von sich* symbolisiert und, als Aneignung des Unendlichen, die Freiheit zu *sich* erfahrbar macht, hat sie die Funktion inne, das gesamte endliche Dasein zu transzendieren[19] und das heißt, es zu *sich* zu befreien. Als Funktion des *Ganzen* symbolisiert die Abwendung die Transzendierung allen endlichen Daseins in der Aneignung des Unendlichen. Die Fähigkeit, die Funktion des Ganzen auszuüben, besitzt die Abwendung vermöge des durch sie ins Bleiben gesetzten Verschwindens der Distanz. Das, was da aber *bleibt*, ist die Distanz *als* das Verschwinden des Endlichen in der Aneignung des Unendlichen. Die Distanz *als* Verschwinden zu vergegenwärtigen bedeutet, des Unendlichen *gegenwärtig* zu sein; denn es ist die Nicht-Gegenwart des Absoluten, deren Gegenwärtigkeit den Aneignungsprozeß mit der Zuversicht begleitet, das Absolute in ihm wiederzufinden und darin der Selbstgewißheit inne zu werden.

Daß gerade die Nicht-Gegenwart des Absoluten die hinreichende Bedingung für die Wiedergewinnung des Selbst ist, liegt in dessen Gegenwärtigkeit begründet. Denn sofern das Selbstbewußtsein das Aufreißen der Distanz zu *sich* als die Zuwendung des Absoluten erfährt, ist es dessen Nähe unmittelbar gegenwärtig und zwar so, daß die Distanz in ihr nur noch als verschwindende aufscheint. Es ist deshalb die Nähe des Absoluten, als die das Selbstbewußtsein dessen Abwesenheit erfährt, so daß ihm an der Abwesenheit als solcher die Zukunftsgerichtetheit der sich seiner Abwendung abwendenden Zuwendung aufgeht. Die Erfahrung der Distanz als verschwindende ist die Erfahrung einer Gegenwart, in der sich das Ganze des endlichen Daseins versammelnd einer Zukunft zuwendet, die die Gegenwart selber bloß noch als antizipierenden Ausgriff auf sie erfahrbar werden läßt. Und das bedeutet nichts anderes als dies, daß die Nicht-Gegenwart des Absoluten allem, was ist, gegenwärtig ist, und daß umgekehrt alles was ist, dadurch *daß* es *ist*, dessen Gegenwärtigkeit bezeugt; denn es *ist* eben nur indem und dadurch, daß es *im* Absoluten ist. Es ist aber *im* Absoluten, weil es, *als* Bewegung zu ihm, in ihm zu sich befreit wird. Dementsprechend gewinnt auch das Selbstbewußtsein seine Selbstgewißheit dadurch wieder, daß sein Tun die Bewegung von Abwendung und Zuwendung gleichsam ver*eint* und als Bewegung absoluter Aneignung die Distanz zwischen seiner Abwendung und der Zuwendung des Absoluten aufhebt. Die Aufhebung der Doppelbewegung von Abwendung und Zuwendung in der Bewegung der Aneignung indiziert schon die Befreiung zu *sich*, sofern nämlich die Aneignung, als die Manifestation der Bewegung des Absoluten, jene Zuwendung vergegenwärtigt, die das Selbstbewußtsein von sich zu *sich* befreit.

Obschon diese Zuwendung in die Bewegung der Aneignung eingeht, so geht sie doch nicht in ihr auf. Denn so sehr sich in der Aneignung auch das Tun des Selbstbewußtseins (die Abwendung) mit dem Tun des Absoluten (die abwendende Zuwendung) vereint, so sehr bleibt der Aneignungsprozeß des Selbstbewußtseins auf die Zuwendung verwiesen, *als* die es seine Abwendung erfahren hat: Durch sie und in ihr ist das Selbstbewußtsein nämlich erst mit *sich* vereint. Und das bedeutet, daß es allein *in* ihr bei sich selbst sein kann. Denn, "daß das Bewußtsein bei dem, worin es ist, bei sich selbst sei, – dies ist eben Freiheit". (GePhil.I, S. 443)

Von dieser Überlegung aus, daß nämlich *Freiheit* bei Hegel das gleichzeitige Auftreten des Anderen bedingt, in dem das Selbstbewußtsein erst bei sich selbst zu sein vermag, erhalten wir Einblick in die Tiefendimension, in der das "Selbstbewußtsein" wurzelt. Um seine Genese verstehen zu können, wollen wir an diese Überlegung anknüpfen und noch einmal nachfragen, was es denn des näheren mit der "Zuversicht" auf sich hat, in der das Selbstbewußtsein handelnd seine Selbst*gewißheit* wiederzugewinnen sucht. Zuversicht und Gewißheit scheinen die Sachverhalte zu sein, die aufs Selbstsein zurückverweisen. Vorab können wir aus dem bisher Gesagten folgendes festhalten: Das in der Zuversicht handelnde Selbstbewußtsein könnte sich des Gelingens seines Tuns nicht gewiß sein, würde sein im Horizont von Zukunft stehendes Tun nicht der Gegenwärtigkeit des Absoluten gewiß sein. Die Zuversicht seines Tuns ist demnach untrennbar mit der Gewißheit seines Gelingens verbunden. Obwohl Zuversicht und Gewißheit aufeinander bezogen sind, können jedoch die Relata dieser Beziehung nicht umstandslos vertauscht werden. Sofern sich nämlich die Zuversicht auf das Andere, auf die Herrschaft des Absoluten richtet, von dem her das Selbstbewußtsein seine Befreiung zu *sich*, sein Bei-sich-selbst-sein-Können erwartet, so vermag es aber überhaupt nur in der Zuversicht des Eintreffens dieser Freiheit zu handeln, wenn ihm aus der Zuwendung des Absoluten bereits die Gewißheit des Gelingens seines Tuns erwächst, das heißt, wenn ihm durch dessen Zuwendung erfahrbar wird, daß es sich seiner selbst nicht zu vergewissern vermag, indem es auf sich selbst vertraut. Nun begegnet das Absolute, wie wir sagten, so, daß sich das Selbstbewußtsein darin schon *selbst* begegnet, weil es diese Begegnung als solche schon als seine Befreiung erfährt. Und das bedeutet, es ist *sich* in dieser Begegnung unmittelbar seiner selbst inne. Demzufolge vollzieht es seinen Aneignungsprozeß in der und durch die Gewißheit der Wiedergewinnung seines Selbst in dem, worauf er sich ausstreckt. Der in der Gewißheit der Zuversicht vollzogene Aneignungsprozeß kann insofern als das Versöhnungsgeschehen des Selbstbewußtseins mit *sich* verstanden werden, als dessen inhaltliche Bestimmtheit die Gewißheit der Einigkeit mit dem Absoluten sich spiegelt.

Wenn die Gewißheit der grenzenlosen Herrschaft des Absoluten dem Selbstbewußtsein die Zuversicht seiner Befreiung zu *sich* und damit die (Ver-) Einigung mit sich selbst begründet, dann scheint die Gewißheit das Selbstsein zu fundieren. Der *Grund* des Selbst-Verhältnisses kann sie aber nicht sein, geschähe seine Genese nicht in jenem Akt, in welchem aus der grenzenlosen Zuwendung des Absoluten die Gewißheit allererst hervorbricht und in welchem sich der Prozeß der Befreiung zu *sich* als die Bewegung schrankenloser Freiheit auf das hin transzendiert, in dem das Selbstsein wurzelt. Sofern und soweit die Genese des Selbst sich dem Akt verdankt, aus dem heraus dem Selbstbewußtsein seine Abwendung *als* die Zuwendung des Absoluten erfahrbar wird, muß das Selbst jener Freiheitsbewegung entspringen, *als* die es die sich ihm abwendende Zuwendung des Absoluten erfährt. Indem nun die Aneignung dieser Bewegung die Bedingung der Möglichkeit der Selbst*verwirklichung* des Bei-sich-selbst-Seins ist und diese Bewegung als solche *im* Absoluten *als* dessen grenzenlose Zuwendung geschieht, ist der Bestimmungsgrund der Freiheit der der Zuwendung, und das bedeutet bei Hegel: Freiheit gründet in der Liebe und zwar so, daß diese als deren Prädikat gleichzeitig mit ihr auftritt. Die Befreiung zu *sich* geschieht demnach in ihrem *Grunde* um der Liebe zum Anderen willen. Die Gewißheit des Mitsichvereintseins im Anderen würde das Selbst in seiner totalen Präsenz verfehlen, wäre die Befreiung zu *sich* auf eine Selbstverwirklichung aus, die bloß die Freiheit des Einzelnen und nicht die aller meint. Von daher ist diese Gewißheit das Wissen der Voraussetzung der Freiheit aller zur Realisierung der Freiheit des Einzelnen.

Dies, daß die Gewißheit auf eine Allgemeinheit abzielt, die die wahre Wirklichkeit des Menschseins schlechthin meint, kennzeichnet Hegels Begriff vom "Selbstsein" als das Bei-sich-selbst-Sein im Anderen. Das *gleichzeitige* Auftreten von Freiheit und Liebe, oder anders gesagt, die Koinzidenz von Befreiung (von sich) und Liebe hat aber ihrerseits ihren Grund in der Liebe, so daß die Liebe die Freiheit übergreift. Dieses *Übergreifen* der Liebe über die Freiheit dürfen wir als den *Anspruch* des Absoluten an die Selbstverwirklichung als die Verwirklichung der Freiheit des Menschen verstehen, weil diese ihren Fluchtpunkt in der Erfüllung dieses Anspruchs hat. "Das Allgemeine ist daher die *freie* Macht; es ist es selbst und greift über sein Anderes über; aber nicht als ein *Gewaltsames*, sondern das vielmehr in demselben ruhig und *bei sich selbst ist*. Wie es die freie Macht genannt worden, so könnte es auch die *freie Liebe* und *schrankenlose Seligkeit* genannt werden, denn es ist ein Verhalten seiner zu dem *Unterschiedenen* nur als *zu sich selbst;* in demselben ist es zu sich selbst zurückgekehrt." (LII., S. 277)

Der Konstitutionsgrund des Selbst ist die Differenz zwischen Freiheit und Liebe. Oder anders gesagt: *Daß* Freiheit und Liebe als Getrennte *sind*, begründet das Selbst. Sofern sie aber *als* Getrennte aus ihrem gemeinsamen Ursprung heraus, der unendlichen Liebe, *in sich* mit sich Einige sind – denn "in der Liebe ist das Getrennte noch, aber nicht mehr als Getrenntes, (sondern) als Einiges" (FrSch, S. 246) –, ist das Selbst auf deren Beziehungsrealität bezogen, das heißt: Das Selbst kann nur *als* Beziehung auf sein Anderes es selbst sein.

Die Beziehungs*fähigkeit* des Subjekts zeichnet sich demnach durch sein Selbst aus, das als sein innerliches Tun immer schon auf das Andere seiner selbst hin verfaßt ist, in dem es ungeteilt und ungetrennt von *sich* dessen absoluter Zuwendung inne ist. Es ist das passive Geliebtwerden, in dem und durch das der *Urzustand* jener absoluten Liebe gleichsam als das Wiederherzustellende die Fähigkeit des Subjekts kennzeichnet, *als* Beziehung auf sein Anderes es selbst zu sein. Das Selbst ist der Ort, in dem die Präsenz des Absoluten sich als *Anspruch* absoluter Zuwendung manifestiert. *Ist* das Selbst nur als eines *in* ihm, so ist die Selbst*verwirklichung* nichts anderes als die Erfüllung des von der Präsenz des Absoluten an das Selbst ergehenden Anspruchs: nämlich *als* deren funktionelle Antizipation bei sich selbst zu sein. Ein solcher Anspruch kommt aber mit dem innerlichen Tun des Subjekts darin überein, daß sich mit diesem Tun untrennbar die Erfüllung einer Intention offenbart, die als die Übereinstimmung des Subjekts mit *sich*, auf das mit seiner Existenz bereits vollbrachte Versöhnungsgeschehen verweist: nämlich auf die absolute Zuwendung, in der und durch die die Differenz des Selbst als das Verschwinden alles Trennenden ein *Selbstsein* ermöglicht, das aus dieser Zuwendung heraus mit *sich* vereint ist und sich darin als grenzen*los* Freies zu *sich* zu verhalten vermag.

5. Schlußbetrachtung

I

Jenseits der Grenze, die die Divergenz von Selbst und Welt im Selbst errichtet, dort, wo der Mensch sich seines lebensweltlichen Verlustes gewahr wird und sein Bedürfnis nach einem ungeteilten Selbst und nach einer ungeteilten Welt seinen Urkonflikt, die Nichtübereinstimmung mit *sich* auffällig macht – jenseits dieser Grenze erhebt Hegel das Selbst zur Instanz der Versöhnung mit der Welt. Für Hegel ist die Differenz zwischen Selbst und Welt der Ort des Versöhnungsgeschehens des Selbst mit sich und darin zugleich des Selbst mit der Welt. Nicht etwa dies, daß die Differenz als Grenze auf die des Selbst stößt und dadurch die Unversöhnlichkeit mit der Welt aus der inneren Differenz des Selbst heraus verstanden wird, sondern daß die Differenz zwischen Selbst und Welt auf die des Selbst zurückgeführt wird, daß sich also jene dieser allererst verdankt, dies macht bei Hegel die Nichtübereinstimmung mit *sich* zum fundamentalen Differenzpunkt zwischen dem Selbst und der Welt.

Es ist die Prämisse vom Selbst als der "negativen Beziehung auf sich", die den Daseinsvollzug des Menschen vor allem gesellschaftlichen Bestimmtsein als das Versöhnungs*geschehen* fundiert und die es Hegel erlaubt, den *Grund* der Differenz zwischen Selbst und Welt im Selbst zu behaupten. Denn diese Differenz ist nichts anderes als der Niederschlag jenes aufgegebenen Weltbezuges, durch den das Selbst in mimetischer Aneignung des Grundes seines Weltverlustes *sich* wiederzufinden und darin seine Versöhnung mit der verlorenen Welt zu bewerkstelligen vermag. Die identitätsstiftende Funktion des Selbst bildet bei Hegel gleichsam als die *vor*geschichtliche Sphäre allen konkreten Selbst- und Weltverhältnisses dessen normatives Ideal, weil sie als die in dessen Geschichte noch ausstehende Versöhnung mit Welt fungiert. Mit der normativen Setzung menschlichen Handelns als der Aneignung eines *vor*geschichtlichen Universalismus, durch den die Beziehung von Selbst und Welt sich als die des Selbst auf sich offenbart, wird das Handeln des Menschen auf die Wiederherstellung einer Ganzheit ausgerichtet, an deren Maßstab sein Selbst- und Weltverhältnis orientiert ist. Dies ist es insofern, als das Gelingen des Daseinsvollzuges auf eine Syntheseleistung ausgelegt ist, die die Funktion jener Ganzheit ausübt, nämlich der weltlichen Versöhnung zu dienen und darin der *vor*geschichtlichen Bestimmtheit des Selbst phänomenale Konkretion im Sinne des sich durch das Selbst konkretisierenden Universalismus zu verleihen.

Seinen versöhnenden Charakter bezieht das Hegelsche Selbst aus einer Beziehungsrealität, die der des konkreten In-Beziehung-Seins immer schon zuvorkommt. Denn sofern die das versöhnende Handeln des Menschen konstituierende Kraft sich aus jener metaphysisch fundierten Grunderfahrung[20] speist, in der die mit der Menschwerdung bereits vollbrachte Versöhnung durchscheint, hat das Handeln des Menschen die Bedeutung, das zu vollbringen, was objektiv schon geschehen ist. Das versöhnende Handeln ist deshalb nichts anderes als die Realisierung der *vor*geschichtlichen Beziehungsrealität des Menschen. Das konkrete In-Beziehung-Sein ist deshalb der Niederschlag bereits vollbrachter Versöhnung und zwar *als* der Prozeß, in dem und durch den es auf sie hin tendiert. Oder anders gesagt: Die Grunderfahrung des Menschen als die Manifestation des mit seiner Existenz bereits vollzogenen Versöhnungsgeschehens ist die Erfahrung der conditio humana und zwar *als* die an sein Selbst*werden* ergehende Forderung, sich zu sich selbst als einem Verhältnis zu verhalten, das sich auf sein Anderes *als* auf sich selbst bezieht. Die mit dieser Forderung untrennbar verbundene Intention wird durch das *als* explizit gemacht: Das Selbst bezieht sich auf sein Anderes *als* auf sich selbst, weil es das Versöhnende *ist*. Sofern also die Forderung, das Selbstverhältnis des Menschen habe sich *als* das Verhältnis zu realisieren, durch das und in dem es sich allererst zu sich selbst zu verhalten vermag, auf ein Selbstwerden abzielt, das immer schon ein Bei-sich-selbst-Sein im Anderen ist – sofern diese Forderung lediglich auf die von der subjektiven Seite des Selbst zu leistende Versöhnung hinausläuft, ist sie keine Forderung im Sinne eines von außen an das Selbst herangetragenen Anspruchs, sondern vielmehr eine dem Menschen intentionslos zufallende Gegebenheit, nämlich die seines eigenen Seins[21]: Der Mensch ist sich dessen, wonach er strebt, immer schon inne, weshalb ihm die Erfüllung seines Strebens bereits in dem Streben als solchem zuteil wird. Es kann demzufolge keine Differenz *gegenüber* diesem von Hegel gemeinten Selbstverhältnis des Menschen geben, sondern nur eine *in* ihm, aber so, daß sie *als* das Aufzuhebende fungiert.

Daß Hegel der Begegnung empirischer Subjekte mit innerweltlich Seiendem schlechthin die das Selbst konstituierende dialektische Bewegung vorgibt, daß sich die Begegnung überhaupt erst dieser Bewegung verdankt, dies bedeutet: 1. Der Andere ist in dem Selbstwerden präsent und nicht bloß repräsentiert, und daraus folgt 2.: Das Handeln des Menschen empfängt seinen Sinn nicht aus seiner Welterfahrung, sondern allein aus jener dialektischen Bewegung, *als* die der Andere begegnet. Indem Hegel das Selbst in den Horizont der gedoppelten Erfahrung von Befreiung und Liebe stellt, schafft er die Voraussetzung dafür, das Handeln des Menschen auf das innerliche Tun zu reduzieren, indem er dessen Sinn und Zweck allein aus der Erfahrung der innerlichen Befreiung *als* die der befreienden Liebe begründet. Vermöge dessen, daß die *Liebe* als Conditio sine qua non von *Beziehung* überhaupt ist (sofern alles, was *ist* nur *als* Beziehung auf sein Anderes es selbst ist), bildet die Befreiung das Medium, in welchem sich die Empfänglichkeit des Selbst für die Liebe *als* das *Beziehung* Stiftende zum Ausdruck bringt, und zwar indem durch sie das Selbstwerden auf das hin ausgerichtet ist, von dem her das Selbst seine Befreiung empfängt. Die Empfänglichkeit des Selbst, so läßt sich sagen, legt das Selbst auf ein Anderswerden in dem bestimmten *Sinn* fest, der dem Selbst aus der Bewegung absoluter Zuwendung erwächst, nämlich auf ein Selbst*werden*, das Anderswerden *als* das Der-Andere-Werden meint.

Nun läßt sich der Sinn eines solchen Anderswerdens nur am Handeln des Subjekts ablesen, das heißt an der Wirkungsweise eines Tuns, die ihrerseits das Anderswerden des Anderen initiiert. Voraussetzung dafür, daß das Subjekt das, was es empfängt, auch in sein Handeln aufzunehmen vermag, daß also das Empfangene, als das ganz Andere gegenüber der bloß auf die Objektwelt bezogenen Rezeptivität, überhaupt sinnstiftend *wirken* kann, ist jene Leistung des Subjekts, die ich als aktive Passivität bezeichnete: nämlich das "Sichaufgeben", das "Losreißen" des Subjekts "von seiner innerlichen Sinnlichkeit". Denn erst in der und durch seine Bedürfnislosigkeit ist das Hegelsche Subjekt imstande, sein Handeln rein auf das hin auszurichten, was es im Ablassen von *sich* empfängt und als was es *sich* (sein Selbst) darin vorfindet: Es findet *sich* als das Versöhnungs*geschehen* vor. "... es ist, kann man sagen, das Bedürfnis des schon befriedigten Bedürfnisses der Notwendigkeit, der Bedürfnislosigkeit, zu dem er (der Menschengeist) gekommen sein muß, der Abstraktion (...) der konkreten Interessen des Begehrens, der Triebe, des Willens." (LI., S. 23) Das Bedürfnis der Bedürfnislosigkeit *ist*, als das Resultat jener aufgegebenen Objekt-Beziehung, die Leistung des Subjekts und zwar insofern, als sich durch dieses Bedürfnis die mit seiner Existenz bereits vollzogene Leistung zur Sprache bringt: im Bedürfnis der Bedürfnislosigkeit offenbart sich die geleistete Versöhnung *als* zu leistende. Zu leisten ist diese demnach einzig und allein unter der Voraussetzung einer Bedürfnislosigkeit, deren Bedürfnis auf eine Befriedigung abzielt, die ihre Erfüllung in *sich* findet, sofern *sich* das Subjekt *in* ihm immer schon (vor)findet.

Das Anderswerden *als* das Der-Andere-Werden gründet bei Hegel in einem Altruismus, durch den die Freiheit des Selbst und die Konkretion seiner intersubjektiven Bezüge bestimmt sind. Sofern nämlich der Andere die Bedingung der Möglichkeit der Verwirklichung des Selbst *ist* und nicht das Objekt, durch das es *es selbst* sein kann, ist er auch nicht das vom Selbst Getrennte und es deshalb Begrenzende, sondern der Andere ist vielmehr *als* das mit *sich* Versöhnte das das Selbst Versöhnende: Der Andere *ist* um der Liebe (zu Anderen) willen. Oder anders gesagt: Weil die *Beziehung* von Befreiung und Liebe *als* die Bewegung absoluter Liebe die Bedingung der Möglichkeit von Menschsein ist, *ist* dieses nur indem und dadurch, daß es *als* Beziehung auf sein Anderes ist, und das heißt, wenn es über die empirische Beziehung zu Sozialpartnern hinaus ist.

Subjektivität konstituiert sich bei Hegel als *Beziehung* von Befreiung und Liebe, und deshalb wird die Beziehung zwischen den Subjekten von Hegel auch nur aus dem Blickwinkel ihrer Transzendenz *wahr*genommen. Ist die Beziehung ihrer Selbstverhältnisse immer schon über die empirischer Subjekte hinaus, so nur deshalb, weil sich jene in dieser manifestiert. Das bedeutet, die Beziehung empirischer Subjekte stellt den Niederschlag jener geleisteten Versöhnung dar und zwar als deren funktionelle Antizipation. Denn das Selbstverhältnis des Menschen erfüllt ja nur die Funktion, *sich* zu konkretisieren, und das heißt, sich zu *sich* als der Beziehung von Befreiung und Liebe zu verhalten; oder genauer gesagt: sich zu *sich* als dem Versöhnungsgeschehen zu verhalten, das es, indem es dies *ist*, als konkretes In-Beziehung-Seiendes zu realisieren hat.

Intersubjektivität ist bei Hegel auf die Modalität des Begegnens von Subjekten zentriert. Dementsprechend ist sie bloß formal bestimmt und zwar als das Verwiesen- und Angewiesensein des Menschen auf andere. Das bedeutet, sie läßt sich nur als das Geschehen verstehen, *daß* Selbstbeziehung nur *ist*, wenn sie *als* Beziehung auf ihr Anderes ist: Intersubjektiv ist das Selbstverhältnis des Menschen, *weil* es ein altruistisches ist. Und sofern sich die Selbstlosigkeit, als das Gemeinsame und die Menschen Vereinigende, nicht aus der Beziehung des Menschen zu seiner innerweltlichen Realität ableitet, sondern demgegenüber in jener metaphysisch fundierten Beziehungsrealität wurzelt, die als die absolute Zuwendung den *Grund* des den Menschen Gemeinsamen und das sie Vereinigende bildet, sind Selbstlosigkeit und Intersubjektivität gleichursprüngliche Entitäten. Denn nur dies, daß sie als Gleichursprüngliche *sind*, gibt überhaupt erst den inhaltlichen Bestimmungsgrund des Selbstwerdens als Anderswerden zu erkennen: das ist die sich in der Abwendung *als* Zuwendung konkretisierende Beziehung empirischer Subjekte, in der sich die Selbstlosigkeit als intersubjektives Geschehen niederschlägt und zwar in Form der *Nächstenliebe*.

Aus der Gleichursprünglichkeit von Selbstlosigkeit und Intersubjektivität wird denn auch einsichtig, weshalb bei Hegel mit der Selbstlosigkeit eine Freiheit aufbricht, die als die Freiheit aller das zu realisierende "Allgemeine" des menschlichen Daseins *als* dessen grenzenloses uneigennütziges In-Beziehung-Sein zum Ausdruck bringt. Und zugleich rechtfertigt die Art und Weise dessen, *wie* sie aus ihrem gemeinsamen Ursprung heraus aufeinander bezogen sind, die Annahme jener basalen Beziehungsrealität: Als durch die absolute Zuwendung aufeinander Bezogene sind Selbstlosigkeit und Intersubjektivität nicht *durcheinander* bezogen, und darin, daß sie nicht durcheinander Vermittelte sind, *sind* sie, als in sich Freie, unabhängig *im* Anderen. Aus ihrem gemeinsamen Ursprung heraus *sind* sie zwar in Beziehung, aber so, daß diese Beziehung, als durch die absolute Zuwendung Bezogenes die Funktion identitätsstiftender Zuwendung ausübt.

II

Das Selbstverhältnis des Menschen *ist* nur als ein selbstloses und darin ist es immer schon ein intersubjektives. Es ist also durch eine Offenheit gekennzeichnet und zwar im Hinblick auf seine *Bedürftigkeit*. Aus der Perspektive seines Bezogenseins durch die absolute Zuwendung betrachtet ist das Selbstverhältnis auf die Erfüllung eines absoluten Liebesanspruchs hin ausgelegt, durch die es *vollkommen* zu werden vermag, weil es als das mit *sich im* Anderen Versöhnte das schon je *Vollkommene* ist. Sofern und soweit es die absolute Liebesbewegung ist, die die Abwendung von *sich als* Zuwendung (Befreiung) erfahrbar macht, bedeutet *Anderswerden* nach der Seite, nach der es den Prozeß meint, in welchem das Selbst, *sich* verwirklichend, *anders*, das heißt *wie* der Andere wird – nach dieser Seite bedeutet *Anderswerden* soviel wie *Vollkommenwerden* in der und durch die befreiende Liebe des Anderen. Daraus erklärt sich auch, daß die *Abwendung* bei Hegel bloß den Status einer funktionellen Vorwegnahme jener bereits geleisteten Versöhnung besitzt. Nach der Seite aber, nach welcher das Anderswerden die befreiende Liebe *als* deren absolute Bewegung *ist*, ist es als solches ein unverfügbares Ereignis, das sich nur als das Bedürfnis niederschlägt, das sich seinerseits nur als das Bedürftigsein erfahrbar macht. Demzufolge ist das Bedürfnis selber ein irreduzibles Faktum und zwar in dem Sinne, daß es sich nicht aus der Bedürfnislosigkeit (als der Abwendung von *sich)* ableitet, sondern jener Zuwendung entspringt, *als* die einzig die Abwendung erfahren wird. Das Bedürfnis demonstriert deshalb das Sich-selbst-Unverfügbarsein des Menschen: Die Bewegung absoluter Zuwendung verewigt das Bedürfnis des Menschen nach liebender Zuwendung, indem er allein in seiner Bedürftigkeit der Präsenz dieser Zuwendung inne ist – aber als noch ausstehender.

Des Anderen bedürftig *zu sein*, bezeichnet das Verwiesensein auf ihn, und es ist die Kennzeichnung absoluter Zuwendung, als die der Anspruch des Anderen erfahren wird und als dessen Erfüllung der Prozeß der Selbstverwirklichung sich realisiert. Des Anderen *bedürftig* zu sein bedeutet demgemäß: Im Angewiesensein auf ihn, *in* ihm und darin mit *sich* eins zu sein. Das Bedürftigsein des Menschen eröffnet ihm allererst den Erfahrungszugang zu seiner Bedingtheit und darin zu sich selbst und das heißt, zu der mit seiner Existenz bereits vollbrachten Versöhnung, als die er sein Verwiesen- und Angewiesensein erfährt.

Indem sich bei Hegel in der Bedürftigkeit des Menschen das *Umschlagen* der auf reale Befriedigung abzielenden Begierde in das Bedürfnis nach Zuwendung *als* die absolute Liebesbewegung offenbart, macht er die Unbedingtheit ihres Anspruchs zum Statthalter für die Ursache der Bedürftigkeit. Damit fundiert er nicht nur das Umschlagen als solches im Absoluten, sondern er hebt auch und vor allem das Bedürfnis nach Zuwendung (das meint: das Bedürfnis geliebt zu werden, in das sich die auf reale Befriedigung zentrierte Begierde verwandelt) in die Bedürftigkeit auf und zwar so, daß sich das Bedürfnis *in* der Bedürftigkeit lediglich als das Verlangen artikuliert, das *als* die Antizipation der nach absoluter Zuwendung strebenden Bedürftigkeit Erfüllung findet.

Ihren Rechtsgrund bezieht die Aufhebung des Bedürfnisses in die Bedürftigkeit aus der Voraussetzung, die Hegel machen muß, wenn er das Gelingen des zur Übereinstimmung-Kommens-mit-*sich* als das Selbstwerden im Absoluten beweisen will: Die absolute Zuwendung, als die der Andere begegnet, initiiert ein Verlangen, das nicht Bedürfnis ist im Sinne eines Strebens nach Befriedigung oder eines Anspruchs auf Zuwendung, sondern das *als* die Bedürftigkeit des Menschen nichts als dessen bedingungslose Hinwendung ist. Einsichtig kann diese Voraussetzung aber allein im Hinblick auf die keineswegs selbstverständliche Grundannahme Hegels gemacht werden: Das *Bedürfnis* des Menschen nach Zuwendung als Anspruch auf den Anderen ziele, genauso wie der an die Objektwelt gebundene Einheitsanspruch seiner *realen* Bedürftigkeit, auf *Befriedigung* ab. Deshalb verkehre sich in der Erfahrung des Verfehlens der realen Befriedigung das Bedürfnis in das der Bedürfnislosigkeit und die Abwendung von *sich* in jene Zuwendung bedingungsloser Hingabe. Diese Zuwendung transzendiert gleichsam das Einheitsbedürfnis des Menschen auf eine Ebene, auf der die enttäuschte Einheitserfahrung *realer* Bedürftigkeit als imaginäres Streben ein Ganzheitserleben antizipiert, dessen er nur gegenwärtig zu sein vermag, sofern 1. das Antizipierte das *Ganze* ist und er 2. dadurch, daß es das Ganze *ist*, der Anerkennung seiner *realen* Bedürftigkeit *als* der Befreiung von ihr inne wird.

Diese Annahme Hegels setzt aber immer schon voraus: Dem an die Welt der Objekte gebundenen Selbst geht es um *sich* indem und dadurch, daß es ihm um die Befriedigung seines Einheitsbedürfnisses geht, und weil es in ihr die *reale* Befriedigung verfehlt, ist es selbst*los* durch sich, das heißt, losgerissen von *sich* durch seinen Anspruch, in der realen Welt mit *sich* zur Übereinstimmung zu gelangen. Durch *sich* selbstlos zu sein, vermag das Selbst aber nur insofern, als es die Fähigkeit *ist* (und nicht nur besitzt), wirklich es selbst, nämlich mit *sich* eins zu sein. Und das bedeutet: *als* das Ganze zu fungieren.

Indem Hegel die Übereinstimmung mit *sich* allein im Horizont jener absoluten Liebesbewegung wahrnimmt und das Selbst in ihr begründet, muß er aber zugleich die Erfahrung des Verfehlens realer Befriedigung voraussetzen. Er muß davon ausgehen: Die aus dieser Erfahrung hervorgehende Selbstlosigkeit ist sowohl der Grund dieses Verfehlens, als auch und vor allem die Bedingung der Möglichkeit gelingenden Selbstseins. Es ist denn auch nicht einsichtig, weshalb es der Erfahrung des Mißlingens realen Befriedigungserlebens bedarf, um den Einheitsanspruch der absoluten Liebesbewegung, *als* den des in ihr bereits versöhnten Selbst zu beweisen. Zu fragen ist, ob das Selbst des Menschen in bezug auf Andere und anderes auf das seinem Ursprung nach ausgerichtete Einheitsstreben aus ist, ob Selbstsein als In-Beziehung-Sein nicht unablösbar von einem Bedürfnis ist, das nicht auf Befriedigung, sondern vielmehr auf Anerkennung des Bedürftigseins angewiesen ist, von dem Hegel behauptet, daß es sich absoluter Zuwendung verdankt in dem Sinne, daß es durch sie erst *ist*, weshalb das Übergehen von der Begierde in das Bedürfnis dann lediglich die auf absolute Zuwendung verwiesene Bedürftigkeit des Menschen offenbart. Zu fragen ist deshalb des näheren nach dem Bezugspunkt, den das in sich umgeschlagene Selbst *als* das Bedürfnis nach Anerkennung anvisiert.

In bezug auf Hegels Grundannahme, dem Selbst gehe es um *sich* indem und dadurch, daß es ihm immer schon um die Aufhebung alles Trennenden, also um das Ganze schlechthin geht, und darum müsse es ihm deshalb gehen, weil es seinem Ursprung nach selber das Ganze ist – gegenüber dieser fundamentalen Annahme möchte ich geltend machen: Dem Selbst geht es um *sich*, indem es ihm immer schon um sein Getrenntsein-von-sich im Anderen geht. Es vermag dem Selbst aber nur derart um *sich* zu gehen *in bezug* auf den Anderen, das heißt, wenn es ihn als das findet, als was es *sich* in ihm vorfindet. Mit anderen Worten gesagt bedeutet dies: Dem Selbst geht es um das Getrenntsein-von-sich im Anderen und zwar so, daß es ihm um ihn geht, wenn es ihm um *sich* geht. Um *sich* kann es ihm aber nur gehen, sofern ihm im Sich-von-sich-Abwenden der Andere nicht mehr als Objekt der Begierdebefriedigung, sondern vielmehr als das Subjekt seines Bedürfnisses gegenwärtig ist, von dem her es *die* Zuwendung erwartet, als die sich sein Bedürfnis nach Anerkennung an ihn richtet. *Zuwendung* allein in diesem Sinne verstanden wird sich als das Bindeglied erweisen zwischen Hegels metaphysisch fundiertem *Selbstsein* (auf das das Selbstverhältnis des Menschen als das Bei-sich-selbst-Sein im Absoluten je hinausläuft) und einem *Selbst*, das sich, aus seinen Sozialbezügen heraus, *als* das In-Beziehung-Sein von Abwendung und Zuwendung zur Sprache bringt.

Zuwendung als Anerkennung der Bedürftigkeit des Menschen zu akzeptieren, deren Grund sie zugleich zu sein bei Hegel aber beansprucht, abzulehnen, bedeutet: Entgegen der Hegelschen Annahme, die *erste Natur* des Menschen sei auf die Befriedigung "der konkreten Interessen des Begehrens, der Triebe" ausgerichtet (aus der er den Rechtsgrund jener Abwendung von ihr ableitet, die *als* Zuwendung auf das ganz Andere allen subjektiven Bedürftigseins abzielt), gilt es einer *Zuwendung* Geltung zu verschaffen, die als intersubjektive sowohl das Konstituens von Subjektivität (im Sinne von Individuation) als auch die Bedingung der Möglichkeit von deren Mißlingen ist. Und darüberhinaus ist gegenüber der Hegelschen Position eine Auffassung zu vertreten, die davon ausgeht: Die von Hegel gemeinte Befriedigung *ist*, als sozial vermittelte, auf die Anerkennung des Bedürfnisses immer schon ausgelegt, so daß das "Selbst der Begierde" oder die "innerliche Sinnlichkeit" sich immer nur *als* das Bedürfnis nach Anerkennung zum Ausdruck bringt. Es geht demnach gar nicht – wie Hegel meint – um die Befriedigung, sondern um die Anerkennung des Bedürfnisses, durch die sich ein Selbst konstituiert, dessen Bedürfnis das Objekt der Befriedigung in das Subjekt der Anerkennung verwandelt. – Es geht nicht um *absolute* Zuwendung, durch die sich Subjektivität konstituiert, sondern um eine, die, *als* das Bedürfnis nach Anerkennung, ihrerseits eine Zuwendung evoziert, in welcher sich Subjektivität allein dadurch zu konstituieren vermag, daß die Anerkennung als Zuwendung das *Bedürfnis* zu einem "intermediären Raum"[22] sich gegenseitigen Zuwendens ausfaltet.

III

Mit Hegel gehe ich davon aus, daß die Beziehungsfähigkeit des Menschen in seiner Liebesfähigkeit Ausdruck findet, daß sich Subjektivität (als Individuation) als die Dialektik von Abwendung und Zuwendung in der und durch die liebende Zuwendung des Anderen konstituiert. Indem ich aber die liebende Zuwendung entgegen der Hegelschen Auffassung als die Anerkennung der Bedürftigkeit des Menschen und zugleich als das Ausdrucksvermögen des Bedürfnisses nach dieser Anerkennung verstehe, versuche ich die Zuwendung aus der *Differenz* zum Anderen heraus in den Blick zu nehmen, das heißt, sie sowohl als das Resultat jenes aufgegebenen Einheitsbegehrens als auch als die Anpassungsleistung des Anderen als dessen Bedürfnis zu fassen. Nach meinem Verständnis kann *Zuwendung* als Konstitutionsgrund von Subjektivität nur in folgender Gedoppeltheit begriffen werden: *Als* die Brechung des Einheitsbegehrens bringt sie sich als das *Bedürfnis* nach Anerkennung zum Ausdruck, und *als* die Anerkennung dieses Bedürfnisses bringt die Zuwendung die Differenz zum Anderen zur Sprache, indem sie zeigt, daß sich in der Differenz das Bedürfnis sich gegenseitig anerkennender Subjekte *als* liebende Zuwendung erschließt und das Einheitsbegehren sich darin als Defizienzerfahrung offenbart.

Mein Verständnis von *Zuwendung* stützt sich auf die Voraussetzung: Subjektivität konstituiert sich in der Differenz zum Anderen als dialektische Bewegung von Abwendung und Zuwendung, von Lieben und Geliebtwerden. Insofern läßt sich sagen, das Bedürfnis nach Anerkennung ist das denaturierte Einheitsbegehren, die Abwendung von sich, aber *als* Zuwendung zu *sich*. Obschon diese Abwendung als die Loslösung von der sogenannten *ersten Natur* des Menschen durch die Zuwendung, nämlich durch das Bedürfnis nach Anerkennung, veranlaßt wird, so kann doch von einer Abwendung *als* Zuwendung nur im eingeschränkten Sinne gesprochen werden. Denn Abwendung kann sich *als* Zuwendung nur konstituieren, wenn sich dem Bedürfnis gegenüber der Andere so präsentiert, daß er sich diesem als das Subjekt zuwendet, zu dem er durch jene Abwendung *für* das Bedürfnis geworden ist. Das bedeutet: Der Andere muß sich als das Subjekt der Anerkennung und nicht als das Objekt des Einheitsbegehrens präsentieren, und zwar um dem Bedürfnis jenen Rückhalt in der Realität zu verleihen, in der es sich *als* Subjekt der Anerkennung konstituieren kann. Es ist deshalb die empathische Zuwendung des Anderen, der einfühlende Mitvollzug des sich von sich loslösenden und sich ihm zuwendenden Selbst, durch die das Selbstsein als das Anderssein nicht *des* Anderen, sondern *als* das Anderssein gegenüber dem Anderssein des Anderen *sich* begründet.

Anmerkungen zu Teil I

1. "Die *Vernunft* hebt die Unbestimmtheit auf, welche das angenehme Gefühl in Ansehung der Gegenstände hat, reinigt den Inhalt der Triebe von dem Subjektiven und Zufälligen". (Hegel: NHS, § 38, S. 255)

2. "Objektiv jedoch, nicht erst durchs erkennende Subjekt, ist das Ganze, das von der Theorie ausgedrückt wird, in dem zu analysierenden Einzelnen enthalten. Die Vermittlung von beidem ist selbst inhaltlich, die durch die gesellschaftliche Totalität. Sie ist aber auch formal vermöge der abstrakten Gesetzmäßigkeit der Totalität selbst, der des Tausches. Der Idealismus, der daraus seinen absoluten Geist abdestillierte, verschlüsselt zugleich das Wahre, daß jene Vermittlung den Phänomenen als Zwangsmechanismus widerfährt". (...) "Während sie (die philosophische Erfahrung) der realen Determination der Phänomene durch ihren Begriff versichert ist, kann sie diesen nicht ontologisch, als das an sich Wahre, sich vorgeben. Er ist fusioniert mit dem Unwahren, dem unterdrückenden Prinzip". (...) "In ihren unabdingbar allgemeinen Elementen schleppt alle Philosophie, auch die mit der Intention auf Freiheit, Unfreiheit mit sich, in der die der Gesellschaft sich verlängert. Sie hat den Zwang in sich; aber er allein schützt sie vor der Regression in Willkür." (Adorno: ND, S. 57f.) "Daß das Unveränderliche Wahrheit sei und das Bewegte, Vergängliche Schein, die Gleichgültigkeit von Zeitlichem und ewigen Ideen gegen einander, ist nicht länger zu behaupten, auch nicht mit der verwegenen Hegelschen Auskunft, zeitliches Dasein diene vermöge der seinem Begriff innewohnenden Vernichtung dem Ewigen, das in der Ewigkeit von Vernichtung sich darstelle." (...) "Der Völkermord ist die absolute Integration, die überall sich vorbereitet, wo Menschen gleichgemacht werden, geschliffen (...) bis man sie, Abweichungen vom Begriff ihrer vollkommenen Nichtigkeit, buchstäblich austilgt. Ausschwitz bestätigt das Philosophem von der reinen Identität als dem Tod." (S. 354f.)

3. Gegenüber dem traditionell geprägten, vernunftbestimmten Verständnis von *Beziehung* überhaupt und deren Grundlegung (und damit dem Herkunftsnachweis der Beziehungsglieder) durch ein ihr übergeordnetes Ganzes, – gegen die Annahme von der Rückführbarkeit der Beziehungsglieder auf ein ihnen gemeinsames Selbes und damit gegen die *Geschlossenheit* von Beziehung überhaupt, hat sich mit den naturwissenschaftlichen Theorien nichtlinearer Differentialgleichungen der Begriff der *Gebrochenheit*, der "fractalen" Dimension von Beziehungen Geltung verschaffen können. In meinem Aufsatz "Die Katastrophe in den Naturwissenschaften" habe ich zu zeigen versucht, daß mit dem neuen naturwissenschaftlichen Weltverständnis das Problem philosophischer Letztbegründbarkeitsansprüche aufbricht und daß sich die damit verbundene Frage nach der Begründetheit philosophischer Grundlegungen neu stellt. (Hanzig, E., 1989) – Fundamental unterschieden von meiner hierin vertretenen Auffassung von der *Offenheit* des Weltbildes und der *Begrenztheit* der Erkenntnis in Einsteins "Spezieller Relativitätstheorie" und Heisenbergs "Unschärferelation" ist deren Interpretation des Postmoderne-Denkers Wolfgang Welsch. Dies gilt aber vor

allem für den von mir aus dem *fractalen Denken* thematisierten Paradigmenwechsel im Selbst- und Weltverhältnis des Menschen, das Welsch, indem es jeden Zugriff aufs Ganze verbietet ("alle Erkenntnis ist limativ") dem "unhintergehbaren Pluralismus" der Postmoderne zuschlägt und das er umstandslos als deren Parameter ausgibt. Unter Bezugnahme auf Mandelbrot, Thom, Prigogine und Haken (wobei sich die theoretischen Ansätze von Prigogine und Haken zu denen von Mandelbrot und Thom grundsätzlich unterscheiden und erst einmal gezeigt werden müßte, worin denn dasjenige liegt, was sie über den Leisten eines ihnen gemeinsamen Selben ziehen läßt) stellt Welsch in Analogie zu Hakens Synergetik, Prigogines Selbstorganisationstheorie, Thoms Katastrophentheorie und Mandelbrots Fractaler Geometrie fest, daß unsere Wirklichkeit "nicht homogen, sondern heterogen, nicht harmonisch, sondern dramatisch, nicht einheitlich, sondern divers strukturiert" ist. "Sie hat ... ein geradezu postmodernes Design. So ergibt sich insgesamt: Die Postmoderne konvergiert mit Basistheoremen der wissenschaftlichen Moderne dieses Jahrhunderts." (Welsch, W.: "Unsere postmoderne Moderne", 1993, S. 186ff.) Die ungeheure Oberflächlichkeit, mit der hier Analogieschlüsse von naturwissenschaftlichen, postmodern zusammengeschweißten, Theorien zum postmodernen Wirklichkeitsverständnis gezogen werden, scheint sich konsequent in das Postmoderne-Konzept der "transversalen Vernunft" (siehe Anmerkung 1 zur Einleitung dieser Arbeit) als der unmittelbaren Übergängigkeit des Subjekts einzufügen.

4. Bei der Fähigkeit zur sogenannten "Übergängigkeit" handelt es sich um ein Verständnis von Subjektivität, "die nicht vielheitsscheu, sondern vielheitsfähig ist. Nur sie ist den normativen Ansprüchen des postmodernen Alltags gewachsen." Diese Fähigkeit hat ihren Ort in der "transversalen Vernunft", sofern diese "das Grundvermögen einer postmodernen Lebensform darstellt. Denn die postmoderne Wirklichkeit verlangt allenthalben, zwischen verschiedenen Sinnsystemen und Realitätskonstellationen übergehen zu können. Diese Fähigkeit wird geradezu zur postmodernen Tugend. Sie ist jedenfalls die Bedingung gelingenden Lebens unter Auspizien der Postmoderne. Und diese Fähigkeit kongruiert mit transversaler Vernunft. Denn indem diese ein Vermögen gerade materialer Übergänge ist, trägt und leistet sie, was für die postmoderne Lebensform erforderlich ist: den Übergang von einem Regelsystem zum anderen, die gleichzeitige Berücksichtigung unterschiedlicher Ansprüche, den Blick über die konzeptionellen Gatter hinaus." (...) "Übergängigkeit ist zum Ideal geworden". (Welsch, W.: "Unsere postmoderne Moderns", 1993, S. 317)

5. Meine Bezugnahme auf die "Phänomenologie des Geistes" (und nicht etwa auf Hegels Frühschriften oder auf die in der Theorie des subjektiven Geistes der Enzyklopädie erörterten fundamentalanthropologischen Prämissen von Subjektivität überhaupt) zentriert sich auf die *Erfahrung* des Bewußtseins mit *sich*, genauer gesagt: sie ist zentriert auf den "Wendungspunkt" im Kapitel über das "Selbstbewußtsein", sofern diese *Selbst*erfahrung des Bewußtseins zu jenem Punkt des Übergehens zum Selbstbewußtsein hintreibt. An diesem Wendungspunkt fällt die Erfahrung des Bewußtseins mit *sich* mit dem Logos zusammen, manifestiert sich das Selbstsein als Einheit von Selbst und Sein. Oder anders gesagt, an diesem Punkt wird durch die Selbsterfahrung des Bewußtseins jene Achsendrehung herbeigeführt, wo das Leben des Menschen als solches in das Element des Logischen eintaucht und sich als *Prinzip von Subjektivität* bestimmt: wo die Substanz Subjekt wird.
Der selektive Zugriff meiner Auseinandersetzung mit Hegels Begriff des Selbstbewußtseins auf den Wendungspunkt begründet sich aus dem systematischen Interesse dieser Arbeit an Hegels Begründung des Selbstseins. In ihr wird die enge Verschränkung von Selbst und Sein als die von Bewußtsein und Logik manifest und am Ende der Wissenschaft der Logik als philosophische Methode explizit gemacht: Unter dem spekulativen Anspruch absoluter Selbstbeziehung wird sich das Bewußtsein gegenstandsbezogener Selbsterfahrung im logischen Fortgang seiner Erfahrungsbewegung seiner *selbst* als *Prinzip von Subjektivität* inne, und darin wird es sich seines Zwecks *als* Prinzip dialektischer Aufhebungsbewegung seiner inneren und äußeren Natur gewahr.

Es ist die Fundierung der formalen Struktur der phänomenologisch-genetischen Voraussetzung autonomer Selbstbeziehung im dialektischen Bewegungsprinzip des intersubjektiven Anerkennungsverhältnisses gehemmten Begehrens, an der mich insbesondere der konkrete Erfahrungsgehalt der von Hegel mit dieser Grundlegung mitvorausgesetzten metaphysischen Erlebnisfähigkeit des Menschen interessiert und zwar hinsichtlich seines Selbstverständnisses und seiner konkreten Beziehung zum anderen Menschen.

(Zur hervorragenden Bedeutung des "Wendungspunktes" für die Grundlegung von Subjektivität und die sich in ihm manifestierende Unablösbarkeit von Phänomenologie und Logik vgl.: Pöggeler, O.: "Zur Deutung der Phänomenologie des Geistes" in "Hegel-Studien", Bd. 1, 1961; "Die Komposition der Phänomenologie des Geistes" in "Hegel-Studien", Beiheft 3, 1966, S. 45ff.; "Hegels Jenaer Systemkonzeption" in "Philosophisches Jahrbuch 71", 1963/1964; "Schritte zu einer hermeneutischen Philosophie", 1994, S. 401, S. 423f.; "Hegels Idee einer Phänomenologie des Geistes", 1993, S. 147f., S. 228f., S. 234, S. 236, S. 260ff., S. 267f., S. 271f., S. 288f., S. 293, S. 297. Fulda, H.F.: "Zur Logik der Phänomenologie von 1807" in "Hegel-Studien", Beiheft 3, 1966, S. 87ff. Bonsiepen, W. :"Phänomenologie des Geistes" in Pöggeler, 0. (Hrsg.) "Hegel", 1977, S. 61f. Hogemann, F. und Jaeschke, W.: "Die Wissenschaft der Logik" im gleichen Band, S. 89f. Düsing, K.: "Das Problem der Subjektivität in Hegels Logik" in "Hegel-Studien", Beiheft 15, 1976, S. 13, S. 23. Henrich, D.: "Die Wissenschaft der Logik und die Logik der Reflexion" in "Hegel-Studien", Beiheft 18,1978, S. VII.. Claesges,U.: "Darstellung des erscheinenden Wissens" in "Hegel-Studien", Beiheft 21, 1981. Trede, J.H.: "Phänomenologie und Logik" in "Hegel-Studien", Band 10,1975, S. 195, S. 200, S. 203, S. 206ff., Anmerkung 47. Marx, W.: "Das Selbstbewußtsein in Hegels Phänomenologie des Geistes", 1986, S. 4f., S. 8, S. 14, S. 17f. Bubner, R.: "Problemgeschichte und systematischer Sinn einer Phänomenologie" in "Hegel-Studien", Band 5, 1969. Koch, T.: "Differenz und Versöhnung", 1967. Redlich, A.: "Die Hegelsche Logik als Selbsterfassung der Persönlichkeit", 1971.)

6. Ich denke hierbei insbesondere an psychische Anpassungsleistungen des Subjekts an gesellschaftliche Forderungen, welche, ihrem Anschein nach, eine Übereinstimmung mit diesen darstellen, sich aber als Psychopathologien ausweisen lassen. Beispielhaft hierfür ist der pathologische Narzißmus zu nennen, der sich seinem Erscheinungsbild nach nur allzu häufig in der emanzipierten Persönlichkeit des modernen Subjekts verbirgt. In ihrer Unfähigkeit, dauerhafte Beziehungen zu Sozialpartnern einzugehen, sondern in Augenblicksbeziehungen aufzugehen, ihrer Unfähigkeit zu trauern, ihrem Verlangen nach unverzüglicher Bedürfnisbefriedigung usw. spiegelt sich zum einen die innere Leere als die Beziehungslosigkeit des Subjekts zu seiner modernen Lebenswelt, während sie zugleich die angemessenste Antwort des Subjekts auf die auf Selbstentfremdung ausgelegten gesellschaftlichen Realitäten zu sein scheinen (vgl. Kohut, H.: "Narzißmus", Frankfurt 1973; Cremerius, J.: "Kohuts Behandlungstechnik", in: "Psyche 1/82", S. 17–45; Gottschalch, W.: "Gesellschaftliche Bedingungen narzißtischer Wut", in: "Psychoanalyse 1/80", S. 347–366; Erdheim, M.: "Die gesellschaftliche Produktion von Unbewußtheit", Frankfurt 1984; Kernberg, O.F.: "Borderline-Störungen und pathologischer Narzißmus", Frankfurt 1978, S. 261–387).

Aber auch die sogenannten "Zivilisationskrankheiten" wie z.B. das asthma bronchiale, die vegetativen Dystonien, die Herzerkrankungen, um nur einige zu nennen, sind nach Auskunft der psychosomatischen Medizin "Anpassungskrankheiten", das heißt Krankheiten, die als die "Krankheit, nicht krank sein zu können", unter einer Anpassungsleistung des Subjekts entstehen, die nicht bloß in der Verinnerlichung gesellschaftlicher Normen besteht, sondern in deren Gelebtwerden durchs Subjekt (vgl. Overbeck, G.: "Krankheit als Anpassung", Frankfurt 1984; Bach, H. und Heine, M.: "Pseudonormalität und *Normalpathologie*", in: Bach, H.: "Der Krankheitsbegriff in der Psychoanalyse", Göttingen 1982, S. 11–35; Mitscherlich, A.: "Krankheit als Konflikt", Frankfurt 1967; Mitscherlich, A.: "Freiheit und Unfreiheit in der Krankheit", Frankfurt 1977; Sroka, K.: "Zur Dialektik des Herzinfarkts", Frankfurt 1980; von Uexküll, T.: "Grundfragen der psychosomatischen Medizin", Hamburg 1963).

7. Die von mir bereits benutzte Formulierung *Bewußtsein seines Selbst* meint dasselbe wie die Hegelsche "Bewußtsein seiner selbst": Bewußtsein von dem, was ich *bin*, d.h. als Mensch zu sein habe. Ich werde meine Formulierung anstelle der Hegelschen weiter verwenden, weil sie die in ihr mitgedachte Eigensphäre des Selbst, als die ich Intersubjektivität, *als* die Fähigkeit des Selbst, gegenüber dem existenzphilosophischen Verständnis des "Selbst" wiederzugewinnen versuche, deutlicher herausstellt.

8. In diesem Zusammenhang sei auf die Kritik des frühen Marx an Hegels Selbstseinstheorie hingewiesen: Gegen Hegels Auffassung, daß der Mensch nur wirklich er *selbst* sein kann, wenn er sich auf *sich* als auf den Anderen seiner selbst bezieht, will Marx eine derart vermittelte Selbstbeziehung als Fremdbeziehung, als eine den Menschen entfremdende Beziehung ausweisen. Konkrete Selbstbeziehung als die Selbstverwirklichung des Menschen ist nach Marx nur dort möglich, wo sich der Mensch aller Vermittlung durch Andere oder anderes verweigert. Selbstverwirklichung ist für Marx die Verwirklichung allein dieses unmittelbaren Selbstseins: Vermöge dessen, daß der Mensch den Anderen aus sich ausschließt, kann er wirklich bei sich selbst sein. Das Selbstverhältnis ist für Marx ein Ausschließungsverhältnis und als solches bekundet sich für ihn Unmittelbarkeit entgegen jener vermittelten Unmittelbarkeit Hegelscher Prägung. Was da aber ausgeschlossen wird ist nicht der Andere, sondern das Vermittelnde, *als* das er gegenübertritt, so daß Vermittlung schlechthin als das Negative, das den Menschen Entfremdende begriffen wird, weil er durch sie zum Mittel das Anderen depotenziert wird.
Abgesehen von der Unausgewiesenheit der an der Norm einer solchen unvermittelten Selbstbeziehung orientierten *konkreten* Selbstverwirklichung des Menschen, wird auch das mit dem Marx'schen *Arbeitsbegriff* untrennbar verbundene Handlungsziel des Menschen meines Erachtens fragwürdig, sofern sich aus jenem Selbstverhältnis heraus ja nicht einsichtig machen läßt, daß der Mensch, indem es ihm allein um sich selbst geht, *durch* seine Arbeit (s)einen Zweck verwirklicht, der *als* die Verwirklichung seiner Freiheit – vergegenständlicht im bearbeiteten Gegenstand – zur Befreiung aller am Produktionsprozeß beteiligten Menschen aufruft. Plausibel wird der auf diesen Sachverhalt bezogene Argumentationsgang erst dann, wenn man entweder davon ausgeht, daß der Mensch allein durch Andere und mit ihnen, vermittelt über die Arbeit, in sich selbst frei sein kann, oder wenn man von der Annahme ausgeht – wie Marx das tut –, daß der Mensch immer schon diese Freiheit *ist* und daß seine Selbstverwirklichung nichts anderes als die Verwirklichung dieser Freiheit ist. Dann aber ist es unabdingbar zu behaupten: die *durch* die Arbeit realisierte Freiheit hat den Charakter einer Vermittlung, nämlich den der Befreiung aller von ihrer vermittelten, entfremdenden Selbstbeziehung. Da sich der Mensch aber seinem Wesen nach der Vermittlung durch Andere entzieht, muß auch das, wodurch sich die Unvermitteltheit seiner Selbstbeziehung ausweist und *konkret* begründet, ein Unmittelbares sein: d.i. die *Arbeit*. Dies wiederum widerspräche jedoch dem Marx'schen Entfremdungstheorem, vermag sich der Mensch doch allein *durch* sie von aller Vermittlung, d.h. von aller Fremdbeziehung zu befreien. Daß er darin – Marx' Auffassung zufolge – das *Menschsein* schlechthin verwirklicht, indiziert eine Freiheit, gegen die die Marx'sche sich gerade abdichten will: die Freiheit des *absolut* Anderen.
(Vgl. Marx (1844), S. 510ff.; S. 530ff.; S. 568ff. und Marx (1844 a).)

9. Die "Wissenschaft von der Erfahrung des Bewußtseins", die "Phänomenologie des Geistes", als *Theorie des Selbstbewußtseins* zu bezeichnen, ist begründungsbedürftig. Denn als die Wahrheit des reinen sich entwickelnden Selbstbewußtseins (LI, S. 43) vermag erst Hegels spekulative Logik, indem sie die "Gestalt des Selbst" selber einnimmt (ebd.), dasjenige zu thematisieren, was das Selbstbewußtsein der Phänomenologie durch seine Erfahrung nicht vor sich zu bringen imstande

ist: das ist seine *Beziehung auf sich selbst*. Insofern darf auch von einer Theorie des Selbstbewußtseins erst gesprochen werden, wenn Wissenschaft auf jene Selbstbeziehung als auf sich selbst reflektiert, erst dadurch kann die in der phänomenologischen Erfahrung gemachte Erfahrung des Bewußtseins mit *sich* als Gegenstand der Wissenschaft sich zum "Begriff" herausbilden: "Insofern treibt Hegel in seiner Logik Phänomenologie durchaus auch als Wissenschaft der Erfahrung, der Erfahrung nämlich, die das europäische Denken im Laufe seiner geschichtlichen Entwicklung gesammelt und die sich in der gegenwärtigen *Verstandes-Ansicht* der Vernunft-Gegenstände niedergeschlagen hat." (Theunissen, M.: "Sein und Schein", Frankfurt 1980, S. 83)
Mag sich auch der textnahen Hegelinterpretation eine Auffassung entziehen, die die "Wissenschaft von der Erfahrung des Bewußtseins" als *Theorie des Selbstbewußtseins* in Anspruch zu nehmen versucht, so läßt sich eine solche Inanspruchnahme – wenn überhaupt – allein durch den in dieser Arbeit versuchten Aufweis rechtfertigen: Die Wissenschaft von der Erfahrung des Bewußtseins ist insofern *Theorie* des Selbstbewußtseins ("mit dem Ansatz bei der *sinnlichen Gewißheit")*, als sie das *Medium*, in welchem phänomenologische Selbsterfahrung sich ereignet, – als ihr eigenster Grund – *über*greift, indem sich die Selbsterfahrung des Subjekts in ihr und durch sie entwicklungslogisch als *Selbstwerden* begründet, das als solches, thematisiert in der "Logik", auf Wahrheit hinausläuft, als die die spekulative Identität autonomen Selbstseins dessen Grund erfahrbar macht: das sich *sich* Entsprechen als das *allgemeinen* Menschseins.

10. Ich verweise in diesem Zusammenhang auf Adornos "Negative Dialektik". *Innerlichkeit* als der "Ausdrucksdrang des Subjekts" (ND, S. 29) zielt hier auf ein Selbstverhältnis ab, das, als das "Nichtidentische", Adorno als das "Absolute" gilt. Als solches kann das Subjekt erst sein, was es als Nichtidentisches je ist, "nachdem der Identitätszwang zerging", als den der Herrschaftsanspruch metaphysischen Denkens das Selbstverhältnis des Subjekts zum Absoluten macht (S. 398).
Nichtidentität als Absolutes – im Sinne Adornos – geht aber nicht darin auf, bloß Subjekt zu sein; sie reicht übers Subjekt hinaus, indem sie in das Identifizierende hineinreicht, also in dasjenige, was dem Subjekt als das "Unwahre", als das mit jenem Zwang fusionierte "Allgemeine" gilt. Resistent gegen das ihm Aufgedrängte (S. 30) ist das Subjekt als Nichtidentisches identisch mit sich, sofern es, allem identitätsstiftenden Denken widerstehend, dessen Wahrheit als Nichtidentität vorführt.
Daß Nichtidentität *negativ* ist in dem doppelten Sinn, daß sie dies dem Identifizierenden ist und daß sie als das Negative "Auflehnung" (ebd.) gegen die durch die Identifikation unterdrückte Wahrheit bedeutet, dies besagt: Die Negativität der Nichtidentität läuft selber auf eine Identität hinaus, die aber, als Adornos "Absolutes", nicht auf "Versöhnung" (des Unversöhnlichen) abzielt, sondern auf das, was dem Subjekt in dem durch die Auflösung ihres Scheins *zer*gehenden Herrschaftsanspruch widerscheint. Das ist das, was es selbst nicht ist, als seine zu sich kommende Identität – aber als Nichtidentisches. An ihm hat eine "Wahrheit ihr Urbild" (S. 368), die als die des Subjekts sich dessen Erfahrbarkeit entzieht, und daß sie sich ihm entzieht, macht sie als Wahrheit erst aus. Darin kommt sie aber mit der metaphysisch gedachten überein, wenngleich auch in umgekehrter Weise: indem sie nicht auf die Herrschaft des Ganzen abzielt, sondern auf die Beherrschung des sich dem Ganzen verweigernden Einzelnen.

11. Im Gegenzug zu der durch die Aufklärung verabsolutierten Souveränität der menschlichen Vernunft zentriert sich das romantische Denken in Deutschland und in seinem Gefolge die Existenzphilosophie unter bewußtem Verzicht auf ein philosophisches System – welchem Intersubjektivität in bloß formeller Allgemeinheit als der Vernunft des Menschen aufgeht – auf dessen Lebensganzheit. Anstelle des *Begriffs* und seiner formellen Allgemeinheit wird nun dem Einzelnen in seiner Eigenständigkeit und Besonderheit Geltung verschafft. Vergegenständlicht im Dichterischen, Künstlerischen überhaupt wird der Romantik die Ästhetik, die *romantische Ironie* zum Modell freier Selbstentfaltung und wahrer Individualität und damit zu ihrer zentralen Kategorie.

Als Surrogat der Wirklichkeit setzt sich die Kunst und vor allem die Poesie an die Stelle konkreten, aktiven und bewußten Austauschs mit der Welt. Die Freiheit des Künstlers stellt die Verkörperung des wahren Wesens des Menschen überhaupt dar.
In der freien Selbstentfaltung des Individuums markiert sich aber jener Weg, der in der Romantik bereits den Zerfall der Hoffnung des Menschen auf eine Entsprechung zwischen seinem Bedürfnis auf Selbstverwirklichung und der Gesellschaft anzeigt und der über das existenzphilosophische Verständnis von Autonomie und Selbstverwirklichung hinaus sich bis in unsere Tage hinein nachzeichnen läßt: Die Einengung der Selbstverwirklichung auf die Verwirklichung der je eigenen Individualität. (Vgl. Schiller, F.: "Über die ästhetische Erziehung des Menschen in einer Reihe von Briefen" (S. 67–149), "Über Anmut und Würde" (S. 20–66), in: "Schriften zur Philosophie und Kunst", München 1964; Honecker, M.: "Die Wesenszüge der deutschen Romantik in philosophischer Sicht", in: "Philosophisches Jahrbuch 49/1936"; Gadamer, H.-G.: "Hölderlin und das Zukünftige" (S. 53–85), in: "Beiträge zur geistigen Überlieferung", Godesberg 1947.)

12. Demgegenüber sei auf die *Dialogphilosophie* hingewiesen, vor allem Ludwig Binswangers und Martin Bubers: Das Bestimmtsein des Menschen durch und mit Anderen erschließt sich ihm in "dialogischer Unmittelbarkeit" und darin zugleich jene Dimension, die *als* Intersubjektivität das *Zwischen* offenbart, aus dem heraus sich die *Beziehung* von "Ich" und "Du" allererst generiert. Während Buber dieses Verhältnis aus dem Zwischen, *als* die Gegenwärtigkeit Gottes, aufgehen läßt, stellt sich für Binswanger dieses Zwischen *als* das "Wir" dar, das, als ontologische Einheit, die ursprüngliche Begründetheit des Menschseins schlechthin *ist*. "Ja, die ursprüngliche Wirheit *ist* nichts anderes als das Zwischen Bubers, an sich selbst *Begegnung."* "Wirheit im Lieben ist ... mit *einem* Wort: *Begegnung."* (Theunissen, M.: "Der Andere", Berlin-New York 1977, S. 445; siehe dazu im selben Werk: S. 259–307, S. 439–476, S. 506f.)

13. Ich bin der Auffassung, daß das mit dem "Meinen" untrennbar verbundene unmittelbare Bedürfnis des "reinen Ich" über den phänomenologischen Prozeß hinaus in den logischen Denkens hineinspielt, sofern nämlich in der durch die Dialektik des "Anerkennens" explizierten *Befriedigung* bereits zum Vorschein kommt, daß das (unmittelbare) Wissen, welches *zu wissen* meint, *was* es meint, ein vermeintliches, nur "Schein" erzeugendes ist: Die von seinem *Bedürfnis* unablösbare Beziehung des Subjekts auf *sich* läuft auf "Wahrheit" hinaus, weil es *als* deren Antizipation immer schon aufs Selbstsein als die Wahrheit des Subjekts abzielt.

14. Im Hinblick auf die im nächsten Abschnitt erfolgende Interpretation der "Herr-Knecht"-*Beziehung* sei darauf hingewiesen, daß sie über eine am Text dieses Hegelschen Abschnitts orientierte Interpretation hinausgeht und zwar insofern, als sie in der Perspektive der Aufklärung jenes Grundes erfolgt, aus dem heraus Hegel die Beziehung des Subjekts auf *sich* als die Wahrheit des Selbstseins einsichtig zu machen versucht.

15. Theunissen, M.: "Zeit und menschliches Dasein". Vorlesung 3. Teil, Wintersemester 1986/87 an der Freien Universität Berlin.

16. Gegenüber der Hegelschen Auffassung von "Selbstbeziehung" –also dies, daß es dem Subjekt immer schon um *sich* geht –, das ein Bei-sich-selbst-sein meint, welches allein dann Beziehung auf *sich* zu sein beanspruchen darf, wenn sie *als* die auf das Andere ihrer selbst fungiert – gegenüber dieser Auffassung zielt Heideggers Verständnis vom Subjekt, dem es immer schon "um sich selbst" geht, auf eine Begründung seines Ich im Dasein des Selbst selber ab. Dasein "ist je umwillen seiner selbst". (Heidegger, M.: "Sein und Zeit", Tübingen 1967, S. 181) Sofern dem Dasein, *"dem es in seinem Sein bei der 'Welt' und im Mitsein mit Anderen um das eigenste Seinkönnen selbst geht"* (a.a.O.), das "Miteinandersein" zu einem Dasein gerinnt, das "umwillen Anderer" *ist* (S. 123), ist es sich selbst verloren; ein "Nicht-Ich" in der bestimmten Seinsart der "Selbstverlorenheit". (S. 116)

17. Während sich bei Hegel die Angst vor Selbstverlust in der und durch die Furcht des Absoluten als Angst vor jener Freiheit bekundet, die das Subjekt in seiner Befreiung von sich, als der innerlichen Sinnlichkeit seines Selbst, *als* Befreiung zu *sich* als zu Anderen erfährt, droht dem Sartreschen Subjekt, in dessen Angst sich die Freiheit vor sich selbst insofern ängstigt, als sie von *nichts* behindert wird (Sartre, J.-P.: "Das Sein und das Nichts", Hamburg 1952, S. 78), gerade dadurch der Verlust seines Selbst, daß es sich zu Anderen hin befreit, daß es sich also nicht *von* ihnen befreit, um darin seine Freiheit, die es *ist*, allererst zu verwirklichen.

18. Um das *Tun* des Subjekts nicht auf die hier von Hegel abzielende Bewußtseinsgestalt der "Arbeit" einzuengen, das heißt, um das Tun von vornherein in der Perspektive dessen wahrzunehmen, als was es seinem Sein nach ist, nämlich *innerliches Tun* als die Tätigkeit des *sich* aneignenden Subjekts, habe ich auf die Verwendung des Begriffs der "Arbeit" verzichtet.
Vgl. die materialistische Interpretation des Hegelschen Arbeitsbegriffs durch A. Kojève. ("Zusammenfassender Kommentar zu den ersten sechs Kapiteln der *Phänomenologie des Geistes*", in: MaPhdG) Nach meinem Verständnis dieser Interpretation kann durch sie nicht hinreichend begründet werden: das *Umschlagen* vom Selbst der Arbeit als Entäußerung und Aneignung von Welt in das Selbst als innerliches Tun, das, aufs Selbstsein abzielend, absolute Wahrheit indiziert. Oder anders gesagt, Kojèves Interpretation kann nicht einsichtig machen, daß sich in der *Aufhebung* des *Unterschieds* von Herr und Knecht, als das von inneren Zwängen befreiende Tun, die Selbstbeziehung des Subjekts als unendliche manifestiert. "Wenn der Knecht diesen neuen göttlichen Herrn akzeptiert, so tut er das aus dem gleichen Grunde, aus dem er den menschlichen Herrn akzeptiert hat: aus der Furcht des Todes. Er hat seine erste Knechtschaft akzeptiert – oder produziert –, weil sie der Preis für sein biologisches *Leben* war. Die zweite akzeptiert – oder produziert – er, weil sie den Preis für sein *ewiges* Leben darstellt"; "jeder von ihnen kann sich als Herr oder Knecht (frei) *erschaffen*. Was gegeben ist, ist also nicht der *Unterschied* von Herrn und Knecht, sondern der freie Akt, der ihn *erschafft*. Nun ist aber der *freie* Akt per definitionem 'unableitbar'. Es handelt sich also sehr wohl um eine absolute *Prämisse*. Man kann nur sagen, daß ohne den freien ursprünglichen Akt, der Herrschaft und Knechtschaft erschafft, die Geschichte und die Philosophie nicht existieren könnten. Dieser Akt aber setzt seinerseits eine Mehrzahl von Begierden voraus, die sich *gegenseitig begehren.*" (MaPhdG, S. 166; Anmerkung 5, S. 186)

19. Die Bestimmtheit des Endlichen als die Transzendenz des zu sich befreiten Daseins gründet ihrerseits in der Bestimmung des an Widersprüchen Z*ugrunde*gehens. Es geht bei Hegel nicht um *existierende* Widersprüche, sondern um das *Zugrundegehen* an ihnen, um nämlich in dem und durch den Prozeß dieses Gehens zum *Grunde* überhaupt erst aufklären zu können, was dem Dasein als (existierender) Widerspruch gilt. "Ein solches, das den Widerspruch seiner selbst in sich zu haben und zu *ertragen* fähig ist, das ist das *Subjekt;* dies macht seine *Unendlichkeit* aus." (Enz.II, § 359, S. 469)

20. In der Grunderfahrung des Subjekts, das Andere eines Anderen zu sein, wird die Erfahrung jener Unmittelbarkeit manifest, die das Grundmotiv des Hegelschen Denkens bildet: Als *sich* vorausgesetzte *unmittelbare* Beziehung auf Anderes erfährt das Subjekt *sich* indem und dadurch, daß es diese Unmittelbarkeit als *vermittelte* wiederherstellt. Und das bedeutet, in der *Selbsterfahrung* des Subjekts liegt: Es erfährt *sich* als eines, das die *Entgegensetzung* des Endlichen und die sie indizierende Herrschaft aufhebt, indem es, *als* Beziehung auf Anderes fungierend, die Gegensätze des Endlichen versöhnt, und zwar so, daß es, als Versöhnung Stiftendes, alles Endliche zu sich hin befreit und es darin aufhebt. Die Herrschaft des Endlichen wird zurückgeführt in die Macht der Versöhnung, als die dem Subjekt *durch* seine Grunderfahrung die Aufgabe zufällt, mit der Verwirklichung seines *Selbst* Freiheit *als* Versöhnung des Endlichen zu verwirklichen, um darin die Wirklichkeit des Ganzen seiner Wahrheit zu überführen.

Gegen dieses Denken, das als solches Herrschaft begründet, sofern es die Andersheit des Anderen mit einer Allgemeinheit gleich macht, die alle Besonderheit nur als in ihr aufgehobenes Moment begreift, hebt sich das der Romantik und in ihrem Gefolge das existenzphilosophische Denken ab. Um nämlich jenem Zwang zur Versöhnung sich zu entziehen, behaupten sie das empirische Selbstsein aus einer universalisierten Differenz gegen das Nicht-Sein. Insofern stellt sich jene *Unmittelbarkeit*, die Hegel als vermittelte wiederhergestellt wissen will, für sie als die des Für-sich-Seins und deshalb gerade als Herrschafts*freiheit* dar. Im bloßen *Absehen* allen Vermitteltseins entgeht dieses Denken, indem es sich dessen verweigert, aber nicht wirklich der Herrschaft: im Absehen von ihr hat es sich bereits mit ihr arrangiert, indem es die Unmittelbarkeit des Absehens universalisiert und darin dessen Herrschaft legitimiert.

21. Dieses *Sollen*, als die an das Subjekt ergehende Forderung, sich in seinem Verhalten zu *sich* als einem Versöhnenden, Versöhnung Stiftenden zu verhalten, darf nicht als eine *moralische* Forderung im Sinne eines imperativischen Sollens verstanden werden, also nicht als eine dem Subjekt gegenüber fremde, an es von *außen* herangetragene Forderung. Sofern jenes Sollen nämlich nicht eine in das Wollen des Subjekts erst aufzunehmende Forderung darstellt, sondern mit seinem Wollen immer schon zusammenfällt, ist diese Forderung als das *ethische Sollen*, die mit der Gegebenheit des subjektiven Gegebenseins gleichsam *mit*gegebene Gegebenheits*weise* von Subjektivität überhaupt. Und insofern ist dieses *Sollen* gewissermaßen ein *vor*ethisches, in welchem das ethisch qualifizierte Wollen wurzelt und auf das es hinausläuft.
Hegels Begriff der "Sittlichkeit" ist meiner Auffassung nach hier beheimatet: In der Form der "Anerkennung" als *gegenseitiger*, die – aufgehoben im *"allgemeinen Selbstbewußtsein"* – die *"Gemeinsamkeit* des Bedürfnisses" sowie die Unterwerfung des eigenen selbstischen Willens unter das Gesetz des an und für sich seienden Willens anzeigt (Enz.III, § 435, Zusatz, S. 224ff.), bringt sich für Hegel die Aufhebung aller Entgegensetzung als *Versöhnung* zum Ausdruck.

22. Der Begriff "intermediärer Raum" des englischen Kinderarztes und Psychoanalytikers D.W. Winnicott kennzeichnet den "Erlebnis- und Erfahrungsbereich" des kleinen Kindes, in dem "Übergangsphänomene" als die *Vergegenständlichung* dessen verstanden werden dürfen, was ich hier als das Anerkanntsein des *Umschlagens* von der physischen Bedürfnisbefriedigung in das Bedürfnis nach sozialer Anerkennung als *Liebe* zu beschreiben versucht habe. Hypostasiert wird nach Winnicott jener *Raum*, innerhalb dessen das Kind die Anwesenheit der Mutter als Abwesenheit und deshalb die Anwesenheit seines Selbst erfährt und als *Selbstwerden* vollzieht.
(Vgl. Winnicott, D.W.: "Reifungsprozesse und fördernde Umwelt", München 1974, S. 234–253; "Vom Spiel zur Kreativität", Stuttgart 1989, S. 10–36; "Übergangsobjekte und Übergangsphänomene", in: "Psyche 23/1969", S. 666–682.)

II
M.S. Mahler, O.F. Kernberg: Objektbeziehungstheorie

Die Welterfahrung – Selbsterfahrung als Grenzerfahrung

"Das Krankheitssymptom ist verkappte Liebestätigkeit und alle Krankheit verwandelte Liebe."
Dr. Krokowski in: Thomas Mann "Der Zauberberg"

1. Einleitung

Mein Versuch, Hegels Ansatz gelingenden Selbstseins bei der Abwendung *als* Zuwendung zu verknüpfen mit dem Ansatz der psychoanalytischen Objektbeziehungstheorie bei der "Loslösung und Wiederannäherung" gründet zum einen in der Annahme, daß Hegels reine Theorie des Selbstseins und die aus klinischen Beobachtungen entwickelte psychoanalytische Theorie einen gemeinsamen Boden in der Fragestellung nach den Bedingungen gelingenden Selbstseins besitzen. Zum anderen ist dieser Versuch durch ein bestimmtes Vorurteil über den Verstehenszugang *gelingenden* Selbstseins motiviert, nämlich durch die Auffassung, daß sich aus dem "Grenzbereich" zwischen Psychose und Neurose –aus der intrapsychischen Struktur der "Borderline-Persönlichkeit" – die Konstituierung des Selbst – die dialektische Bewegung von Abwendung und Zuwendung, von Loslösung und Wiederannäherung – und dasjenige, was das *Gelingen* von Selbstsein meinen kann, verständlich machen läßt.

Die Hypothese, von der ich zunächst ausgehe, daß Selbstsein als das Getrenntsein-von-sich im Anderen aufzufassen ist, beruht auf einer Vorannahme, die gleichsam einen Brückenschlag von Hegels Ansatz zu dem der Objektbeziehungstheorie bildet. Sie beruht auf der Meinung, daß in der Borderline-Symptomatik jener spezifisch versöhnende Charakter des humanum durchscheint, welches Hegels Grundannahme gelingenden Selbstseins stützt, aber so, daß es deren idealistische Prämisse (der Prädikation der *Beziehung* von Abwendung und Zuwendung *als* Zuwendung) korrigiert, indem es die Totalaffirmation der Zuwendung in jene Erfahrung zurückbiegt, die, als die ursprüngliche Realitätserfahrung, aus der *Differenz* zum Anderen die des Selbst als dessen Gelingen erfahrbar macht.

Anknüpfend an Hegels Dialektik von Abwendung und Zuwendung mache ich jene *Bewegung* zum Ausgangspunkt meiner Untersuchung, die das Hegelsche Selbst vollzieht, wenn es, sich von sich abwendend, sich seinem Anderen zuwendet, von dem her es jene Zuwendung erwartet, in der und durch die es sich allererst zu konstituieren vermag. Indem ich mich mit dieser Bewegung von Hegels Totalaffirmation absetze (weil er sie zum Absoluten macht), beziehe ich sie auf die Borderline-Persönlichkeitsstruktur, sofern sie in ihr als das *Normale* durchscheint: Die Ätiologie der Borderline-Entwicklung verweist auf jene Dimension ursprünglicher Realitätserfahrung des Menschen, die das durch die liebende Zuwendung des Anderen vermittelnde *Übergehen* vom *Selbst des Bedürfnisses* in das *Bedürfnis des Selbst* kennzeichnet; die innere Struktur der Borderline-Persönlichkeit weist zurück auf die sich dem Bedürfnis nach liebender Zuwendung entziehende Zuwendung des Anderen, und sie bringt darin eigens zur Sprache, was die ursprüngliche Realitätserfahrung für die Konstituierung des *normalen* Selbst bedeutet.

Mit dem Brückenschlag, den meine Hypothese vom Selbstsein als dem Getrenntsein-von-sich im Anderen von Hegels Ansatz gelingenden Selbstseins zu dem der psychoanalytischen Auffassung gelingenden Selbstseins herzustellen versucht, wird die Normfrage zum Berührungspunkt zwischen Philosophie und empirischer Einzelwissenschaft. Denn dies, *daß* sich das Selbst auf sein Anderes *als* auf sich selbst bezieht, daß also das Selbstverhältnis des Menschen die Funktion auszuüben vermag, *sich* als das Versöhnungsgeschehen zu verhalten, – dies hat seinen Wahrheitsgehalt in dem ausfindig zu machen und an dem zu messen, was sich durch das Mißlingen eines solchen Selbstverhältnisses als die Bedingung der Möglichkeit seines Gelingens durchhält.

Die empirische Überprüfung meiner Hypothese durch die Struktur und Symptomatik der Borderline-Persönlichkeit ist begründungsbedürftig, wie auch meine Bezugnahme auf die Objektbeziehungstheorien von Mahler und Kernberg der Plausibilisierung bedarf: Die empirische Überprüfung meiner Hypothese durch die Psychopathologie der Borderline-Persönlichkeit erfolgt aus zwei Gründen: aus dem bereits genannten, philosophisch motivierten Grund und aus einem psychoanalytisch motivierten. Der psychoanalytisch motivierte Grund besteht in einer Kritik an der Freudschen Konzeption der Linearität der Entwicklung des Subjekts, dessen Beziehung zu seinem Objekt zunächst vom reinen "Lustprinzip" beherrscht und sodann in einem zweiten Schritt durch das "Realitätsprinzip" bestimmt wird. Diese Kritik bildet gleichsam den Grund meiner Bezugnahme auf die psychoanalytisch orientierte Objektbeziehungstheorie Kernbergs.

Der traditionellen psychoanalytischen Auffassung zufolge besteht die Beziehung zwischen dem Subjekt und seinem bedürfnisbefriedigenden Objekt in dem dualen "Lust-Unlust-Prinzip", das – auf dem Grunde der Freudschen Triebtheorie – auf die Aufrechterhaltung der Homöostase des Triebgeschehens, auf die Vermeidung unlustbetonten In-Beziehung-Seins mit dem Objekt ausgelegt ist. Danach ist das menschliche Wesen am Anfang seines Lebens ein "von den Reizen der Außenwelt abgeschlossenes psychisches System", das "seine Ernährungsbedürfnisse autistisch befriedigen kann"; es ist somit vergleichbar mit einem in der "Eischale eingeschlossenen Vogelei".[1] Entsprechend der Entwicklung seiner Triebbedürfnisse öffnet sich diese ursprünglich geschlossene duale Einheit der Objektwelt – das Subjekt beginnt die objektive Realität bewußtseinsmäßig zu erleben und zu verarbeiten; es erfährt die Außenwelt zunehmend als ein von ihm getrenntes, von seiner Innenwelt unterschiedenes Objekt.

Im Verlaufe der verschiedenen Entwicklungsstufen, die das Subjekt bei Freud linear von zunächst archaischen zu immer reiferen Strukturen durchläuft, kann es zu Störungen, das heißt zu phasenspezifisch inadäquaten Interaktionsformen zwischen Subjekt und Objekt kommen, die zu einer sogenannten "Fixierung" auf jene Entwicklungsphase führen, in der das sie spezifisch kennzeichnende traumatische Erlebnis stattfand. Die Fixierung hat eine Entwicklungshemmung oder einen Entwicklungsstillstand zur Folge, was durch die von Freud am psychischen Konflikt des Erwachsenen gemachten Beobachtungen belegt wird: Das neurotische Symptom beispielsweise stellt als Versuch einer Kompromißbildung zwischen Wunscherfüllung und der Abkehr von der Realität (der wunschversagenden) zugleich ein *Wieder*holen jener entwicklungshemmenden Realität dar mit dem Ziel, doch noch zu jener Wunscherfüllung und damit zur Versöhnung des Selbst mit sich zu gelangen, worin die Entwicklungsphase, in der die Entwicklungshemmung erfolgte, Freuds Auffassung zufolge durchscheint. Freuds psychoanalytisch-klinischer Ansatz geht von der Überlegung aus, daß sich aus dem psychischen Konflikt des Erwachsenen die psychologische Entwicklung des Subjekts, die Konstituierung von Subjektivität überhaupt, rekonstruieren läßt: Aus der Fixierung des Patienten auf eine bestimmte Entwicklungsphase wird zum einen der Schweregrad seiner psychischen *Störung* erklärt ("präödipale" Traumata führen zu schwereren Störungen als "ödipale"), und zum anderen läßt sich aus ihr heraus die Entwicklungslinie von *Normalität* einsichtig machen.

Freuds *Unterscheidung* zwischen der Ätiologie der "Neurose" und der der "Psychose" (auf die ich im folgenden Abschnitt näher eingehen werde) dokumentiert ein hohes Maß an Anschaulichkeit in bezug auf die *Beschreibung* der Konflikte, die der Fixierung des Subjekts auf das Stadium des "normalen Autismus" (Psychose) oder die der Fixierung auf den Ödipuskomplex, als dem Kernkomplex der Neurose, zugrundeliegen. Demgegenüber verliert diese Unterscheidung aber ihre Überzeugungskraft, wenn aus den auf der Entwicklungslinie *früher* oder *später* eingetretenen Entwicklungshemmungen gleichsam eine *normal* vorkommende Entwicklungsphase abgeleitet und letztlich der Konstitutionsgrund des Subjekts rekonstruierend erschlossen wird.

Freuds scharfe Trennung zwischen Neurose und Psychose und die aus ihr abgeleitete Erklärung von seelischer Gesundheit, von der Konstituierung des *Normalen*, bildet das Fundament, auf dem die Objektbeziehungstheorie Kernbergs den Freudschen Ansatz korrigiert: Denn psychische Störungen, deren spezifisches Charakteristikum gerade darin liegt, daß die neurotische Symptomatik eine Abwehrfunktion gegen den Ausbruch der Psychose ausübt, konnten durch Freuds Unterscheidungskriterien nicht aufgeklärt werden. Das heißt, Störungen dieser Art konnten *weder* dem Bereich der Neurosen *noch* dem der Psychosen eindeutig zugeordnet werden.

Die Psychoanalytikerin Christa Rohde-Dachser schrieb im Jahre 1979[2]: "Der Ausdruck 'Borderline' – Grenzfall also – war zumindest bis vor kurzem meist eine Verlegenheitsdiagnose für psychisch schwer gestörte Patienten, die weder eine klar umschreibbare Neurose noch eine voll ausgebildete Psychose aufwiesen, deren Krankheitsbild vielmehr irgendwo im Übergangsbereich zwischen diesen beiden gut definierten nosologischen Kategorien anzusiedeln war. Obwohl es spätestens seit den vierziger Jahren immer wieder Versuche gegeben hat, diesen besonderen Patienten-Typus klarer zu orten und abzugrenzen (...), blieben die Standpunkte heterogen und vielfach sogar kontrovers, bis Otto Kernberg seit 1967 (...) eine Theorie der 'Borderline-Personality-Organization' entwickelte, die eine eindeutige Bestimmung des Borderline-Syndroms unter phänomenologischen, strukturellen, psychodynamischen und genetischen Gesichtspunkten ermöglichte." (...) "Grundlegend ist dabei die Auffassung des Borderline-Syndroms als einer *eigenständigen nosologischen Entität",* so daß gesagt werden kann, daß es sich bei dieser Erkrankung "um eine psychische Erkrankung sui generis" handelt.

Diese Erkrankung im Grenzbereich zwischen Neurose und Psychose ist für die empirische Überprüfung meiner These deshalb von großem Wert, weil die aus der klinischen Beobachtung entwickelte Theorie in ihrem Ansatz und in ihrem Fortgang die ursprüngliche Realitätserfahrung des Menschen als ein intersubjektives Geschehen zum Gegenstand hat, aus dem heraus sie 1. die basalen zwischenmenschlichen Interaktionsprozesse als die Internalisierung, Synthetisierung und Integration ihrer dialektischen Beziehungsstrukturen in den Blick nimmt und 2. in ihnen die Konstituierung des Selbst als das durch den Anderen vermittelte Getrenntsein-von-sich sichtbar macht. Und des weiteren erscheint mir diese Objektbeziehungs-Theorie und das ihr zugrunde liegende psychopathologische Krankheitsbild sowohl für eine Korrektur des Freudschen Ansatzes bei der Linearität des Entwicklungsverlaufs als auch für einen theoretischen Ansatz ein hohes Maß an Überzeugungskraft zu bieten, der, unter Verzicht auf Letztbegründbarkeitsansprüche, die Konstituierung des Selbst als den Akt jenes *Übergehens* beschreibt, der bei Hegel als das vor aller Realitätserfahrung dem Subjekt Gegebene universalisiert wird. Ein solcher theoretischer Ansatz fände beispielsweise für die Behauptung, daß sich in der Beziehungsfähigkeit des Menschen das humanum als dessen Liebesfähigkeit niederschlägt, nur dann Rückhalt in der Realität, wenn er aus ihr heraus die Frage nach dem, *wie* der Mensch zu einem seinen Anderen liebenden Menschen wird, zu seinem Gegenstand gewinnt.

Mit dieser Frage werde ich in den beiden folgenden Abschnitten

– an die Freudsche Konzeption des *Ursprungs* des Selbst herantreten und sie aus Freuds Unterscheidung des Realitäts*bezugs* in der Neurose und der Psychose zu beantworten versuchen,

– an die Objektbeziehungstheorie Margaret Mahlers anknüpfen, auf deren Ansatz bei der "Loslösung und Individuation" sich die Theoriebildung der Kernbergschen Konzeption des "Selbst" sowie sein Verständnis gelingenden Selbstseins als der Liebesfähigkeit des Subjekts bezieht.

Der dritte Abschnitt wird sich ausschließlich um die Darstellung der Kernbergschen Deutung der Ätiologie des Borderline-Syndroms und deren Theoriebildung zentrieren mit dem Ziel, Kernbergs Auffassung von den Bedingungen gelingenden Selbstseins aufzuklären.

2. S. Freud: Ursprüngliche Realitätserfahrung und Sozialbeziehung

> "Ursprünglich enthält das Ich alles, später scheidet es seine Außenwelt von sich ab."
> S. Freud: Das Unbehagen in der Kultur, Bd. IX, S. 200

Ludwig Binswanger schreibt in seinem Werk "Der Mensch in der Psychiatrie" (1957, S. 48): "Fragen wir uns, wie Freud nun aber die Person oder die Persönlichkeit als *ganze* darstellt, so konstatieren wir, daß er sie überall in ihrer lebensgeschichtlichen Einheit und Einmaligkeit einfach voraussetzt." Worauf richtet sich Binswangers Kritik ? Sie zielt offenkundig auf den von Freud unter Verzicht auf eine Begründung der *Einheit* des Subjekts vorausgesetzten Konstitutionsgrund der Einheit des Subjekts mit seiner Außenwelt *als* Einheit mit sich selbst. Es ist denn auch – und dies wird zu zeigen sein – die von Freud vorausgesetzte Totalaffirmation der ursprünglichen Realität des Subjekts, die es, gemäß der Freudschen Grundannahme, als absolute Einheit erfährt. Und es ist diese basale Einheitserfahrung, die, indem sie den Konstitutionsgrund von Subjektivität überhaupt bildet, dem Selbst- und Weltbezug des Subjekts die Richtung weist und aus der heraus Freud verständlich machen muß:

1. die Entstehung und Entwicklung von Sozialbeziehungen (Gegensatz Subjekt-Aussenwelt)
2. die Ursachenzusammenhänge des psychischen Konflikts, und zwar als den Grund des Verlustes der ursprünglichen Realität des Subjekts und damit des Verlustes seiner Einheit
3. den Bestimmungsgrund für *Normalität*, das heißt für seelische Gesundheit.

Wenn die Behauptung Binswangers zutrifft, dann scheint es sinnvoll zu sein, der Frage nachzugehen, was Freud denn unter der ursprünglichen Realität des Subjekts versteht und ggf. ob und wodurch das Subjekt seine ursprüngliche Realität als *Einheit* erfährt. In bezug auf die der Neurose und der Psychose gemeinsam zugrunde liegende "schwere, unerträglich erscheinende Wunschversagung" (Freud 1924a, S. 335) spricht Freud von "Einbußen", die sich das Ich "an seiner Einheitlichkeit gefallen läßt" (S. 336), so daß die Frage nach der ursprünglichen Realitätserfahrung als der Einheitserfahrung des Subjekts durchaus berechtigt zu sein scheint.

Freuds psychoanalytisch-klinischem Ansatz folgend, nach welchem die frühkindliche Entwicklung überhaupt aus dem kranken Seelenleben rekonstruiert wird, was bedeutet, daß Freud aus dem Pathologischen heraus das Normale durchsichtig macht, dürfen wir uns aus Freuds Verständnis des kranken Seelenlebens und seiner Ätiologie einen Verstehenszugang zur *ursprünglichen* Realitätserfahrung des Subjekts erwarten. Und das heißt: wir dürfen uns aus der pathologischen Beziehung zwischen dem Subjekt und seiner Außenwelt Aufschluß darüber erwarten, was Freud als das *humanum* begreift.

In den "Formulierungen über die zwei Prinzipien des psychischen Geschehens" (1911a, S. 17) beschreibt Freud eine Tätigkeit des Subjekts, die sowohl die neurotische als auch die psychotische Persönlichkeit in bezug auf die wunschversagende Realitätserfahrung vollzieht: Es ist dies die Bewegung der *Abwendung* von der Realität. Und Freud gibt in dieser Beschreibung den Grund an, der das Subjekt zu einer solchen Abwendung motiviert. "Der Neurotiker wendet sich von der Wirklichkeit ab, weil er sie – ihr Ganzes oder Stücke derselben – unerträglich findet. Den extremsten Typ dieser Abwendung von der Realität zeigen uns gewisse Fälle von halluzinatorischer Psychose, in denen jenes Ereignis verleugnet werden soll, welches den Wahnsinn hervorgerufen hat. Eigentlich tut aber jeder Neurotiker mit einem Stück der Realität das gleiche" und zwar mit jenem Stück der Realität, "über dessen Anforderung die Triebverdrängung erfolgte". (1924b, S. 357) Das der Neurose und der Psychose Gemeinsame ist die Abwendung von der Realität, und ihre "gemeinsame Ätiologie" führt sich zurück auf "die Versagung, die Nichterfüllung eines jener ewig unbezwungenen Kindheitswünsche, die so tief in unserer phylogenetisch bestimmten Organisation wurzeln". (1924a, S. 335)

Um das, was Freud unter der ursprünglichen Realitätserfahrung des Subjekts versteht, aufklären zu können, scheint es ratsam, an dieser durch die Forderung der Triebverdrängung motivierten Abwendung anzuknüpfen. Denn offenkundig besitzt der Rückzug von der Realität für Freuds Unterscheidung zwischen Neurose und Psychose – und darin, so wird sich zeigen, für seinen Ansatz bei der *Normalität* – insofern Fundamentalität, als dieser Rückzug zum einen in seiner Motivationsbasis, der "Versagung", das Gemeinsame von Neurose und Psychose betrifft und als er zum anderen auf sein Gegenteil verweist: nämlich auf eine *Zuwendung*, die gleichsam als die der Abwendung von der Realität zugrunde liegende Realitätserfahrung auf eine *Vor*erfahrung zurückverweist, die das Subjekt gemacht haben muß, um sich abwenden zu können. Es scheint diese der Abwendung zuvorkommende Realitätserfahrung zu sein, auf die sich das Subjekt bezieht, wenn es sich von der Realität zurückzieht, und aus der heraus das Subjekt die Kraft bezieht, sich von der wunschversagenden Realität abzuwenden. Zu fragen ist demnach: Was hat es bei Freud mit dieser Realitätserfahrung auf sich, und meint sie die "Einheitlichkeit", als die das Subjekt *Realität* ursprünglich erfährt ? Wenn also diese der Abwendung zugrunde liegende Realitätserfahrung die von uns gesuchte ist und Freud auf sie bei seiner Unterscheidung zwischen Neurose und Psychose rekurriert, dann darf deren gemeinsame Ätiologie nicht bloß aus der "Versagung" und der Abwendung als der Reaktion auf sie erklärt werden, sondern dann muß die Reaktion selber auf jene ursprüngliche Realitätserfahrung zurückgeführt werden, die Freud zu meinen scheint, wenn er von der Einheitlichkeit spricht, die das Subjekt in der Neurose und der Psychose einbüßt.

In Freuds Aufsätzen "Neurose und Psychose" und "Der Realitätsverlust bei Neurose und Psychose" (1924a, 1924b) wird an dem, was hier als "Realitätsersatz" definiert wird, abzulesen sein, ob Freud tatsächlich eine ursprüngliche Einheitserfahrung des Subjekts, wie Binswanger meint, einfach voraussetzt. Oder ob Freud den Realitätsersatz vielmehr aus jener ursprünglichen Realitätserfahrung heraus begreift, die gerade deshalb als *Einheit* des Subjekts mit seiner Außenwelt erfahren wird, weil sie eine basale Abwendung des Subjekts *als* die Erfahrung reiner Zuwendung offenbart. Hat Freuds Auseinandersetzung der Beziehung zwischen Realitäts*verlust* und Realitäts*ersatz* – so lautet meine Frage – eine Einheitserfahrung im Blick, aus der sich eine basale Abwendung als *innere Voraussetzung* des Subjekts verständlich machen läßt, die dann überhaupt erst jene *neu-*

rotische und *psychotische* Abwendung von der wunschversagenden Realität erklärt? Zunächst ist der genetische Unterschied, den Freud zwischen Neurose und Psychose macht, zu beschreiben, um zu sehen, worin er ihn begründet. Sodann ist der Begriff des Realitätsverlustes und seine Beziehung zum Realitätsersatz aufzuklären und zwar im Hinblick auf die Frage nach dem, was Freud da als *Ersatz* beschreibt und als was sich der Realitätsverlust erweist.

Die "wichtigste genetische Differenz zwischen Neurose und Psychose" (1924a, S. 333) erblickt Freud darin, "daß bei ersterer das Ich in Abhängigkeit von der Realität ein Stück des Es (Trieblebens) unterdrückt, während sich dasselbe Ich bei der Psychose im Dienste des Es von einem Stück der Realität zurückzieht. Für die Neurose wäre also die Übermacht des Realeinflusses, für die Psychose die des Es maßgebend". (1924b, S. 357) Führt bei der Neurose die Übermacht der Außenwelt zu einer Unterdrückung der Innenwelt (der Verdrängung einer Triebregung), so bringt sich bei der Psychose die Übermacht der Innenwelt (des Es) bereits als *Verlust* der Beziehung des Ich mit seiner Außenwelt zum Ausdruck. Deshalb ist, genau genommen, der Rückzug des Ich von der Realität in der Psychose ein Losgerissensein des Ich durch das Es. Bei der Psychose läßt sich das Ich vom Es fortreißen, "sich von einem Stück der Realität zu lösen". (1927, S. 386)

In der Psychose verkörpert sich der Konflikt zwischen dem Ich und seiner Außenwelt, während sich in der Neurose der Konflikt zwischen dem Ich und seinem Es zum Ausdruck bringt, so daß sich für Neurose und Psychose sagen läßt, sie "sind also beide Ausdruck der Rebellion des Es gegen die Außenwelt" (1924b, S. 358f.), aber so, daß das in der Psychose durch das Es von der Realität losgerissene Ich als Abwehrmechanismus des Es fungiert, indem es das Stück der Realität "verleugnet", das dem Es als Wunschversagung gilt, während das Ich in der Neurose sich unter dem Diktat der Wunschversagung von seinen Triebansprüchen zu lösen sucht, um sie dann gleichsam in einem darauffolgenden Schritt – als Reaktion auf deren Verdrängung – zu entschädigen. Es muß deshalb betont werden, daß die Neurose nicht in der Verdrängung als solcher besteht, sondern "in der Reaktion gegen die Verdrängung und im Mißglücken derselben". (1924b, S. 357) Die Neurose wie auch die Psychose stellen das Scheitern dessen dar, "worauf alles Streben des Ichs abzielt, die Versöhnung seiner mehrfachen Abhängigkeiten". (1924a, S. 335)

Psychose und Neurose kommen, auf den ersten Blick betrachtet, darin überein, daß sich das Ich von einer als unerträglich empfundenen Wunschversagung abwendet. Nun ereignet sich dieser "erste Schritt" (1924b, S. 358) aber – wie Freud sagt – "zwischen anderen Instanzen (a.a.O.), so daß das Losgerissenwerden des Ich durch das Es von der Außenwelt in der Psychose bereits "krankhaft ist und nur zu Kranksein führen kann" (1924b, S. 360), weil er Verlust der Beziehung zur Realität bedeutet. Demgegenüber befindet sich das Ich in der Neurose zwar auch im Konflikt mit seiner Außenwelt, aber es steht *nicht mehr* unter der Herrschaft des Es, so daß es diesen Konflikt gleichsam, selber als Träger der Forderungen der Außenwelt fungierend, mit *sich* austrägt. Demnach ruht der Akzent bei der Psychose "ganz auf dem ersten Schritt (...), bei der Neurose hingegen auf dem zweiten, dem Mißlingen der Verdrängung". (1924b, S. 360)

Freud demonstriert an einem kurzen Beispiel den Unterschied zwischen dem Mißlingen der auf die Triebansprüche bezogenen Verdrängung und der auf die Ansprüche der Außenwelt bezogenen Verleugnung; obwohl Verdrängung und Verleugnung in dem Akt der *Abwehr* übereinkommen, unterscheiden sie sich in dem, worauf sie sich beziehen, und allein darin liegt der qualitative Unterschied der Ätiologie von Psychose und Neurose. Freud greift in diesem Beispiel auf einen Fall zurück, "in dem das in ihren Schwager verliebte Mädchen am Totenbett der Schwester durch die Idee erschüttert wird: 'Nun ist er frei und kann dich heiraten.' Diese Szene wird sofort vergessen und damit der Regressionsvorgang eingeleitet, der zu den hysterischen Schmerzen führt. Es ist aber gerade hier lehrreich, zu sehen, auf welchem Wege die Neurose den Konflikt zu erledigen versucht. Sie entwertet die reale Veränderung, indem sie den in Betracht kommenden Triebanspruch, also die Liebe zum Schwager, verdrängt. Die psychotische Reaktion wäre gewesen, die Tatsache des Todes der Schwester zu verleugnen." (1924b, S. 358)

Es ist also die Abwehr der Realität, in der Psychose und Neurose ihren gemeinsamen Boden haben: Besteht die Neurose in dem Mißglücken der Abwehr einer Triebregung, also in der Vergeblichkeit des Reparationsversuchs, so liegt der Akzent, wie Freud sagt, bei der Psychose ganz auf dem ersten Schritt, der Abwehr gegen die Ansprüche der äußeren Realität. Freud zentriert demnach die Psychose auf den ersten Schritt, der Abwehr der äußeren Realität, während er die Neurose auf den zweiten Schritt festlegt, nämlich auf die Abwehr gegen die Ansprüche der inneren Realität. Dementsprechend betrifft der Realitäts*verlust* bei beiden ein Stück der inneren Realität. Dies läßt sich an dem Mißlingen des Reparationsversuchs verdeutlichen, der für die Neurose bereits beschrieben worden ist. Bei der Psychose folgt auf die Abwendung von der äußeren Realität "eine aktive Phase des Umbaues" (1924b, S. 359), in der sich das Ich, gemäß den Forderungen seines Es, eine Welt erschafft, wie sie sein *soll*, das heißt: "das Ich schafft sich selbstherrlich eine neue Außen- und Innenwelt, und es ist kein Zweifel an zwei Tatsachen, daß diese neue Welt im Sinne der Wunschregungen des Es aufgebaut ist und daß eine schwere, unerträglich erscheinende Wunschversagung der Realität das Motiv dieses Zerfalls mit der Außenwelt ist". (1924a, S. 334f.) Der Realitätsverlust in der Psychose wird durch die Schöpfung einer neuen Realität zu kompensieren versucht, "welche nicht mehr den nämlichen Anstoß bietet wie die verlassene". (1924b, S. 358) Diese Neuschöpfung von Realität, der Ersatz der unerwünschten durch eine wunschgerechtere, gelingt aber nicht restlos, weil sie "wie ein aufgesetzter Fleck dort gefunden wird, wo ursprünglich ein Einriß in der Beziehung des Ichs zur Außenwelt entstanden war. (1924a, S. 335)

Evident scheint zu sein, daß Freud den Unterschied zwischen Psychose und Neurose auf dem Boden der Psychose ermittelt, indem er zunächst die Psychose auf ihren ersten Schritt (der Abwendung von Realität) und die Neurose auf den zweiten Schritt (auf den Versuch der Entschädigung des Es) zentriert, und indem er dann im Zentrum der Neurose, jenem Kompensationsversuch also, das Zentrum der Psychose wiederfindet, nämlich den Rückzug aus der Realität, so daß man sagen kann: Der Rückzug aus der Realität ist es, der letztlich beide, Psychose und Neurose definiert. Freud gibt also die *Reaktion* auf eine wunschversagende Realität, nämlich die Abwendung von ihr, für ein *Erstes* aus. Es kommt demgegenüber aber darauf an, diesen Rückzug auf eine noch ursprünglichere Realitätserfahrung zurückzuführen: Also nicht nur zu sagen, das ist die Reaktion auf eine Wunschversagung durch die Realität, sondern diejenige Realitätserfahrung in den Blick zu bekommen, die dieser Reaktion zugrunde liegt, das heißt, die die Motivation dieses Rückzuges gleichsam veranlaßt.[3]

Daß Freud die psychotische Abkehr von der Realität für ein Erstes ausgibt und die Abkehr als solche nicht auf eine sie voraussetzende, ihr vorausgehende Realitätserfahrung zurückzuführen vermag, liegt meines Erachtens in seinem dualen Triebkonzept begründet, aus dem heraus er nicht den "Mechanismus (...), durch den das Ich sich von der

Außenwelt ablöst", (1924a, S. 337) verständlich machen kann, obschon eine der psychotischen Abkehr tiefer liegende Einheit subjektiver Realitätserfahrung die Voraussetzung bildet, die Freud in Anspruch zu nehmen scheint, wenn er in bezug auf die Entstehung der "halluzinatorischen Verworrenheit" (Amentia) sagt: "Normalerweise beherrscht ja die Außenwelt das Ich auf zwei Wegen: erstens durch die immer von neuem möglichen aktuellen Wahrnehmungen, zweitens durch den Erinnerungsschatz früherer Wahrnehmungen, die als *Innenwelt* einen Besitz und Bestandteil des Ichs bilden. In der Amentia wird nun nicht nur die Annahme neuer Wahrnehmungen verweigert, es wird auch der Innenwelt, welche die Außenwelt als ihr Abbild bisher vertrat, die Bedeutung (Besetzung) entzogen." (1924a, S. 334) Und was den Realitätsersatz in der Psychose betrifft, so konstatiert Freud, daß er sich an den "psychischen Niederschlägen der bisherigen Beziehungen zu ihr" (der Realität) ablesen läßt, "also an den Erinnerungsspuren, Vorstellungen und Urteilen, die man bisher von ihr gewonnen hatte und durch welche sie im Seelenleben vertreten war". Dies, daß die "Erinnerungstäuschungen, Wahnbildungen und Halluzinationen (...) mit Angstentwicklung verbunden ist" und "der ganze Umbildungsprozeß gegen heftig widerstrebende Kräfte" (1924b, S. 359) nur vollzogen zu werden vermag, dies weist auf eine Realitätserfahrung zurück, die – wie Freud selber betont – "die Vorratskammer darstellt, aus der der Stoff oder die Muster für den Aufbau der neuen Realität geholt werden". (1924b, S. 361)

Um der von Freud insgeheim in Anspruch genommenen *ursprünglichen* Realitätserfahrung des Subjekts auf die Spur zu kommen, unter deren Voraussetzung er die Unterscheidung zwischen Neurose und Psychose trifft, müssen wir uns zu vergegenwärtigen versuchen, *was* das Ich in der Psychose seiner Innen- und Außenwelt entzieht, wenn es ihnen seine "Besetzung" entzieht. Einem kurzen Hinweis Freuds können wir immerhin entnehmen, daß das Ich auch in der Neurose seine "Wunschneubildungen", durch die es sich zu entschädigen sucht, "auf dem Wege der Regression in eine befriedigendere reale Vorzeit" findet. (1924b, S. 361)

Freuds Analyse von "Schrebers Paranoia" (1911b) zeigt, daß die Abwendung von der Realität und der Realitätsersatz eine Bedeutungsverschiebung der Libidobesetzung ist. Das bedeutet: Freuds Annahme zufolge ist die Loslösung von der Außenwelt der Abzug ihrer libidinösen Besetzung und der gleichzeitige Rückzug der Libido auf das basale Selbst ("Narzißmus"). Demzufolge stellt der Bruch mit der Außenwelt den Versuch dar, durch die libidinöse (Wieder-) Besetzung des Selbst die Beziehung mit der Außenwelt wiederherzustellen. Der Realitätsverlust beim psychotischen Bruch mit der Außenwelt besteht demnach darin, daß die Libidobesetzung des basalen Selbst eine nicht-objektgerichtete (d.h. eine nicht durch das ursprünglich bedürfnisbefriedigende, die Libido neutralisierende Objekt vermittelte Besetzung) und deshalb nichtneutralisierte Besetzung ist, weshalb dann die Beziehungen, die das libidinös wiederbesetzte Selbst zu den Objekten seiner Außenwelt unterhält, narzißtischer Art sind: sie sind durch Beziehungs*losigkeit* gekennzeichnet. "Der Kranke hat den Personen seiner Umgebung und der Außenwelt überhaupt die Libidobesetzung entzogen (...); damit ist alles für ihn gleichgültig und beziehungslos geworden. (...) Der Weltuntergang ist die Projektion dieser innerlichen Katastrophe; seine subjektive Welt ist untergegangen, seitdem er ihr seine Liebe entzogen hat." (1911b, S. 192f.)

Nun scheint aber der Libidoabzug als solcher noch nicht krankhaft zu sein. Denn die Abwendung, die Loslösung von libidinös besetzten Objekten der Außenwelt ist z.B. bei dem realen Verlust eines Liebesobjektes durch dessen Verarbeitung in der Trauer immer schon gegeben. Daß die Abwendung von der Außenwelt nicht nur nicht pathologisch zu sein braucht, sondern zum normalen Seelenleben gehört (wie deren Zuwendung), betont auch Freud und dies umso mehr, als es ihm darum zu tun ist, das Pathogene gegen das Normale im Akt der Abwendung herauszustreichen. Freuds Auffassung zufolge ist demnach davon auszugehen, "daß wir im normalen Seelenleben (und nicht nur in der Trauer) beständig solche Loslösungen der Libido von Personen oder anderen Objekten vollziehen, ohne dabei zu erkranken". Und das bedeutet, "die Libidoablösung an und für sich kann also nicht das Pathogene bei der Paranoia sein, es bedarf eines besonderen Charakters, der die paranoische Ablösung der Libido von anderen Arten des nämlichen Vorganges unterscheiden kann. Es ist nicht schwer, einen solchen Charakter in Vorschlag zu bringen. Welches ist die weitere Verwendung der durch die Loslösung frei gewordenen Libido ? Normalerweise suchen wir sofort einen Ersatz für die aufgehobene Anheftung; bis dieser Ersatz geglückt ist, erhalten wir die freie Libido in der Psyche schwebend, wo sie Spannungen ergibt und die Stimmung beeinflußt; in der Hysterie verwandelt sich der befreite Libidobetrag in körperliche Innervationen oder in Angst. Bei der Paranoia aber haben wir ein klinisches Anzeichen dafür, daß die dem Objekt entzogene Libido einer besonderen Verwendung zugeführt wird. Wir erinnern uns daran, daß die meisten Fälle von Paranoia ein Stück Größenwahn zeigen und daß der Größenwahn für sich allein eine Paranoia konstituieren kann. Daraus wollen wir schließen, daß die frei gewordene Libido bei der Paranoia zum Ich geschlagen, zur Ichvergrößerung verwendet wird. Damit ist das aus der Entwicklung der Libido bekannte Stadium des Narzißmus wieder erreicht, in welchem das eigene Ich das einzige Sexualobjekt war." (1911b, S. 194f.) Wir sind hier an jenem Punkt angelangt, wo wir nunmehr in der psychotischen Wahnbildung die dem Rückzug von der Außenwelt zugrundeliegende "Einheitlichkeit" des Ich ausfindig machen können.

Eine realitätsgerechte Wahrnehmung, so Freud in seinem Aufsatz "Die Verneinung" (1925), ist dann gegeben, wenn die äußere Realität als das *wiedergefunden* wird, was früheren Wahrnehmungen entspricht, das heißt, was als *wahr* genommen libidinös besetzt wurde. Der Rückzug der Libido auf das basale Selbst intendiert die Aufhebung der Trennung zwischen Selbst und Nicht-Selbst und zwar mit dem Ziel, im Selbst zu finden, was das Nicht-Selbst versagte. In der Libidobesetzung des Selbst liegt denn auch begründet – und dies macht den intentionalen Gehalt des Libidoentzugs der wunschversagenden Außenwelt und die Libidobesetzung des Selbst überhaupt erst verständlich –, daß das, als was das Selbst Realität ursprünglich erfahren hat, die *Differenz* zwischen ihm und seinem Anderen *als* Liebe ist, so daß gesagt werden muß: Der Andere, das Nicht-Selbst, ist der ursprünglichen Realitätserfahrung gegenwärtig und zwar so, daß das Selbst aus seiner Differenz zu ihm seine *Selbst*-Erfahrung *als* Realitätserfahrung, nämlich als libidobesetzte Differenz macht.

Aus dieser Überlegung des ursprünglichen Gegenwärtigseins des Anderen im Selbst wird dann auch einsichtig, daß in der Behauptung Freuds, die Entstehung der Psychose sei auf den Libidoentzug der Außenwelt durch das Selbst zurückzuführen, ein Ungenügen liegt. Denn dann müßte zum einen vorausgesetzt werden, daß durch den "Zerfall mit der Außenwelt" (1924a, S. 335) Realität wieder als das erfahren werden kann, als was sie ursprünglich erfahren wurde. Und zum anderen müßte angenommen werden, daß mit der Libidobesetzung des Selbst jene Versöhnung mit sich erreicht wird, durch die das Selbst dann die Versöhnung mit der Außenwelt bewerkstelligt. Plausibel wäre die Behauptung Freuds, der Rückzug von der Realität in der Psychose bilde das Scharnier zwischen wunscherfüllter Selbst-Erfahrung und wunschversagender Realitätserfahrung, nur dann, wenn "die Ablösung des Ichs von der Realität restlos durchführbar wäre". *Daß* die Ablösung aber nicht rest*los* durchführbar ist, scheint das Krankmachende zu sein und nicht schon die Ablösung als solche. Dies wiederum hat auch Freud gesehen, denn er schränkt die in "Neurose und Psychose" gemachte Bemerkung: "Bei der Amentia (...) wird die Außenwelt entweder gar nicht wahrgenommen, oder ihre Wahrnehmung bleibt völlig unwirksam" (S. 334) in seinem posthum 1940 veröffentlichten "Abriß der Psychoanalyse" ein, indem er hier sagt: "Das Problem der Psychose wäre einfach und durchsichtig, wenn die Ablösung des Ichs von der Realität restlos durchführbar wäre. Aber das scheint nur selten, vielleicht niemals vorzukommen. Selbst von Zuständen, die sich von der Wirklichkeit der Außenwelt so weit entfernt haben wie der einer halluzinatorischen Verworrenheit (Amentia), erfährt man durch die Mitteilung der Kranken nach ihrer Genesung, daß damals in einem Winkel ihrer Seele, wie sie sich ausdrücken, eine normale Person sich verborgen hielt, die den Krankheitsspuk wie ein unbeteiligter Beobachter an sich vorüberziehen ließ." (1940, S. 56f.) Auch Bleulers Beobachtungen an "autistischen" Persönlichkeiten zeigen, daß durch die "Loslösung von der Wirklichkeit" das "Binnenleben ein krankhaftes Übergewicht bekommt", daß aber *"ein vollständiger und andauernder Abschluß gegen die Außenwelt* (...), wenn überhaupt, nur etwa in den höchsten Graden von Stupor" vorkommt. (Dementia praecox, 1911, S. 51–55)

Aber auch Freuds bereits zitierter Bemerkung, daß mit dem Libidoabzug der Außenwelt das Selbst sich seiner selbst entzogen ist (1924a, S. 334), können wir entnehmen, daß Freud eine Ursprünglichkeit des Selbst voraussetzt, in der die Außenwelt ineins ist mit der Innenwelt. Und dies, *daß* sie ineins ist mit ihr, begründet deren Libidobesetzung. Evident scheint zu sein: Wenn der Entzug der Libido gegenüber dem wunschversagenden Objekt das Bedürfnis des Subjekts offenbart, Realität so zu erfahren, wie es sie ursprünglich erfahren hat, dann dürfen wir die Bewegung der Abwendung *als* Zuwendung zu sich verstehen. Und dies bedeutete, daß der Libidoentzug als solcher jene befriedigende, wunscherfüllte "reale Vorzeit" des Subjekts ans Licht bringt, die als die Basis seiner "Wunschneubildung" zugleich dasjenige kennzeichnet, als was das Subjekt sein Objekt ursprünglich erfahren hat.

Wie und als was muß das Freudsche Subjekt Realität ursprünglich erfahren, damit aus seiner Abwendung von der Außenwelt (die Freud bloß als *Reaktion* auf eine wunschversagende Realität beschreibt) jene basale "Einheitlichkeit" einsichtig gemacht werden kann, die das Subjekt, der Freudschen Auffassung zufolge, durch die Wunschversagung einbüßt und die es wiederherzustellen trachtet, wenn es sich dem versagt, das sich ihm versagt. Wir können uns diese Frage, bevor wir ihrer Aufklärung durch Freuds Konzeption der frühkindlichen Realitätserfahrung nachgehen, aus dem bisher Gesagten so beantworten: Sofern die Abwendung von der Außenwelt als Zuwendung zu sich fungiert und die Zuwendung zu sich *als* der Versuch verstanden werden darf, die Beziehung zur Außenwelt gleichsam *durch* sich wieder herzustellen, muß die Realität der Außenwelt ursprünglich als reine Zuwendung erfahren werden und zwar als eine durch *sich*.

Freuds Verständnis der frühkindlichen Realitätserfahrung wird uns nun Aufschluß geben über das, was er als die "Einheitlichkeit" des Subjekts verstanden wissen will. Und darin wird sich nun auch zeigen, ob und inwiefern sich die Abwendung von der Außenwelt bei Freud tatsächlich auf jene ursprüngliche Realitätserfahrung zurückführen läßt, die wir in aller Vorläufigkeit als die *reiner Zuwendung* gefaßt haben. Der aus der Analyse Erwachsener gewonnenen kausalanalytischen Erklärung des Verhaltens zufolge entsteht und entwickelt sich die Psyche des Kindes entlang von Retentionen an Befriedigungserlebnisse vitaler Bedürfnisse. Ausgehend von Freud herrscht bis heute bei Psychoanalytikern die Meinung vor, daß die frühkindliche Realitätserfahrung als Einheitserfahrung aufzufassen ist. Sofern der Säugling zwischen seinen eigenen Empfindungen und den Pflegehandlungen des Objekts, durch die sie als lust- oder unlustvoll erfahren werden, nicht unterscheiden kann, verschmilzt seine Selbstwahrnehmung mit der Bedürfnisbefriedigung des Objekts: lust- oder unlustvolle Befriedigungserlebnisse werden *als* Selbstgefühl wahrgenommen. Eine im Sinne von *Normalität* bezeichnete Entwicklung sieht die Psychoanalyse darin, daß sich etwa bis zum dritten Lebensjahr diese Undifferenziertheit erhält, daß sich also "Verschmelzungsphantasien" mit dem bedürfnisbefriedigenden Objekt, das Ungetrenntsein zwischen Selbst- und Objektvorstellungen als Parameter für eine *normale* soziale Entwicklung erweisen. Die Unfähigkeit zur Innen- und Außendifferenzierung macht sich an der Fusion introjektiver und projektiver Mechanismen fest, durch die das Selbstgefühl des Kindes die Eigenschaften der Pflegehandlungen des Objekts annimmt.

Bei Freud hat die Funktion des *Körpers* für die Entwicklung des Selbstgefühls und damit für die der Innen- und Außendifferenzierung eine fundamentale Bedeutung. Andere psychoanalytische Autoren wie z.B. Greenacre (1960, S. 571–584) und D.N. Stern (1985) haben demgegenüber die Bedeutung des *Sehens* bzw. des *Blickverhaltens* betont. Daß Freud allein in der körperlichen Erfahrung das Fundament für die Loslösung des Subjekts aus seiner basalen Einheit und sein daraus resultierendes Sozialverhalten erblickt, führt sich auf seine Grundannahme zurück: daß das Subjekt nämlich *zunächst* ein Undifferenziertes, ein rein auf physiologische Spannungsabfuhr ausgerichtetes, passives Wesen ist, das sich allmählich seines Getrenntseins vom Objekt gewahr zu werden vermag. Und dementsprechend gründet die Fähigkeit zur Unterscheidung zwischen *innerhalb* und *außerhalb* des Körpers auch in der Erfahrung des Kindes, daß es Reize durch motorische Aktivitäten (wie z.B. durch das *Schreien)* zum Verschwinden bringen kann (weil es z.B. aufgrund des Schreiens Nahrung erhält und dadurch die Lust des Spannungsabbaus *als* die Aufhebung durch seine motorischen Aktivitäten erlebt).

Freuds Auffassung der frühkindlichen Realitätserfahrung ist untrennbar mit seiner Annahme der fundamentalen Bedeutung der Erfahrung des physiologischen Befriedigungserlebnisses verbunden. Daß ursprüngliche Realitätserfahrung bei Freud im wesentlichen die Erfahrung der Außenwelt und nicht die Erfahrung der *Beziehung* meint, in der das Kind mit der Außenwelt immer schon *ist*, dokumentiert der Artikel "Zur Wunscherfüllung", in dem Freud im VII. Kapitel seiner "Traumdeutung" schreibt: "Die durch das innere Bedürfnis gesetzte Erregung wird sich einen Abfluß in die Motilität suchen, die man als *Innere Veränderung* oder als *Ausdruck der Gemütsbewegung* bezeichnen kann. Das hungrige Kind wird hilflos schreien und zappeln. Die Situation bleibt aber unverändert, denn die vom inneren Bedürfnis ausgehende Erregung entspricht nicht einer momentan stoßenden, sondern einer kontinuierlich wirkenden Kraft. Eine Wendung kann erst eintreten, wenn auf irgendwelchem Wege, beim Kinde durch fremde Hilfeleistung, die Erfahrung des *Befriedigungserlebnisses* gemacht wird, das den inneren Reiz aufhebt. Ein wesentlicher Bestandteil dieses Erlebnisses ist das Erscheinen einer gewissen Wahrnehmung (der Nahrung im Beispiel), deren Erinnerungsbild von jetzt an mit der Gedächtnisspur der Bedürfniserregung assoziiert bleibt. Sobald dieses Bedürfnis ein nächstesmal auftritt, wird sich, dank der hergestellten Verknüpfung, eine psychische Regung ergeben, welche das Erinnerungsbild jener Wahrnehmung wieder besetzen und die Wahrnehmung selbst wieder hervorrufen, also eigentlich die Situation der ersten Befriedigung wiederherstellen will. Eine solche Regung ist das, was wir einen Wunsch heißen; das Wiedererscheinen der Wahrnehmung ist die Wunscherfüllung, und die volle Besetzung der Wahrnehmung von der Bedürfniserregung her der kürzeste Weg zur Wunscherfüllung. Es hindert uns nichts, einen primitiven Zustand des psychischen Apparats anzunehmen, in dem dieser Weg wirklich so begangen wird, das Wünschen also in ein Halluzinieren ausläuft. Diese erste psychische Tätigkeit zielt also auf eine *Wahrnehmungsidentität*[1], nämlich auf die Wiederholung jener Wahrnehmung, welche mit der Befriedigung des Bedürfnisses verknüpft ist." (1900, S. 538f.)

Der Freudschen Auffassung von der fundamentalen Bedeutung der Trieberfahrung für die Konstituierung des Subjekts als einer sich als getrennt erlebenden Person scheint eine Vorannahme zugrundezuliegen, die unaufgeklärt bleibt. Denn woraus erklärt sich, so ist zu fragen, die nicht allein auf eine optimale Bedürfnisbefriedigung zurückzuführende Fähigkeit des Kindes, Gedächtnisinhalte über das mit dem Befriedigungserlebnis assoziierte Teilobjekt (z.B. der Brust oder der Flasche) auch dann noch aufrechtzuerhalten, wenn dieses abwesend ist, d.h. wenn die Befriedigung ausbleibt. Offenkundig scheint doch die halluzinierte Wunscherfüllung auf eine Fähigkeit zu verweisen, das Abbild des Teilobjekts zu transzendieren, seiner realen Abwesenheit in der Vorstellung von ihm den Charakter der Anwesenheit zu geben. Es muß demnach der objektiven Bedürfnisbefriedigung etwas vom Subjekt selber entgegenkommen, damit es sie als motivationalen Anreiz *benutzen* kann, sein Bedürfnis aufzuschieben und sich jene objektive Zuwendung selbst zu geben (als Halluzination). Diese Fähigkeit muß in der Realität gründen, die das Subjekt immer schon vorfindet und *als* die es sich selbst vorfindet. *Realität* findet das Subjekt eher als bedürfnisversagende denn als bedürfnisbefriedigende vor, denn es gibt in ihr keine *unmittelbare* Bedürfnisbefriedigung, weil das Auftreten des Bedürfnisses nie mit seiner Befriedigung zusammenfallen kann. Es ist denn auch eher die Abwesenheit als die Anwesenheit des bedürfnisbefriedigenden Objekts, die die *Beziehung* des Subjekts zu seiner Außenwelt kennzeichnet. Und es muß demnach eher die Erfahrung realen Getrenntseins von ihr sein als die eines Ungetrenntseins, durch die sich die ursprüngliche Realität des Subjekts auszeichnet.

Versteht man *Realität* in dieser kurz skizzierten Weise, und geht man mit Freud davon aus, daß das Subjekt am Anfang seines Lebens ein undifferenziertes, rein passiv diese Realität aufnehmendes Wesen ist, dann folgt daraus: Das Subjekt erfährt Realität immer schon als "wunschversagende"; und da es sich – der Freudschen Auffassung zufolge – ursprünglich im Zustand narzißtischen Ungetrenntseins erlebt, erfährt es die wunschversagende Realität der Außenwelt als die seiner eigenen. Und dementsprechend ist das Subjekt von Anfang an sowohl als ein sich Befriedigung *Versagendes*, als auch als ein unter seinem (auf unmittelbare Befriedigung ausgerichteten) Bedürfnis *Leidendes* zu verstehen. Wenn man die Realität des Subjekts als ein ursprünglich Passives, rein Rezeptives begreift, dann führt sich das, was Freud als "Reaktion" auf eine Wunschversagung in der

---

[1] D.h. auf etwas, das als mit dem "Befriedigungserlebnis" identisch wahrgenommen wird.

psychotischen Abwendung von der Realität beschreibt, auf das zurück, als was das Subjekt Realität immer schon erfährt, nämlich als Wunschversagung. Und dann ist auch der psychotische Rückzug nicht bloß als eine "Reaktion" aufzufassen, sondern dann *besteht* Subjektivität ja geradezu in der Abwendung von Realität – aber von *der*, die sich das Subjekt selber versagt, weil sie sich seiner *unmittelbaren* Bedürfnisbefriedigung entzieht. Offenkundig ist es denn auch die *Unmittelbarkeit*, die sich seiner Wunscherfüllung entzieht, und nicht die Realität als solche. Auf die unmittelbare Bedürfnisbefriedigung kommt es Freud aber gerade an, wenn er die "narzißtische Glückseligkeit" als die Erfahrung anfänglichen Ungetrenntseins postuliert und die ursprüngliche Realität des Subjekts allein vom Prinzip physiologischer Spannungsabfuhr her denkt. Deshalb kann Freud auch das Argument jener basalen Abwendung nicht benutzen, um den psychotischen Rückzug hinreichend zu erklären, weshalb desgleichen "die Erörterung der verschiedenen Mechanismen, welche bei den Psychosen die Abwendung von der Realität und den Wiederaufbau einer solchen bewerkstelligen sollen" (1924b, S. 360), unaufgeklärt bleiben (vgl. hierzu 1911b "Über den paranoischen Mechanismus", S. 183–200).

Jene oben beschriebene *Fähigkeit* des Kindes, von der wir behauptet haben, daß Freud sie als subjektives Gegebensein einfach voraussetzt, impliziert einen ursprünglichen objektiven Zugang des Subjekts zur Realität, der *durch* die Abwendung von ihr zum Ausdruck gebracht wird. Daß Freud diesen basalen Realitätsbezug unthematisiert läßt, ist insofern nicht verwunderlich, als er davon ausgeht, daß das Subjekt von vornherein einen objektiven Zugang zur Realität besitzt. Denn "ursprünglich" ist schon "die Existenz der Vorstellung eine Bürgschaft für die Realität des Vorgestellten". (1925, S. 375) Rechtfertigen läßt sich diese Annahme Freuds in bezug auf die von ihm postulierte Erfahrung ursprünglichen Ungetrenntseins allein dann, wenn das in der ursprünglichen Ungetrenntheit Erfahrene den objektiven Zugang zur Realität (des Getrenntseins) begründet. Das heißt, wenn das ursprünglich Erfahrene die Bedingung der Möglichkeit eines solchen Zugangs darstellt. Die metapsychologische Voraussetzung, die Freud macht, um in der Ungetrenntheit einen objektiven Realitätsbezug behaupten, oder anders gesagt, um das "Realitätsprinzip" im "Lustprinzip" begründen zu können, ist die einer absoluten Zuwendung, in der und durch die die Realität des Subjekts konstituiert wird. Diese Zuwendung stellt gleichsam das *Prinzip* dar, nach dem die schrittweise Entwicklung des Subjekts sich vollzieht, weil es sie begründet. Folgt man dieser *schrittweisen* Entwicklung des Subjekts, so erhält man Aufschluß über den Bedeutungsgehalt dieser Zuwendung und Antwort auf die Frage nach dem, wie der Mensch im Freudschen Verständnis zu einem seinen Anderen liebenden Menschen wird.

Diese Frage läßt sich gleich zu Beginn mit dem Hinweis beantworten, daß Entstehung und Entwicklung von Sozialbeziehungen "regelmäßig auf erotische Quellen zurückgehen, so daß wir zur Einsicht gelangen müssen, alle unsere im Leben verwertbaren Gefühlsbeziehungen von Sympathie, Freundschaft, Zutrauen und dergleichen seien genetisch mit der Sexualität verknüpft und haben sich durch Abschwächung des Sexualziels aus rein sexuellen Begehrungen entwickelt, so rein und unsinnlich sie sich auch unserer bewußten Selbstwahrnehmung darstellen mögen. Ursprünglich haben wir nur Sexualobjekte gekannt". (1912, S. 165) Die ursprüngliche Zuwendung ist deshalb eine *absolute*, weil die sich durch das körperliche Befriedigungserlebnis vermittelte frühkindliche Sexualität als *Grund* seiner Fähigkeit erweist, Sozialbeziehungen zu bilden. Das bedeutet: Das Sozialverhalten des Menschen, seine Fähigkeit der Intersubjektivität sind Manifestationen dieser Zuwendung, und sie sind nicht als ursprüngliche, mit der Subjektivität mitgegebene Bedürfnisse, sondern vielmehr *als* der bloße Niederschlag jener erfahrenen Zuwendung zu verstehen. "Die sozialen Triebe werden nicht als elementar und unableitbar anerkannt." (Psycho-Analysis, 1926, S. 301f.) Die libidinöse Bindung an Sozialpartner beruht auf den Erfahrungen des Kindes wiederholter körperlicher Befriedigungserlebnisse, die ihm gerade einen möglichst absoluten Reizschutz gegenüber der Außenwelt verleihen und die Fähigkeit befördern, daß sich das Kind allmählich zur Außenwelt hin zu öffnen und Beziehungen zu Sozialpartnern auszubilden vermag.

Freud hielt an dieser Konzeption bis zum Ende seines Schaffens fest. Im "Abriß der Psychoanalyse" bringt er dies unmißverständlich zum Ausdruck, wenn er sagt: "Es ist unverkennbar, daß die Libido somatische Quellen hat, daß sie von verschiedenen Organen und Körperstellen her dem Ich zuströmt." (1940, S. 14) Untrennbar mit dem körperlichen Befriedigungserlebnis verbunden ist die sexuelle Befriedigung. Die mit der Nahrungsaufnahme einhergehende "orale" Befriedigung legt den Grundstein für den Beginn von Sozialbeziehungen überhaupt. "Das erste Organ, das als erogene Zone auftritt und einen libidinösen Anspruch an die Seele stellt, ist von Geburt an der Mund. Alle psychische Tätigkeit ist zunächst darauf eingestellt, dem Bedürfnis dieser Zone Befriedigung zu schaffen. Diese dient natürlich in erster Linie der Selbsterhaltung durch Ernährung." (S. 15)

Die für die Entwicklung der psychoanalytischen Theoriebildung der ursprünglichen Realitätserfahrung des Subjekts bahnbrechenden Untersuchungen von René Spitz bestätigen diese Grundannahme Freuds nicht nur, sondern fundieren sie geradezu empirisch. Spitz' Beobachtungen der "Konstituierung des Objekts der Libido" in der Entwicklung "Vom Säugling zum Kleinkind" (1976) belegen in eindrucksvoller Weise, "daß es in der Welt des Neugeborenen weder ein Objekt gibt noch eine Objektbeziehung". Spitz nennt deshalb "diese erste Stufe die vorobjektale oder objektlose Stufe" (S. 53); sie ist durch die "Nichtdifferenziertheit" gekennzeichnet. (a.a.O.)

Die zentrale Funktion, die die "Erinnerungsbilder" von Befriedigungserlebnissen für die Unterscheidung zwischen Ich und Nicht-Ich (zwischen innerhalb und außerhalb des Körpers) in Freuds Theorie einnehmen, wird durch Spitz empirisch bestätigt. Ausgehend von einer basalen Objektlosigkeit und einem vollständigen Angewiesensein auf lebenserhaltende Bedürfnisbefriedigungen bedarf der Säugling *absoluter* Zuwendung in dem Sinne, daß ihm "zwar von der ersten Lebensminute an seine angeborene Ausrüstung zur Verfügung steht, daß sie aber belebt werden muß. Durch den Austausch mit einem anderen Menschen, einem Partner, mit der Mutter, muß der Ausrüstung der Odem des Lebens eingehaucht werden". (S. 113) Es ist denn auch die stetige Erfahrung körperlicher (physiologisch-sexuell vermittelter) Befriedigungserlebnisse, die die Beziehungsfähigkeit, das soziale Verhalten des Kindes konstituieren. "Sowohl während des narzißtischen Stadiums als auch während einer folgenden Übergangszeit entfalten sich die Triebe in Anlehnung an die Befriedigung der oralen Bedürfnisse des Säuglings." (S. 183)

Die libidinöse Bindung des Säuglings ist zunächst rein narzißtischer Natur. Spitz' Beobachtungen zeigen, daß sich zwischen dem zweiten und dem dritten Lebensmonat ein sogenannter "Objektvorläufer" beim Kinde herausbildet, der gleichsam, als das *Zwischen*(-stadium) reiner Passivität und einer "echten" Objektbeziehung, die libidinöse Besetzung des bedürfnisbefriedigenden Objekts und damit den Beginn allen Sozialverhaltens anzeigt. "Im Lauf der ersten sechs Lebenswochen wird im Gedächtnis des Säuglings eine mnemonische Spur des menschlichen Gesichts als erstes Signal für die Gegenwart dessen niedergelegt, der seine Bedürfnisse befriedigt; der Säugling folgt allen Bewegungen dieses Signals mit seinen Blicken." (S. 70) Vermöge dessen, daß sich beim Kinde durch ausreichend wiederholte Erfahrungen lustbetonten körperlichen Erlebens "Erinnerungsspuren" vom Teilobjekt gebildet haben, ist es nun in der Lage, von *sich* aus auf dieses Objekt lustvoll zu reagieren, indem es auf die Wahrnehmung des menschlichen Gesichts mit einem "Lächeln" reagiert.

Die Reaktion des "Lächelns" ist für Spitz der Indikator beginnender Interaktionsfähigkeit des Säuglings. "Er reagiert nun auf den Anblick des Gesichts eines Erwachsenen mit einem Lächeln. Abgesehen davon, daß der Säugling im zweiten Monat dem menschlichen Gesicht mit dem Blick folgt, ist dieses Lächeln die erste aktive, gerichtete und intentionale Verhaltensregung, das erste Anzeichen dafür, daß der Säugling sich im Übergang von vollkommener Passivität zum Beginn eines aktiven Verhaltens befindet, das von nun an eine immer wichtigere Rolle spielen wird." (S. 104) Mit dem Auftreten der Lächelreaktion wird offenkundig, daß sich die Fähigkeit des Kindes zur Unterscheidung zwischen Ich und Nicht-Ich herauszubilden beginnt: Der Säugling reagiert nun auf das, was *für* ihn das Erleben von Lust oder das von Unlust bedeutet. Denn sofern "das menschliche Gesicht (...) im Gesichtsfeld des Säuglings" erscheint, "wenn eines seiner Bedürfnisse befriedigt wird" (...), "verknüpft sich der Anblick des menschlichen Gesichts mit der Befreiung von Unlust ebenso wie mit dem Erleben von Lust". (S. 69)

Freuds Grundannahme, daß sich durch wiederholte Befriedigungserlebnisse Erinnerungsspuren beim Kinde zu jener Fähigkeit verfestigen, ein Abbild vom bedürfnisbefriedigenden Objekt auch bei dessen Abwesenheit aufrechtzuerhalten, wird durch Spitz' Beobachtungen, daß "im Gedächtnis des Säuglings eine mnemonische Spur des menschlichen Gesichts als erstes Signal für die Gegenwart dessen niedergelegt" wird, "der seine Bedürfnisse befriedigt", voll und ganz bestätigt. Die "Lächelreaktion" zeigt, daß die Erfahrung der Befriedigungserlebnisse mit der Wahrnehmung der Befriedigung spendenden Person verbunden worden ist. Dies gibt zu der Vermutung Anlaß, daß sich die Entwicklung des Sozialverhaltens als eine Fähigkeit *sui generis* erweist. Läßt sich diese Vermutung durch Spitz' Auffassung von der Entstehung der Lächelreaktion bestätigen ? Oder ist das erste Lächeln vielmehr das Resultat der durch die Mutter *belebte* angeborene Reaktion ?

Spitz' Überprüfung seiner "experimentellen Feststellungen" folgte der Frage, "ob und wie dieses Lächeln mit den Objektbeziehungen des Säuglings zu tun hat. Es wurde nachgewiesen, daß die Reaktion des Lächelns bei dem Säugling im dritten Lebensmonat – sein Erkennen des menschlichen Gesichts – kein Anzeichen für eine echte Objektbeziehung ist. In Wirklichkeit nimmt das drei Monate alte Kind bei dieser Reaktion nicht einen menschlichen Partner, keine Person und kein Libido-Objekt war, sondern nur ein Signal." (S. 107) Konrad Lorenz hält dieses "Signal", das von ihm als "Kindchenschema" beschrieben wird, für den ontogenetisch ursprünglichen Auslösemechanismus (1950, S. 455f.) der von Spitz untersuchten Lächelreaktion des Kindes. "Stirn, Augen und Nase, die sich in Bewegung befinden" gelten auch für Spitz als Signal, um die Reaktion des Lächelns auszulösen. Demzufolge kann alles, was die Bedingung für die bevorzugte "Zeichen-Gestalt" erfüllt, das blickerwidernde Lächeln hervorrufen. (Spitz, 1976, S. 108)

Die Lächelreaktion ist also keine auf Befriedigungserlebnisse bezogene, keine aufgrund von deren Erfahrungen angeeignete Fähigkeit, sondern ein "angeborener", der

"Ausrüstung (des Kindes) zur Verfügung" (S. 113) stehender Verhaltensmechanismus. Sofern nämlich "der Säugling von drei Monaten noch unfähig ist, das menschliche Gesicht im Profil zu erkennen", hat er "den menschlichen Partner überhaupt noch nicht erkannt; er hat nur die Zeichen-Gestalt (...) wahrgenommen". (S. 108) Aus der Lächelreaktion läßt sich folglich nicht die Auffassung ableiten, daß der Säugling einen Gedächtnisinhalt dessen "niedergelegt" hat, "der seine Bedürfnisse befriedigt". (S. 70) Dennoch kann die "Zeichen-Gestalt", durch die das Lächeln hervorgerufen wird, für Spitz die Qualität eines Objekt-Vorläufers ausweisen, womit der *Reaktion* des Kindes die Fähigkeit einer Besetzungsverschiebung seiner narzißtischen Libidobesetzung zur Objektlibido zugesprochen wird. Wodurch läßt sich die Fähigkeit des Kindes erklären, "das, was nur eine Zeichen-Gestalt war, in sein eigenes einzigartiges Liebesobjekt zu verwandeln" ? (S. 109) Die Beantwortung dieser Frage scheint umso dringlicher, wenn wir uns daran erinnern, daß Spitz mit dem "Auftreten der Reaktion des Lächelns den Beginn der sozialen Beziehungen beim Menschen" (S. 125) identifiziert. Und sie scheint umso schwieriger, als Spitz daran festhält, daß "die Zeichen-Gestalt, die der Säugling im Alter von drei Monaten erkennt (angezeigt durch das Erscheinen der Reaktion des blickerwidernden Lächelns) ein Übergang von der Wahrnehmung von den 'Dingen' (...) zur Bildung des Objekts der Libido ist. (...) Durch diesen Austausch (zwischen Mutter und Kind) wird das Objekt oder vielmehr das, was zum Objekt werden soll, allmählich mit libidinöser Besetzung versehen." (S. 109)

Offenkundig ist Spitz' Identifizierung der "Zeichen-Gestalt" mit dem "Objekt-Vorläufer" bzw. der "Lächelreaktion" mit dem "Beginn der sozialen Beziehungen" nur unter der Voraussetzung empirisch einleuchtend und theoretisch fruchtbar, wenn man davon ausgeht, daß der Signal*funktion* der Zeichen-Gestalt durch die Pflegehandlungen der Mutter "der Odem des Lebens eingehaucht" wird. An Spitz' Interpretation seiner empirischen Befunde läßt sich aufzeigen, daß die Fähigkeit der Intersubjektivität auf dem Grunde somatischer Bedürfnisbefriedigung entsteht. Und das bedeutet: Die Entstehung und Entwicklung von Sozialbeziehungen (hervorzuheben sei: "Die Bildung des Objekts der Libido", 8. Kapitel und "Ursprung und Beginn der menschlichen Kommunikation", 11. Kapitel) konstituiert sich *als* durch die Mutter Vermitteltes. Damit wird – wie bei Freud – der *Unterschied* zwischen Ich und Nicht-Ich – die *Differenz* zwischen Subjekt und Objekt – durch den *Anderen* (die Mutter) konstituiert. Sofern es ja die Mutter ist, die die ursprüngliche Wirklichkeit des Kindes konstituiert, indem sie die ursprüngliche Realität der *Differenz* zu ihm begründet, geht seine Wirklichkeit aus ihrer allererst hervor.

3. Margaret S. Mahler: Die Hypothese von der Universalität des symbiotischen Ursprungs der conditio humana

"Die extremsten Trennungsreaktionen scheinen *nicht* (...) bei den Kindern aufzutreten, die wirkliche physische Trennung erlebt haben, sondern bei jenen, deren symbiotische Beziehung zu ausschließlich und zu parasitär war, oder dort, wo die Mutter Individuation und Trennung des Kindes nicht akzeptierte."
M. Mahler: "Symbiose und Individuation", S. 226

Margaret Mahlers umfassendes Werk begründet eine psychoanalytische Theorie des Konstituierungsprozesses des Subjekts, mit der sie (neben E. Jacobson, 1964, D.W. Winnicott, 1969, u.a.) einen entscheidenden Beitrag geleistet hat zum Verständnis der ursprünglichen Realitätserfahrung hinsichtlich der Entwicklung der Verinnerlichung der *Beziehung*, in der das Kind mit seiner Mutter *ist.*

Aus ihren bereits auf die frühen dreißiger Jahre zurückzuführenden Begegnungen mit schwer emotional gestörten Kindern gewann sie die Überzeugung, daß "deren klinisches Bild nicht in die nosologische Kategorie der Neurose hineinpaßte", während sie zugleich einen "Widerstand gegen die Anerkennung der Existenz schizophrenieähnlicher Geistesstörungen bei kleinen Kindern" verspürte. (1989, S. 7) In jahrelangen Längsschnittuntersuchungen direkter Beobachtungen *normaler* und *pathologischer* Mutter-Kind-Beziehungen entwickelte Mahler die "Hypothese von der Universalität des symbiotischen Ursprungs der *condition humaine* (...) sowie die Hypothese eines obligatorischen Loslösungs- und Individuationsprozesses in der normalen Entwicklung". (1975, S. 7) Ihre Beschreibung des normalen Autismus und der autistischen Psychose sowie die der normalen und pathologischen Symbiose haben wesentlich dazu beigetragen, die Ursachenzusammenhänge und die Entwicklungsverläufe normaler und pathologischer Internalisierungsprozesse der frühen Objektbeziehungen aus der Innenperspektive der Mutter-Kind-Beziehung zu verstehen und sie für die klinische Praxis und für eine Theorie der Konstituierung des Subjekts, für eine "Objektbeziehungstheorie" fruchtbar zu machen. Das Entscheidende für einen solchen psychoanalytischen Neuansatz war, daß Mahler ihr Verständnis sowohl der normalen wie auch der pathologischen Entwicklung der intrapsychischen Strukturen des Kindes aus der dialektischen Beziehung zwischen der Interaktion von Mutter und Kind gewinnt, als die sich ihrer Auffassung nach der Prozeß von "Loslösung und Individuation" gestaltet, der sich seinerseits auf jene ursprüngliche "soziale Symbiose" (1989, S. 15) zurückführt, in der Mahler die *"conditio sine qua non* normaler (gesunder) Individuation" erblickt. (1975, S. 105) – *Zwischen* Symbiose und Individuation liegt die Psychopathogenese des Borderline-Syndroms. Konsequent sieht sie die Ätiologie frühkindlicher psychotischer Zustände in der ursprünglichen Symbiose.

Mahlers Theorie der Konstituierung des Subjekts als Verinnerlichung seiner Objekt*beziehungen* zu begreifen stellt meines Erachtens eine Revision der traditionellen psychoanalytischen Auffassung von *Objektbeziehung* dar. Kernberg bemerkt hierzu: "Die Objektbeziehungstheorie hat auch neue Fragen innerhalb des komplexen Bereichs der psychoanalytischen Triebtheorie aufgeworfen", denn sofern "die verinnerlichten Objektbeziehungen als der Punkt angesehen werden, an dem sich Trieb und soziales System treffen, (tragen sie) entscheidend zur Entwicklung der Persönlichkeit des Individuums bei". (1988, S. 57f.) Der an Freuds Triebtheorie orientierten Auffassung zufolge lassen sich Objektbeziehungen allererst aus der Triebentwicklung *ableiten*. *Objektbeziehung* bedeutet hier immer soviel wie die libidinöse Besetzung eines anderen Menschen, während die Libidobesetzung, die sich allein auf das Selbst bezieht, "narzißtische" Beziehung und deshalb Objektlosigkeit, Beziehungslosigkeit meint. Mit Objektbeziehung ist in der traditionellen Auffassung der Begriff der Beziehungsfähigkeit verbunden und untrennbar mit ihm das Verständnis von seelischer Gesundheit. Demzufolge bildet der Begriff der Objektbeziehung in Einheit mit seelischer Gesundheit das ausschlaggebende Kriterium in der Diagnostik für die Beurteilung der sogenannten *Übertragungs*- und somit Therapiefähigkeit.

Demgegenüber spricht Mahler auch von "psychotischen Objektbeziehungen" (1979, S. 202–211); dies "ist notwendig und kann sich bei der Untersuchung der frühesten ontogenetischen Entwicklung als ebenso wertvoll erweisen wie für die Auflösung einiger Rätsel der Psychose". (S. 203) Indem sie das "Krankhafte" des psychotischen Bruchs mit der Realität, das Freud als ein *Erstes* versteht (das für ihn zugleich ein *Letztes* ist, weil er den psychotischen Realitäts*ersatz* als das *Wieder*holen der ursprünglichen Realitätserfahrung, des "primären Narzißmus" ausgibt), aus der Perspektive des dem Bruch mit der Realität vorausgehenden Interaktionsgeschehens der basalen Mutter-Kind-Beziehung wahrnimmt, gelingt es ihr

1. jenen "ersten Schritt" auf eine ihn begründende basale Beziehung zurückzuführen und demzufolge
2. in der von Freud beschriebenen Beziehungslosigkeit des Psychotikers eine *Beziehung* freizulegen, die – ex negativo – als Beziehung auf diese Beziehungslosigkeit verstanden werden muß, woraus
3. erhellt, "daß die intrapsychische Situation des psychotischen Kindes nichts mit einer Regression auf *irgendeine bekannte Entwicklungsphase* zu tun hat" (1989, S. 61), wie dies in der traditionellen Auffassung angenommen worden war.

"Psychotische Objektbeziehungen" sind Mahlers Untersuchungsergebnissen zufolge "Restitutionsversuche eines rudimentären und fragmentierten Ichs zum Zwecke des Überlebens". (S. 69) Als solche bringen sich diese Versuche *als* das Nicht-in-Beziehung-sein-Können zum Ausdruck, und sie beziehen sich *als* psychotische Abwehrmechanismen der "Entseelung", der "Entvitalisierung" und der "Entmenschlichung" (1961, S. 300) auf die sich dem Kind versagende Beziehung seiner Mutter. Das, was Freud in seiner "Schreber-Analyse" den psychotischen Bruch mit der Realität nennt: das Dahinschwinden der libidinösen menschlichen Objektwelt (1911b, S. 192–198), läßt sich bei Mahler auf das den Libidoabzug Veranlassende zurückführen: nämlich auf die Verleugnung des durch den Libidoentzug der Mutter entseelten Ichs des Kindes und darin auf das *Gesunde* (auf das *Bedürfnis des libidinösen In-Beziehung-Seins),* aber als das *Krankmachende.*

Indem und dadurch, daß die Mutter diesem Bedürfnis ihre libidinöse Besetzung versagt, wird das Ich des Kindes fragmentiert; es zerfällt gleichsam in jenen seelenlosen Teil seiner reinen Triebimpulse und in den seiner Fähigkeit der Intersubjektivität. Unter der Verleugnung des Libidoentzugs seiner Mutter wird die Fähigkeit der Intersubjektivität depotenziert und gerinnt dem Ich zu etwas *Leblosem,* während sich zugleich die nichtneutralisierten Triebimpulse dem Ich als "zwingender Befehl" (1961, S. 301) aufdrängen. Der Restitutionsversuch, in welchem sich die psychotische Objektbeziehung äußert, bezieht sich denn auch auf das sich dem Kind Versagende, aber so, daß es dies zum Zwecke seines Überlebens verleugnet. Damit verleugnet es jedoch zugleich sein Ich, das – *als* die Fähigkeit der Intersubjektivität – das Streben nach der libidinösen Besetzung seines Libidobedürfnisses ist. Der Libidoentzug des Objekts hat demnach seine Entsprechung in dem entvitalisierten, entmenschlichten, entseelten Ich des Kindes, so daß gesagt werden kann: Nach der Seite, nach welcher der Libidoentzug sich *als* Projektion des entseelten, den reinen Triebimpulsen unterworfenen Ichs ausdrückt, *ist* die Beziehung des Subjekts zu seinem Objekt eine *leblose.* Nach der Seite aber, nach der das Projizierte sich dem Subjekt von *innen* her wieder aufdrängt, bringt sich die Projektion als solche – qua Verleugnung des entseelten Ichs – *als* eine Bewegung zur Darstellung, durch die sich das Ich gleichsam selbst vitalisiert, indem es seine Objekte *ent*vitalisiert. Dieses Residuum von Lebendigkeit rechtfertigt es, von psychotischen Objekt*beziehungen* zu sprechen. "Gefühlsregungen werden gleichgesetzt mit Bewegungen via Wahrnehmung der motorischen Innervationen, aber auch, wie es scheint, mit mechanischen Bewegungen. Diese inneren Körperempfindungen und andere Lebensäußerungen werden mit Maschinenvorstellungen verwechselt und als solche nach außen projiziert." (S. 304) Psychotische Objektbeziehungen sind Negativbeziehungen, weil sie nur dadurch *sind,* daß sich das Subjekt seinem sich ihm entziehenden Objekt entzieht; das Subjekt bezieht sich aufs Objekt indem und dadurch, daß es sich ihm entzieht. Und deshalb *ist* die Objektbeziehung *als* "Erhaltungsmechanismus" des entseelten Ichs zu verstehen. (1989, S. 228)

Mahlers Darstellungen von Beseelungs- und Entmenschlichungsprozessen entnehme ich zwei kurze Fallbeispiele, um das Scheitern der Verleugnung des entseelten Ichs und seinen vergeblichen restitutiven Versuch einer Beseelung der (inneren Wahn-)Welt zu veranschaulichen.

1) In der Autobiographie von Marguerite Sechehayes Patientin Renée ("Tagebuch einer Schizophrenen", 1973) wird das subjektive Erleben von Beseelung und Entmenschlichung beschrieben: "Wenn ich zu ihr kam, war ich erstarrt. Ich sah das Zimmer, die Möbel, Mama selber ohne Zusammenhang, kalt, erbarmungslos, unmenschlich vor Leblosigkeit ... schaute ich Mama an. Aber ich sah eine Statue oder ein Gesicht aus Eis, das mir zulächelte. Und dieses Lächeln ließ weiße Zähne hervortreten, die mich erschreckten. Reneé fährt fort ... diese Dinge begannen zu existieren ... tauchte plötzlich 'das Ding' auf ... dieser Topf aus Steingut ... Ich wandte meinen Blick ab ... da begegnete ich einem Stuhl, einem Tisch, die auch existierten – die Dinge waren realer geworden als die Menschen." (1979, S. 204)

2) Betty, eine Patientin Mahlers, trat im Alter von sieben Jahren in die analytische Behandlung ein, nachdem es in einer vorausgegangenen Therapie gelungen war, "Betty im Alter von vier Jahren aus ihrem Mutismus herauszulocken, an dem sie seit ihrem dritten

Lebensjahr festgehalten hatte. (...) Betty schrieb den Puppen meiner Puppensammlung alle Gefühle zu, von denen sie glaubte, daß sie sich in ihren Zügen ausdrückten. Das waren beständige und vorhersehbare Gefühle. Sie versuchte auch die Gefühle lebender Menschen zu enträtseln, doch es gelang ihr nicht. Sie war ein Kind, das sich verzweifelt bemühte, sich mit Menschen zu identifizieren, indem es sie nachahmte, ihre Gefühle zu erlernen suchte. Wochenlang begrüßte sie mich mit der Frage: 'Sehe ich heute traurig aus? Bitte sagen Sie, daß ich glücklich aussehe ...' Irgendwie erwartete sie, daß ihr ein Glücksgefühl zuteil werden würde, wenn ich sagte, sie sehe glücklich aus. Betty kämpfte gegen jede unerbetene Aktivität seitens der Menschen ihrer Umwelt. Bei den analytischen Sitzungen geriet sie in Wut, sobald ich versuchte, von meiner Rolle einer Marionette abzuweichen, an deren Fäden sie zog. Sie hatte die Übertragung von Gedanken und Gefühlen konkretisiert und glaubte daran. (...) Bei Betty waren die Grenzen des Selbst sowie ihre Identität gleichermaßen verschwommen; ihr Spiel verschmolz mit jedem, in dessen Gesellschaft sie sich befand. Sie erwartete und glaubte beispielsweise, daß ich konkret an ihren Gedanken, Absichten und Gefühlen beteiligt war, daß ich sie also geben und nehmen konnte.

Um die Osterzeit kam Betty aus dem Park nach Hause und brachte zwei Zweige mit, die sie kreuzweise übereinandergelegt hatte. Sie fragte die Mutter, was das nach ihrer Meinung sei. Die Mutter antwortete: 'Ich nehme an, es ist ein Kreuz.' Daraufhin begann Betty wütend auf ihre Mutter einzuschlagen, wobei sie fortwährend schrie, ihre Mutter verletze absichtlich die Gefühle von Jesus, sie hätte zugeben müssen, daß es das Kreuz war, an das Er geschlagen wurde, was die Mutter nach Bettys Meinung wußte. Ich brachte das in Bettys Analyse zur Sprache und erkannte, daß ihre sadomasochistischen Phantasien einige psychotische Erweiterungen erfahren hatten. Sie benutzte insbesondere massive Verleugnungen, Verdichtungen und Verschiebungen. Die Bilder des Erlösers am Kreuz, die Betty in der Kirche gesehen hatte, versah sie mit einer Seele (Leben). Es bestand eine Identifizierung mit Jesus und eine Verdichtung der grausamen Verfolgungen und des Martyriums, das Er erlitten hatte, sowie ihres eigenen Leidens, das sie der 'Gemeinheit' ihrer Mutter zuschrieb. Verdichtete sadomasochistische Impulse wurden (...) agiert.

Bettys Wut- und Panikreaktionen, deretwegen sie in die analytische Behandlung gebracht wurde, galten unbelebten Objekten, mit denen sie unaufhörlich und anfänglich liebevoll beschäftigt war. Zunächst beschuldigte sie ihren Bruder, ihr japanisches Blumenarrangement, dann den Inhalt ihres geliebten Schmuckkästchens gestohlen zu haben. In einem späteren Stadium hatte sie Wahnvorstellungen und deutliche Halluzinationen, daß diese Dinge nachts auf sie zukämen. Zu ihrem Verfolger wurde der lebendig gewordene Papierkorb. Es mag von Interesse sein, daß Betty selbst jetzt – im Alter von 20 Jahren – noch immer diese psychotischen Vorstellungen hegt, obgleich es ihr gelungen ist, die psychotischen Bereiche ihrer Persönlichkeit einzukapseln und etwas zu 'distanzieren' (sich davon zu isolieren)." (S. 207–210)

Mahlers vergleichende Untersuchungen von normalen und pathologischen frühkindlichen internalisierten Objektbeziehungen, ihre Beschreibungen der Entwicklung der intrapsychischen Strukturen, die das Kind in seiner Übertragungsbeziehung wiederholt, haben eine Objektbeziehungstheorie begründet, die davon ausgeht: "Nur Libido, die ein menschliches Objekt 'passiert' hat, wird neutralisiert und so weitgehend der Herrschaft der Triebe entzogen, daß sie dem Ich zur Verfügung stehen kann" (S. 210), oder anders ausgedrückt: Psychotische Objektbeziehungen sind auf das mütterliche Scheitern zurückzuführen, die physiologische Abhängigkeit des Kindes *als* soziale Symbiose erfahrbar zu machen, das heißt, das basale Ungetrenntsein (durch die auf Unmittelbarkeit abzielende Triebbefriedigung) in das Bedürfnis nach liebevoller Zuwendung, oder, wie Mahler sagt, in eine "spezifisch objektgebundene Sehnsucht" (1975a, S. 1081) zu verwandeln, worin sich zugleich das Bedürfnis der Mutter offenbart, die Entwicklung des Kindes zu unabhängigem Existieren libidinös zu besetzen, was seinerseits voraussetzt, daß die Mutter ihr Kind nicht zur Vervollständigung ihres eigenen mangelhaften Selbstgefühls benötigt, oder positiv ausgedrückt: daß die Mutter die Fähigkeit zu eigenem unabhängigen Existieren besitzt. Ihr *Bedürfnis*, die Loslösung des Kindes von *sich* (seinem Ungetrenntsein) als die Loslösung aus der Symbiose libidinös zu besetzen, bringt sich in der Empathie[4] zum Ausdruck, durch die die Mutter die Basis dafür schafft, daß das Kind seinen Loslösungsprozeß als Zuwendung zu sich selbst und zur Welt erfährt. Daß das Kind "jenseits des 4. Lebensmonats (...) die Empathie der Erwachsenen erzwingt" (1979, S. 168), legt die Vermutung eines *gegenseitigen* Bedürfnisses nach Zuwendung nahe, was beim Kind mit dem zunehmenden Bewußtwerden seines Getrenntseins eine "vertrauensvolle Erwartung" in dessen Befriedigung entstehen läßt, während die Mutter durch ihr empathisches Verhalten in dem Sinne ihrem Bedürfnis nach Zuwendung Ausdruck verleiht, daß sie auf jene "bestimmten Signale" des Kindes (durch die es seine Bedürfnisse, Spannungen, Lustgefühle anzeigt) reagiert, in denen sie sich selbst spiegelt, und sofern sie sich in ihnen gleichsam wiedererkennt, aktiviert sie diese, und damit schafft sie sich "das Kind (...), das ihre eigenen *einzigartigen* und individuellen Bedürfnisse widerspiegelt. (...) Das wechselseitige Austauschen von 'Signalen' in der symbiotischen Phase schafft jene unauslöschlich geprägte Gestalt, jenes komplexe Muster, das zum Leitmotiv dafür wird, daß 'das Kind sich zum Kind seiner ganz bestimmten Mutter' entwickelt." (1989, S. 24f.)

Die *Gegenseitigkeit* des Bedürfnisses nach Zuwendung scheint im Mahlerschen Verständnis der Konstitutionsgrund von Subjektivität überhaupt zu sein. *"Was wir hier zu erblicken scheinen, ist die Geburt des Kindes als* Individuum." (S. 24) Die Bedeutung dieser frühkindlichen Realitätserfahrung für Mahlers Objektbeziehungstheorie kann nicht stark genug betont werden vor allem im Hinblick auf die Interpretation jenes Einflusses, den eine zur Empathie unfähige Mutter auf den Prozeß der Konstituierung des Selbst ausübt. "Reduziert und unregelmäßig" ist das Verlangen nach einer engen Verbindung mit der Mutter bei jenen Kindern, "deren symbiotische Beziehung durch die Unberechenbarkeit und Impulsivität einer teils verschlingenden" (auf dauerhafte physiologische Abhängigkeit ausgerichtetes Bedürfnis der Mutter), "teils abweisenden Mutter getrübt war". (1975, S. 100)

Søren Kierkegaard beschreibt 1846 in "Die Reinheit des Herzens" die ungeheure Tragweite, die die Empathie der Mutter für die zwiespältige Erfahrung des Kindes hat, unabhängig und abhängig zugleich zu sein. "Die liebende Mutter lehrt ihr Kind, allein zu laufen. Sie ist weit genug von ihm entfernt, um ihm keine wirkliche Unterstützung bieten zu können, doch sie streckt ihm die Arme entgegen. Sie ahmt seine Bewegung nach, und wenn es schwankt, beugt sie sich rasch nieder, als wolle sie es festhalten, so daß das Kind glauben könnte, es liefe nicht allein ... Und dennoch tut sie mehr. Ihr Blick, mit dem sie das Kind heranwinkt, ist wie eine Belohnung, eine Ermutigung. So läuft das Kind allein, während seine Augen auf das Gesicht der Mutter gerichtet sind und nicht auf die Schwierigkeiten, die auf seinem Wege liegen. Es hilft sich selbst durch die Arme, die es nicht halten – es strebt beständig der Zuflucht in den Armen der Mutter zu. Dabei ahnt es kaum, *daß es in eben dem Augenblick, in dem es sein Bedürfnis nach ihr zeigt, beweist, daß es ohne sie auskommen kann*, weil es allein läuft."

Jene Mutter, die diesem *Augenblick* bei sich selbst mit Schrecken entgegensieht, wird dem Streben des Kindes nach Loslösung ihre Liebe entziehen: "Da gibt es keine lächelnde Ermutigung, kein Lob, wenn der Lauf beendet ist. Der Wunsch, das Kind laufen zu lehren, besteht auch hier, doch nicht so, wie ihn die liebende Mutter verwirklicht. Denn nun herrscht Angst, die das Kind umfangen hält. Sie lastet auf ihm, so daß es sich nicht vorwärts bewegen kann. Auch der Wunsch, es zum Ziel zu führen, ist der gleiche, *doch das Ziel ruft plötzlich Schrecken hervor."* (zitiert nach E.J. Anthony, in: Mahler 1975, S. 96)

Der in der Biologie verwendete Begriff der *Symbiose* (das Zusammenleben von Lebewesen verschiedener Gattungen zum gegenseitigen Nutzen) ist durch Mahler in die Psychoanalyse eingeführt worden. Auf den ersten Blick betrachtet scheint er dasselbe zu meinen wie Freuds Begriff des "primären Narzißmus", nämlich jenen extrauterinen Verhaltenszustand absoluter Abhängigkeit und Passivität des frühkindlichen Einsseins mit der Mutter: also ein *geschlossenes* System.

Da es Mahler darum geht, die Entwicklung der intrapsychischen Strukturen des Kindes aus der Innenperspektive seiner *Beziehung* zur Mutter zu verstehen und nicht aus der äußerlichen Beobachterperspektive (aus der heraus man ohne weiteres zu der Überzeugung gelangen kann, daß das extrauterine Dasein des Menschen dem in einer "Eischale eingeschlossenen Vogelei" gleicht), gewinnt sie einen Begriff von *Symbiose*, der sich durch die dialektische *Bewegung* der intrapsychischen Aneignung des Gefühls des Eins-Seins im Getrenntsein und dem spezifischen Sich-dazu-Verhalten-können der Mutter bestimmt. Indem Mahlers Verständnis von *Symbiose* an dem orientiert ist, *wie* das Kind das Interaktionsgeschehen mit seiner Mutter internalisiert, impliziert ihr Symbiose-Begriff die sich in der Interaktion offenbarende psycho-soziale Struktur des mütterlichen Verhaltens, die sich in der Art und Weise der Internalisierung der Interaktion niederschlägt.

Es liegt auf der Hand, daß mit den aus Mahlers direkten Beobachtungen der frühkindlichen Realitätserfahrung gezogenen Konsequenzen ein tiefgreifendes Problem verbunden ist: nämlich die Verifizierbarkeit der aus der präverbalen Phase entwickelten Hypothese von der Universalität des symbiotischen Ursprungs der conditio humana. "Im Bemühen, die präverbale Periode zu verstehen, haben Analytiker Positionen eingenommen, die ein breites Spektrum umfassen. An dem einen Ende stehen jene, die an angeborene komplexe ödipale Phantasien glauben und wie Melanie Klein und ihre Anhänger dem frühesten extrauterinen menschlichen Seelenleben ein quasi phylogenetisches Gedächtnis zuschreiben, einen angeborenen symbolischen Prozeß. Am anderen Ende des Spektrums stehen jene Analytiker aus der Schule Sigmund Freuds, die zwar zwingende verbale und rekonstruktive Beweise – die auf Freuds metapsychologischen Konstruktionen beruhen – anerkennen, aber dennoch präverbalem Material kaum zuzubilligen scheinen, daß es als Grundlage selbst behutsamer und versuchsweiser Erweiterung unseres hypothetischen Grundstocks dienen könne. Sie fordern, daß auch diese Hypothesen durch Rekonstruktionen gestützt würden, d.h. durch klinisch und natürlich vorwiegend verbales Material." Die Frage nach den Schlußfolgerungen, die aus direkter Beobachtung der präverbalen Entwicklung gezogen werden können, ist offenkundig höchst kontrovers. "Das Problem wird durch die Tatsache kompliziert, daß nicht nur das Kind präverbal ist, sondern daß die verbalen Mittel des Beobachters und Begriffsbildners zur Übersetzung solchen Materials wenig geeignet sind. Die Probleme psychoanalytischer *Re*konstruktion finden hier ihre Parallele im Problem psychoanalytischer Konstruktion – der Konstruktion eines Bildes vom Innenleben des präverbalen Kindes, eine Aufgabe, bei der koenästhetische Empathie unseres Erachtens eine zentrale Rolle spielt. Obgleich wir letztlich die Richtigkeit solcher Konstruktionen nicht beweisen können, glauben wir nichtsdestoweniger an ihre Nützlichkeit." (S. 26f.)

Bei aller Problematik der Beweiskraft der aus den Beobachtungen frühkindlicher Realitätserfahrung gezogenen Konsequenzen scheint doch eines unstrittig zu sein: Den intrapsychischen Prozeß der Internalisierung aus der *Beziehung* zwischen Mutter und Kind heraus zu verstehen, ermöglicht es, das symbiotische Kind aus der "Mutter-Kind-Zweieinheit" (1989, S. 233) wahrzunehmen und damit den Grund seines Loslösungs- und Individuationsprozesses aus der Dialektik des Interaktionsgeschehens zu begreifen. Mit dieser Sichtweise wird die aus der Rekonstruktion der Analyse mit Erwachsenen postulierte basale Mutter-Kind-*Einheit* und das mit dieser Grundannahme untrennbar verbundene Problem der Erklärbarkeit der psycho-sozialen Genese obsolet, mit dem man bei Freud konfrontiert wird. Nach meinem Verständnis läßt sich die "Mutter-Kind-Zweieinheit", in dem von Mahler verstandenen Sinne, *als* das *Intersubjektivität* Begründende auffassen, und deshalb meine ich, davon ausgehen zu dürfen: In der Symbiose manifestiert sich die Fähigkeit des Kindes zur Intersubjektivität. Ich versuche meine Interpretation des Mahlerschen Symbiose-Begriffs dadurch zu stützen, daß ich der Frage nachgehe: Woraus begründet sich die von Mahler behauptete "Universalität" des symbiotischen Ursprungs der conditio humana? Meines Erachtens hat sie ihren Begriff von "Universalität" nie explizit gemacht; sein inhaltlicher Bedeutungsgehalt läßt sich offenkundig allein aus dem *Mißlingen* der in der Symbiose stattfindenden intrapsychischen Entwicklungsverläufe erschließen. Mahlers Darstellung folgend, werde ich die Frage nach der Universalität aus dem dem symbiotischen Ursprung entstammenden Loslösungs- und Individuationsprozeß (1975, S. 282) zu beantworten versuchen.

Der Loslösungs- und Individuationsprozeß setzt mit der *Differenzierung* von Selbst und Nicht-Selbst ein, und sein Beginn ist zugleich der "Gipfelpunkt der symbiotischen Phase" (1989, S. 221). Mahlers Beobachtungen zufolge liegt dieser Beginn ungefähr im 2. Viertel des ersten Lebensjahres, und er erstreckt sich bis in das dritte Lebensjahr hinein. Das bedeutet, Loslösung und Individuation werden innerhalb der Matrix der symbiotischen Zweieinheit vollzogen und zwar bis ungefähr zum achtzehnten Lebensmonat des Kindes; bis dahin hat das Streben nach Unabhängigkeit das symbiotische Bedürfnis *aufgehoben* und zwar im Sinne dessen, daß die Erfahrungen aus der Symbiose in der Unabhängigkeit *aufbewahrt* sind und *als* das Streben nach ihr die *Beziehung* des Kindes zu seiner Mutter gleichsam auf ein höheres Niveau *emporheben*.

Die beginnende Differenzierung von Selbst und Nicht-Selbst als intrapsychischer Prozeß erblickt Mahler in dem Übergehen von der "nach innen gerichteten Aufmerksamkeitsbesetzung" in die "nach außen gerichtete Aufmerksamkeit", bei der "eine Hinwendung zu einem Außenreiz erfolgt und sodann der Blick prüfend (...) zum Gesicht der Mutter zurückkehrt". (S. 22) Diese *Bewegung* von Abwendung (der auf sich gerichteten Aufmerksamkeitsbesetzung) und Zuwendung (zur Außenwelt) vollzieht das Kind auf dem Grunde der Erfahrung "optimaler *emotionaler* Verfügbarkeit über die Mutter"

(S. 221), die, als "Hilfs-Ich" des Kindes fungierend, nunmehr den Fluchtpunkt bildet, an dem das Kind seine "nach außen gerichtete anteilnehmende Besetzung" (S. 23) orientiert. So sehr die Mutter noch am Anfang des Loslösungsprozesses als "noch-symbiotische mütterliche Hälfte des Selbst" fungiert (1975a, S. 1083), so sehr kommt es auf ihre emotionale Fähigkeit an, die Hinwendung des Kindes zur Außenwelt als Loslösung von ihr gleichsam mitzuvollziehen, das heißt, als Bestandteil seiner Innenwelt sich *als* Objekt draußen in der Welt verfügbar zu machen.

Das, als was sich zunächst die an der Mutter orientierte, "mehr oder weniger absichtsvolle visuelle und abtastende Prüfung" (a.a.O.) der Außenwelt erweist: die *Bewegung* der Abwendung von sich (als Abwendung von dem symbiotischen Objekt, als das die Mutter als integraler Bestandteil des Ich fungierte) und die der Zuwendung zur Außenwelt (als Rückkehr zur Mutter als einem Objekt draußen in der Welt) – diese *Bewegung* konkretisiert das Kind, indem es, angetrieben durch die physische Entwicklung seiner *Fortbewegungs*möglichkeiten, sich räumlich von der Mutter trennt, also eine "aktive physische Trennung und Rückkehr zu ihr" einübt (S. 24), die aber nunmehr die Qualität eines "emotionalen Auftankens" besitzt. (S. 23) Die schrittweise Trennung im Raum geht aber nicht *gleichzeitig* mit der intrapsychischen Trennung aus der symbiotischen Zweieinheit einher. Obschon die physische Trennung ein Einüben in die psychische Trennung bedeutet, so nimmt doch zunächst, aufgrund der Entwicklung dieser autonomen Funktion, das Selbstgefühl des Kindes den Charakter eines Omnipotenzgefühls an und zwar deshalb, weil diese physische Trennung noch immer als ein Akt der symbiotischen Zweieinheit erfahren wird. Intrapsychisch betrachtet läßt sich die Unabhängigkeit von der *Abhängigkeit der Empathie* der Mutter an der noch nicht bestehenden Integration der differenzierten, in *gute* und *böse* gespaltenen, Selbst- und Objektrepräsentanzen "in eine einheitliche Selbstrepräsentanz oder in eine einheitliche libidinöse Objektrepräsentanz" festmachen. (S. 24) Dies ist der intrapsychische Zustand, "auf den das Ich in den Fällen schwerster Störung der Individuation und psychotischer Desorganisation regrediert", den Mahler als "kindliche Psychose" bezeichnet hat. (S. 15) Erst am Ende des Loslösungs- und Individuationsprozesses ist die Synthetisierung guter und böser Selbst- und Objektrepräsentanzen *als* guter Selbst- und Objektvorstellungen erreicht, wodurch die Differenzierung der integrierten Selbst- und Objektrepräsentanzen ermöglicht wird.

Daß jener scheinbare Idealzustand des sich unter dem Eindruck der symbiotischen Zweieinheit entwickelnden Autonomiestrebens von der latenten Gefahr einer tiefgreifenden Verletzbarkeit des sich konstituierenden, auf dem Wege zu *sich* (als sich bewußtem) befindlichen Selbst bedroht ist, wird in eindrucksvoller Weise durch Mahlers Fallbeispiele belegt. Denn darin, daß die *Realisierung* des mit der physischen Trennung von der Mutter einhergehenden Bewußtseinsprozesses realen Getrenntseins der "gefühlsmäßigen Bereitschaft" der Mutter bedarf, "das Kleinkind loszulassen – ihm (...) einen sanften Schubs zu geben, es zur Unabhängigkeit zu ermutigen" (1975, S. 105), liegt: Die Konstituierung des Selbst-Bewußtseins, seiner intrapsychischen Trennung und Selbst-Begrenzung ist unablösbar von der empathischen Spiegelung dieses Prozesses durch die Mutter.

An einer ausgewählten Fallbeschreibung eines Analysepatienten von Mahler sollen die Folgen verdeutlicht werden, die das Fehlen des empathischen Sich-in-Beziehung-Setzens mit dem Individuationsstreben des Kindes für den Konstituierungsprozeß seines Selbst und für die Realisierung späterer zwischenmenschlicher Beziehungen hat.

"Charlies Entwicklungsgeschichte konnte ich mit ziemlicher Genauigkeit rekonstruieren, und zwar anhand des Materials, das seine intermittierenden Analysen erbrachten, sowie mit Hilfe meiner intimen Kenntnis der Persönlichkeiten seiner Eltern.

Ich konnte eine sehr lange symbiotisch-parasitäre Phase mit einer narzißtischen Mutter rekonstruieren, die sehr kokett war, jedoch Charlie nur zu akzeptieren vermochte, wenn sie ihn als Fortsetzung ihres eigenen narzißtischen Selbst betrachten konnte. Sie nahm keine Rücksicht darauf, daß der kleine Junge ein eigenständiges Wesen war. Sie brauchte ständig Babies zum Verhätscheln und gebar Kinder bis zum Klimakterium.

Nach der symbiotisch-parasitären Beziehung überließ die Mutter Charlie plötzlich sich selbst, und zwar zu Beginn des 3. Lebensjahres. In der Folge entwickelte Charlie eine starke Spiegelidentitikation (mirror identification) mit seinem Vater. Dieser litt jedoch unter einer lähmenden Depression und zog sich von allem zurück, als Charlie 3 Jahre alt war. Dies fiel mit einem Zeitpunkt zusammen, zu dem die Mutter eins ihrer vielen Kinder zur Welt brachte. So standen Charlie beide primäre Liebesobjekte, die der Objektbesetzung sowie der echten Ich-Identifikation hätten dienen können, in den schicksalhaften zweiten 18 Monaten seines Lebens nicht zur Verfügung.

Charlie erlangte niemals eine libidinöse Objektkonstanz. Statt dessen identifizierte er sich total mit seiner Mutter; als seine Mutter einmal, als sie ihn im Auto in den Kindergarten brachte, versehentlich einen Mann anfuhr, benahm er sich so, als ob er den Mann absichtlich verletzt hätte. Er weigerte sich, weiterzufahren: er hatte Angst, daß die Polizei ihn verhaften würde. Von da an bestand er darauf, eine dunkle Brille zu tragen, um sich dahinter zu verstecken. Er wurde unerträglich destruktiv und griff seine Mutter an, indem er Gegenstände nach ihr warf, wobei er offensichtlich auf ihre Augen zielte. Zur gleichen Zeit entwickelte er eine Phobie gegen Feuer und hatte Angst, blind zu werden.

Seine Symptome wurden im Laufe seiner ersten Analyse in Europa als Versuch verstanden, das gefährliche mütterliche Introjekt zu re-externalisieren, es aus sich herauszuschleudern. In Anbetracht dessen jedoch, daß auch die Vaterfigur nicht zur Verfügung stand, beraubte dies Charlie vollständig jeglicher Objektbesetzung.

Zwischen seiner Analyse als Kind und seiner frühen Adoleszenz verlor ich Charlie für geraume Zeit aus den Augen, da er und seine Familie weiterhin im Ausland lebten.

Charlie war 16 Jahre alt, als seine Analyse hier in den Vereinigten Staaten wiederaufgenommen wurde. In der Zwischenzeit schien er eine tiefgreifende Persönlichkeitsveränderung durchgemacht zu haben. Der Reifungs- und Entwicklungsprozeß hatte den überschäumenden, aggressiven und unbezähmbaren Charlie der Prälatenz und frühen Latenzperiode in einen unterwürfigen, übermäßig entgegenkommenden, völlig passiven und ergebenen Jugendlichen mit einem Schuß gutversteckter Grausamkeit, die er angestrengt auch vor sich selbst zu verbergen suchte, verwandelt. Er hatte ein hochfliegendes – und nicht verinnerlichtes – Ich-Ideal und imitierte seinen Vater, indem er dessen Aussprüche nachplapperte. Wenngleich er sich die größte Mühe zu geben schien, sich dem tatsächlichen Einfluß seiner Mutter zu entziehen, enthüllte das analytische Material doch, daß er unablässig nach der 'guten', bedürfnisstillenden Mutter seiner symbiotischen Phase suchte. Zur gleichen Zeit jedoch fürchtete er sich, wieder verschlungen zu werden wie in der Symbiose. Sobald er eine Freundin fand, richtete er es so ein, daß er sie wieder verlor, aus Furcht davor, daß sie ihn überwältigte und er sich so 'verlieren' würde. Es war der gleiche Mechanismus, wie ich glaube, mit dem er in so auffallender

Weise im Alter von 5 und 6 Jahren darum gekämpft hatte, das mütterliche Introjekt herauszuschleudern.

Mangels echter Identitätsbildung durch Ich-Identifikationen schien Charlie nun gezwungen zu sein, nach seiner Identität zu suchen, um die schmerzhafte Lücke, die innere Leere auszufüllen, über die er sich ständig beklagte.

Er setzte sich das Ziel – wie es so manche Borderline-Fälle offen oder versteckt tun –, berühmt oder mindestens bedeutend zu werden. Seine recht guten Leistungen nahmen sich jedoch, gemessen an seinem hochfliegenden Ich-Ideal, recht ungenügend aus, mit dem Ergebnis, daß Charles' Selbstwertgefühl geradezu gering war. Für diese Diskrepanz machte er seine Mutter verantwortlich, weil sie diejenige war, die ihn in seiner frühen Kindheit hatte glauben lassen, er sei ein 'Genie'.

In der Adoleszenz wirkte Charles' Zustand dann eigentümlich affektlos. Ihm fehlte der Charme, den Helene Deutsch (1942) und andere als eins der charakteristischen Merkmale echter 'als ob'-Persönlichkeiten beschrieben haben (...).

Er schloß sich immer wieder anderen Menschen oder Gruppen an, weil er sich nie recht wohl fühlte, wenn er ihnen nahe kam – er konnte sich nur aus der Entfernung nach ihnen sehnen. Dieses intensive Sehnen war der stärkste Affekt, den ich je an Charles beobachtet habe.

Wie Greensons Patient (1958) suchte Charles ständig die Gesellschaft anderer; er war vollkommen außerstande, allein zu sein. Aber ebenso war er unfähig, längere Zeit hindurch 'zu zweit' zu sein! Was Charles unablässig suchte, waren Erlebnisse, die ihn mit der verlorenen symbiotischen Mutter, die er – im intrapsychischen Sinne – nie aufgegeben hatte, wiedervereinen sollten. Seine Affektlosigkeit schien eine tiefgreifende Abwehr gegen seine Angst zu sein, um das Gefühl der Leere beim Verlust eines Teils seiner selbst abzuwehren, und zwar zu einer Zeit, als der Verlust der symbiotischen Mutter noch gleichbedeutend mit dem Verlust eines Teils des Selbst war.

Während seiner Analyse in der Adoleszenz klagte Charles einmal: 'Ich komme mir wie nichts vor. Ich fange an, über eine Menge Dinge nachzudenken, und wenn ich denke, bin ich nicht sehr glücklich.' Zu einem anderen Zeitpunkt sagte er: 'Ich versuche herauszubekommen, auf wie viele Arten ich anderen Menschen gleiche – irgend jemandem, vor allem Leuten, die ich gern habe und achte. Zuerst habe ich das mit meinen Eltern so gemacht und mit ihren ältesten Freunden, jetzt mache ich es gewöhnlich mit Mädchen. Ich versuche herauszubekommen, welche Arten von Sport und Musik sie lieben.'

Charles versuchte, die kathektische Leere durch Spiegelidentifikationen zu kompensieren. Indem er andere widerspiegelte – und auch sich selbst –, bemühte er sich zu lernen, wie man fühlt, wie man Emotionen hat. Hier sind einige Assoziationen, die er während der Analyse äußerte: 'Wenn ich mit einem Mädchen tanze, wird sie so wie alle anderen Mädchen. Ich möchte mich damit beleben, daß sie diejenige ist, die mit mir tanzt, und trotzdem noch immer freundlich und lieb ist. Ich lehne meinen Kopf zurück und schaue ihr ins Gesicht, in die Augen.' In einer anderen analytischen Stunde sagte Charles: 'Ich tanze an der Spiegelglastür vorbei, wo ich mein Gesicht sehen kann – sehen kann, wie ich aus der Sicht anderer wirke. Außerdem kann ich auch noch einen Blick auf sie werfen, um festzustellen, ob ihr der Tanz Spaß macht. Eins fällt mir auf: Selbst wenn mir das Tanzen Spaß macht, sehe ich doch nicht allzu angeregt aus, so daß man nicht sagen könnte, ob es mir Spaß macht. Vielleicht ist das also auch nicht die Methode um herauszufinden, was in dem Mädchen vorgeht.'

Dieser kurze Auszug aus Charles' Analyse zeigt, wie er gegen seinen Mangel an Empathie ankämpft. Man kann auch feststellen, daß er unablässig nach dem Mädchen sucht, das noch freundlich und lieb ist – die 'gute' symbiotische Mutter –, das er widerspiegeln kann und deren Augen Liebe für ihn widerspiegeln." (1989, S. 33–36)

Mahler hat diese "klinische Skizze" vorgeführt, um "die Bedeutung der normalen Symbiose und die entscheidende Notwendigkeit allmählicher Individuation, insbesondere im verletzlichen zweiten und dritten Lebensjahr" hervorzuheben. (S. 36) Das Beispiel zeigt eine Mutter-Kind-Beziehung, die im wesentlichen dadurch charakterisiert ist, daß die Mutter auf die Loslösung des Kindes mit Ablehnung reagiert, indem sie ihm ihre emotionale Zuwendung entzieht, während sie auf die symbiotische Abhängigkeit des Kindes mit liebevoller Zuwendung antwortet (was sich dadurch erschließen läßt, daß sie zur Befriedigung ihres narzißtischen Selbst das physische Ungetrenntsein des Kindes benötigt, dessen "Verhätschelung" ihrem eigenen grenzenlosen Selbst dient).

Der einsetzende Individuationsprozeß bedroht das Gleichgewicht des narzißtischen Selbst der Muttter, weshalb sie zur eigenen Selbst*erhaltung* der Loslösung ihres Kindes entgegenwirken muß. Sie versucht diese dadurch zu verhindern, daß sie allen *Aktivitäten* des Kindes, durch die es sein Streben nach Selbständigkeit kundtut, ihre emotionale *Teil*nahme verweigert. Das bedeutet: Sie *entvitalisiert, entseelt* die Aktivität des Kindes, während sie seine Passivität und Abhängigkeit libidinös besetzt.

So entsteht ein Konflikt *im* Kinde (seines Konstituierungsprozesses): nämlich zwischen seinem Individuationsstreben und der "noch-symbiotischen mütterlichen Hälfte" seines Selbst *als* Furcht vor dessen Bestrafung. Das Kind befindet sich in einem unauflöslichen Widerspruch. Um sich zu konstituieren, seine Ich-Strukturen entwickeln zu können, bedarf es der emotionalen Teilhabe der Mutter an diesem Prozeß. Versucht es *sich* aber zu konstituieren, so entzieht sie sich ihm. Sie entzieht sich ihm aber nicht als von ihm getrennte Person, sondern als Teil seines Selbst, und das bedeutet, der Liebesentzug der Mutter wird als ein Sich-selbst-Entzogensein erfahren. Diesen Widerspruch vermag das Kind nur dadurch zu verarbeiten, daß es – ihm entsprechend – sein Selbst *aufspaltet* in gute Selbst- und Objektvorstellungen (libidinöse Besetzung der Abhängigkeit und Passivität) und in böse (Liebesverlust, Entvitalisierung des Individuationsstrebens).

Diese intrapsychische Struktur indiziert in der Folge eine gespaltene Objekt- und Selbstbeziehung, an der sich in der therapeutischen Übertragungsbeziehung ablesen läßt, daß das Selbst in seinem Konstituierungsprozeß auf *halbem Wege* stehengeblieben ist, nämlich *in* dem *Übergang* von der symbiotischen Phase (der potentiellen Selbständigkeit) zur Selbständigkeit (dem realisierten Getrenntsein). Im nächsten Abschnitt wird diese Problematik ausführlich behandelt, wenn es darum geht, aus der Genese des Borderline-Syndroms heraus den Konstituierungsprozeß gelingenden Selbstseins verständlich zu machen. Zunächst möchte ich noch einmal auf Mahlers Fallbeschreibung zurückkommen: Ersichtlich wird hier meines Erachtens, was bei ihr unter "normaler Symbiose" zu verstehen ist. Ich möchte an dieser Stelle ausdrücklich betonen, daß es sich um meine Interpretation des Mahlerschen Symbiose-Begriffs handelt; Mahler selbst hat in Anlehnung an Freuds Triebkonzeption ein Verständnis von Symbiose formuliert, das sich an der Passivität und Undifferenziertheit des frühkindlichen Realitätserlebens orientiert. Demgegenüber ist aber den Beschreibungen ihrer empathisch teilnehmenden Beobachtungen gelingender und mißlingender Individuationsprozesse – und darauf stützt sich meine Interpretation – zu entnehmen, daß die symbiotische Phase innerhalb dieses Prozesses *als* conditio sine qua non "normaler", das heißt "gesunder" Individuation, wie Mahler konstatiert, durch die Bereitschaft der Mutter geprägt wird, ihr Kind *loszulassen*, es zur Unabhängigkeit zu ermutigen, was meiner Auffassung nach seinerseits darauf hindeutet, daß das Kind potentiell als gleichberechtigtes, selbständiges Wesen angesehen und nicht auf die passive Abhängigkeit von der Mutter, auf das bloße Gelebtwerden durch sie festgelegt wird.

Wie Mahlers Fallbeschreibung des Doppelaspektes der mütterlichen Interaktion – Abwendung bei Loslösung des Kindes und Zuwendung bei symbiotischer Abhängigkeit – zeigt, offenbart sich die Passivität, das bloße Geliebtwerden durch die Mutter als ihr eigenes, von *unmittelbarer* Befriedigung abhängige Selbst, also als das Abhängigsein des Selbstwertgefühls der Mutter vom Ungetrenntsein ihres Selbst vom Kinde. Das heißt: Die Passivität, das Geliebtwerden durch die Mutter erweist sich als das Gelebtwerden der Mutter durch ihr eigenes narzißtisches Selbst. Und dies bedeutet wiederum: Im *Mißlingen* der Loslösung des Kindes manifestiert sich die Abhängigkeit der Mutter von der Abhängigkeit ihres Kindes. Oder anders ausgedrückt: Ihr pathogenes Verhalten kennzeichnet die symbiotische Phase und bringt sich *als* Reaktion auf das Individuationsstreben ihres Kindes zum Ausdruck. Stellt die *Reaktion* der Mutter auf die Loslösung ihres Kindes aber nicht nur ihre fehlende Bereitschaft dar, das Kind loszulassen, sondern auch und vor allem dasjenige, *als was* ihr die Symbiose bedeutet, so bringt sich die Reaktion selber *als* Negation allen Unabhängig- und Selbständigseins und damit als Negation von Aktivität überhaupt zur Sprache. Dementsprechend indiziert die symbiotische Mutter-Kind-Beziehung das Mißlingen des Loslösungs- und Individuationsprozesses, so daß man nicht allein vom Mißlingen der Loslösung sprechen darf, sondern bereits von dem der symbiotischen Beziehung. Gegenüber der Entstehung von Psychosen, die auf die Entseelung des Selbst aufgrund des Nicht-Zustande-Kommens der symbiotischen Beziehung zurückzuführen ist, besteht das Mißlingen dieser Beziehung in unserem Beispiel darin, daß die liebevolle Zuwendung der Mutter ihrem eigenen Selbst als der totalen Abhängigkeit des Kindes von ihr gilt. Insofern kann auch hier von einem Nicht-Zustande-Kommen dieser Beziehung gesprochen werden, aber nur insofern, als dasjenige, worauf sich die Mutter bezieht, in der Beziehung nicht als ein von ihr Unabhängiges, Selbständiges vorkommt, sondern sie selbst (als Teil ihres Selbst) ist; sofern also die symbiotische Beziehung als Beziehung der Mutter auf sich selbst fungiert. Evident scheint demnach zu sein: Die symbiotische Beziehung ist durch die "beiderseitige präverbale Empathie zwischen Mutter und Kind" gekennzeichnet (1975, S. 104) und als solche *ist* sie das Einssein in der *Differenz*.

Versteht man die symbiotische Phase als das Auf-dem-Weg-sein zur Individuation, dann dürfen die Phasen dieses Konstituierungsprozesses des Selbst nicht als getrennte, voneinander unabhängige Entwicklungsschritte begriffen werden. Auf dem ihnen gemeinsamen Grunde der symbiotischen Beziehung stellen sie jeweils spezifische Ausprägungen des intrapsychischen und intersubjektiven In-Beziehung-Seins des Kindes dar, oder anders gesagt: in ihnen bringt sich die symbiotische Beziehung *als* das Medium des Individuationsstrebens zum Ausdruck. Darin scheint mir die *Universalität* des symbiotischen Ursprungs der conditio humana zu bestehen: daß nämlich in dem und durch den Konstituierungsprozeß des Selbst das verwirklicht wird, als was sich das Subjekt in der Symbiose vorfindet. Obwohl Mahler, wie ich bereits sagte, weder den Begriff der Universalität noch den der conditio humana explizit gemacht hat, so ergibt sich doch aus ihren Interpretationen und den Konsequenzen, die sie aus ihrem klinischen Beobachtungsmaterial zieht, ein durchaus evidentes Bild ihres theoretischen Ansatzes, durch das die Annahme begründet erscheint: Die Symbiose besitzt insofern Universalität, als sich die conditio humana durch sie und in ihr *als* die Fähigkeit der Intersubjektivität offenbart.

In der symbiotischen Phase wird das Bedürfnis *direkter* Befriedigung zum Wunsch, das heißt zu einer objektgebundenen Sehnsucht. (1989, S. 221; 1975a, S. 1081) Dieses *Umschlagen* vom Bedürfnis in eine aufs bedürfnisbefriedigende Objekt sich beziehende Sehnsucht begründet sich durch die potentielle Fähigkeit der Intersubjektivität; und dieses Umschlagen realisiert sich *als* das Einssein in der *Differenz* vermittelt durch diese Fähigkeit als das *mit*fühlende Sicheinfühlen in dieses Umschlagen. Dementsprechend identifiziert Mahler die "Gefahr" seines Scheiterns als die des Mißlingens der Individuation

– in der symbiotischen Phase mit dem "Selbstverlust" und

– in dem Loslösungs- und Individuationsprozeß mit der "Furcht des Verlustes der Liebe des libidinösen Objekts". (1989, S. 221f.)

Mahlers Hypothese von der Universalität des symbiotischen Ursprungs der conditio humana gründet in dem aus ihren klinischen Beobachtungen entwickelten objektbeziehungstheoretischen Ansatz, der sich wie folgt zusammenfassen läßt: Die conditio humana *ist* die liebende Zuwendung *als* die Empathie des Einsseins in der *Differenz*.

4. Otto F. Kernberg: Die "Borderline-Persönlichkeitsorganisation"

Zur Begründung der Konstituierung des Selbst[5]

> "Die Unfähigkeit dieser Patienten, libidinös und aggressiv determinierte Selbst- und Objektbilder zu integrieren, zeigt sich darin, daß sie Objektbeziehungen entweder bedürfnisbefriedigender oder bedrohlicher Natur aufrechterhalten. Sie sind nicht fähig, sich in Objekte in ihrer Ganzheit einzufühlen. Ihre Objektbeziehungen haben den Charakter von Partial-Objektbeziehungen."
> Kernberg: "Objektbeziehungen und Praxis der Psychoanalyse", S. 148

Vorbemerkung

Bis in die sechziger Jahre hinein blieben psychiatrische und psychoanalytische Bemühungen erfolglos, die Ätiologie einer Psychopathologie aufzuklären, deren komplexes Erscheinungsbild sowohl durch neurotische als auch durch psychotische Anteile imponierte. Im *Grenzbereich* zwischen Psychose und Neurose – oder unter genetischem Gesichtspunkt betrachtet: als das *Zwischen* dualer (der Mutter-Kind-Beziehung als der "prädipalen" Entwicklungsphase, in welcher die Genese der Psychosen gesehen wird) und triangulärer Beziehung (der "ödipalen" Entwicklungsstufe, in welcher man den Kernkomplex der Neurose, die Genese des Ödipuskomplexes erblickt) – bildet diese Psychopathologie eine eigenständige nosologische Entität: Sie führt sich zurück auf eine spezifische Genese, weshalb auch ihre psychodynamische Entwicklung als *nicht mehr* neurotisch und *noch nicht* psychotisch ein von der Psychose und von der Neurose klar unterschiedenes Krankheitsbild zeigt.

Die erfolglosen Bemühungen der Psychiatrie und der Psychoanalyse, die Ursachen aufzuklären, die zur Entstehung des "Borderline-Syndroms" führen, brachten sich in den klinischen Beobachtungen mißlungener Therapien zum Ausdruck. Das Scheitern der Behandlungen, "bei denen (...) ein nichtmodifiziertes psychoanalytisches Verfahren angewandt worden war" (Kernberg 1988, S. 4), ließ die Vermutung aufkommen, daß die traditionelle Sichtweise der Psychoanalyse, nach welcher sich die Diagnostik an der Trieb- und Ödipustheorie und der ihr zugrundeliegenden Instanzen-Konzeption der intrapsychischen Strukturen von Es, Ich und Über-Ich orientiert, korrekturbedürftig ist. Das komplexe, in sich widersprüchlich erscheinende Krankheitsbild des Borderline-Patienten ließ sich mit den Kategorien der Entwicklungsstufen der Libidoentwicklung nicht hinreichend beschreiben, und die Ursachen dieser Pathologie ließen sich weder eindeutig auf Konflikte der präödipalen noch der ödipalen Entwicklungsphase zurückführen.

Unter den folgenden, deskriptiv gefaßten Phänomenen der Borderline-Persönlichkeitsstruktur wie: die Unfähigkeit zu vertrauensvoller Abhängigkeit aber auch zur Unabhängigkeit; die Unfähigkeit, Gefühle anderer zu verstehen; das Fehlen differenzierter Gefühle der Trauer; die Ausnutzung Anderer zur Befriedigung eigener Bedürfnisse, ohne dabei Schuldgefühle zu empfinden; starke Aggression; primitive Arten von Größenwahn; (Kernberg 1978, S. 261–264, S. 311f.) – unter diesen Phänomenen haben insbesondere zwei, nach der herkömmlichen Diagnostik sich widersprechende Phänomene wesentlich zur Unklarheit über die Psychopathogenese von Borderline-Zuständen geführt: Dies ist zum einen die Fähigkeit dieser Patienten zur "Realitätsprüfung", und dies ist zum anderen ihre starke Neigung, Sozialpartner als "nur gut oder nur schlecht (böse) wahrzunehmen" (1988, S. 3), also jene auffällige Neigung der Patienten, "Spaltungsmechanismen" in ihren Beziehungen zu Anderen zu benutzen.

Die Unklarheit über die Entstehungsgeschichte der Borderline-Pathologie entsprach der Unsicherheit in der Diagnostik, so daß diese Patienten nur allzu oft für präpsychotisch oder gar für psychotisch gehalten wurden. Entsprechend einer solchen Diagnose mißlang die Therapie, und zwar so, daß "bei Anwendung der klassischen psychoanalytischen Methode (...) Störungen der Realitätsprüfung bis hin zum Auftreten von Wahnideen, die jedoch auf die Übertragung beschränkt" blieben, beim Patienten zu beobachten waren. (Kernberg 1978, S. 20) Zusammenfassend trifft Kernberg die Feststellung: "Borderline-Patienten widersetzten sich allen Bemühungen, die Herkunft ihrer Psychopathologie auf die übliche Art zu erklären – das heißt, indem man sie auf der libidinösen Entwicklungslinie mit ihren Stufen einordnete." (1988, S. 4)

Erst indem man Freuds metapsychologisches Instanzenmodell der dreiteiligen Struktur von Es, Ich und Über-Ich aus der psychodynamischen Entwicklung der Internalisierung der *Beziehung* des Subjekts zu seinem Objekt zu verstehen versuchte und indem man die traditionelle Trieb- und Ödipustheorie aus der Perspektive der *Entwicklung* dieser intrapsychischen Strukturen wahrnahm, als die sich jene dialektische Beziehung niederschlägt, gelang es, die psychologischen Faktoren zu beschreiben, die zum Borderline-Syndrom führen und die "Ich-Pathologie" dieser Patienten differentialdiagnostisch sowohl von den Neurosen als auch von den Ich-Störungen bei Psychosen abzugrenzen.

Die Arbeiten von Helene Deutsch über "Als ob"-Persönlichkeiten (1934) dürfen als ein erster fundamentaler Beitrag zum Verständnis der Pathologie der verinnerlichten Objektbeziehungen der Borderline-Persönlichkeit gewertet werden. Edith Jacobsons Werk über "Das Selbst und die Welt der Objekte" (1964, dtsch. Ausgabe 1978) gibt seinerseits einen wesentlichen Aufschluß über die pathologische Entwicklung der Ich- und Über-Ich-Strukturen in Bezug auf die pathologischen Objektbeziehungen dieser Patienten. Und Margaret Mahlers gründliche Analysen der frühkindlichen Entwicklung, der grundlegenden Auswirkungen einer pathologischen symbiotischen Phase und des Loslösungs- und Individuationsprozesses auf die Ich-Entwicklung des Kindes und seiner späteren zwischenmenschlichen Beziehungen haben das Verständnis der Psychopathogenese der Borderline-Persönlichkeitsstruktur sowie das einer spezifischen, modifizierten Behandlung wesentlich bereichert: Aufgrund von Mahlers klinischen Beobachtungen des

Loslösungs- und Individuationsprozesses auf dem Grunde einer symbiotischen Mutter-Kind-Beziehung ist man inzwischen übereinstimmend zu der Auffassung gelangt, daß die Borderline-Symptomatik *zwischen* der symbiotischen Phase und dem Individuationsstreben des Kindes entsteht, nämlich in der "Subphase der Wiederannäherung", das heißt dort, wo sich die Mutter dem "emotionalen Auftanken" des sich seines Getrenntseins bewußt werdenden Kindes verweigert. Die Fähigkeit des Borderline-Patienten zur Realitätsprüfung erklärt sich aus der zu diesem Zeitpunkt der psychischen Entwicklung des Kindes bereits bestehenden Fähigkeit, sich selbst vom Nicht-Selbst zu unterscheiden, während seine paranoiden Neigungen sich auf die traumatisierende Erfahrung seiner durch die Mutter negativ besetzten (positiven) inneren Strebungen nach Autonomie zurückführen.

Nach Kernbergs Objektbeziehungstheorie, die, Rohde-Dachser zufolge, "mittlerweile die herrschende Lehrmeinung repräsentiert" (1979, S. 489), leitet sich das Borderline-Syndrom aus eben dieser Traumatisierung des von Mahler beschriebenen Individuationsstrebens des Kindes her. Die Symptomatik dieser Psychopathologie, so wie Kernberg sie aus der Borderline-Übertragung heraus interpretiert, verweist darauf, daß der Patient gleichsam auf *halbem Wege* der Konstituierung seines Selbst stehengeblieben ist: Obschon er über eine intakte Fähigkeit der Differenzierung zwischen Selbst und Nicht-Selbst verfügt, ist er nicht imstande, "Objektkonstanz" zu entwickeln, das heißt, eine Repräsentanz des guten Objekts *und* des versagenden Objekts, also widersprüchliche Repräsentanzen seiner Innen- und Außenwelt zu synthetisieren und in sein Selbst zu integrieren. Der "Mangel einer Synthese von widersprüchlichen Selbst- und Objektrepräsentanzen beeinträchtigt (...) die Herstellung von 'Ganz'-Objekt-Beziehungen". (1988, S. 13) Folglich – so Kernberg – ist der Borderline-Patient nur zu "Teil-Objekt-Beziehungen" fähig: Er verhält sich zu sich so, als wäre er selbst das mütterliche Teilobjekt, nämlich jener pathologische Teil des mütterlichen Selbst, mit dem er sich unter dem Druck ihres Liebesentzugs (seines Individuationsstrebens) identifiziert hat. Deshalb vermag sich der Borderline-Patient auf Andere nur so zu beziehen, daß er sich in "projektiver Identifikation" auf sie bezieht, das heißt: indem er sich mit dem projizierten bedürfnisbefriedigenden (guten) Teil oder dem bedrohlichen, weil versagenden (bösen) Teil seines Selbst identifiziert: kurz, indem er den Anderen in entgegengesetzte Komponenten *aufspaltet*.

"Die Objektbeziehungstheorie nimmt einen Vermittlungsbereich ein zwischen der psychoanalytischen Metapsychologie einerseits und direkten klinischen Formulierungen in der psychoanalytischen Situation andererseits." Sie "betont die Einzigartigkeit des Individuums. Sie erforscht die Entwicklung eines stark individualisierten Selbst, einer Persönlichkeit, die sich ihrer selbst und anderer Menschen bewußt ist, und sie erforscht die Entwicklung tiefer zwischenmenschlicher Beziehungen als einer der bedeutsamsten Voraussetzungen für die Erfüllung persönlicher psychischer Bedürfnisse. Ich glaube, daß die Objektbeziehungstheorie eine Synthese ist aus einer eher unpersönlichen psychoanalytischen Metapsychologie, individueller Psychologie und Psychopathologie und der Anerkennung der Tatsache, daß der Mensch seine biologische und psychische Entwicklung übersteigt. In dieser Hinsicht verbindet die psychoanalytische Objektbeziehungstheorie die Psychoanalyse als Wissenschaft mit einer humanistischen Philosophie vom Menschen." (Kernberg 1988, S. 20; 1988a, S. 134f.)

Kernbergs Definition von Objektbeziehungstheorie wirft zwei Fragen auf:

1. Worin bestehen die anthropologischen Implikationen seiner klinisch-theoretischen Entwicklungskonzeption gelingender Selbst-Konstituierung, und was folgt aus ihr für das Verständnis von *Normalität* als das *Gelingen* von Selbstsein?

2. Welches *Menschenbild* verbirgt sich hinter jener Synthetisierung, *als* die die Theorie seiner Subjekt-Objekt-Beziehung fungiert, wenn sie die duale Trieb- und Ödipustheorie der traditionellen Psychoanalyse mit "einer humanistischen Philosophie vom Menschen" verknüpft?

In den folgenden Abschnitten wird der Versuch unternommen, aus Kernbergs Theorie der "Borderline-Persönlichkeitsorganisation" heraus diese Fragen zu beantworten. Damit ist meiner Auseinandersetzung mit Kernbergs theoretischer Konzeption gesunden und kranken Seelenlebens und der sie begründenden klinischen Analysen des Borderline-Syndroms eine bestimmte Zugangsweise vorgezeichnet: Aus seinem Verständnis der Psychopathologie und der Genese der Borderline-Persönlichkeitsstruktur werden – ex negativo – die von Kernberg unausgesprochen vorausgesetzten anthropologischen Grundannahmen herauszuarbeiten sein. Dabei dienen mir zwei weitere Fragen als Leitfaden:

– Was hat Kernberg für einen Begriff von *Ganzheit*: Was verbirgt sich hinter seinem Begriff der "Ganzobjekt-Beziehung" in bezug auf die Entwicklung gesunden Seelenlebens?

– Woraus leitet sich der *Drang* des Subjekts zur "Synthetisierung" widersprüchlicher Selbst- und Objektrepräsentanzen her?

a) Das "Borderline-Syndrom" – Klinische Merkmale

"Die meisten Patienten kommen heute nicht mehr mit bestimmten, fest umrissenen Symptomen in die Psychotherapie – etwa den Symptomen einer Zwangsvorstellung oder einer Phobie –, wie es zu Freuds Zeiten der Fall zu sein schien. Vielmehr ist ihre Beschwerde allgemeiner und vager – sie gewinnen zu wenig Befriedigung aus ihrem Leben." (Masterson 1980, S. 23) Zu dieser Feststellung gelangt der amerikanische Psychiater James Masterson aufgrund seiner empirisch-klinischen Erforschungen von "Persönlichkeitsstörungen" hospitalisierter Jugendlicher, bei denen immer häufiger das klinische Bild der Borderline-Symptomatik als das der Neurose diagnostiziert wird. Offenkundig ist die Adoleszenz ein typisches "Ersterkrankungsalter", in dem die Borderline-Symptomatik aufbricht. Wie in der Adoleszenz, so tritt diese Erkrankung meist in *Grenzsituationen*, das heißt in lebensgeschichtlichen *Übergängen* auf, wo sich der Mensch aus alten Bindungen lösen und seinen Standort in der Welt, sein Selbst- und Weltverhältnis neu bestimmen muß. Daß Menschen mit einer Borderline-Persönlichkeitsstruktur gerade in solchen biographischen Übergangssituationen scheitern, mag dem abstrakten nosologischen Begriff dieses Krankheitsbildes seine inhaltliche Begründetheit verliehen haben. Das diffuse Beschwerdebild dieser Patienten enthüllt jedoch nach sorgfältigen Untersuchungen, daß sich das Leiden des Patienten vor allem in Beziehungen zu anderen Menschen manifestiert: Seine Haltlosigkeit; das Leben und Erleben von Extremen, entweder der eigenen Nichtigkeit oder der eigenen Allmacht; die starke Abhängigkeit von anderen Menschen und die Angst vor deren Nähe; die Angst vor dem Leben schlechthin und das Gefühl innerer Leere und Gefühlslosigkeit – sind auf eine "ernsthafte Störung" der menschlichen "Schlüsselfähigkeit" (S. 16) zurückzuführen: Es ist dies die *Beziehungsfähigkeit*.

Die Komplexität des Krankheitsbildes und die heterogen erscheinenden Symptome des Borderline-Syndroms bringen eigens zur Sprache, daß die Beziehungsunfähigkeit alle psychischen Fähigkeiten des Patienten affiziert und daß deren Aufklärung einer therapeutischen Sichtweise bedarf, die nicht Einzelaspekte des komplexen Symptom-Systems isoliert und als voneinander unabhängig betrachtet, sondern die das Zusammenwirken der einzelnen Symptome und deren prozeßhaftes Geschehen untereinander in den Blick nimmt.

Das Leiden des Borderline-Patienten darf als *fundamentales* Leiden bezeichnet werden. Sofern nämlich die Beziehungsunfähigkeit sein Selbst- und Weltverhältnis fragmentiert, bleibt der Patient in einem Zustand zurück, der ihn abtrennt von der Welt und der ihn trennt von sich, aufspaltet *in sich*.

Masterson spezifiziert dieses von mir als *fundamental* bezeichnete Leiden des Borderline-Patienten, indem er – in Erinnerung an Freud, der die Wiederherstellung der Fähigkeit "zu lieben und zu arbeiten" als therapeutisches Ziel beschrieb – die "Unfähigkeit zu lieben und arbeiten" als die zentrale Störung der Borderline-Persönlichkeit versteht.

Masterson illustriert anhand der Selbstaussage einer seiner Borderline-Patienten die widersprüchliche Grundstruktur des Selbst, die sich in der Unfähigkeit zu lieben zum Ausdruck bringt:

"Betty (...), die mit 31 Jahren eine erfolgreiche Innenarchitektin war, klagte über ihre Beziehung zu Bert, dem Mann, mit dem sie während der vergangenen Jahre zusammen gelebt hatte: 'Ich bin 31, werde alt und möchte heiraten und Kinder haben. Unsere Beziehung entwickelt sich nicht, hört aber auch nicht auf. Er ist jünger als ich und geschieden. Wir fanden einander sofort sehr anziehend, und nach ein paar Monaten beschlossen wir zusammenzuziehen. Er ist der erste Mann, mit dem ich seit meiner Scheidung von meinem Mann – damals war ich Anfang zwanzig – soviel Zeit verbracht habe. Er möchte weder heiraten noch Kinder haben und als ich vorschlug, wir könnten doch heiraten, drohte er, mich zu verlassen. Wir schienen keine Probleme zu haben – bis zu diesem Augenblick.

Meine Beziehung zu Männern ging immer in die Brüche. Meinen Mann konnte ich nicht ertragen. Ich kann niemanden zu nahe bei mir ertragen. In bezug auf Männer lebe ich in einer Welt der Phantasie oder Illusion. Ich ignoriere einfach, was bei ihnen nicht stimmt, wenn sie mir sagen, daß ihnen etwas an mir liegt. Ich hatte eine zwei Jahre dauernde Affäre mit einem labilen, aber aufregenden verheirateten Mann, obgleich ich eigentlich wußte, daß es so nicht weitergehen konnte.

Die Realität deprimiert mich. Ich laufe vor ihr weg, indem ich arbeite. Ich bin in meiner Arbeit sehr erfolgreich und habe viele Freunde, aber ich werde sehr tyrannisch, weil ich fürchte, daß Bert mich wegen eines anderen Mädchens verlassen könnte. Mit meinen Forderungen nach Bestätigung habe ich schon mehrere Männer vertrieben.

Im Grunde traue ich keinem Mann und habe wenig Hoffnung, daß eine wirkliche Beziehung möglich ist. Ich bin zu Tode erschrocken bei dem Gedanken, allein zu sein. Als ich Bert mit Heirat konfrontierte und er drohte, mich zu verlassen, brach ich in Panik aus und flehte ihn an zu bleiben. Ich bin am Ende meiner Weisheit. Ich weiß nicht, was ich tun soll. Kann nicht mehr bei ihm bleiben, kann ihn aber auch nicht verlassen. Jetzt bin ich die meiste Zeit deprimiert und reizbar.'" (S. 20f.)

Die Unfähigkeit zu lieben zeigt sich in diesem Beispiel darin, daß die Patientin, so sehr sie auf der einen Seite niemanden zu nahe bei sich – wie sie sagt – zu ertragen vermag, auf der anderen Seite durch anklammerndes Verhalten diese Nähe von sich aus herzustellen versucht, indem sie in einem gemeinsamen Kind sich mit dem Partner für immer vereint wissen will. Ihre Angst, verlassen zu werden, korrespondiert mit ihrem Bedürfnis, im Anderen aufzugehen, während dies zugleich Angst erzeugt, in diesem Einssein als Teil ihres Partners zu fungieren. Es sind offenkundig die "widersprüchlichen Ichzustände" (Kernberg), in welchen die Unfähigkeit zu lieben gründet und die das Leiden der Patientin *unter sich selbst* verursachen.

Widersprüchliche Ichzustände werden vom Borderline-Patienten abwechselnd aktiviert, um das Selbst vor Erlebnissen seiner inneren Widersprüchlichkeit und vor widersprüchlichen Erfahrungen mit Sozialpartnern zu schützen. Solange sich diese widersprüchlichen Ichzustände voneinander getrennt halten lassen, wird die Konfrontation des einen Zustandes mit dem anderen und die damit untrennbar verbundene Angst "vermieden oder unter Kontrolle gehalten". (Kernberg 1988, S. 6) Dieser auf *Spaltung* persistierende Verhaltensmechanismus des Borderline-Patienten führt sich nach Mahler und Kernberg auf ungelöste Konflikte seines Loslösungs- und Individuationsprozesses zurück. Beiden Auffassungen zufolge ist für das Verständnis von Borderline-Phänomenen die Spaltung des Mutterbildes von grundlegender Bedeutung. Es handelt sich um die Bedeutung der "Versöhnung und damit der Integration des Bildes der einstmals 'guten' symbiotischen Mutter, nach der wir uns 'von der Wiege bis zum Grabe' sehnen, damit dieses Bild sich mit der Repräsentanz der ambivalent geliebten 'Mutter nach der Loslösung' vereinigt, die gefährlich, weil potentiell wiederverschlingend ist". (Mahler 1979, S. 360) Die widersprüchlichen Ichzustände beziehen sich sowohl auf die böse "Mutter der Trennung", die sich für den Patienten mit der Erfahrung des Verlassen- und Fallengelassenwerdens verbindet, als auch auf die symbiotische Mutter, die das Erleben des Verschlungenwerdens, des Individuation Verhindernden verkörpert. Rohde-Dachser bemerkt hierzu, daß die Spaltung zwischen diesen beiden Mutter-Imagines aufrechterhalten bleibt und alle "späteren heterosexuellen Objektbeziehungen dieser Patienten" prägt. Borderline-Patienten sind "ewig auf der Suche", und sie machen immer wieder die Erfahrung, "daß die endlich gefundene 'gute' Mutter-Frau sich in die 'Mutter der Trennung' verwandelt. Die Patienten tun das ihre, um diesen Umschwung herbeizuführen, aus Angst vor Wiederverschlingung und/oder um die antizipierte Katastrophe nicht passiv abwarten zu müssen". (Rohde-Dachser 1983, S. 162)

Diagnostische "Verdachtsmomente" erschließen sich bei Patienten mit Borderline-Persönlichkeitsstruktur nicht auf den ersten Blick, denn diese Patienten "kommen häufig mit dem Angebot einer auf den ersten Blick als 'typisch neurotisch' imponierenden Symptomatik". (Kernberg 1978, S. 25) Erst nach einer eingehenden differentialdiagnostischen Abklärung der Abgrenzung ihrer Symptomatologie gegenüber Neurosen und gegenüber Psychosen ist das Krankheitsbild ihrer spezifischen Persönlichkeitsstruktur beschreib- und erklärbar. Von entscheidender diagnostischer Bedeutung ist für Kernberg hierbei, daß die additive Aneinanderreihung einzelner spezifischer Symptome nicht zu einer hinreichend begründbaren Diagnose führen kann: das heißt, daß bei einer deskriptiven Symptomatik – beispielsweise bei beobachteten Störungen in der Realitätswahrnehmung, regressiver Neigungen des Selbst, des Vorherrschens von Spaltungsmechanismen – bei dem Therapeuten der Verdacht aufkommt, es handle sich um eine beginnende Schizophrenie. Gegenüber der deskriptiven Symptomatik ist für Kernberg ein Perspektivenwechsel in der Diagnostik von entscheidender Bedeutung, und zwar so, daß man die *Beziehung*, die die neurotisch imponierenden Symptome untereinander besitzen, in den Blick bekommt, weil sich erst aus dem, *wie* sie aufeinander bezogen sind, jene bestimmte, für Borderline-Patienten typische Konfiguration erkennen läßt. Grundsätzlich läßt sich sagen, daß die neurotischen Symptome beim Borderline-Patienten als Abwehr gegen den Ausbruch der Psychose fungieren, während sie beim neurotischen Patienten der Abwehr entsprechender Triebregungen (Freud 1924b, S. 359) dienen. "Die endgültige Diagnose hängt in jedem Fall nicht von der deskriptiven Symptomatik ab, sondern vom Nachweis der charakteristischen Ichstörung" (Kernberg 1978, S. 26), welche sich in einer für Borderline-Patienten spezifischen Konfiguration des pathologischen Ich zum Ausdruck bringt. Kernberg schlägt deshalb vor, "die breite Vielfalt dieser Psychopathologie eher *Borderline-Persönlichkeitsorganisation* zu nennen als 'Borderline-Zustände' oder einfach 'Borderline', da es sich zeigt, daß diese Patienten nicht nur akute oder chronische Übergangsstadien zwischen den Neurosen einerseits und den Psychosen andererseits repräsentieren, sondern eine spezifische und erstaunlich stabile Form pathologischer Ichstruktur aufweisen". (Kernberg 1988a, S. 47)

Die sogenannte "Ich-Schwäche" des Borderline-Patienten gründet in seiner psychopathogenen Objektbeziehung. Pathologisch ist die Beziehung zwischen ihm und seinem Objekt insofern, als *Objektbeziehung* immer soviel bedeutet wie entweder *Selbstverlust* (Vermeidung von Individuation) oder *Liebesverlust* (Verlust des libidinösen Objekts bei Individuation). Gleichzeitig benötigt der Borderline-Patient aber das Objekt, um nämlich diesen Widerspruch mit ihm und durch es aufheben, das heißt, um sich mit sich selbst und darin mit seinem Objekt versöhnen zu können. Die Ich-Schwäche fungiert demnach im Sinne Mahlers als "Erhaltungsmechanismus": Um Überleben zu können, muß dieser Widerspruch in seinem Selbst- und Weltverhältnis aufrechterhalten und gleichsam *gelebt* werden. So gesehen verkörpert die Ich-Schwäche einen psychischen Mechanismus, der im Dienste des Überlebens des Patienten steht. Und sie ist, aus dieser Innenperspektive betrachtet, *als* die Stärke seines Ichs zu verstehen. In der deskriptiven Analyse der Borderline-Persönlichkeitsstruktur ist demgegenüber notwendigerweise immer nur von Defizienzmerkmalen seiner Ichstruktur, von Ich-Defekten, eben von Ich-Schwäche die Rede. Was bei Borderline-Patienten "wie eine niemals gelungene Ich-Integration oder sogar wie eine konstitutionelle Ich-Schwäche anmutete" – so Rohde-Dachser 1979 in bezug auf Wolberg ("The Borderline Patient", 1973) – "stelle in Wirklichkeit eine zwar pathologische, aber durchaus aktive Abwehrleistung dar, die – da die Abwehr eine Leistung des Ichs ist – sogar ein relativ entwickeltes und starkes Ich voraussetzte. Der Eindruck des Defekts werde vor allem dadurch hervorgerufen, daß diese Abwehr vielfach auch die kognitiven Funktionen und die Funktion der Wahrnehmung affiziere. Die partielle Ausschaltung dieser Funktionen im Dienste der Abwehr werde aber nur notwendig, wenn diese Funkionen im Grunde intakt und der Patient somit in der Lage sei, konflikthafte Inhalte wahrzunehmen und ins Bewußtsein dringen zu lassen." (S. 490)

Kernbergs klinischen Beobachtungen zufolge sind die auf die pathologische Objektbeziehung zurückzuführenden widersprüchlichen Ichzustände des Borderline-Patienten, die er in Form von "Spaltungsmechanismen" reaktiviert, als "spezifische Abwehrorganisation" des Ich zu verstehen, die sich in seinen Beziehungen zu Anderen als "alternierende Aktivierung" seiner widersprüchlichen Ichzustände manifestiert. Obwohl sich die

Patienten "des eminenten Widerspruchs in ihrem Verhalten bewußt" sind, wechseln sie "zwischen gegensätzlichen Strebungen mit kühler Leugnung der Implikationen dieses Widerspruchs und zeigen einen erstaunlichen Mangel an Betroffenheit in bezug auf diese 'Segmentierung' ihrer Psyche". (Kernberg 1988a, S. 14) Eine Erklärung für diesen Sachverhalt ergibt sich für Kernberg aus seinen Beobachtungen von Borderline-Übertragungssituationen, in denen sich regelmäßig zeigte, daß jeder dieser "abgespaltenen Ichzustände eine spezifische, recht auffällige Übertragungsdisposition des Patienten repräsentierte. Es war so, als ob jeder dieser Ichzustände ein selbständiges Übertragungsparadigma darstellte, eine hochentwickelte regressive Übertragungsreaktion, in der eine spezifische internalisierte Objektbeziehung in der Übertragung aktiviert wurde" (S. 15), das bedeutet: "frühe, konflikthafte Objektbeziehungen werden in der Übertragung (...) in Verbindung mit voneinander abgespaltenen Ichzuständen aktiviert" (S. 16), welche ihrerseits "die 'unverdaute' internalisierte Objektbeziehung repräsentieren". (a.a.O.)

Daß der Borderline-Patient einen bewußtseinsmäßigen Zugang zu dem Widerspruch in seinem Verhalten besitzt, ohne darüber eine Betroffenheit zu empfinden, besagt: er hat ein Bewußtsein sowohl von dem einen als auch von dem anderen Ichzustand seines Verhaltens; und es besagt offenkundig nicht, daß ihm der Widerspruch als solcher bewußt ist, das heißt, daß ihm sein Verhalten *als* das Aufrechterhalten seiner kontrastierenden, abgespaltenen Ichzustände erfahrbar ist. Um den Widerspruch als Widerspruch erfahren zu können, muß das Subjekt über die Fähigkeit der Synthetisierung und Integration der widersprüchlichen Ichzustände verfügen. Sofern der Borderline-Patient aber lediglich die Fähigkeit der *Differenzierung* besitzt, ist ihm zwar *sowohl* der eine *als auch* der andere Zustand bewußt; nicht bewußt hingegen ist ihm das *Synthetisierungsverbot*, als welches sich in seinem Verhalten die Aktivierung jener widersprüchlicher Zustände zeigt. Und das bedeutet: Der bewußtseinsmäßige Zugang zu den sich widersprechenden Verhaltensweisen *bezieht* sich auf deren Synthetisierungsverbot, aber so, daß dies *verleugnet* wird; verleugnet wird es aber um der *Differenzierung* willen, als die jener bewußtseinsmäßige Zugang die Aufrechterhaltung seiner Selbst-Grenze garantiert.

Kernberg illustriert den "Spaltungsmechanismus", den er bei Borderline-Patienten als einen "aktiven Abwehrvorgang" diagnostiziert (und den er als solchen, wie sich noch später zeigen wird, gegenüber jener Funktion, die er für Psychotiker besitzt, abhebt) an einem Fallbeispiel:

"Der Patient war ein Mann Ende dreißig, der mit der Diagnose einer paranoiden Borderline-Charakterstruktur und der Empfehlung für eine expressive Psychotherapie an mich überwiesen worden war. Während des dritten Gesprächs begann er, mich heftig zu beschuldigen, daß ich ihn auf der Straße gesehen und nicht begrüßt hätte. Während der beiden ersten Sitzungen hatten wir über seine größte Angst gesprochen, nämlich die, daß die Leute denken könnten, er sei homosexuell, und daß eine Frau, mit der er den Geschlechtsverkehr nicht hatte vollziehen können, aus Rache dieses Gerücht ebenfalls verbreiten könnte. Der plötzliche Ausbruch seiner Wut gegen mich während der dritten Sitzung war sehr intensiv. Seine Beschuldigungen implizierten, daß ich ihn aufgrund dessen, was er mir über sich selbst erzählt hatte, verachtete, und daß ich, während ich zwar bereit war, ihm zuzuhören, solange ich in meinem Sprechzimmer saß, doch in meinem Leben außerhalb der Behandlungssituation für Menschen wie ihn nur Verachtung und Abscheu empfände. Aufgrund meines unterlassenen Grußes war dies für ihn vollkommen deutlich.

Es zeigte sich bald, daß die Intensität seiner Wut nicht nur damit zusammenhing, daß er sich von mir angegriffen und verachtet fühlte, sondern auch mit seiner ohnmächtigen Wut angesichts seines Gefühls, daß ich für ihn sehr wichtig zu werden begann, daß er mich sehr brauchte und daß er trotz seiner Wut seine Therapie nicht würde abbrechen können. Nachdem er während der folgenden Sitzungen immer wieder seine Wut über mich in verbalen Angriffen geäußert hatte, änderte er plötzlich seine Haltung. Er kam dreimal wöchentlich zu mir, und nach etwa eineinhalb Wochen, in denen er sich so verhalten hatte, wie ich es eben beschrieben habe, entschuldigte er sich sehr für seine Feindseligkeit und bedankte sich überschwenglich dafür, daß ich geduldig mit ihm gewesen war und ihn nicht, wie er erwartet hatte, hinausgeworfen hatte. Er sagte, daß es ihn nun schmerzte, ein so intensives positives Gefühl mir gegenüber zu empfinden, daß es unmöglich sei, mir dies wirklich deutlich zu machen, und daß jedes Fernsein von mir schwer zu ertragen sei. Mit Tränen in den Augen sprach er über seine tiefe Bewunderung für mich, über seine Dankbarkeit und die schmerzliche Sehnsucht, mich zu sehen, die die Zeit zwischen den Sitzungen außerordentlich lang werden ließ. Ein paar Wochen später verfiel er wieder in die Haltung und die Gefühle, die zu seinem ersten wütenden Ausbruch gehörten. Wiederum sprach er von seinem tiefen Haß auf mich, griff mich aus einer sadistischen, geringschätzigen Haltung heraus mit Worten an und war an diesem Punkt offenbar vollkommen unfähig, sich irgendeines positiven Gefühls oder einer positiven Meinung in bezug auf mich bewußt zu sein, die er früher ausgesprochen hatte. Während des Zeitraumes, in dem er intensive Gefühle von Liebe und Sehnsucht mir gegenüber äußerte, war er ebenso vollkommen unfähig, sich irgendeines negativen Gefühls bewußt zu sein, obwohl er sich sehr deutlich an die Tage erinnerte, an denen seine Gefühle seinem jetzigen psychischen Zustand genau entgegengesetzt gewesen waren. Dasselbe galt für seine guten Gefühle an den Tagen, an denen er nur böse Gefühle für mich äußern konnte.

Dieser Patient erinnerte sich daran, böse Perioden durchgemacht zu haben, in denen ihn Gefühle beherrschten, die seinen augenblicklichen absolut entgegengesetzt waren, aber die Erinnerung daran hatte keinerlei emotionale Realität für ihn. Es war, als ob zwei Selbste existierten, die gleich stark waren und vollkommen getrennt in ihrem Emotionen, wenn auch nicht in der Erinnerung des Patienten, und die sich in seiner bewußten Erfahrung abwechselten. Diese aufeinanderfolgende Aktivierung konträrer Ichzustände würde ich als Beispiel der Ichspaltung bezeichnen." Der Patient zeigt also "einen spezifischen, gut strukturierten Wechsel zwischen gegensätzlichen, völlig unvereinbaren Affektzuständen.

Zu diesem Patienten gehörte noch ein anderes auffälliges Merkmal: Jeder Versuch meinerseits, seine Idealisierung meiner Person während der Zeit, da er nur gute Gefühle für mich hegte, in Frage zu stellen und ihn zu diesem Zeitpunkt daran zu erinnern, wie kritisch und böse seine Gefühle mir gegenüber zu anderen Zeiten gewesen waren, rief bei ihm intensive Angst hervor. Dasselbe galt für jeden meiner Versuche, ihm dann, wenn er nur böse Gefühle für mich hegte, die unrealistische Natur seiner verbalen Angriffe bewußt zu machen, indem ich ihn daran erinnerte, daß er in der Vergangenheit auch einige gute Eigenschaften in mir gesehen hatte. Ich erkannte, daß das, was wir Ichspaltung genannt haben, in diesem Fall eine wesentliche, den Patienten vor Angst schützende Funktion hatte, und diese meine Beobachtung wiederholte sich in den meisten Fällen, in de-

nen die Spaltung vorherrschte. Die Spaltung erwies sich also nicht nur als Ichdefekt, sondern auch als ein aktiver, sehr starker Abwehrvorgang." (S. 16ff.)

Die Spaltung übt bei Borderline-Patienten die Funktion der Abwehr gegen die hochgradig angstdurchsetzte Kontaminierung seiner widersprüchlichen Ichzustände und die an sie gebundenen frühen ambivalenten Objektbeziehungen aus. Obwohl sich in der Borderline-Persönlichkeitsstruktur eine hinreichende Integrität der Ichgrenzen durchhält, so daß die Differenzierung zwischen Selbst- und Objektrepräsentanzen gewährleistet bleibt, ist der Patient doch latent von einer Fragmentierung seiner Ichgrenzen bedroht. Das ist insofern der Fall, als die mit seinem Spaltungsmechanismus untrennbar verbundenen, weil ihn stützenden Abwehrvorgänge der projektiven Identifikation oder der Verschmelzung mit dem idealisierten Objekt (mit dessen ihm "zugesprochener Allmacht" er sich identifiziert, um sich vor seinen projizierten, "total bösen, entwerteten Selbst- und Objektimagines" zu schützen, die, als Externalisierte, nun "gefährliche vergeltungssüchtige Objekte" darstellen (Kernberg 1978, S. 51)) jede engere und tiefere zwischenmenschliche Beziehung als Bedrohung der Ichgrenzen erfahrbar machen. In der therapeutischen Übertragungssituation läßt sich dieser Doppelaspekt der Differenzierungsfähigkeit und die sie bedrohende projektiven Identifikation beobachten. "Im Gegensatz (zum psychotischen Patienten) erleben Borderline-Patienten selbst dann, wenn sie auf eine Übertragungspsychose regredieren", (wegen einer projektiven Identifizierung oder einer Verschmelzung mit dem auf den Therapeuten projizierten idealisierten Objekt) "zwischen sich und dem Therapeuten tatsächlich eine Art Grenze: es ist so, als ob der Patient ein Gefühl davon bewahren würde, vom Therapeuten verschieden zu sein; umgekehrt aber so, als ob er und der Therapeut Aspekte ihrer Persönlichkeit austauschen würden". (Kernberg 1988, S. 12)

Die für Borderline-Patienten typische Oberflächlichkeit ihrer Sozialbeziehungen, ihre "emotionale Flachheit", bewahrt sie eben vor einer "Idealisierung des Objekts und dem damit verbundenen Bedürfnis nach Unterwerfung und Verschmelzung mit solchen idealisierten Objekten". (Kernberg 1978, S. 59) Deshalb vermeiden sie jedes weitergehende Engagement, weil dies "primitive Abwehrvorgänge, insbesondere projektive Identifizierungen zu mobilisieren droht und damit die Furcht (...) vor möglichen Angriffen des Objekts verstärkt, je mehr dieses an Bedeutung für (sie) gewinnt". (a.a.O.) Kernberg beschreibt die "typischen Charakterzüge" dieser Patienten wie folgt: "Diese Menschen sind zu einer realistischen Einschätzung anderer und Einfühlung in andere kaum imstande; sie erleben ihre Mitmenschen als fremde Wesen, mit denen sie nur solange einigermaßen 'realistisch' umgehen können, als keine emotionale Beziehung zustande kommt. Sobald sich aber eine Situation ergibt, aus der normalerweise eine tiefere zwischenmenschliche Beziehung entstehen könnte, zeigt sich die Unfähigkeit dieser Patienten zu wirklicher Einfühlung und echtem Mitgefühl, ihre unrealistisch verzerrte Wahrnehmung anderer Personen und die dem Selbstschutz dienende Flachheit ihrer emotionalen Beziehungen." Diese emotionale Flachheit steht in "unmittelbarem Zusammenhang mit der Unfähigkeit dieser Patienten, Schuldgefühle und echte Anteilnahme zu empfinden und dadurch ein tieferes Interesse und Sensibilität für andere Menschen zu entwickeln." (a.a.O.)

Patienten mit Borderline-Persönlichkeitsstruktur sind unaufhörlich darum bemüht, ihre Angst vor der Kontaminierung ihrer Objektbeziehungen durch die Vermeidung von Individuation abzuwehren. Und darin wehren sie die Erinnerung an die traumatisierende Erfahrung ihres frühkindlichen Individuationsstrebens ab, das sich für sie als Abwehr ihrer Selbst-Konstituierung durch die Mutter, als *Synthetisierungsverbot* ihrer Selbst- und Objektrepräsentanzen (zum Zwecke von deren Integration und ihres eigenen Getrenntseins von der Mutter) verkörpert. Die starke Neigung dieser Patienten, Spaltungsmechanismen in ihren Beziehungen zu Sozialpartnern zu aktivieren, ist sowohl als Abwehr gegen die mißlungene Selbst-Konstituierung als auch als die *Re*aktivierung dieses Synthetisierungsverbots zu verstehen, worin sich ihre frühe Objektbeziehung *als* der Verlust ihres Strebens nach Individuation und als mißlingende "Wiedergutmachtung" (S. 84) durch deren Vermeidung spiegelt.

Offenkundig dient der Spaltungsmechanismus nicht nur dem psycho-sozialen Überleben dieser Patienten, sondern die mit ihm und durch ihn aufbrechende *Angst* bildet gleichsam einen *Ersatz* für jenen Verlust und insofern garantiert sie ihnen das "Gefühl des Lebendigseins" (Rohde-Dachser 1979, S. 510), das sie durch den Verlust ihres *Strebens* nach Individuation eingebüßt haben. Die inhaltliche Bedeutung in bezug auf seine internalisierten frühen Objektbeziehungen und die dementsprechende Funktion, die die Angst für den Borderline-Patienten besitzt, ist für Kernberg eines der wichtigsten Kriterien zur differentialdiagnostischen Abgrenzung der Borderline-Persönlichkeitsstruktur von der der Psychotiker. Kernbergs klinische Ergebnisse seiner Beobachtungen bei psychotischen und Borderline-Patienten zeigen, daß der gleiche Abwehrmechanismus der Spaltung jeweils andere Funktionen erfüllt. Mittels der *Reaktion*, die die "Deutung" dieses Abwehrvorgangs bei beiden hervorruft, ist es möglich, die Differentialdiagnose zwischen Borderline-Zuständen und Psychosen zu präzisieren und den Begriff der "Ich-Schwäche" genauer zu definieren. "Werden Spaltung und ähnliche Mechanismen bei Patienten mit Borderline-Persönlichkeitsstruktur gedeutet, so hat dies eine Ichintegration und eine Verbesserung ihres unmittelbaren Funktionierens zur Folge." Hierbei "übt der Interviewer gewissermaßen eine Abgrenzungsfunktion aus, nämlich zwischen dem inneren Erleben des Patienten, das der Interviewer empathisch zu verstehen versucht, und der äußeren Realität, die hier durch die soziale Beziehung zwischen Patient und Therapeut repräsentiert ist". (Kernberg 1988, S. 7; 1978, S. 210f.)

Gegenüber der Stärkung der Ich-Funktionen, die die therapeutische Konfrontation mit seinen widersprüchlichen Ichzuständen bei Borderline-Patienten bewirkt, hat die konfrontierende Deutung "bei psychotischen Patienten eine weitere (wenn auch nur zeitweilige) Regression in ihrem Funktionieren" zur Folge, das heißt, daß das "gleiche Vorgehen bei Psychotikern eher zu einer Vertiefung der psychotischen Regression führt und dabei auch den basalen Defekt, nämlich die mangelhafte Differenzierung zwischen Selbst und Nicht-Selbst, deutlicher hervortreten läßt". (1988, S. 7; 1978, S. 209) Die differentialdiagnostische Abgrenzung der Psychosen von Borderline-Störungen liegt in dem Kriterium, durch Deutung die Abwehrvorgänge "konfrontierend aufzudecken" und zu sehen, "ob der Patient unter der Einwirkung einer solchen Deutung direkte Besserung oder Verschlechterung zeigt". (1988, S. 7)

Kernbergs klinische Beobachtungen der "qualitativen Merkmale der Übertragung" (S. 10) von Borderline- und psychotischen Patienten zeigen, daß zwischen beiden ein erheblicher Unterschied in der Pathologie ihrer verinnerlichten frühen Objektbeziehungen besteht, welche sich durch die jeweils spezifische Schutzfunktion, den der Spaltungsmechanismus ausübt, zum Ausdruck bringt. Bei psychotischen Patienten dient die Spaltung als Schutz vor einem totalen Verlust seiner Ichgrenzen, das bedeutet: der Abwehrvorgang der Spaltung fungiert als Schutz gegen die latente Bedrohung der Verschmelzung mit anderen und dem totalen Verlust seiner ohnehin fragmentierten Fähigkeit der Differenzierung zwischen Selbst und Nicht-Selbst. Kernbergs klinische Beobachtungen "wiesen bei psychotischen Patienten auf eine ständige Beziehung zwischen dem Verlust der Realitätsprüfung und der Entwicklung von Übertragungen hin, bei denen Fusions- oder Verschmelzungsphänomene auftraten (...) Psychotische Patienten zeigen vor allem im fortgeschrittenen Stadium ihrer psychoanalytischen Behandlung Verschmelzungserlebnisse mit dem Therapeuten, das heißt sie empfinden sich als mit ihm identisch. Der psychotische Patient kann zum Beispiel die wahnhafte Überzeugung vertreten, der Therapeut erlebe dieselben Emotionen oder Körpervorgänge wie er und unwillkürlich annehmen, eine vom Therapeuten vorgebrachte Idee sei seine eigene. Diese Entwicklung erzeugt eine Übertragungssituation, bei der eine Vermischung von Patient und Therapeut zu bestehen scheint, ein Fehlen jeder Grenze zwischen beiden, während gleichzeitig die äußere Realität in den Hintergrund zu rücken oder unzugänglich zu werden scheint." (S. 11f.)

Während der Spaltungsmechanismus den Psychotiker vor der vollständigen Auflösung seiner Ichgrenzen und damit vor dem totalen Aufgehen im Anderen schützt, fungiert die Spaltung bei Borderline-Patienten als Abwehr gegen die Synthetisierung seiner widersprüchlichen Ichzustände, seiner von ihm getrennt gehaltenen Selbst- und Objektrepräsentanzen, denn diese würde "aufgrund der impliziten Gefährdung der guten inneren und äußeren Objektbeziehungen unerträgliche Angst und Schuld auslösen." (S. 14) Indem das aktive Auseinanderhalten seiner widersprüchlichen Ichzustände, oder anders gesagt: "konträrer Introjektionen und Identifizierungen" (1978, S. 49) die Synthetisierung und Integration sich widersprechender Selbst- und Objektrepräsentanzen verhindert, ermöglicht es dem Patienten, seine Fähigkeit zu deren Differenzierung und damit zur Realitätsprüfung aufrechtzuerhalten.

Bei psychotischen Patienten ist die Fähigkeit zur Subjekt-Objekt-Differenzierung fragmentiert, und deshalb stellt der Spaltungsmechanismus hier, so sehr er vor einer weiteren Fragmentierung des Ich schützen soll, eine Gefährdung der Verschmelzung der Selbst- und Objektrepräsentanzen dar. Denn sofern die Differenzierung zwischen seinem Selbst und dem Nicht-Selbst beeinträchtigt ist, steht das Selbst des psychotischen Patienten ohnehin in der Gefahr des Durchdrungenwerdens durch das Nicht-Selbst. Verstärkt wird diese Gefahr durch den Versuch des Patienten, durch die Spaltung das Selbst vor dem Nicht-Selbst insofern zu schützen, als dieser Abwehrversuch nämlich, auf dem Grunde seiner fragmentierten Subjekt-Objekt-Differenzierung, zu einer Identifizierung seines Selbst mit dem idealisierten Nicht-Selbst unter Ausschaltung der (abgespaltenen) äußeren Realität führt.

Demgegenüber besteht beim Borderline-Patienten eine intakte Ichgrenze, also die Fähigkeit der Differenzierung zwischen Selbst und Nicht-Selbst, und die damit verbundene Fähigkeit zur Realitätsprüfung. Demzufolge schützt ihn die Spaltungsabwehr vor der Bedrohung der Fragmentierung dieser Fähigkeit durch die Kontaminierung des von ihm Differenzierten. Der Borderline-Patient zeichnet sich im wesentlichen durch seine Unfähigkeit aus, positive und negative Introjektionen und Identifizierungen, also libidinöse und aggressive Selbst- und Objektrepräsentanzen zu synthetisieren und in sein Selbst zu integrieren. Die Spaltungsvorgänge haben zum einen eine Erhaltungsfunktion, weil sie jene Fähigkeit vor ihrer Fragmentierung schützen (in Übertragungssituationen kommt es dort, wo durch die therapeutische Intervention die *Beziehung* zwischen jenen widersprüchlichen Ichzuständen hergestellt wird, zu "Übertragungspsychosen", zu Verschmelzungen zwischen Selbst und Nicht-Selbst). Zum anderen stellt der Spaltungsmechanismus jedoch eine Gefährdung dieser *Selbst*-Erhaltungsfunktion dar: Denn sofern durch ihn jegliche Integration des durch ihn Getrennten verhindert wird, vermag sich das Selbst des Borderline-Patienten nicht als durch *sich* Abgegrenztes vom Nicht-Selbst abzugrenzen, sondern nur so, daß es sich *als* durch den Spaltungsmechanismus Vermitteltes abzugrenzen vermag, so daß es Übergriffen von seiten eines Nicht-Selbst ausgeliefert ist, welches sich derart auf es bezieht, daß es sich in ihm auf es *als* auf sich selbst bezieht. Die Selbst-Erhaltungsfunktion der Spaltungsabwehr besteht in der Paradoxie, daß sie das, wogegen sie das Selbst schützen soll, geradezu heraufbeschwört: das ist die Schwächung des Selbst. *"Die Spaltung ist also eine fundamentale Ursache der Ichschwäche."* Durch sie *"entsteht ein circulus vitiosus, durch den Ichschwäche und Spaltung sich gegenseitig verstärken"*. (Kernberg 1988a, S. 45)

Die je unterschiedliche Funktion, die die Spaltung für den psychotischen und den Borderline-Patienten besitzt, führt sich auf die spezifische Pathologie ihrer verinnerlichten frühen Objektbeziehung zurück, nämlich auf deren paranoide *Selbst*-Erfahrung (beim Psychotiker) und auf die Erfahrung von deren *Beziehung* als einer paranoiden (beim Borderline-Patienten). Aus dem Unterschied ihrer frühen Realitätserfahrung erklärt sich die unterschiedliche Funktionsweise des Spaltungsmechanismus für das Selbst dieser Patienten: Während die Spaltung *durch* den Borderline-Patienten gelebt, das heißt aktiviert wird, wird der Psychotiker *durch* den Spaltungsmechanismus gelebt, und zwar so, daß das Gelebtwerden *durch* ihn als Abwehr gegen seinen Selbstverlust fungiert.

Zur differentialdiagnostischen Abklärung ist auch die Abgrenzung der Borderline-Persönlichkeitsstruktur gegenüber der der neurotischen aufzuweisen. Auch hier geht Kernberg von der Strukturierung der Abwehrorganisation des Selbst aus, das heißt von der die Abwehr begründenden *Beziehung* zwischen den Selbst- und Objektrepräsentanzen des Neurotikers. Im Unterschied zum Borderline-Patienten wehrt der Neurotiker bestimmte inkompatible Ichansprüche in Bezug auf internalisierte Forderungen seines Über-Ich dadurch ab, daß er sie *verdrängt*, das heißt von seinem Selbst-*Bewußtsein* fernhält. Führt die Abwehr der Spaltung beim Psychotiker tendenziell zu dem, wogegen sie sich wendet: nämlich zur weiteren Fragmentierung seiner Differenzierungsfähigkeit, und blockiert sie beim Borderline-Patienten das, wogegen sie ihn schützen soll: nämlich die Festigung seiner Differenzierungsfähigkeit, so konsolidiert und schützt der Abwehrvorgang der Verdrängung den "Ichkern und trägt entscheidend zur Festigung der Ichgrenzen bei". (S. 44) Die Verdrängung schützt das Ich vor unerträglichen Konflikten, "indem es diese Konflikte aus dem Bewußtsein ausschließt". (a.a.O.)

Der Verdrängungsmechanismus vermag aber inkompatible und somit angsterzeugende Ichansprüche sowie die an sie gebundenen Selbst- und Objektvorstellungen nur dadurch unbewußt zu machen, ihnen gleichsam die Energie ihres Wiederbewußtwerdens zu entziehen, wenn das Selbst eine dementsprechend starke "Gegenbesetzung" zu vollziehen imstande ist. Der Abwehrmechanismus der Verdrängung setzt demnach dasjenige voraus, was der Borderline-Patient durch Spaltungsoperationen abzuwehren versucht: das ist die Synthetisierung und Integration widersprüchlicher Selbst- und Objektrepräsentanzen. Kernberg äußert die "Vermutung", "daß die Integration bzw. Synthese konträrer Introjektionen und Identifizierungen möglicherweise die wichtigste Quelle für die Neutralisierung von Aggression darstellt (und zwar insofern als hierbei libidinöse und aggressive

Triebabkömmlinge miteinander legiert und im Rahmen dieser Integration neu organisiert werden) und daß deshalb eine wichtige Konsequenz der pathologischen Umstände, unter denen Spaltungsprozesse dominieren, darin besteht, daß diese Neutralisierung nicht in ausreichendem Maße erfolgt und damit eine wichtige Energiequelle für die Ichentwicklung ausfällt. Spaltungsprozesse sind also eine Hauptursache der Ichschwäche, und da die Spaltung auch weniger Gegenbesetzungsenergie erfordert als die Verdrängung, greift ein schwaches Ich besonders leicht auf Spaltungsmechanismen zurück". (Kernberg 1978, S. 49)

Die Syntheseleistung des Neurotikers ermöglicht ihm also eine *Besetzungsverschiebung*, wodurch ein psychischer Handlungsspielraum entsteht, der seinem Selbst ein relativ konfliktfreies Funktionieren in bezug auf andere ermöglicht. Nach Kernberg ist die Verdrängung deshalb auch "ein viel effektiverer Abwehrmechanismus" als der der Spaltung, denn durch die von ihm geforderte Gegenbesetzung können jene angstbesetzten Ansprüche sowie die sie auslösenden Konflikte dem bewußtseinsmäßigen Zugang entzogen werden, während durch deren bloße Aufspaltung die Konflikte dem Bewußtsein gegenwärtig bleiben, weshalb wiederum weitere, die Spaltung stützende Abwehrmechanismen, wie z.B. die *Verleugnung*, aktiviert werden müssen.

Es ist die Unfähigkeit zur Synthese, durch die dem Borderline-Patienten der Zugang zum Abwehrmechanismus der Verdrängung weitestgehend verwehrt bleibt, die jedoch im Unterschied zum psychotischen Patienten einen Spaltungsmechanismus aktiviert, durch den sich das Selbst die Fähigkeit der Differenzierung und Realitätsprüfung zu bewahren vermag, wenn auch um den Preis seiner latenten Schwächung: der ständigen Reaktivierung des Synthetisierungsverbots und der immerwährenden Gefahr, sowohl dessen Verleugnung als auch der ihm zugrundeliegenden paranoiden Beziehungsstruktur bewußt zu werden.

Als das *Zwischen* der psychotischen und neurotischen Persönlichkeitsstruktur, also der Fähigkeit der Differenzierung zwischen Selbst und Nicht-Selbst und der Unfähigkeit, deren Beziehung als "Selbstkonzept" zu integrieren, weist die Borderline-Persönlichkeitsstruktur 1. ein klar abgrenzbares Selbst auf und bildet 2. gemäß ihrer Psychopathogenese das *Medium* psychotischer und neurotischer Strukturentwicklung, aus dem heraus sich die Genese der jeweils spezifischen Pathologie verinnerlichter Objektbeziehungen, aber auch das, was *Normalität* in bezug auf die ursprüngliche Realitätserfahrung und deren Verarbeitung meinen kann, verständlich machen läßt. Daß die Genese der Borderline-Persönlichkeitsstruktur als ein solches Medium aufzufassen ist, zeigt sich in dem, als was sich die Beziehungsfähigkeit dieser Patienten klinisch manifestiert: in der Fähigkeit zu "Teilobjekt-Beziehungen".

b) Die Genese der Borderline-Persönlichkeitsstruktur: Theoretische Grundannahmen gelingenden Selbstseins

Kernbergs Auffassung von der Genese der Borderline-Persönlichkeitsstruktur, den pathogenen Voraussetzungen dieser spezifischen Entwicklung des Selbst- und Weltverhältnisses des Patienten, impliziert anthropologische Grundannahmen *gelingender* Selbst-Konstituierung, die seine Theorie von der *normalen* Selbst- und Welterfahrung des Menschen anleiten. Genese und Entwicklung dieser den Grenzbereich zwischen Psychose und Neurose fundierenden pathologischen Subjekt-Objekt-Beziehung bilden demnach den Bezugspunkt, von dem aus die Bedingungen normaler Selbst- und Welterfahrung theoretisch begründet werden.

Klinisch manifestiert sich der Grundkonflikt des Borderline-Patienten: der Widerspruch zwischen seinem Bedürfnis nach liebender Zuwendung und Geborgenheit (Symbiose) und seinem Bedürfnis nach Selbständigkeit und Unabhängigkeit (Individuation) in der bestimmten Weise, daß er die dialektische Bewegung des Sich-Zuwendens und des Sich-Abwendens vom Objekt nicht gleichzeitig zu vollziehen vermag. Das heißt, er ist nicht imstande, sein Bedürfnis nach Geborgenheit und das nach Selbständigkeit als die beiden Seiten ein- und desselben Bedürfnisses, nämlich *als* das Bedürfnis des Bei-sich-selbst-seins-im-Anderen zu erleben. Infolgedessen oszilliert sein Ich, und zwar in *unmittelbarer* Abhängigkeit vom Anderen, zwischen Verlustangst (der Angst vor Liebesentzug in bezug auf sein Bedürfnis nach Selbständigkeit) und seiner Angst vor Nähe (der Angst vor dem Aufgehen im Anderen in bezug auf sein Bedürfnis nach liebender Zuwendung). Kernbergs klinische Beobachtungen von Borderline-Übertragungen zeigen, daß der Patient die Spaltung in dem Augenblick der "Wiederannäherung aktiv einsetzt" (1988, S. 14), was meines Erachtens die Vermutung nahelegt, daß er mittels des Spaltungsmechanismus das zu erreichen sucht, was er durch die ihn auslösende Wiederannäherung verleugnen muß: das ist das *Einssein mit sich*. In dem "aktiven Auseinanderhalten" (1978, S. 49) seiner widersprüchlichen, "verselbständigten Bewußtseinsbereiche" (S. 52), die er abwechselnd zu anderen Menschen in Beziehung setzt, wird demzufolge sichtbar: Durch die Spaltung wird eine Beziehung mit negativen Vorzeichen hergestellt. Denn das Ausschließungsverhältnis des *Einsseins* entweder *mit sich* oder *im Anderen* impliziert eine dialektische Bewegung, die der Patient vollzieht, wenn er, dem Anderen sich abwendend, sich selbst zuwendet und umgekehrt. Das bedeutet, der Borderline-Patient bezieht sich sozusagen *verleugnend* auf *sich*, und zwar auf sich als das *Sich-nicht-auf-sich-beziehen-Können*.

Der Grundkonflikt des Borderline-Patienten ist der der *Wiederannäherung*. Daß er weder im Anderen noch bei sich selbst *Selbstsein* kann, führt sich nämlich auf jenen Widerspruch zurück, als den er die *dialektische* Beziehung zwischen seinem Individuationsstreben und seinem Bedürfnis nach liebender Zuwendung *in bezug* auf den Anderen erfährt. Das bedeutet, er verinnerlicht die *Beziehung* zu seinem Objekt *als* Widerspruch seiner selbst. Gespalten *in sich* vermag der Borderline-Patient sein Gefühl der Leblosigkeit nur dadurch abzuwehren, daß er sein geteiltes Selbst projiziert, das heißt, seine innere Welt als Außenwelt behandelt, um sich auf diese Weise seines Lebendigseins zu vergewissern. Indem er aber den Widerspruch seines Selbst in seine Außenwelt versetzt, setzt er sich zugleich in Widerspruch zu ihr. Im Widerspruch mit dem Nicht-Selbst zu sein, bedeutet aber, mit sich selbst im Widerspruch zu sein: In diesem Grundkonflikt sieht Kernberg in bezug auf Mahlers Konzeption der "Subphase der Wiederannäherung" die Genese der Borderline-Persönlichkeitsorganisation.

Indem Kernberg Mahlers klinische Beobachtungen der frühkindlichen Verinnerlichung normaler und pathologischer Objektbeziehungen mit seinen Erfahrungen aus Analysen erwachsener Borderline-Patienten in Verbindung brachte, kam er zu dem Schluß, "daß das frühe Ich in rascher Folge zwei Aufgaben zu erfüllen hat: es muß Selbstrepräsentanzen von Objektrepräsentanzen differenzieren, und es muß libidinös und aggressiv determinierte Selbst- und Objektvorstellungen integrieren". (1988, S. 13) Indem bereits die erste Aufgabe – wie Kernberg sagt – bei den Psychosen mißlingt, scheitert die zweite Aufgabe bei Borderline-Patienten. Und das bedeutet: Das die Borderline-Pathologie kennzeichnende Scheitern ist ein Scheitern der Fähigkeit des Patienten, das zu sich in Beziehung zu setzen, als was er sich vom Nicht-Ich differenziert hat: *als* das von ihm Unterschiedene, Getrennte. Wenn die "Synthese- und Integrationsfähigkeit" den *normalen* Entwicklungsverlauf auszeichnet, dann darf diese Fähigkeit und deren Mißlingen nicht losgelöst von dem verstanden werden, wodurch sie sich begründet, sondern nur in bezug darauf, und dann bilden die beiden Aufgaben des frühen Ich gleichsam als *ein* Schritt den Konstituierungsprozeß des Selbst.

Die dem Borderline-Patienten attestierte Beziehungs-Unfähigkeit stellt demnach gleichwohl eine Beziehungsfähigkeit dar, sofern diese Unfähigkeit nämlich auf jene Fähigkeit bezogen ist, auf die sie sich ihrerseits aktiv bezieht: auf die der *Differenzierung*. Es scheint denn auch die *Beziehung* zwischen der Beziehungsunfähigkeit und der Fähigkeit der Differenzierung zu sein, in der 1. die *Ich-Stärke* der Ich-Schwäche des Borderline-Patienten gründet, aus der sich die von Kernberg betonte *Aktivität* der Borderline-Abwehr, das "aktive Auseinanderhalten" seiner *gespaltenen* Ichzustände erklärt, und die 2. einen Brückenschlag darstellt zwischen dem *Grund* seiner Differenzierungsfähigkeit und der Synthese- und Integrationsfähigkeit, aber *als* mißlungene. Insofern beschreibt die Beziehungs-Unfähigkeit des Borderline-Patienten jenen dialektischen Prozeß, in welchem gelingendes Selbstsein sich als das Bei-sich-selbst-sein-im-Anderen konstituiert und zwar so, daß sie den Grund für dessen Mißlingen sichtbar werden läßt. Daraus möchte ich im Hinblick auf die Frage nach der *Genese* der Borderline-Persönlichkeitsstruktur die Vermutung ableiten: Sie ist nicht monokausal auf ein bestimmtes pathogenes Ereignis zurückzuführen, sondern die Genese als solche muß vielmehr als ein prozeßhaftes Geschehen verstanden werden, das zwar an sich pathologisch ist, worin aber dasjenige, als was sich *Normalität* begründet, freigelegt wird.

Bevor ich Kernbergs Auffassung von der Borderline-Genese und seine empirisch-theoretische Begründung der *Fähigkeit* der Synthetisierung nachzuzeichnen versuche, soll an einem Fallbeispiel dargestellt werden, als was sich der "Wiederannäherungskonflikt" in der analytischen Übertragungssituation manifestiert. Für Mahler und Kernberg ist ja die Borderline-Pathologie Ergebnis jener Enttäuschungserfahrung, die das sich der Mutter wiederannähernde Kind in seinem Streben nach Individuation macht.

"Herr A., unverheiratet, Ende zwanzig und Einzelkind, gehörte zu den Patienten, die die ewige Sehnsucht des Menschen nach der 'guten symbiotischen Mutter' sowohl demonstrieren als auch unbewußt agieren, wie um sich an sie anzuklammern, mit ihr vereint, bei ihr 'sicher' zu sein. (...) Man stellt häufig fest, daß die sogenannte Urübertragung dieses fundamentale Verlangen nach Vereinigung mit der symbiotischen Mutter enthält – die Suche nach ihr in der Phantasie, nachdem die intrapsychische Trennung die Verbindung mit ihr gelöst hat.

Nachdem die Analyse eine Zeitlang gedauert und mein Patient sich gelegentlich bitter darüber beklagt hatte, daß er sich weder der Analytikerin noch sonst jemandem verbunden fühlen noch eine Beziehung zu ihr herstellen könne, machte er seinem tiefen Groll und immer wieder seiner Wut auf seine Vorgesetzten, seine Altersgenossen, seinen Vater, seine Mutter und natürlich seine Analytikerin Luft. Sie alle hatten ihn 'fallengelassen; sie erwarteten einfach zuviel von ihm'. Vor allem seiner Mutter konnte er nichts recht ma-

chen, sie war lieblos, zurückhaltend etc. Sein Ärger kehrte sich dann rasch wieder gegen sein Selbst.

Inmitten dieser 'Klage-Sitzungen', bei denen Selbstbeschuldigungen und Selbstverunglimpfung eine ebenso hervorstechende Rolle spielten wie Beschwerden über andere, gab es zur Abwechslung, doch nur bei seltenen Gelegenheiten, Stunden, in denen er die Objektwelt und sich selbst in recht rosigem Licht sah. An solchen Tagen traten seine grandiosen Phantasien zwanglos zutage, und seine Übertragungsgefühle schwankten zwischen Mutlosigkeit und Selbstverunglimpfung sowie kindlicher Bewunderung und unqualifizierter Überschätzung anderer – insbesondere seiner Analytikerin. Im wirklichen Leben zeigte er eine adäquatere Beurteilung seines realen Wertes und seiner wahrhaft hervorragenden Begabung, doch in der Übertragungsneurose waren seine Stimmungsschwankungen ebenso extrem wie sein Glaube an die eigene magische Allmacht sowie die der Analyse, obgleich beides von einem Tag zum anderen zusammenbrechen konnte. (...) Während eines langen Analyseabschnitts standen zwei Deckerinnerungen im Vordergrund. Ich glaube, daß sie sich besser mitteilen lassen, wenn sie mit dem Durcharbeitungsprozeß verwoben und in seinem Lichte diskutiert werden.

In einer jener allzu seltenen 'guten Stunden' brachte der Patient – diesmal mit einem erstaunlichen Angebot von libidinös besetzten, starken Emotionen, die von gedämpfter Angst und Sehnsucht überschattet waren – die Hilflosigkeit und das Elend der Episoden zum Ausdruck, die uns als Deckerinnerungen so gut bekannt sind: seine Hilflosigkeit und einsame Verzweiflung, als er als Schulbub von seinen Eltern fort in den Operationssaal gefahren wurde, sowie ein weiteres traumatisches Erlebnis, als man ihn aus dem elterlichen Bett verbannte.

In der Übertragung verband sich die Heftigkeit seiner aufwallenden Emotionen mit der Befürchtung, daß er durch die Anforderungen seiner Stellung seine Analytikerin verlieren könnte.

Er berichtete, daß er sich fühle, als schwebe er weit in den Weltraum hinaus, wenn er auf der Couch lag. Er assoziierte dieses Gefühl mit dem, das er bei der Betäubung vor seiner Operation empfand, und auch mit dem Raumflug des Menschen, der ihn weit forttrug von seiner sicheren Verankerung auf der Erde. Beide Assoziationen erschütterten ihn beträchtlich. Am Ende der Stunde wirkte er buchstäblich zusammengebrochen und elend. Trotz seiner großen, eindrucksvollen Statur wurde er zu einem kleinen Häufchen Unglück: ein verlassenes Kind. (...)

In einer der folgenden Stunden und bei einem seiner charakteristischen Stimmungsumschwünge erklärte der Patient, daß er unbedingt sitzen wolle; er sagte das mit einer für ihn ungewöhnlichen Entschlossenheit. 'Wenn ich liege, bekomme ich wieder dieses schwebende Gefühl, so als schwebte ich von Ihnen weg in den Weltraum hinaus.' Das Gefühl während der Betäubung, daß Sterne und Raketen auf ihn herabfielen und seine Haut durchbohrten, war dem Prickeln in seinen Gliedern verwandt, das er beim Einsetzen der Betäubung empfunden hatte, bevor er einschlief. Er betrachtete den Ehrgeiz des Menschen, auf einem anderen Planeten zu landen als den Höhepunkt der Distanzierung von der Erde – eine Demonstration der Möglichkeit, daß der Mensch nie mehr Grund unter die Füße bekäme.

Solche Phantasien waren auch mit der anderen affektgeladenen Deckerinnerung verbunden: seine Mutter, die ihm bis dahin erlaubt hatte, sich an sie zu kuscheln und im Bett des Vaters zu schlafen, hatte ihm eines Tages erklärt, daß er für diese Intimität nun ein zu großer Bub sei. Er beharrte darauf, daß dies geschehen sei, als er noch nicht drei Jahre alt war.

Während seiner Betäubung hatte sich die vorherrschende nächtliche Angst seiner frühen Kindheit wieder eingestellt. Da war der kleine finstere Mann seiner frühen Alpträume, der auf seiner Schulter saß, herzlos grinste und so andeutete, daß er 'im Begriff war, mich zu entführen'. Verzweifelt wünschte er, daß sein Vater – nicht seine Mutter – mit der Taschenlampe käme, um ihn zu retten, wie er es tatsächlich in der frühen Kindheit des Patienten getan hatte, um dem Sohn die nächtlichen Schrecken zu vertreiben.

In der Stunde, in der er sich setzte, berichtete der Patient mit abgewendetem Blick, daß er früher den sehnlichen Wunsch hatte, seine Arme um den Hals der Mutter zu legen und sich von ihr sagen zu lassen, daß alles in Ordnung kommen würde! Dasselbe empfand er nun gegenüber seiner Analytikerin, und er fürchtete sich im Liegen vor dem lebhaften Gefühl, daß er im Begriff sei, in den Raum zu entschweben. Manchmal, so sagte er, wurde die Entfernung zwischen ihm und der Analytikerin allzu bedrohlich.

Die Furcht vor dem grinsenden, finsteren kleinen Mann, der sich während der Betäubung an seine Schulter gelehnt hatte, schien ihren Ursprung auf dem Höhepunkt der phallischen Phase zu haben; sie fiel zufällig mit jenem Zeitpunkt zusammen (oder folgte darauf), als seine Mutter ihn aus der behaglichen Position an ihrer Seite verbannt hatte. Die Furcht vor dem kleinen dunklen Mann war natürlich überdeterminiert. Der Homunkulus symbolisierte seinen Körper als Ganzes, der aus der Verankerung am Körper der Mutter entfernt – verbannt – war. Er symbolisierte auch viele andere Elemente.

Seit jenem frühen Erlebnis des Verbanntseins fühlte der Patient, daß er sich seiner Mutter nicht nähern konnte; sie war hart, streng und kritisierte ihn. Er hatte mit ihr nichts gemeinsam. Er hatte den Drang verspürt, von zu Hause fortzulaufen und sich auf die Suche zu machen – aber wonach und wohin? Bis zum Beginn seiner Analyse als Erwachsener pflegte er planlos durch die Straßen zu wandern oder endlose Autofahrten ohne Ziel zu unternehmen – fort von den Menschen.

Die Fixierung an die Subphase der Wiederannäherung schien ganz offensichtlich und überzeugend. Die Spaltung seiner Objektwelt war überdeterminiert; sie bestand im wesentlichen aus der Suche nach der guten symbiotischen Mutter im Gegensatz zur strengen 'schlechten' Mutter nach der Loslösung. Die Strenge der schlechten kastrierten und kastrierenden, doch phallischen Frau wurde auf die 'schlechte Außenwelt' projiziert, und seine Beziehungen zu Frauen waren durch die Angst beeinträchtigt, von ihnen verschlungen zu werden. Die rivalisierende, aber bewunderte, beschützende, 'gute' männliche Welt, wie sie sein Vater repräsentierte, wurde gegen die 'schlechte Mutter der Trennung' ausgespielt.

Nach diesem Abschnitt der Analyse brachte er aufs neue, doch mit gemilderten Schuldgefühlen, seine Todeswünsche gegen die 'Mutter der Trennung' zum Ausdruck. Sie stand seiner kameradschaftlichen Beziehung zum Vater im Wege. Dies kam mit angemessener affektiver Besetzung zur Sprache und konnte von ihm mit vielen nachfolgenden Schicksalen seiner Triebe, mit Konflikten, die sich um die beiden Stufen seiner Identität drehten, und mit dem ungünstigen Geschick seines ursprünglich durchaus adäquaten 'Urvertrauens' in Verbindung gebracht werden.

Seine wichtigste Urübertragung begann sich zu verändern, als er nach der Durcharbeitung seines Bedürfnisses nach völliger Abhängigkeit ausrief, er fühle zum ersten Mal, daß die Analytikerin seine Freundin sei! (...)

Es war klar, daß der Patient ein heftiges Verlangen nach der symbiotischen Mutter empfand (nicht einfach nach der bedürfnisbefriedigenden), nach der symbiotischen Hälfte des Selbst, ein Verlangen nach der wahrscheinlich noch koenästhetisch erinnerten Harmonie des Zwei-Einheit-Zustandes. Daneben stand die ohnmächtige Wut, der Haß, den der Patient gegenüber der entwerteten, kastrierten und kastrierenden 'Mutter der Trennung' empfand. Das war natürlich mit dem Gefühl des Patienten verbunden, daß Sexualität schmutzig sei, und daß, weil Vater und Mutter sich ihr hingegeben hatten, das Produkt unausweichlich ein anales Monstrum – der kleine finstere Homunkulus: er selbst – sein müsse." (Mahler 1975a, S. 1090ff.)

Kernberg geht mit Mahler davon aus, "daß die Borderlinestruktur in einer besonderen Weise mit pathologischen Auflösungen der Wiederannäherungssubphase verbunden ist". Und indem Kernberg hinzufügt, daß die "Borderline-Persönlichkeit (...) auf dem Stand von normalen konstitutiven Merkmalen einer frühen Entwicklungsstufe" stehengeblieben ist (1988, S. 18), wird mit der Aufklärung ihres Grundkonflikts, dem Wiederannäherungskonflikt, dasjenige, als was sich Normalität in der Sicht Kernbergs konstituiert, mitthematisiert. Die Frage ist aber hierbei, ob er die Pathologie der "Verlaufsgeschichte verinnerlichter Objektbeziehungen" (S. 19) auf die Folie von deren *normaler* Entwicklung aufträgt, also die die *Normalität* konstituierende Verinnerlichung von Objektbeziehungen voraussetzt, und sie der pathologischen Entwicklung *entgegengesetzt*, oder ob er den Konstituierungsprozeß des Normalen aus dem des Pathologischen heraus versteht. Diese Frage ist untrennbar mit der nach den anthropologischen Grundannahmen gelingenden Selbstseins und darin mit der Frage nach dem in Kernbergs Objektbeziehungstheorie impliziten Menschenbild verbunden. Aus seiner Auffassung von der Genese der Borderline-Persönlichkeitsstruktur werden sich bereits Kernbergs anthropologische Voraussetzungen erschließen lassen; und eine vollständige Aufklärung wird sich ergeben, wenn im nächsten Abschnitt seinem Verständnis des "Prinzips der Synthesefunktion" in bezug auf das Prinzip von der "normalen und pathologischen Entwicklung internalisierter Objektbeziehungen" nachgegangen wird. Bevor ich Kernbergs Auffassung von der Borderline-Genese nachzuzeichnen versuche, werde ich – gemäß seiner Anknüpfung an Mahlers klinisch-theoretische Begründung – die Mahlersche Konzeption des "Wiederannäherungskonfliktes" als der Entstehungsursache der Borderline-Pathologie darstellen.

Mahlers klinisch-theoretischer Auffassung zufolge erlangt das Kind mit der Fähigkeit der freien Fortbewegung eine "erste Identitätsstufe: eine getrennte, individuelle Einheit zu sein". (Mahler 1975, S. 101) In *Distanz* zur Mutter, deren Verfügbarkeit nunmehr sowohl der "nochsymbiotischen mütterlichen Hälfte des Selbst" (1975a, S. 1083) als auch und vor allem dem zunehmenden Bedürfnis gilt, das Getrenntsein von ihr zu realisieren, erkundet das Kind die Welt seiner Objekte und erfährt *sich* dabei ineins mit den Objekten, die es von der Mutter wegführen und ineins mit ihr, aber so, daß ihre Gegenwärtigkeit als Teilhaftigsein seines *Einübens* des Getrenntseins von ihr fungiert. Kleinkinder in dieser Übergangsphase von der symbiotischen Abhängigkeit zur Selbständigkeit haben nach Mahlers Beobachtungen ein "Liebesverhältnis mit der Welt". (a.a.O.) Affiziert von den Dingen draußen in der Welt und zugleich ineins mit der noch symbiotischen mütterlichen Hilfe seines Selbst, erlebt das Kind seine Abwendung von ihr *als* seine Zuwendung zur Welt, während es sein Bedürfnis "nach mütterlicher Nähe sozusagen in der Schwebe" hält. (1975, S. 101)

Mit dem zunehmenden Gewahrwerden des Getrenntseins geht die kognitive Entwicklung einher, die Piaget als die der begrifflichen Intelligenz betrachtet und die in symbolischem Spiel und der Sprachentwicklung kulminiert (a.a.O.), deren untrennbares Zusammenwirken mit dem Bewußtwerden des Getrenntseins die Fähigkeit der Differenzierung und der Realitätsprüfung evoziert. "Diese beiden mächtigen 'Organisatoren' (Spitz, 1965) sind die Hebammen der psychischen Geburt" des Menschen (a.a.O.): Das Kind gibt unter dem Eindruck der Erfahrung, in "optimaler Distanz" (S. 132) zur Mutter sich seiner Selbständigkeit zu erfreuen, zunehmend die symbiotische Bindung an sie und damit sein omnipotentes Narzißmusgefühl auf, durch das es in Abhängigkeit von der noch-symbiotischen mütterlichen Hälfte seines Selbst die "Eroberung der Welt antizipierte". (S. 103) Das Kind macht nun zunehmend die Erfahrung, "daß die Welt ihm *nicht* gehört, daß es mit ihr mehr oder weniger 'aus eigener Kraft' fertig werden muß, (daß es) Erleichterung oder Hilfe nicht einfach dadurch herbeirufen kann, indem es das Bedürfnis danach fühlt, ja, nicht einmal indem es dieses Bedürfnis lautstark äußert". (a.a.O.)

Die Doppelbewegung des Sich-von-*sich*-Abwendens (als der mütterlichen Hälfte seines Selbst) und des Sich-Zuwendens als eines Wesens draußen in der Welt stellt einen *Wendepunkt* in der Entwicklung der Selbst- und Welterfahrung des Kindes dar. *Nicht mehr* abhängig und *noch nicht* unabhängig, ist sein *Streben* nach Individuation – gespalten *in sich* – abhängig davon, daß die Mutter "auf den Besitz des kindlichen Körpers" verzichtet (1975a, S. 1090), und das heißt, daß sie jenen Teil seines Selbst aufgibt, der der symbiotischen Beziehung mit ihr galt, indem sie nun *Anteil* nimmt an dem die symbiotische Beziehung abwehrenden Streben nach Loslösung und Individuation.

Diese *Zwischenstellung* des kindlichen Selbst bedeutet eine fundamentale Verunsicherung in bezug auf das Gelingen oder das Mißlingen seiner Konstituierung, und sie manifestiert sich in dem ambivalenten Verhalten des Kindes: bald ist es der Mutter zu nahe, bald fühlt es sich, in Distanz zu ihr, verlassen; bald stößt es sie von sich, um sich sofort wieder an sie zu klammern. Weder bei ihr noch in Distanz zu ihr kann sich das Kind sicher fühlen, und so zielt sein gleichzeitiges Verlangen in beide Richtungen. In optimaler Distanz zur Mutter *verweilen* zu können bedeutet, *in* ihr der liebenden Zuwendung der Mutter und zugleich sich seiner selbst sicher zu sein. Sofern es die Beziehungsfähigkeit der Mutter ermöglicht, sich sowohl dem sich von ihr abwendenden Kind als auch dem sich ihr zuwendenden Kind liebevoll zuzuwenden, wird die Distanz als solche für das Kind zu einem Ort des Begegnens gegenseitiger Bedürfnisse nach Zuwendung.

Im Unterschied zur "Übungs-Subphase", wo die ersten Schritte *weg von der Mutter* noch durch ihre allmächtige Gegenwärtigkeit vollzogen wurden, was eine "relative Nichtbeachtung" (S. 101) der Mutter und deshalb eine reine Zuwendung zu sich ermöglichte, hat die Gegenwärtigkeit der Mutter für das sich ihr wiederannähernde Kind die Bedeutung, daß sie "an jeder neuerworbenen Geschicklichkeit und Erfahrung *Anteil* nehme" (a.a.O.), daß sie seines Individuationsstrebens teilhaftig ist. Das Bedürfnis des Kindes in der Subphase der Wiederannäherung gilt der Gegenwärtigkeit einer Mutter, deren liebende Zuwendung es nunmehr *als* die abwesende Anwesenheit seines symbiotischen Bedürfnisses erfahren wissen will. Sofern sich das Kind in seinem ambivalenten Verhalten von der Mutter liebevoll angenommen fühlt, verliert der widersprüchliche Zustand seines Selbst – das Hin- und Hergerissensein zwischen der Angst vor dem "Wiederverschlungenwerden" und der Angst vor dem Verlust seiner gewonnenen Differenzierungsfähigkeit – seine Bedrohlichkeit, und das Kind gewinnt Vertrauen in das Gelingen seines durch die Mutter libidinös besetzten Strebens nach Individuation.

Losgelöst von *sich* (seinem symbiotischen Bedürfnis) vollzieht das Selbst des Kindes einen fundamentalen Wandel in seiner Beziehung zur Mutter und darin in seinem Selbst- und Weltverhältnis schlechthin. Indem es nämlich von der Mutter der symbiotischen Beziehung abläßt, vermag es sich allererst *ungeteilt* mit ihr, als einem Wesen draußen in der Welt in Beziehung zu setzen: In dem Übergehen vom symbiotischen Bedürfnis zu dem nach Individuation wird die Bedeutung der symbiotischen Mutter als einem bedürfnisbefriedigenden Objekt in ein für das Kind signifikantes Subjekt der Kommunikation verwandelt. Versteht man jenes Übergehen als das *Streben* des Kindes nach Individuation, so wird verständlich, daß dieses Streben als solches *Verwandlung* bedeutet, Verwandlung des symbiotischen Bedürfnisses in das sprachlich artikulierte Verlangen und das heißt: Verwandlung von unmittelbarer Bedürfnisbefriedigung in das sich mit dem Anderen vermittelnde Verlangen nach liebender Zuwendung.

Mahlers Beobachtungen der sich verändernden Beziehung des Kindes zu seiner Mutter zeigen, daß sich für das ungefähr 15 Monate alte Kind die "Mutter in eine Person zu verwandeln (schien), mit der das Kleinkind seine ständig wachsenden Entdeckungen in der Welt teilen wollte. Das wichtigste Verhaltensmerkmal dieser neuen Beziehung bestand darin, daß das Kind ständig etwas brachte, ihren Schoß mit Gegenständen belud, die es in der sich ausdehnenden Welt gefunden hatte. Sie waren alle interessant, aber ihre wichtigste Bedeutung lag im Bedürfnis des Kindes, sie mit der Mutter zu teilen. Gleichzeitig gab das Kleinkind der Mutter mit Worten, Lauten oder Gesten zu verstehen, daß sie sich für seine 'Funde' interessieren und an seiner Freude darüber teilnehmen sollte. Symbolsprache, gesprochene oder andere Weisen der Interkommunikation und Spiel treten stärker in den Vordergrund." (S. 118; S. 102)

"Mit dem Wiederannäherungsprozeß beginnt die Konsolidierung des Identitätsempfindens, der Selbstrepräsentanz" (1975a, S. 1984), und deren Gelingen ist davon abhängig, ob sich die Mutter der sich realisierenden Beziehungsfähigkeit des Kindes, seinem Verlangen nach *gegenseitiger* Zuwendung anzupassen vermag. Oder anders gesagt, das Gelingen der Konstituierung des Selbst hängt davon ab, als was das sich wiederannähernde Kind die Mutter vorfindet: Findet es sie als sich ihm (seiner Unentschlossenheit *in bezug* auf sie) entziehende vor – *wenn du von mir wegläufst, mich nicht mehr magst, dann brauchst du auch gar nicht wiederzukommen* –, so erfährt es, daß sein Fortgehen einen emotionalen Rückzug bewirkt, daß es die Mutter nicht verlassen darf, weil es ihrer rückhaltlosen Zuwendung nur im Zustand des Einssein *in* ihr sicher sein kann. Daß die Mutter allein als *symbiotische* verfügbar ist, bedeutet für das Kind: Sein Streben zu ihr hin, aber als das nach Individuation, läuft ins Leere, es findet nichts vor, durch das sich seine liebende Zuwendung vermitteln ließe. Kinder, deren Konstituierungsprozeß von einer solchen Selbst-Erfahrung gekennzeichnet ist, haben nicht nur die Liebe ihrer Mutter verloren, sondern die Bedingung der Möglichkeit, ihre eigene zu realisieren, sich *selbst* zu konstituieren. "Der Verfügbarkeit der Mutter nie sicher und deshalb ständig damit beschäftigt, fiel es (den Kindern) schwer, die Umwelt und ihre eigenen Funktionen libidinös zu besetzen. Nach einem kurzen Übungsanlauf kehrten sie zur Mutter zurück, um mit immer stärkerer Intensität und allen erdenklichen Mitteln zu versuchen, ihr Interesse zu wecken. Nachdem sie ihr Bedürfnis nach der Mutter auf relativ direkte Weise zum Ausdruck gebracht hatten, indem sie ihr z.B. ein Buch zum Vorlesen brachten oder auf die Bücher oder Handarbeiten einschlugen, mit denen die Mütter sich gewohnheitsmäßig beschäftigten, griffen sie zu verzweifelteren Mitteln: sie ließen sich fallen, warfen Kekse auf den Boden und zertraten sie in Wutanfällen – wobei sie stets im Auge hatten, die Aufmerksamkeit, wenn nicht die Anteilnahme der Mutter zu erlangen." (1975, S. 107f.)

Die *Unentschlossenheit*, mit der sich das nach Individuation strebende Kind sich *selbst* und seiner Mutter zuwandte, mit der es die *Distanz* zu sich selbst, als der symbiotischen Beziehung zur Mutter, aufzureißen versuchte, bedeutete aber nicht bloß einen *Zustand* ambivalenten Verhaltens: Die Unentschlossenheit zeichnete sich ja durch eine *Bewegung* aus, die als *dialektische* das In-Beziehung-Sein des Kindes präfiguriert. Die Tragweite, die der mütterliche Liebesentzug gegenüber dem Streben des Kindes nach Individuation besitzt, wird deutlich, wenn man die Ambivalenz des kindlichen Verhaltens aus der Innenperspektive seines Selbst heraus versteht, das heißt: wenn man das Selbst als das die Bewegung zur Mutter *hin* und zu sich selbst *zurück* Veranlassende begreift und somit jene von Mahler beschriebene *Unentschlossenheit* (S. 126) als potentielle Beziehungsfähigkeit auffaßt. Der mütterliche Rückzug hat dann die Bedeutung eines Losreißens des Selbst von sich (als seinem *Grund)* als die Bewegung des Sich-Beziehens auf Andere und anderes, in der und durch die sich *Subjektivität* überhaupt konstituiert. Der Rückzug der Mutter evoziert einen Rückzug des Selbst auf sich, und das bedeutet, er erzwingt dessen Selbst-Negation. Mahlers Begriff vom "Stehenbleiben an der Schwelle", das die "widerstreitenden Gefühle" des Kindes beschreibt (a.a.O.), bezeichnet zum einen die *Genese* der Borderline-Pathologie, nämlich das Steckenbleiben des Selbst in einem Zustand, wo das in sich umgeschlagene Selbst (der Symbiose) als das sich mit dem Anderen vermittelnde Verlangen nach gegenseitiger Zuwendung zum Anderen eine Distanz aufreißt, in der es nichts vorfindet, an dem es Halt fände, und durch die es deshalb, zurückgeworfen auf sich, fixiert ist auf seine liebende Zuwendung, aber als Verlorenes. Die Genese des Borderline-Syndroms ist demzufolge die Fixierung auf das *Zwischen* dem Bedürfnis konkreter Befriedigung und dem Verlangen gegenseitiger Zuwendung, also auf jenen Zustand, den die psychoanalytische Objektbeziehungstheorie Kernbergs als die "Zwischenstellung" zwischen "Symbiose" und "Individuation" definiert und der dem Therapeuten zur differentialdiagnostischen Abgrenzung gegenüber den Neurosen und den Psychosen dient. Zum anderen impliziert der Mahlersche Begriff vom "Stehenbleiben an der Schwelle" ein Verständnis von *normaler* Selbst-Konstituierung, die sich aus der Genese des Borderline-Syndroms heraus als die Realisierung eines Selbst bestimmt, das als das *Getrenntsein-von-sich* allererst im Anderen und darin bei sich *selbst* sein kann.

Entsprechend der Mahlerschen Konzeption der Genese des Borderline-Syndroms sieht auch Kernberg die spezifische Störung, die eine Borderline-Entwicklung heraufbeschwört, in dem Prozeß der Wiederannäherung, also in jenen Erfahrungen, die das zwei bis drei Jahre alte Kind in seinem Streben nach Loslösung und Individuation mit seiner Mutter macht, wenn es sich, in der Folge seiner Abwendung von ihr und seiner Zuwendung zu sich, dieser wieder zuwendet. Auch für Kernberg besteht der *Grund* der Borderline-Entwicklung in jener traumatisierten Trennungserfahrung, als die das sich wiederannähernde Kind sein Individuationsstreben erlebt. Diese Erfahrung schlägt sich in der für Borderline-Patienten charakteristischen verinnerlichten Objektbeziehung und in den für sie typischen Verarbeitungsweisen ihrer mißlungenen Wiederannäherung nieder.

Obwohl Mahler und Kernberg in der Auffassung übereinstimmen, daß die traumatisierende Erfahrung, die eine Borderline-Entwicklung evoziert, in der pathologischen Mutter-Kind-Beziehung der Wiederannäherungsphase gründet, so nehmen sie doch unterschiedliche Positionen in der Frage nach der Genese des Borderline-Syndroms ein. Dies wiederum führt zu unterschiedlichen Sichtweisen in der Begründung der sogenannten "Beziehungsunfähigkeit" des Borderline-Patienten. Während Mahler aufgrund ihrer Beobachtungen des sich in der und durch die Mutter-Kind-Beziehung konstituierenden Selbst zu dem Schluß kommt, daß das Borderline-Syndrom in der auf die Verlusterfahrung fixierten liebenden Zuwendung des Selbst wurzelt, gewinnt Kernberg aus seinen Analysen der Verarbeitungs*weisen* des Wiederannäherungskonflikts die Auffassung, "daß bei solchen Patienten von früh an ein pathologisches Übergewicht aggressivbestimmter Selbst- und Objektimagines besteht und im Zusammenhang damit kein genügend starker Ichkern auf der Grundlage der ursprünglich noch verschmolzenen guten Selbst-Objekt-Imago ausgebildet werden konnte". (1978, S. 192) Das Mißlingen der Synthetisierung und Integration von "liebevollen und haßerfüllten" Selbst- und Objektvorstellungen als die "Hauptursache für nicht-psychotische Ichstörungen" (a.a.O.) führt sich für Kernberg auf "ein Übermaß an prägenitaler und vor allem oraler Aggression" zurück, mit dem das sich wiederannähernde Kind auf die Enttäuschungserfahrung seiner Autonomiebestrebungen reagiert, und zwar so, daß es diese Aggression "überwiegend projektiv verarbeitet" (S. 98) mit dem Ziel, die *guten* Selbst- und Objektvorstellungen von ihnen getrennt zu halten. Entsprechend dieser Auffassung sieht Kernberg den Grund für die Beziehungsunfähigkeit von Borderline-Patienten in deren überaus starker oraler Aggression und nicht – wie Mahler – in der sich der liebenden Zuwendung des Kindes entziehenden Zuwendung der Mutter. Kernbergs Überlegungen zur Genese des Borderline-Syndroms sind deshalb folgerichtig auf die Analyse dessen zentriert, *wie* das Kind diese Aggression zu verarbeiten vermag. Konsequent nimmt er denn auch die Borderline-Entwicklung aus der Perspektive der Verarbeitungsmodalitäten des intrapsychischen Konflikts des Kindes wahr.

Unaufgeklärt bleibt bei alledem aber die Begründetheit jener Vorannahme eines von früh an bestehenden pathologischen Übergewichts oraler Aggression sowie deren implizite Voraussetzung, nämlich das, woraus sie sich ergibt und wogegen sie sich wendet. Indem Kernberg die Beziehungsunfähigkeit des Borderline-Patienten auf diese fundamentale Aggression zurückführt – die insofern *fundamental* ist, als sie nur durch die für Borderline-Abwehrmechanismen typischen Spaltungsoperationen verarbeitet werden kann, also die Borderline-Entwicklung einleitet – setzt er die Borderline-Entwicklung und das, was sie verursacht, ineins: Die Aggression ist *als* der Grund der Pathologie zugleich die Pathologie selber. Und darin setzt sich Kernberg dem Verdacht aus, die Unfähigkeit zur Synthetisierung und Integration, also die durch die Aggression bedingte Beziehungsunfähigkeit, *konstitutionell* zu begründen. Kernberg spricht dieses offenkundige Problem, das meines Erachtens seine theoretischen Grundannahmen *gelingender* Selbst-Konstituierung mitbetrifft, indirekt selbst an, wenn er sagt: "Ob es sich hierbei um eine Folge schwerer früher Versagungen bzw. tatsächlicher Aggression von seiten der Mutter oder eher um den Ausdruck einer konstitutionell bedingten übermäßigen Stärke aggressiver Triebanteile handelt oder ob wir darin eher eine mangelhaft entwickelte Fähigkeit zur Neutralisierung von Aggression oder auch eine wiederum konstitutionell bedingte mangelhafte Angsttoleranz erkennen wollen, ist vom klinischen Aspekt her gesehen gar nicht so wichtig wie das Resultat". (Kernberg 1978, S. 98))

Ob *konstitutionell* bedingt oder *sozial* vermittelt, läßt sich doch eines festhalten: Die von Kernberg konstatierte Differenzierungsfähigkeit, das Bestehen fester Ichgrenzen beim Borderline-Patienten, scheint die Basis zu sein, in der die Aggression wurzelt, aus der sie gleichsam ihre Triebkraft bezieht. Und da die Unterscheidungsfähigkeit zwischen Selbst und Nicht-Selbst zweifelsfrei das Resultat einer gelungenen Interaktion zwischen Mutter und Kind ist, wird man annehmen dürfen, daß es sich bei dieser Aggression um eine sozial vermittelte Re-aktion auf eine Frustration jener *Aktion* handelt, als die Kernberg das aktive Auseinanderhalten von Selbst und Nicht-Selbst bezeichnet.

Kernberg kommt in das Problem, die Genese des Borderline-Syndroms *entweder* als konstitutionell bedingte *oder* als sozial verursachte begründen zu müssen, weil er das Argument nicht benutzt, das den Grund seiner theoretischen Konzeption von der gelingenden Selbst-Konstituierung bildet und das er selbst so formuliert: "Die verinnerlichten Objektbeziehungen (können) als der Punkt angesehen werden, an dem sich Trieb und soziales System treffen". (1988a, S. 57f.)

Der *Dualismus*, in den sich Kernberg verstrickt, wird besonders dort deutlich,

– wo er einerseits in der Beziehungsunfähigkeit des Borderline-Patienten "ein normales Merkmal der frühen Ichentwicklung" erblickt: "Eine mangelhafte Integration sowohl der Selbst- wie der Objektrepräsentanzen ist ja zunächst, beim Kind, noch ein normales Merkmal der frühen Ichentwicklung" (1978, S. 193), wo er also das *Fehlen* jener Aggression aus der Mutter-Kind-Beziehung heraus erklären muß, um dies wiederum zur Voraussetzung für das *Fortschreiten* von der dualen zur triangulären Beziehung, der ödipalen Situation, machen zu können,

– wo er aber andererseits die durch die Aggression verursachte "Fixierung" des Borderline-Patienten auf diese frühe normale Spaltung nicht aus der frühen Dualbeziehung heraus verstehen darf, weil sich diese ja gerade erst durch die Aggressions*freiheit* begründet.

Kernberg versucht – wenn auch nicht explizit, so doch implizit – diesen Widerspruch, den seine dualistische Auffassung von der Genese des Borderline-Syndroms erzeugt, dadurch aufzuheben, daß er aus der Fixierung auf die frühkindliche Spaltung eine "Fluchtbewegung" in die ödipale Dreieckskonstellation behauptet (ohne daß er diese aus der prozessualen Verinnerlichung der Objektbeziehung herleitet), welche – wenn auch nur als der "Versuch einer 'Flucht' vor oraler Wut und Ängsten in genitale Sexualität" (S. 99) – als Ausgriff auf *Beziehung* als solche jene Entwicklung vorzeichnet, die Kernberg als das Fortschreiten von der dualen zur triangulären bezeichnet und die sich in der Fluchtbewegung als *nicht zu vollziehende* zur Sprache bringt.

So sehr man diese "*vorzeitige* Entwicklung ödipaler Konflikte" (S. 63) gerade als das Pathologische betrachten muß – Kernberg begründet diese "Flucht nach vorn" mit der für Borderline-Patienten charakteristischen "Verschränkung prägenitaler und genitaler Konflikte" (ebd.) –, so sehr scheint in dieser Bewegung als solcher das *Normale* durch, nämlich das, als was sich *Subjektivität* überhaupt begründet: als *In-Beziehung-Seiendes*.

Daß Kernberg in dieser Bewegung allein das Pathologische herausstreicht: "Durch die Projektion überwiegend oral-sadistischer, aber auch anal-sadistischer Impulse wird die Mutter immer als potentiell gefährlich erlebt; der gleichzeitig bestehende Haß auf die Mutter weitet sich bald auch auf den Vater aus, so daß später beide vom Kind als bedrohliches 'vereinigtes Elternpaar' erlebt werden" (S. 64), und daß er demgegenüber nicht davon ausgehen kann, "daß das in seinem Loslösungsstreben durch eigene symbiotische Wünsche oder durch entsprechende Wünsche von seiten der Mutter behinderte Kind frühzeitig einen Dritten (in der Regel den Vater) in die duale Beziehung einbezieht, der dann als 'Trennungsriegel' fungiert und auf den es einen Teil seiner Enttäuschungsaggression umlenken kann" (Rohde-Dachser, 1983, S. 157), dies liegt offenkundig darin begründet, daß Kernberg den *Spaltungsmechanismus*, in Anlehnung an Melanie Kleins Konzeption der "paranoid-schizoiden Position", allein unter dem Blickwinkel einer normalen Phase innerhalb der frühkindlichen Entwicklung und nicht in der Perspektive der Potentialität intersubjektiven In-Beziehung-Seins wahrnimmt. Dies wiederum erklärt sich aus Kernbergs Begriff von *Normalität*, als die sein "Prinzip der Synthesefunktion des Ichs" (1988a, S. 74) sich in dem linearen Entwicklungsverlauf von archaischen zu immer reiferen intrapsychischen Strukturen zur Geltung bringt: nämlich als das Gelingen der Konstituierung des Selbst. Der Aufklärung dessen, *was* da gelingt, soll der letzte Abschnitt gewidmet sein.

c) Das "Prinzip der Synthesefunktion des Ichs": Die Konstituierung des Selbst als "Drang nach Integration und Synthese"

Kernbergs Objektbeziehungstheorie stellt ihrem Selbstverständnis nach einen "bedeutsamen integrativen Raum dar, der einen psychosozialen Ansatz und den subjektiven Erlebnischarakter des menschlichen Lebens einerseits mit den intrapsychischen Strukturen, die in der allgemeinen Metapsychologie zusammengefaßt sind, andererseits verbinden kann". (S. 57) Den Fundierungszusammenhang zwischen der subjektiven Selbst- und Welterfahrung des Menschen und der traditionellen psychoanalytischen Triebtheorie, der allgemeinen Metapsychologie, sieht Kernberg in dem Konstituierungsprozeß des Selbst, also in jenem Prozeß, in welchem sich seiner Auffassung zufolge die intrapsychischen Strukturen als internalisierte Erfahrungen libidinöser und aggressiver Selbst- und Objektvorstellungen innerhalb der frühen subjektkonstitutiven Mutter-Kind-Interaktion niederschlagen. Demzufolge beansprucht seine Theorie der verinnerlichten Objektbeziehungen nichts geringeres als dies, einen in jenen internalisierten Erfahrungen generierenden Beweggrund auszuweisen, der als subjektives Motiv der Internalisierung auf den Konstitutionsgrund von Subjektivität überhaupt verweist.

Wenn sich Subjektivität in der und durch die Internalisierung jener Erfahrung konstituiert und die Internalisierung als solche wiederum durch diese Erfahrung motiviert ist, dann muß die Erfahrung libidinöser und aggressiver Selbst- und Objektvorstellungen das Konstituens von Subjektivität sein. Und das bedeutet: Mit der Internalisierung dieser Erfahrung internalisiert das Subjekt den Konstitutionsgrund von Subjektivität überhaupt.

Das, als was Kernberg das Gelingen der Selbst-Konstituierung verstanden wissen will, scheint sich offenkundig mit der Frage aufzuklären: Was wird da *verinnerlicht*, wenn die Erfahrung widersprüchlicher Selbst- und Objektvorstellungen verinnerlicht wird, und als was konstituiert sich darin *Subjektivität?* Evident scheint denn auch zu sein, daß psychische Gesundheit und deren Gefährdung untrennbar mit dem, was da verinnerlicht wird, zusammenhängen.

Um die Objektbeziehungstheorie als Synthese von psychoanalytischer Metapsychologie und einer "humanistischen Philosophie vom Menschen" (S. 134f.) ausweisen zu können, versucht Kernberg, die verinnerlichten Objektbeziehungen als jenen "Punkt" verständlich zu machen, "an dem sich Trieb und soziales System treffen" und zwar so, daß er die Triebe von vornherein als sozial vermittelte beschreibt. Triebe äußern sich nach Kernbergs Auffassung demzufolge immer schon in internalisierten Objektbeziehungen *als* sogenannte "Affektzustände", und indem sie sich nie *rein*, sondern immer nur als durch die Interaktion mit der Mutter vermittelte zur Sprache bringen, erweisen sie sich als der Vermittlung Bedürftige: Als Affektzustände werden die sozial vermittelten Triebe "zum fundamentalen Organisator integrativer Funktionen des frühen Ichs". (S. 59) Zusammenfassend stellt Kernberg fest: "Libidinös oder aggressiv determinierte Affektzustände bilden das primäre Motiv für die Internalisierung dieser Beziehung, und (...) Affekte und Objektbeziehungen werden im Internalisierungsprozeß als Einheiten integriert." (S. 79)

Es hat den Anschein, als würde Subjektivität in Kernbergs Objektbeziehungstheorie als ein sich selbstorganisierendes und strukturierendes Selbst-System generieren, das, als autonome Selbst-Funktion, die Fähigkeit der Intersubjektivität präfiguriert, und als wäre die psychische Entwicklung als das Resultat eines dialektischen Interaktionsgeschehens gegenseitigen Sich-aufeinander-Beziehens von Mutter und Kind aufzufassen. Betrachtet man aber Kernbergs Konzeption des Konstitutions*grundes*, so wird deutlich, daß das *Motiv* für die Internalisierung der frühen (subjekt-)konstitutiven Objektbeziehung gerade nicht aus der Erfahrung dieser dialektischen Beziehung entspringt. Die Motivationsbasis gründet vielmehr in jenem "Prinzip", das sich, als anthropologische Konstante, im Konstituierungsprozeß als "dyadische oder bipolare Natur der Internalisierung" (S. 55) und deshalb als das Entwicklungsprinzip von zunächst dyadischen über triadische bis hin zu multiplen inneren und äußeren zwischenmenschlichen Beziehungen (a.a.O.) zum Ausdruck bringt.

Was auf den ersten Blick wie die Konzeption eines durch Erfahrung ausweisbaren Konstituierungsprozesses des Selbst anmutet, erscheint bei näherer Betrachtung als eine Mimesis an das *Subjektivität* Begründende: Denn sofern der *Affekt*, als sozial vermittelter Trieb, gleichsam als ein *Erstes*, das *Da*-sein des Subjekts kennzeichnet, ist es sich seines Objekts *vor* aller Erfahrung bereits *inne:* Der *Affektzustand* ist das Resultat einer verinnerlichten Objektbeziehung, die, als bloß passiv Empfangenes, den Konstituierungsprozeß von Subjektivität begründet. Bei eingehender Lektüre des Kernbergschen Entwicklungskonzepts der "fünf Stadien" vom normalen frühkindlichen Autismus bis hin zur Konsolidierung des Über-Ich wird erkennbar, daß die *Entwicklung* der Differenzierung von Selbst und Nicht-Selbst, die Entwicklung der Fähigkeit, Ichgrenzen auszubilden sowie die der Über-Ich-Integration und daß die Bedingung der Möglichkeit, komplexe innere und äußere zwischenmenschliche Beziehungen zu entwickeln und aufrechtzuerhalten, unablösbar ist von Kernbergs Grundannahme einer basalen "Verschmelzung" von Trieb und einer "durchschnittlich zu erwartenden Umgebung bemutternden Verhalten(s)". (S. 62) Das heißt: Die gesamte Konzeption von *Entwicklung* schlechthin gründet in der fundamentalen Voraussetzung eines *mütterlichen Prinzips*, in dem und durch das sich Subjektivität konstituiert und das sich seinerseits in dessen Konstituierungsprozeß als "Drang nach Integration und Synthese" (S. 37) zur Geltung bringt.

Unter der *"positiven Valenz"* libidinöser Triebbefriedigung verschmilzt der Trieb zu einem "guten inneren Objekt", unter der *"negativen Valenz"* zu einem "bösen inneren Objekt", was sich in dem fusionierten negativen oder positiven Affekt mit dem dementsprechenden Objekt- und Selbstbild zum Ausdruck bringt. (S. 26) Diese basale Verschmelzung zwischen Trieb und sozialem System erzeugt nicht nur eine "Aktivierung angeborener fordernder Verhaltensmuster" (S. 62), auf ihrem Grunde erwächst dem Subjekt allererst die Möglichkeit, sich von *sich* und von anderen zu unterscheiden, d.h. beziehungsfähig zu *werden*. "Da durch diese Verschmelzung komplexere Selbstbilder und Objektbilder *entwickelt* werden, trägt dieser Prozeß zur Differenzierung von Selbst und Objekt und zur Festlegung der Ichgrenzen bei. Dies wiederum fördert die Strukturierung und Integration der Wahrnehmungs- und Gedächtnisapparate. Auf diese Weise enthalten spätere Introjektionen eine ständig wachsende Komplexität von Informationen sowohl über das Objekt als auch über das Selbst in jeder spezifischen Interaktion." (S. 26f.)

Kernbergs Theorie verinnerlichter Objektbeziehungen (6) setzt das *Verinnerlichte* als Konstitutionsgrund von Subjektivität immer schon voraus; und sie setzt es notwendig voraus, um es durch die Selbst- und Welterfahrung, die das Subjekt in dem von ihr konzipierten Konstituierungsprozeß macht, ausgewiesen und begründet zu erhalten. Es ist denn wohl auch die von Kernberg unterstellte *Reversibilität* des Entwicklungsverlaufs, die ihn dazu bewegt, aus den in Übertragungssituationen schwer regredierter Patienten beobachteten "'Einheiten' von Affektzustand, Objektvorstellung und Selbstvorstellung" (S. 25) auf jene *basale* Einheit zu schließen, die in diesen repräsentiert ist, und die es seiner Auffassung nach gerechtfertigt erscheinen läßt, "alle Prozesse der Internalisierung von Objektbeziehungen im Zusammenhang mit solchen Einheiten oder Konstellationen von Einheiten zu begreifen". (a.a.O.)

Das subjektive *Motiv* für die Internalisierung von Objektbeziehungen ist dem Subjekt infolgedessen mit seinem durchs Objekt begründeten Konstituierungsprozeß bereits mitgegeben: es erscheint demnach als ein Mitgegebensein seines eigenen Gegebenseins. Gründet das Motiv aber in dem Prinzip, als das Kernberg die "Synthesefunktion des Ichs" beschreibt, so scheint das Motivierende als solches darin zu bestehen, dem Prinzip Geltung zu verschaffen, indem das Ich *als* solches fungiert. Und es fungiert als dieses Prinzip, sofern es dessen Vorgegebenheitsweise als die Modalität seines eigenen Gegebenseins internalisiert, und das heißt sich mit ihr zu identifizieren und sich darin zu realisieren. "Identifizierung und Ichidentität" bezeichnet Kernberg "als progressive Abfolge" dieser Internalisierung. (S. 78) *Internalisierung von Objektbeziehungen* bedeutet offenkundig nichts anderes, als das Vorgegebensein (des Prinzips) *als* ein Sichselbstgegebensein zu behandeln, das heißt, sich auf sich selbst *als* aufs Prinzip zu beziehen. Diese Art von Selbstbeziehung scheint Kernberg auch im Blick zu haben, wenn er von der Beziehungs*fähigkeit* spricht, nämlich sich zu dem zu machen, als was man sich selbst immer schon vorgegeben ist: sich zu sich selbst *als* zum Anderen seiner selbst zu verhalten. *Beziehungsunfähigkeit* bedeutet demzufolge: Beziehungs*los*-Sein und zwar in dem bestimmten Sinne des Losseins von *sich* als der normativen Faktizität psychischen Entwicklungsprinzips. Die "frühesten Internalisierungsvorgänge (haben) dyadische Züge, d.h. eine Polarität von Selbst und Objekt, auch dann, wenn die Selbst- und Objekt-Repräsentanzen noch nicht voneinander getrennt sind, (...) so daß Einheiten von Selbst- und

Objekt-Repräsentanzen (und der sie verbindenden Affektdispositionen) die Grundbausteine von weiteren Entwicklungen internalisierter Objekt- und Selbst-Repräsentanzen – und später auch der dreiteiligen Struktur von Ich, Über-Ich und Es – bilden". (1981, S. 684)

Nicht nur dies, daß durch die Zugrundelegung eines solchen Entwicklungsprinzips die Internalisierung von Objektbeziehungen auf die *vor* aller Selbst- und Welterfahrung und damit auf die *vor* aller subjektiven Erfahrbarkeit libidinöser und aggressiver Affektdispositionen liegende abstrakte *Einheit* reduziert wird, macht die Einlösung des Kernbergschen Anspruchs, die normale wie auch die pathologische Entwicklung des Subjekts aus der Erfahrung seiner internalisierten Objektbeziehungen heraus verständlich zu machen, zu einem fragwürdigen Unternehmen. Die Objektbeziehungstheorie selber gerinnt zu einem Abstraktum, weil das, woraus sie sich ergibt, und das, worauf sie sich bezieht – das ist nach Kernbergs Selbstverständnis "die Konstituierung des Selbst" –, das Resultat eines Abstraktionsprozesses ist und zwar insofern, als sich nämlich das, was die Konstituierung des Selbst begründet, seiner Erfahrbarkeit entzieht, für dessen Selbst- und Welterfahrung aber konstitutiv ist. Indem Kernberg den Konstitutionsgrund von Subjektivität überhaupt als jene basale Einheit bestimmt, die sich als der "fundamentale Organisator" des Konstituierungsprozesses des Selbst und darin als der *Motor* der psychischen Entwicklung schlechthin zur Geltung bringt, *ist* Entwicklung nichts anderes als das *Wirksamwerden* dessen, was sie begründet. Mit der Fundierung der subjektiven Selbst- und Welterfahrung in einem sie begründenden Prinzip ist nicht nur der *Grund* der Konstituierung des Selbst vorgegeben, es ist auch und vor allem in deren Prozeß selber mitbeschlossen, *wie* und *als was* es sich konstituiert. Und das bedeutet: Das subjektkonstitutive *Streben* nach Individuation ist auf einen *Zweck* hin ausgerichtet, auf den hin sich zu entwerfen soviel bedeutet wie die *Einheit* zu realisieren, die den *Grund* dieses Strebens bildet.

Kernbergs Objektbeziehungstheorie zielt ab auf einen Letztbegründbarkeitsanspruch von Subjektivität, den er durch den Aufweis konkreter Erfahrung verinnerlichter Objektbeziehungen eingelöst sieht. Mit der teleologischen Vorherbestimmtheit der Konstituierung von Subjektivität begründet seine Theorie eine *Entwicklung*, deren Begriff von der ausschließlich *einen* (Entwicklung) das *Gelingen* der Selbst-Konstituierung immer schon einschließt. Was da aber gelingt, ist so heteronom wie das Gelungene (d.i. jene basale *Einheit)*, das es je voraussetzt. *Abhängig* von einem Prinzip, das Kernberg (nicht näher spezifizierend) als die durch eine "durchschnittlich zu erwartende Umgebung" erzeugte Synthetisierung von Trieb und sozialem System beschreibt, *ist* das Selbst ursprünglich ein Undifferenziertes, der psycho-sozialen Vermitteltheit Bedürftiges, ein rein Empfangendes. Diese Vermitteltheit des Selbst bedingt seinen Konstituierungsprozeß, innerhalb dessen sich deren Entfaltung durch die Subjekt-Objekt-Differenzierung und ihrer integrativen Synthetisierung offenbart.

Die Beziehungsfähigkeit – Kernbergs Paradigma für psychische Gesundheit – begründet sich in der Syntheseleistung des Subjekts, die Differenzierung und Integration von Selbst und Nicht-Selbst *als* Selbstkonzept zu konstituieren. Sofern sich diese Konstituierung aber jener Vermittlung verdankt, ist der Aneignungsprozeß der Beziehungsfähigkeit auf das *Zwischen* (als der *Differenz* zwischen Selbst und Nicht-Selbst) verwiesen, als das der Andere (die Mutter) die Wirklichkeit, aus der das Selbst allererst hervorgeht, konstituiert. Was nun die bestimmte, von Kernberg beanspruchte *Beziehungsfähigkeit* des

Subjekts betrifft, so ist von ihr zu sagen: Sie entspringt und entwickelt sich nicht aus der Begegnung mit dem Anderen, sondern sie leitet sich allein aus dem her, *als was* der Andere begegnet, und er begegnet als das die ursprüngliche Realität des Subjekts Konstituierende, so daß sich das Subjekt auf ihn nur als auf das Andere seiner selbst beziehen kann. Und das bedeutet, die von Kernberg in Vorschlag gebrachte Beziehungsfähigkeit als das Paradigma für Normalität bekundet sich allein dadurch, daß sich das Subjekt auf den Anderen so bezieht, daß es sich *in* ihm auf sich selbst bezieht und einzig darin zur Übereinstimmung mit sich zu gelangen vermag, oder – wie Kernberg sagt – ein "authentisches Selbst" wird. (S. 123) Die von Kernberg betonte "Unabhängigkeit" des Subjekts ist gegenüber der des Objekts demnach nur eine relative: es vermag sich nämlich seiner selbst nur dadurch inne zu werden, daß es sich seiner "echten Abhängigkeit" bewußt ist und dieses Wissen gleichsam in sein Handeln aufnimmt und es zum Ausdruck bringt, indem es den Anderen als "eigenständige Person anerkennt (und ihr) gegenüber Liebe und Dankbarkeit" empfindet. (1978, S. 297) Die Unabhängigkeit des Anderen aber ist und bleibt eine absolute, weil sich der Andere nicht auf das zurückführen läßt, als was er dem Subjekt ursprünglich begegnete.

Es ist denn auch die *Gleichheit in der Ungleichheit* zwischen Subjekt und Objekt, oder genauer gesagt: zwischen dem Subjekt und *seinem* Anderen, die Kernbergs basale "dyadische, bipolare Einheit" meint und die er zu einem *Letzten* macht, das heißt zu einer unhintergehbaren Voraussetzung subjektiven In-Beziehung-Seins. Damit führt er Freuds duale Triebkonzeption auf einen *Grund* zurück, der vor aller subjektiven Erfahrbarkeit das Gegebensein des Subjekts auf eine Unabhängigkeit zentriert, die es allein in der Anerkennung seiner Abhängigkeit als seine eigene unaufhebbare Voraussetzung erlangt.

Kernberg überführt Freuds Metapsychologie in die Objektbeziehungstheorie, indem er jene in dieser begründet. Dabei gerinnt ihm sozusagen unter der Hand die *Differenz* zwischen Subjekt und Objekt, zwischen Innenwelt und Außenwelt zu einem *letzten Grund* – *als* solcher hebt die Differenz die Entgegensetzung zwischen Subjekt und Objekt auf, weil diese als deren *Prinzip* und deshalb als Grund von Entwicklung überhaupt fungiert. Und sie hebt sie auf als die zur Norm erhobene *Synthetisierung* von Entgegengesetztem.

Es ist das Scheitern des Borderline-Patienten, eine solche Synthetisierung zu leisten, an dem sich die Angst vor *real Angstmachendem* als die Unmöglichkeit ablesen läßt, dieses durch *sich* verarbeiten zu können, und das seinerseits auf eine Realität verweist, die zu verarbeiten an dem traditionellen Begriff von *Normalität* rüttelt. Und es rüttelt an dem gesellschaftlichen Verständnis von *Normalität* in dem Maße, in dem dieses Scheitern gleichsam als eine Schutzfunktion des Selbst vor weiterer Fragmentierung, vor einem Abgleiten in die Psychose angesehen werden darf: Das *real Angstmachende* erschüttert das gesellschaftliche Verständnis von *Normalität* in dem Maße, in dem dieses Scheitern als *gesunde* Reaktion auf eine krankmachende, *beziehungsunfähige*, den Einzelnen auf die Vereinzelung reduzierende und darin das Selbstsein auf die Beziehungslosigkeit verpflichtende Außenwelt begriffen wird. Hierfür soll am Ende dieses Abschnitts die Selbstaussage eines Borderline-Patienten wiedergegeben werden, die in "ihrer ganzen Zwiespältigkeit und stummen Anfrage" das *Gesunde im Kranken* zur Sprache bringt:

"Mir geht es gut, seit ich weiß, daß es für mich keine Zukunft gibt. Ich sitze mein Leben ab wie eine lebenslängliche Zuchthausstrafe, und ich bin dabei wunschlos unglücklich! Früher habe ich gelitten. Jetzt, wo ich keine Hoffnung mehr habe, kann mir niemand mehr etwas anhaben. Gestern habe ich den Faust-Film gesehen. Ich habe mir ge-

dacht, was dem Faust wohl erspart geblieben wäre, wenn er sich durch den sentimentalen Gesang in der Kirche nicht vom Selbstmord hätte abhalten lassen. Und der Pakt mit dem Teufel: 'Könnt' ich zum Augenblick sagen, verweile doch, du bist so schön!' Einen Menschen, der an dieser Welt wirklich etwas schön findet, soll doch der Teufel holen! Warum macht man darum so ein Geschrei?

Ich habe mir meine eigene Welt geschaffen. In diese Welt kann ich reisen, wann immer ich will; ich brauche dazu nur Alkohol und meine Musik. Ich habe dann eine 'Zeitmaschine'. Wenn ich in diese Zeitmaschine steige, kann ich beliebig in die Vergangenheit und in die Zukunft reisen. Mein Land, in das ich reise, ist eine weite Landschaft in einer fernen Zukunft, wo die Menschen nach einer Weltkatastrophe mit den Relikten unserer Zivilisation leben, deren Bedeutung sie nicht mehr kennen. Für mich hat diese Katastrophe bereits stattgefunden. Ich weiß nicht mehr, wann das gewesen ist. Wo ich mit meiner Zeitmaschine lande, sprechen die Menschen nicht mehr miteinander. Sie haben nur noch Zeichen, mit denen sie sich über die notwendigsten Dinge verständigen. Neben ihnen – unterirdisch – existiert noch eine andere Welt. Dort leben Wesen, die sich von diesen Menschen ernähren. In die unterirdische Welt führt ein riesiges Tor, das am Tage verschlossen ist. Nachts öffnet sich das Tor und am darauffolgenden Tage sind jedesmal ein paar Menschen verschwunden. Jeder weiß, daß das dunkle Tor, die unterirdischen Wesen, sie eingesaugt haben, aber die Menschen gehen zu ihren täglichen Geschäften über. Der kritische Punkt in meinem Traum – ähnlich wie in dem Film, den ich einmal gesehen habe – ist dort, wo das Tor auch die Zeitmaschine meines Helden einsaugt und er plötzlich erkennt, daß er vielleicht niemals in seine eigene Wirklichkeit, in sein Ursprungsland wird zurückkehren können. Er schafft es dann schließlich, aber unter großen Gefahren.

Einmal rettet der Held meiner Geschichte auf dieser Zukunftsreise eine Frau, die in einen Fluß gefallen und am Ertrinken ist. Sie wendet sich schweigend von ihm ab, besucht ihn aber dann abends an seinem Lagerplatz, während alle anderen Menschen sich verstecken, weil sie wissen, daß das dunkle Tor sich wieder öffnet. Die Frau setzt sich schweigend neben den Mann mit der Zeitmaschine, bis dieser das Schweigen nicht mehr erträgt und ihr eine Frage stellt, die mich vom Stuhl reißt: 'Willst Du denn nicht wissen, wer ich bin und woher ich komme?'" (Rohde-Dachser 1983, S. 229f.)

5. Schlußbemerkung

In der Psychoanalyse ist mit der Aufklärung des *Grenzbereichs* zwischen Psychose und Neurose ein beachtlicher Fortschritt nicht nur im Verständnis des Borderline-Syndroms gelungen. Es ist auch und vor allem ein Perspektivenwechsel in der klinisch-theoretischen Betrachtung der Ursachenzusammenhänge des Mißlingens der Selbst-Konstituierung gelungen, und dadurch ist eine Änderung der Auffassung dessen ermöglicht worden, was unter dem Gelingen der Konstituierung von Subjektivität überhaupt zu verstehen sei. Indem der aus der Außenperspektive des traditionellen Denkens gewonnene Bestimmungsgrund der Ätiologie psychotischen und neurotischen Seelenlebens auf das zurückgeführt wird, als was er sich gleichsam aus der Innenperspektive, aus dem Selbstgefühl des Subjekts, ergibt, verändert sich die Blickrichtung des Analytikers und zwar so, daß er die Entwicklung kranken Seelenlebens und deren Genese aus den Verarbeitungsweisen der subjektiven Selbst- und Welterfahrung heraus zu verstehen und zu beschreiben versucht, also aus dem heraus in den Blick nimmt, als was sich das Subjekt in dieser und durch diese Erfahrung selbst erfährt.

Mit der Aufklärung der Borderline-Entwicklung als einem eigenständigen psychischen Krankheitsbild, der differentialdiagnostischen Abgrenzung gegenüber den Psychosen und den Neurosen und der Notwendigkeit, die einzelnen Symptome aus deren funktionalem Zusammenhang heraus zu begreifen (und nicht in additiver Aneinanderreihung, ohne deren Beziehung untereinander zu berücksichtigen), zur Erfassung ihres pathognomischen Bedeutungsgehaltes, geht ein Perspektivenwechsel in der klinisch-theoretischen Auffassung des Subjekts einher, das immer schon *in Beziehung* mit Anderen, ein In-Beziehung-Seiendes ist und deshalb auch nur aus seinem Selbst- und Weltverhältnis heraus verstanden werden kann: Psychische Erkrankung darf demzufolge weder allein vom Subjekt her (konstitutionell) noch allein vom Objekt her (als ein von außen auf das Subjekt hinzukommendes Ereignis) erklärt werden, sondern sie muß vielmehr als ein Geschehen verstanden werden, das aus deren *Beziehung* heraus entsteht und das sich als solches in ihr und durch sie manifestiert. Dementsprechend läßt sich psychische Gesundheit nur aus der Dialektik intersubjektiver Interaktionsprozesse zureichend begründen. Der "Spaltungsmechanismus" des Borderline-Patienten wird dann beispielsweise nicht mehr bloß als sogenannte "Ich-Schwäche", also unter dem Aspekt des *Mangels* zu fassen und damit unter dem Gesichtspunkt des Pathologischen zu betrachten sein. Aus der Perspektive der Innenwelt, der Selbsterfahrung des Patienten begriffen, stellt die Spaltung demgegenüber eine Stärke dar und zwar insofern, als sie als *Abwehr* des Ich fungiert. Und als diese

Funktion bringt sie zur Sprache, worauf sich das Ich nicht zu *beziehen* vermag und was es deshalb durch Spaltungsoperationen abzuwehren sucht.

Von der rein deskriptiven, aus der äußerlichen Beobachterperspektive (des Analytikers) normativ auf das Subjekt hin verfaßten linearen Entwicklungskonzeption der dualen Trieb- und Ödipustheorie wendet sich unter den Bedingungen, die eine diagnostische, dem Untersuchungsgegenstand entsprechende Aufklärung der Borderline-Entwicklung und ihrer Genese erfordert, die Blickrichtung des Analytikers auf die immanente komplexe Beziehungsstruktur des Borderline-Syndroms, aus der heraus er wiederum ein Verständnis des pathogenen Interaktionsgeschehens gewinnt, durch das eine solche Entwicklung eingeleitet wird. Und er gewinnt darin zugleich eine Einsicht in das, was Subjektivität überhaupt kennzeichnet, wodurch und als was sie sich auszeichnet. Das heißt, er bekommt gleichsam durch das Pathologische hindurch den Ermöglichungsgrund psychischer Gesundheit in den Blick.

Die klassische psychoanalytische Auffassung hat einen Begriff von psychischer Gesundheit, der an einem bestimmten Verständnis von *Objektbeziehung* orientiert ist, welches als anerkanntes Kriterium für die Unterscheidung zwischen normalem und pathologischem Seelenleben in der Diagnostik fungiert. *Objektbeziehung* steht im Gegensatz zur *narzißtischen Beziehung* und bedeutet immer soviel wie die libidinöse Besetzung eines Anderen. Entsprechend dem von Freud normativ gesetzten linearen Entwicklungsverlauf befindet sich das Subjekt zunächst in einer – wie Spitz sagt – objektlosen Phase, in der die *unmittelbar* aufs Objekt hin ausgerichtete Triebbefriedigung die narzißtische Libidobesetzung des Selbst zum Ausdruck bringt. Unter der Bedingung einer *angemessenen* Triebbefriedigung findet der Abbau des "primären Narzißmus" und eine Öffnung des Subjekts hin zur Welt statt und damit ein Umschlagen von der autoerotischen zur Libidobesetzung des Objekts. *Objektbeziehung* im Sinne der traditionellen psychoanalytischen Auffassung wird hier einzig als ein auf der Entwicklungslinie zeitlich bestimmtes, erreichtes Entwicklungsniveau verstanden, als das sich die Erfahrung jener Triebbefriedigung niederschlägt. Insofern *ist* das Subjekt nicht ein seinem Selbstgefühl nach In-Beziehung-Seiendes, sondern es wird, vermöge der Vermittlungsleistung des Anderen, allererst als ein solches konstituiert. Demzufolge ist es dann auch völlig konsequent zu behaupten, daß vor dem Erreichen dieses Entwicklungsstandes von einer Beziehung des Subjekts zum Objekts keine Rede sein kann, und daß deshalb notwendig von psychotischen- oder Borderline-Objektbeziehungen nicht gesprochen werden darf.

Die Schwierigkeit der klassischen Psychoanalyse, die Abwendung des Psychotikers von der Realität der Welt und seine Hinwendung zu einer eigenen, selbst konstruierten (Wahn-)Welt hinreichend zu begründen, sie bloß für eine *Reaktion* auf eine "schwere, unerträglich erscheinende Wunschversagung" auszugeben und sie nicht auf eine Realität des Subjekts als dem Beweggrund dieser Reaktion zurückzuführen, diese Schwierigkeit ist ihrem Grunde nach einer anderen nicht unähnlich: nämlich derjenigen, das plötzliche Auftauchen des Anderen (sowohl das der Mutter als eines eigenständigen Wesens draussen in der Welt, als auch das des Dritten, als das der Vater die ödipale Situation begründet) zu erklären. Untrennbar mit diesen theoretischen Inkonsistenzen ist das klinische Problem der Grenzziehung, des Bestimmungsgrundes von Normalem und Pathologischem verbunden. Denn sofern sich in der Linearität der psychischen Entwicklung eine Kontinuität von anfänglich armen, archaischen zu immer reiferen, an Komplexität reicheren inneren Strukturen durchzieht, ist alle Entwicklung – entsprechend dem erreichten Stand auf der Entwicklungslinie – mit einem mehr oder weniger großen Mangel behaftet und zwar einem Mangel, der an einer *Ganzheit* gemessen wird, die als *Vollkommenheit* den Maßstab des erklärten Entwicklungsziels bildet. Alle Nicht-Entsprechung dieser Vollkommenheit sinkt zu deren bloßer Defizienz herab. Und sie kann deshalb auch nicht als eine dem Subjekt *eigene* Realität verstanden werden, die, als ein *Anderssein* gegenüber jener Realität, die dem Verständnis von Vollkommenheit entspricht, dann einem Begriff von Normalität entspräche, der allein gemessen an ihr, die *Andersheit des Anderen* zu seinem Gegenstand hätte und nicht die durch den Anderen erzwungene Identifikation: nicht die durch ihn erzeugte Vollkommenheit.

Kernbergs klinisch-theoretische Begründung der Objektbeziehung führt einen Perspektivenwechsel im Verständnis des Konstituierungsprozesses von Subjektivität herbei und zwar insofern, als er jenen Entwicklungsverlauf idealtypisch an der Verinnerlichung von Objektbeziehungen festmacht, deren Prozeß er als die Syntheseleistung des Subjekts definiert. Mit dieser Sichtweise ändert sich auch die Blickrichtung auf das, was dem Analytiker als das Pathologische galt. Zu fragen ist jedoch, inwiefern und inwieweit von einem Perspektivenwechsel gegenüber der traditionellen Auffassung wirklich gesprochen werden darf.

Unzweifelhaft ist, daß Kernberg die dualistischen Motive der Freudschen Entwicklungstheorie fortsetzt, sofern auch er die Mutter-Kind-Beziehung als eine Dualeinheit begreift, die – durch die Mutter begründet – den Konstituierungsprozeß des Selbst fundiert und deren dyadische Struktur sich in allen späteren Objektbeziehungen durchhält. "Die menschliche Erfahrung ist immer durch eine dyadische, polare Qualität (die zeitweise rein intrapsychisch ausgetragen werden kann) charakterisiert; eine Polarität, die gleichzeitig Selbst und Objekt, Liebe und Aggression umfaßt." (1988a, S. 116) Und Kernberg vollendet den Dualismus Freuds, indem er, über ihn hinausgehend, den "Spaltungsmechanismus", den Freud als das rein Pathologische qualifiziert, auf den Grund des Prinzips von Entwicklung überhaupt und darin auf den Konstitutionsgrund von Subjektivität zurückführt. Indem er dies im "Prinzip der Synthesefunktion des Ichs" erblickt, stellt sich für ihn die *Aufhebung* der Spaltung als die *Manifestation* dieses Prinzips (als das ursprüngliche, vor aller Erfahrung Internalisierte) dar.

Es ist Kernbergs Verdienst, die Spaltungsoperationen des Borderline-Patienten nicht bloß als eine Ich-Schwäche, als einen Mangel an Ich-Leistungen, sondern im Gegenteil als eine bestimmte Verarbeitungsweise verinnerlichter Objektbeziehungen gefaßt zu haben, die er als eine im Dienste des Ich fungierende Leistung begreift. Indem er Freuds dualer Entwicklungstheorie ein Entwicklungsprinzip voraussetzt, treten die einzelnen Entwicklungsphasen nunmehr als Manifestationen dessen in Erscheinung, als was sich die Synthesefunktion, dem jeweiligen Stand der Entwicklung entsprechend, zu erweisen hat: Die *Beziehung* zwischen Subjekt und Objekt *ist* nichts anderes als das Offenbarwerden dessen, worin sie gründet, wobei das Objekt auch hier – gemäß der Freudschen Auffassung – als Katalysator fungiert. In diesem Kernbergschen Sinne verstanden ist dann die Pathologie schlechthin nicht mehr als ein Mangel an Vollkommenheit zu verstehen: Es ist gegenüber dem Prinzip, dem rein Positiven, das Negative schlechthin, das dem Normalen gegenüber andere. Das Pathologische als das andere gegenüber dem Normalen ist aber nicht als ein Anderssein im Sinne von Verschiedenheit zu verstehen. Im Gegenteil, indem es von Kernberg als das auf eine bestimmte Entwicklungsphase der psychischen Reifungslinie *Fixierte* vorgestellt wird, bekundet sich nämlich in ihm und durch es dasjenige, was es seinem Grunde nach sein soll und nicht sein kann. Infolgedessen *ist* das Normale das das Pathologische *Über*greifende, und deshalb ist es nur das dem Pathologischen andere seiner selbst. Für das Normale ist das Pathologische demnach nichts anderes als das Auf-dem-Wege-Sein zu ihm, als das Noch-nicht-Normale, zu dessen real werdendem Prozeß es eines Ein*greifens* bedarf, das ihn allererst auf den Weg des Selbst zu *sich* als seiner Synthesefunktion bringt.

Der von Kernberg in der psychoanalytischen Auffassung gesunden und kranken Seelenlebens intendierte Perspektivenwechsel reformuliert zum einen deren dualistische Entwicklungstheorie, indem er das ihr vorausgesetzte Entwicklungsprinzip als Verinnerlichung von Objektbeziehungen in den Dienst der Erhaltung ihrer dyadischen Strukturen stellt. Und sofern Kernberg zum anderen die Entwicklung des Subjekts als Prozeß dieser Verinnerlichung versteht, vermag er – im Gegensatz zur traditionellen retrospektiven Sichtweise – den Konstituierungsprozeß des Subjekts gleichsam perspektivisch auf dessen Zukunft hin wahrzunehmen, weil sich im Konstitutionsgrund dessen einzelne Entwicklungsphasen und deren lineare Abfolge immer schon versammeln, oder mit einem Wort von Freud gesagt: "Ursprünglich enthält das Ich alles."

Margaret Mahlers theoretischer Ansatz bei der Universalität des symbiotischen Ursprungs der conditio humana führt sich auf klinische Beobachtungen des Konstituierungsprozesses des Selbst zurück. Gegenüber der Auffassung Kernbergs, nach welcher das Gelingen der Selbst-Konstituierung in der linearen Abfolge der Verinnerlichung zunächst optimaler Triebbefriedigung und deren sukzessiver Zurückweisung durch die Mutter, also der Verinnerlichung optimaler Frustrationen gesehen wird, durch die gleichsam die Synthesefunktion des Ich angeregt wird, bekundet sich für Mahler dieses Gelingen durch das *Umschlagen* des Bedürfnisses (unmittelbare Befriedigung) in den Wunsch nach liebender Zuwendung, das heißt durch die Verwandlung des objektlosen Zustandes in eine objektgebundene Sehnsucht. In dieser Auffassung Mahlers liegt: Das Selbst *ist* die Fähigkeit der Intersubjektivität, und *als* diese Fähigkeit konstituiert sich Subjektivität überhaupt.

Im Gegensatz zu Kernberg, dessen Sichtweise des Subjekts ein ursprüngliches Überwiegen an Aggressionen voraussetzt, die durch die Pflegehandlungen der Mutter und durch die Fähigkeit des Kindes, diese zu verinnerlichen, "neutralisiert", das heißt mit libidinösen Erfahrungen synthetisiert werden, wodurch sich die Beziehungsfähigkeit des Subjekts allererst zu entwickeln vermag, – im Gegensatz zu dieser Auffassung vom Wesen des Menschen gelangt Mahler aufgrund ihrer direkten Beobachtungen, ihres empathischen Verstehens des Selbstgefühls des Kindes bezüglich des psychosozialen Klimas, innerhalb dessen es sich konstituiert, zu der Überzeugung, daß es die liebevolle Zuwendung des Kindes gegenüber seiner Mutter ist, als die sich Subjektivität immer schon auszeichnet. Denn das *Umschlagen* des Bedürfnisses in den Wunsch nach liebender Zuwendung bezeugt eine basale Liebesfähigkeit, in der Mahler den Konstitutions*grund* von Subjektivität überhaupt erblickt. Und die Erfüllung dieses Wunsches durch die Mutter bedeutet: Akzeptanz des Kindes als das Anderssein, Anerkennung des Kindes als einer eigenständigen, unabhängigen Person. Demnach bedeutet eine solche Wunscherfüllung nicht: Befriedigung von Abhängigkeitswünschen und deshalb auch nicht Befriedigung bloß passiven Geliebtwerdens.

Entsprechend ihrer Grundauffassung des *humanum* ist das *Umschlagen* des Bedürfnisses in den Wunsch nach liebender Zuwendung als das Offenbarwerden der *Liebesfähig-*

keit des Menschen und darin als das Offenbarwerden seiner Beziehungsfähigkeit zu verstehen. Demgemäß hat Mahler ein gegenüber der Kernbergschen Position verschiedenes Verständnis von der Pathogenese psychischer Erkrankungen: Es ist die tiefe Enttäuschungserfahrung, die das Liebesgefühl des sich seiner Mutter abwendenden und sich ihr wieder zuwendenden Kindes erleidet, welche die Konstituierung seines Selbst als einen Zustand der Objektlosigkeit festschreibt, in dem das Selbstgefühl des Kindes zu einer Angst vor sich selbst, nämlich vor seiner Liebe erstarrt. Und es ist demnach auch nicht die Aggression, die die Beziehungsunfähigkeit des Borderline-Patienten wie auch die des Psychotikers begründet, sondern vielmehr die Erfahrung der Destruktion des Liebesgefühls des Kindes gegenüber seiner Mutter, die sich aufgrund ihrer eigenen Liebesunfähigkeit diesem Gefühl ihres Kindes und dem mit ihm verbundenen Anspruch aus Angst vor sich selbst entzieht. Daß diese Enttäuschungserfahrung nicht verdrängt, sondern nur verleugnet werden kann und sich sodann, in Reaktion auf sie, als Aggression Ausdruck verschafft, dies zeigt die Fundamentalität dieser Enttäuschungserfahrung an. Und sie ist insofern als fundamental zu bezeichnen, als durch sie nichts geringeres zur Sprache gebracht wird als das, *wodurch* sich Subjektivität überhaupt konstituiert: das ist die *Gegenseitigkeit liebender Zuwendung* als die *conditio humana*, die sich ihrerseits in der Beziehungsfähigkeit des Subjekts manifestiert.

In diesem Sinne verstanden besitzt Mahlers Hypothese von der Universalität des symbiotischen Ursprungs der conditio humana meines Erachtens ein höheres Maß an Überzeugungskraft hinsichtlich der Rückbindung des Konstitutions*grundes* in dessen subjektive Erfahrbarkeit als Kernbergs hypothetische Grundannahme jenes "Prinzips", als das er den "Drang" des Subjekts nach "Integration und Synthese" generalisiert und dessen Selbst- und Welterfahrung er immer schon voraussetzt: Gegenüber Kernbergs Auffassung der "Verinnerlichung" von Objektbeziehungen als dem "Prinzip von Subjektivität" bildet die *Erfahrung* des Umschlagens des auf unmittelbare Befriedigung abzielenden Bedürfnisses in den sich mit dem Objekt vermittelnden Wunsch nach liebender Zuwendung bei Mahler eine unhintergehbare Voraussetzung des Konstitutionsgrundes von Subjektivität.

Sofern Mahler jedoch das Konstituens von Subjektivität, die liebende Zuwendung, aus der "Symbiose" als der "gemeinsamen Grenze" (1975, S. 63f.) von Mutter und Kind hervorgehen läßt, macht sie deren Ungetrenntheit und damit die Undifferenziertheit (des Kindes) zu einem Ersten, aus dem sich, vermöge der Beziehungsfähigkeit der Mutter, die liebende Zuwendung zu ihr *als* das Selbstgefühl des Kindes generiert. Auf dem Boden der Symbiose kann die Konstituierung des Selbst folglich nicht als die seines Andersseins im Sinne einer unaufhebbaren Verschiedenheit gegenüber dem Anderen (der Mutter) verstanden werden. Sie wird bei Mahler denn auch aus dem Blickwinkel des Andersseins *des* Anderen, also von seinem Standpunkt aus (der Mutter oder des Analytikers) wahrgenommen. Das Selbst wird demnach als das *des* Anderen unter dem Aspekt der Gleichheit und seine Konstituierung als die des Gleichseins im Anderssein betrachtet. Loslösung und Individuation, Selbständigkeit und Unabhängigkeit sind Manifestationen der conditio humana, sofern sie jener Universalität entspringen, als die sich die conditio humana in der Symbiose niederschlägt.

Orientiert sich das Verständnis von Subjektivität demgegenüber an einer Andersheit, die, als unaufhebbare Verschiedenheit begriffen, deren unhintergehbare Voraussetzung bildet, so muß das Anderssein des Anderen und nicht bloß die Andersheit als das Anderssein *des* Anderen thematisiert werden. Das bedeutet: Das *Anderssein des Anderen* als solches rückt in die Perspektive unserer Wahrnehmung des Selbstseins und damit verliert die Exklusivität der Subjekt-Objekt-Beziehung der Psychoanalyse ihre Bedeutung. Gegenstand der Untersuchung wird dann die Frage nach den Bedingungen sein, unter denen sich Selbstsein *als* das Anderssein des Anderen zu konstituieren vermag und welche Konsequenzen sich daraus für das Selbst- und Weltverständnis des Menschen ergeben.

Anmerkungen zu Teil II

1. Freud, S.: "Formulierungen über die zwei Prinzipien des psychischen Geschehens", in: Bd. III, S. 19, Anm. 4.

2. Rohde-Dachser, Chr.: "Das Borderline-Syndrom", in: "Psyche Bd. 33", S. 481f.

3. Theunissen, M.: Zeit und menschliches Dasein, Teil II vom 25.5.1986, Vorlesung an der Freien Universität Berlin.

4. Unter *Empathie* verstehe ich in Ergänzung des Mahlerschen Begriffs – mit dem "der menschliche Ersatz für den Instinkt, auf den sich das Tier für sein Überleben verlassen kann", gemeint ist, der Ersatz "der extrauterinen Matrix der mütterlichen Obhut" durch die "soziale Symbiose" – mit dem amerikanischen Psychoanalytiker Greenson: das "gefühlsmäßige Wissen, das Erleben der Gefühle eines anderen Menschen". Diese von Greenson in Vorschlag gebrachte Definition von *Empathie* ist gleichbedeutend mit "Einfühlen, Erleben der Gefühle eines anderen Menschen". Es handelt sich gleichsam um eine *Teil*-Habe an den Gefühlen Anderer. Indem man an ihnen teil *hat*, nimmt man "an der Qualität, nicht am Grade dieser Gefühle teil, an ihrer Art, nicht ihrer Intensität".
Sofern es ein *gefühlsmäßiges Wissen* ist, das die *Empathie* auszeichnet, ist sie untrennbar verbunden mit der Fähigkeit der *Intersubjektivität*. Die Fähigkeit zur Empathie setzt eine innere Objektrepräsentanz voraus, die nicht aufgeht im Selbst und die ihm doch nicht fremd ist. Die "Besetzungsverschiebung" der eigenen Ich-Vorstellungen auf die des Anderen, die für Greenson unablösbar von der Entwicklung der Fähigkeit zur Empathie ist, indiziert bereits die Transzendenz des Selbst. Empathie als eine wesentliche Voraussetzung für die Fähigkeit der Intersubjektivität zu begreifen, macht die Genese des Selbst als kommunikative verständlich. In Übereinstimmung mit Mahler steht Greensons Feststellung: "Empathie beginnt bei der nicht-verbalen, im Hautgefühl wurzelnden, mit dem Tonfall zusammenhängenden Mutter-Kind-Beziehung. Die Mutter nimmt am Erleben des Kindes durch Gefühl oder Berühung teil, bzw. aus der Entfernung durch Sicht- oder Hörsignale." (Mahler, M.: "Kindliche Psychosen und Schizophrenie: Autistische und symbiotische kindliche Psychosen", in: "Studien über die drei ersten Lebensjahre", Stuttgart 1979, S. 164–189; Greenson, R.R.: "Zum Problem der Empathie", in: "Psyche Bd. 15", S. 142–154).

5. Der Begriff des *Selbst* wird in der psychoanalytischen Theoriebildung darauf eingeschränkt, das Gegenteil von "Objektbesetzung" zu meinen: die "Libidobesetzung" des Selbst, welche mit dem Begriff "Narzißmus" gekennzeichnet ist. "Es trägt deshalb zur Klärung bei, wenn wir Narzißmus als Libidobesetzung nicht des Ichs, sondern des Selbsts definieren."
Die terminologische Vieldeutigkeit des Freudschen "Ich"-Begriffs, also dies, inwiefern das "Ich" als *Person* gebraucht wird, das deren Welt-Bezug einschließt und inwieweit das "Ich" als "Instanz" des "psychischen Apparates" begriffen wird, schlägt sich ihrerseits in der Unsicherheit der Be-

stimmung der Genese des Ich nieder, und sie hält sich durch Freuds gesamtes Werk durch. Das Grundproblem, auf das sich die Schwierigkeiten eines konsistenten Ich-Begriffs in der an Freud orientierten psychoanalytischen Theoriebildung zurückführen sehe ich in dem *dualistischen* Ansatz des Freudschen "Instanzen"-Modells, weil die *Beziehung* von "Es, Ich und Über-Ich" untereinander als das sie Umfassende nicht aufgeht in ihnen, sich also nicht auf sie aufteilen läßt, oder anders gesagt: Weil die Beziehung als solche, die Beziehung des Ich als *Person*, die zur Außenwelt immer schon einschließt, die psychoanalytische Auffassung demgegenüber aber die Beziehung zur Aussenwelt als einen zweiten Schritt (Realitätsprinzip) behauptet, der einem ersten (Lustprinzip), einem undifferenzierten, extrauterinen Zustand folgt, entsteht das Problem, die Konstituierung der *Person* als einer Leib-Seele-Einheit gleichsam *metapsychologisch* aus einer anthropologischen Konstante begründen zu müssen, sie aus einem Entwicklungs*plan* heraus zu verstehen und damit *vor* aller Selbst- und Welterfahrung des Subjekts anzusiedeln und darin von dieser zu abstrahieren.
Edith Jacobson konstatierte Mitte der fünfziger Jahre ein innerhalb der klinischen Psychoanalyse "wachsendes Interesse am Problem der Identität", das sie auf die "wachsende Zahl von Borderlinefällen und sogar psychotischen Patienten" zurückführt und das offenkundig mit den Schwierigkeiten eines allgemein akzeptierten psychoanalytischen Verständnisses von der Psychopathogenese dieser Erkrankungen zusammenhing. Hartmanns Unterscheidung zwischen "Ich, Selbst und Selbstrepräsentanzen" (1950) ermöglichte eine erste Definition eines Begriffs vom Selbst, die jedoch, orientiert an der Narzißmustheorie, wiederum aus der Entgegensetzung zur libidinösen Objektbesetzung gewonnen wurde und somit die libidinöse Besetzung des Selbst meinte. Dadurch blieben die beiden, meiner Auffassung nach *zentralen* Probleme bestehen: zum einen das Problem der *Beziehung* zwischen dem Selbst als libidinös besetztem und jener Teilinstanz des psychischen Apparates, die als das Ich nicht die Person als Ganzes repräsentiert – und zum anderen das damit untrennbar verbundene Ungenügen, eine Libidobesetzung pathologischer Strukturen des Selbst triebtheoretisch begründen zu müssen.
Innerhalb der psychoanalytischen Theorie wurde durch die Entwicklungspsychologie – vertreten durch E. Jacobson und R. Spitz – ein Begriff vom Selbst zu begründen versucht, mit dem die Person *in bezug* auf ihre Außenwelt als Ganzes in den Blick genommen werden sollte. Aber auch hier ging der Blick auf die Person als *In-Beziehung-Seiendes* verloren; das Selbst wurde einzig auf die Komplexität von "Selbstrepräsentanzen" verteilt, ohne daß diese aus den komplexen dynamischen Prozessen zwischen Selbst und Welt erfaßt wurden. Zerlegt in Selbstrepräsentanzen und diese wiederum den jeweiligen Instanzen des Freudschen Strukturmodells zugeordnet, glaubte man die Einheit der Person, repräsentiert durchs Selbst, durch die Summe seiner Teile in den Blick zu bekommen. "Anfänglich ist unser Bild vom eigenen Selbst, genau wie das primitive Bild vom Objekt, keine festgefügte Einheit. Hervorgegangen aus Empfindungen, die von Wahrnehmungen des bedürfnisbefriedigenden Teilobjekts kaum zu unterscheiden sind, ist es zunächst mit den Objektimagines vermischt und verschmolzen und setzt sich aus einer ständig wechselnden Reihe von Selbstimagines zusammen, die hauptsächlich die unaufhörlichen Fluktuationen im primitiven Zustand des Seelenlebens widerspiegeln." (Jacobson, E., 1978, S. 31)
Gegenüber dem am psychoanalytischen Instanzenmodell orientierten Selbstbegriff nimmt der von Erikson aus soziologischer Perspektive gewonnene Begriff der "Identität" das Individuum aus seiner Interaktion mit Anderen wahr, und damit versucht Erikson die "Ich-Identität" auf Intersubjektivität hin auszulegen. Da er diesen Begriff aber vornehmlich aus den "Identitätsstörungen" in der Adoleszenz entwickelt und ihn folglich auch auf die Adoleszenz bezieht, bleibt letztlich unaufgeklärt, als was sich das Selbst konstituiert, wenn das Individuum in der Interaktion mit Anderen identisch mit *sich* ist; genauer gesagt: wenn Ich-Identität mehr meint als Selbstsein im Sinne blossen Bei-sich-selbst-seins. Unaufgeklärt bleibt bei Erikson – so meine ich – die *Beziehung* zwischen dem Selbst des Subjekts und seiner Identität mit *sich*. – Meines Erachtens gibt es bis heute keine

eindeutige und als solche innerhalb der Psychoanalyse allgemein akzeptierte Begriffsbestimmung dessen, was das Selbst sei, woraus und als was es sich begründet.
(Vgl.: Freud, S.: "Das Ich und das Es", (1923) Bd. III, S. 283–325; "Zur Einführung des Narzißmus", (1914), ebd., S. 41–68; "Jenseits des Lustprinzips", (1920), ebd., S. 217–272; Hartmann, H.: "Ich-Psychologie", Stuttgart 1972, S. 119–144 und S. 157–180; Jacobson, E.: "Das Selbst und die Welt der Objekte", Frankfurt 1978, S. 9f., S. 31; Spitz, R.: "Nein und Ja. Die Ursprünge der menschlichen Kommunikation", Stuttgart 1978; Erikson, E.: "Identität und Lebenszyklus", Frankfurt 1966, S. 123–212; Laplanche, J., Pontalis, J.-B.: Artikel: "Ich", in: "Das Vokabular der Psychoanalyse", Frankfurt 1973, S. 184–202; Kohut, H.: "Narzißmus", Frankfurt 1973; Kohut, H.: "Die Heilung des Selbst", Frankfurt 1979.)

6. Im Anschluß an Jacobson (1978) und Mahler (1989) vertritt Kernberg (1978) die Ansicht, daß die basale Ich-Selbst-Einheit eine "primäre undifferenzierte Selbst-Objekt-Repräsentanz" darstellt, die sich an "verinnerlichten Objektbeziehungen" ausdifferenziert. Nach eigener Auskunft will Kernberg mit dieser Position der "traditionellen psychoanalytischen Auffassung (entgegentreten), derzufolge die Libido zuerst in narzißtische Besetzungen eingeht und erst später auch Objekte libidinös besetzt werden" (1978, S. 386), denn "die Entwicklung des normalen und des pathologischen Narzißmus (schließt) stets die Beziehungen des Selbst zu seinen inneren (Objektrepräsentanzen) und äußeren Objekten und immer auch Triebkonflikte sowohl libidinöser wie aggressiver Art" ein. (a.a.O.) Infolgedessen begründet seine Theorie verinnerlichter Objektbeziehungen eine neue Sichtweise des Selbst, durch die "das Konzept des primären Narzißmus" nicht länger mehr gerechtfertigt erscheint, da in metapsychologischer Betrachtung 'primärer Narzißmus' und 'primäre Objektbesetzung' praktisch in eins zusammenfallen". (ebd.)
An der Frage, *wie* und *wodurch* sie zusammenfallen, entscheidet sich nun aber nicht nur Kernbergs Verständnis vom Selbst, sondern auch die Beziehung zwischen Selbst und "Ich". Sofern er das "Selbst" als "Bestandteil des Ichs" (S. 358) verstanden wissen will, entspringt es dem Ich und zwar so, daß durch die Wahrnehmungen des Ichs die angeborenen Affektdispositionen (Libido und Aggression) *als* das Bedürfnis des Selbst *objektiv*, d.h. durch Lust-Unlust-Erlebnisse besetzt werden, wodurch wiederum die angeborenen Affekt-Muster *motiviert* werden, die Kommunikation mit der Außenwelt aufzunehmen: Durch die soziale Vermitteltheit der Affekte (Kernberg ersetzt den traditionellen Triebbegriff durch die Affekte *Libido und Aggression)* entsteht jene Motivationsbasis, als die sich das Selbst konstituiert und zwar als die Integration widersprüchlicher Selbst- und Objektrepräsentanzen.
Was dem Anschein nach sich wie eine dialektische Beziehung des Selbst auf sich zu der zu seinem Objekt darstellt, stellt sich bei genauerer Inaugenscheinnahme jedoch als ein affekttheoretischer Dualismus heraus: Sofern nämlich das "normale Selbst (...) ein integriertes Selbst" (S. 359), die Integration als solche aber ein durchs Objekt Konstituiertes ist, fällt dieser "entscheidende Mechanismus der frühen Ichentwicklung" (1988, S. 23) in ein *Drittes:* in den "Drang nach Integration und Synthese" (S. 37) und damit außerhalb von Integration und Integrierendem; es fällt in einen *vor* aller Selbst- und Welterfahrung liegenden Bereich, und es stellt sich als jene Grundannahme heraus, mit der Kernberg dem Selbst einen Entwicklungsplan voraussetzt. Das *Zusammenfallen* von primärem Narzißmus und primärer Objektbesetzung begründet sich denn auch aus jenem *Drang* als der anthropologischen Prämisse des Selbst.
Kernberg kommt in diese Schwierigkeit einer solchen Vorannahme, weil er den Gedanken, Triebe als Affekte zu verstehen, nicht benutzt, um den Affekt (als durch das Auftreffen auf die Außenwelt in sich umgeschlagenen Trieb) bereits *als* sozial Vermittelndes zu fassen. Sofern er nämlich Triebe durch Affekte bloß *ersetzt*, gerinnt ihm auch sein Begriff von den Affekten als Motivationssystem zu einem rein biologisch gefaßten und die Beziehung des frühen Selbst zu seiner Außenwelt zu einer Funktion rein physiologischer Bedürfnisbefriedigung.

(Vgl.: Kernberg, O.: "Borderline-Störungen und pathologischer Narzißmus", Frankfurt 1978; Kernberg, O.: "Objektbeziehungen und Praxis der Psychoanalyse", Stuttgart 1988, S. 24–52, S. 64–80; Zepf, S. und Nitzschke, B.: "Zur Kritik der Narzißmus-Theorie von Otto Kernberg", in: "Psyche Bd. 39", S. 865–876; Fetscher, R.: "Das Selbst, das Es und das Unbewußte", in: "Psyche Bd. 39", S. 241–275; Fetscher, R.: "Der Aufbau des Selbst", in: "Psyche Bd. 39", S. 673–707.)

Nachwort

Hegels Theorie des Selbstseins und die psychoanalytisch orientierten Objektbeziehungstheorien von Mahler und Kernberg als Theorien vom Selbst *als* die Verinnerlichung von Objektbeziehungen haben – so lautete meine Grundannahme – einen gemeinsamen Boden in der Fragestellung nach der *conditio humana*. Die philosophische und die empirisch-klinische Theorie kommen in der Auffassung überein: Die den Menschen spezifisch kennzeichnende Beziehungsfähigkeit ist die seiner Liebesfähigkeit. Hinzuzufügen ist dem nunmehr eine zweite Gemeinsamkeit, die die Philosophie mit diesen psychoanalytischen Theorien verbindet: Es ist dies die Auffassung, daß sich gelingendes Selbstsein nur aus dessen Gegenteil heraus verstehen und sinnvoll begründen läßt. Dieser Auffassung liegt denn auch, so meine ich, die Voranahme zugrunde, daß es keinen unmittelbaren Zugang zum Selbst gibt, sondern daß es sich allein aus dem, als was es sich in seiner persönlichen, sozialen und gesellschaftlichen Situation selbst vorkommt, also durch die Freilegung seiner sozialen und gesellschaftlichen Vermitteltheit erschließen läßt. Den unter dieser Voranahme entwickelten Theorien liegt demnach die Überzeugung zugrunde, daß es kein unmittelbares Wissen und deshalb auch keinen direkten Zugang zum Selbst gibt.

Beide, die Philosophie Hegels und die Psychoanalyse Mahlers und Kernbergs versuchen das Selbst aus der Analyse mißlingenden Selbstseins zu erfassen: Hegel gewinnt seinen Begriff vom Selbst, indem er es aus der Nicht-Übereinstimmung des Subjekts mit *sich* erschließt; Mahler und Kernberg denken das Selbst von der Psychopathogenese deformierten Selbstseins her. Und sofern beide gelingendes Selbstsein von dessen Mißlingen her zu verstehen versuchen, liegt in dem, *als was* sie jeweils unter dem Mißlingen begreifen, implizit ein Vorverständnis von dem, was sie mit gelingendem Selbstsein meinen: Das *Gelingen* besteht – so die Auffassung von Philosophie und Psychoanalyse – in der Synthetisierung der das Selbst konstituierenden Beziehungsglieder. Das heißt, gelingendes Selbstsein offenbart sich in der und durch die Art und Weise, in der sich das Subjekt auf Andere und anderes bezieht und zwar so, daß es sich darin auf *sich* als die Fähigkeit dieser Synthetisierung bezieht.

Nun unterscheidet sich aber die objektbeziehungstheoretische Auffassung der Synthetisierung von der der Hegelschen fundamental und demzufolge haben sie auch ein je anderes Vorverständnis von Vollkommenheit als dem gelungenen Selbstsein und dem Prozeß eines solchen Selbstwerdens. Das unterschiedliche Verständnis gelingenden Selbstseins läßt sich aber nicht bloß mit der trivialen Feststellung begründen, daß ein am metaphysischen Wahrheitsbegriff orientiertes Selbstsein nicht aufgeht in einer an psychischer Gesundheit interessierten klinischen Theorie. Der Unterschied in den Auffassungen bezieht sich nicht nur auf das, was jeweils unter dem Gelingen als solchem begriffen wird.

sondern er bezieht sich auch und vor allem auf das Verständnis vom Selbst, genauer gesagt auf das, woraus und als was es sich ergibt. Und sofern Philosophie und Psychoanalyse – wie ich sagte – ihren Begriff vom Gelingen des Selbstseins aus dessen Gegenteil heraus zu gewinnen suchen, führt sich der Unterschied jener Sichtweisen auf eine unterschiedliche Einschätzung und Beurteilung dessen zurück, woraus und als was sich die das Selbst konstituierende *Synthetisierung* ergibt, was also *ursprüngliche* Realitätserfahrung meint und als was sie sich im Selbst- und Weltverhältnis des Menschen manifestiert. Das bedeutet: Der Unterschied der Auffassungen vom Selbst gründet in einem jeweils bestimmten Begriff von dessen Mißlingen und damit in einer ihm entsprechenden Sichtweise der *Beziehung* zwischen Selbst und Welt, oder genauer, zwischen der Beziehung auf *sich* und auf Welt und der darin impliziten Verhältnisweise zwischen mißlingendem und gelingendem Selbstsein. – Der fundamentale Unterschied zwischen der objektbeziehungstheoretischen Auffassung vom Selbst und der der Hegelschen läßt sich meines Erachtens aus dem verständlich machen, als was sie die basale *Differenz* zwischen dem Selbst und dem Anderen deuten, in der das Selbst *sich* konstituiert. Hegel definiert das Selbst als Selbstbeziehung, und es *ist* nur als solche, sofern es sich auf sich *als* auf das Andere seiner selbst bezieht. Die darin implizite Auffassung vom Selbst setzt voraus, daß der Prozeß, in welchem das Selbst zu *sich* kommt, eine Syntheseleistung ist: Sich selbst verwirklichend kommt das Selbst zu *sich*, indem es sich mit dem Anderen als dem seiner selbst zusammenschließt, das heißt, indem sein Selbstwerden als Synthetisierung fungiert.

Diesen Begriff vom Selbst gewinnt Hegel aus dem Rückgriff auf jene bestimmte Art von Selbstbeziehung, von der er zu recht meint, daß der Mensch in ihr und durch sie, seiner bloßen Sinnlichkeit ausgeliefert, den Gegebenheitsweisen der Außenwelt, ihren normativen Forderungen preisgegeben ist. Denn ein Selbstverhältnis, das, distanzlos zu Anderen und anderem, aufgeht in der Realität des Vorhandenen, fixiert das Selbst auf jene Faktizität, als die die Sinnlichkeit das Selbst unmittelbar auf Welt bezieht und es darin umstandslos in sie einpaßt. Entfremdet von *sich*, führt das Subjekt einer solchen Selbstbeziehung ein Leben, das, als bloßes Gelebtwerden, bereits von Hegel in seiner Einleitung zur Verfassungsschrift von 1799/1800 als "Widerspruch zwischen dem Unbekannten, das die Menschen bewußtlos suchen, und dem Leben, das ihnen angeboten und erlaubt wird und das sie zu dem ihrigen machten" kritisch beschrieben worden ist. (FrSch, S. 457) Vertrieben in ihre "innere Welt", wie Hegel sagt, des aktiven In-Beziehung-Seins mit ihr enteignet, finden die Menschen in sich selbst nichts vor, worauf sie sich beziehen können. Theunissen bringt diesen Sachverhalt auf den Punkt, wenn er sagt: "Gegen bloße Fremdbeziehung einerseits und gegen die Abstraktion eines unmittelbaren Für-sich-Seins andererseits macht Hegel ein In-Beziehung-Sein geltend, das als Im-Anderen-bei-sich-*selbst*-Sein Freiheit und als Bei-sich-selbst-Sein im *Anderen* Liebe ist." (1980, S. 49)

Die von Hegel an den Menschen ergehende Forderung: er solle sich auf sich *als* auf das Andere seiner selbst beziehen: er solle *sich* als das, was er wirklich *ist*, verwirklichen (d.i. meines Erachtens jenes "Unbekannte", das die Menschen in einer sich ihrer Erfahrbarkeit entziehenden Welt bloß noch "bewußtlos" suchen) – die Forderung Hegels ist untrennbar mit seiner Auffassung verbunden, daß sich der Mensch überhaupt nur als das, was er *ist*, verwirkliche, wenn er sich zu *sich* als zu seinem Anderen verhält. Will diese Forderung nun aber nicht als ein dem Menschen gegenüber Fremdes, ihm äußerliches Sollen, dem anheimfallen, wogegen sie das Selbst gerade abzuheben versucht, dann wird sie einsichtig nur dann, wenn sie, als der *Grund* des Selbst selber, als das Konstituens von Subjektivität überhaupt verstanden werden darf. Oder anders gesagt, wenn gezeigt werden kann: Das Selbst ist immer schon ein Selbstverhältnis in dem ausgezeichneten Sinne von Selbstsein, das, als die Übereinstimmung des Subjekts mit *sich*, *gelungene* Übereinstimmung des Subjekts mit *sich*, also mit dem, was es *ist*, meint.

Rechtfertigen läßt sich Hegels Begriff vom Selbst offenkundig allein unter der Voraussetzung, daß es weder durch Andere konstituiert wird, noch daß das Subjekt *sich* als dasjenige zu konstituieren vermag, als das es ihnen begegnet, sondern daß es als solches vielmehr "gesetzt" ist, das heißt, daß es sich als ein solches Selbstverhältnis selbst *vor*gegeben ist: Gesetzt ist es aus jener ihm vorausgesetzten Unmittelbarkeit *universeller Differenz*, in welcher nämlich überhaupt erst die *Beziehung* zwischen ihm und seinem Anderen *als* seine Beziehung auf sich entspringt. Das Selbst erschließt sich dem Menschen aus jener Differenz, die als unmittelbare sich seiner Erfahrbarkeit entzieht: Als der Ort des Begegnens von Subjekten entzieht sie sich nicht nur deren Verfügbarkeit, sondern das Begegnen selber wird unter der Macht des sie Setzenden zu einem unverfügbaren Ereignis.

Mit der Auffassung, daß das Selbst ein Selbstverhältnis *ist*, ist untrennbar Hegels bestimmtes Verständnis *gelingenden Selbstseins* und folglich auch das von dessen Mißlingen verbunden. Sofern in der Behauptung: das Selbst *ist* ein Selbstverhältnis, implizit mitbehauptet ist, daß Selbst*werden*, als die Selbstverwirklichung des Subjekts, die Verwirklichung seines *sich* Vorgegebenseins ist, liegt darin, daß das Selbst *noch nicht* ist oder sein kann, was es *ist:* daß es *als* der Prozeß des Zu-*sich*-Kommens und das heißt als das *Werden* seines Gelingens gefaßt werden muß. In diesem schwachen Sinne ist das *Mißlingen* als das *noch nicht* gelungene Selbstsein zu verstehen. Sein Streben, als das Zur-Übereinstimmung-Kommen mit *sich*, wäre nicht das Selbst*werden* des Subjekts, erführe es nicht in diesem Streben immer auch mit, daß es *durch* es es *selbst* sein kann. Was es in der Erfahrung gelingenden Selbstseins aber miterfährt, und was ihm überhaupt die Gewißheit eines solchen Gelingens verleiht, ist die Retention an die Erfahrung gelungenen Selbstseins *als* ein sich ihm Entziehendes.

Insofern darf das Mißlingen, als die Sphäre des Selbstwerdens im Gegensatz zu der, in der es als *gelungenes* entspringt, als eine notwendige Voraussetzung des *sich* verwirklichenden Subjekts verstanden werden: Das Mißlingen im Sinne des Nicht-Übereinstimmens-mit-sich gehört zum Seinsstatus des Subjekts, und es bringt sich in dem Leiden des Menschen unter *sich* zur Sprache, oder – wie Theunissen sagt – als das "Leiden des Menschen unter der conditio humana" (Theunissen, M.: Zeit und menschliches Dasein. Teil III, Vorlesung an der Freien Universität Berlin, WS 1986/87).

Der Mensch würde *sich* aber verfehlen, erführe er nicht auch in seinem Leiden unter der conditio humana das, was er *ist,* gleichsam mit. Und er erfährt *sich* als die Übereinstimmung-mit-sich *durch* sein Leiden unter sich mit, sofern er sie als das sich ihm *Entziehende* erfährt. Die Sphäre seines Selbstwerdens bildet insofern das Medium, in welchem ihm der Sinn der Differenz zu *sich* als die Befreiung zu *sich*, als das Zur-Übereinstimmung-Kommen-mit-sich, aufscheint: Als das Unvordenkliche entzieht es sich der Bewußtseinssphäre überhaupt und ist deshalb als das Unverfügbare allein als die "Spur des Absoluten in der conditio humana" (MaPhdG, S. 49) nachzuzeichnen. Es ist denn auch die *Offenheit* des Selbst als das *Beziehung* Stiftende, in der sich der Mensch auf sich *als* auf das Andere seiner selbst zu beziehen vermag und durch die er den Anderen als das in jener Erfahrung mit ihm Gleiche erfährt: nämlich die ihn von sich zum Anderen hin befreiende Freiheit.

Während Hegel das Selbst vom Anderen der real existierenden Welt her und deshalb *als* metaphysische Erlebnisfähigkeit des Subjekts verstanden wissen will, definieren Mahler und Kernberg das Selbst aus der Perspektive des anderen Subjekts, von dem her es seine Bestimmtheit empfängt. Indem Mahler und Kernberg den Konstituierungsprozeß des Selbst aus einer ursprünglichen Realitätserfahrung heraus beschreiben, die sie als Einheitserfahrung – als duale Einheit von Mutter und Kind – verstehen, begründen sie das Selbst im anderen Subjekt und das heißt, sie denken es von dem her, mit dem es in Einheit ist: Das Selbst ist seinem Ursprung nach ein Undifferenziertes, Passives, ein "autistisches" Selbst, so daß es des Anderen zur Konstituierung des *Zwischen* bedarf, aus dem heraus sich seine Beziehung zu ihm bildet: Die ursprüngliche Realitätserfahrung ist die durch den Anderen konstituierte Dimension der Differenz zwischen ihm und dem Selbst *als* deren Einheit.

Hegel, der das Selbst *als* Selbstverhältnis, das Selbstwerden als die dialektische *Bewegung* des Nicht-mit-*sich*-Übereinstimmens und des Übereinstimmens-mit-sich definiert, vermochte diese Bewegung selber als das Gelingen von Selbstsein zu denken, weil er den Grund ihrer Konstituierung in jener metaphysischen Einheit fundierte und darin voraussetzte, daß das Gelingen, das dem Menschen aus seiner Selbst- und Welterfahrung aufscheint, seinen Sinn aus der Erfahrung seines Selbstseins *als* das Im-Anderen-bei-sich-selbst-Sein *im* Absoluten empfängt: Selbstwerden als das Noch-nicht des Gelingens *ist* ein Gelingendes.

Im Gegensatz dazu bildet sich das Selbstverhältnis des Menschen – Mahlers und Kernbergs Auffassung zufolge – allererst dadurch heraus, daß das Selbst sich mit dem Nicht-Selbst synthetisiert, das heißt, die Beziehung des Objekts auf es als Beziehung auf sich verinnerlicht.

Voraussetzung einer solchen Synthese- und Integrationsleistung, als die Mahler und Kernberg *psychische Gesundheit* fassen, ist nun aber, daß sich der Andere zum Selbst *als* zu sich selber verhält. Das heißt, daß er sich so aufs Selbst bezieht, daß sich dies von sich als der basalen Einheit abwendet und sich dem Anderen als einem Wesen draußen in der Welt zuwendet. Diese Doppelbewegung des Selbst können Mahler und Kernberg nicht hinreichend begründen, weil sie aus der ursprünglichen Realitätserfahrung heraus nicht verständlich machen können, was denn dem Anderen vom Selbst selber entgegenkommt, damit dessen Beziehung aufs Selbst als Konstitutionsgrund dieser Bewegung fungieren kann. Kernbergs in Vorschlag gebrachtes "Prinzip" des Selbst als "Drang nach Integration und Synthese" macht ebenso wenig die Voraussetzung des Selbst als ein durch den Anderen Konstituiertes einsichtig wie Mahlers Grundannahme von der "Universalität des symbiotischen Ursprungs der conditio humana", die, in Anlehnung an Freuds Hypothese von der basalen halluzinatorischen Wunscherfüllung, einen ursprünglichen Autismus des Selbst immer schon voraussetzt, aus dem heraus – vermöge der Vermittlungsleistung des Anderen – sich die Doppelbewegung des Selbst als dessen Konstitutionsgrund generiert.

Entsprechend des Unterschieds in der Sichtweise dessen, als was das Subjekt *Realität* ursprünglich erfährt und als was es *sich* darin vorfindet, unterscheidet sich die objektbeziehungstheoretische Auffassung von der der philosophischen auch und vor allem dadurch, daß sie den *Grund* für das Mißlingen des Selbstseins, also die Psychopathogenese, *entweder* aus dem Selbst heraus erklärt, *oder* aus dem Verhalten des Anderen verständlich macht. Sofern nämlich diese psychoanalytische Auffassung auf dem Vorverständnis einer linearen intrapsychischen Entwicklung des Selbst aufruht, verbindet sie mit der Linearität dieser Entwicklung nicht nur den Schweregrad der psychischen Krankheit, sondern sie bindet an den linearen Entwicklungsverlauf notwendig den Bestimmungsgrund von deren Ursache: Je früher auf der Entwicklungslinie "Störungen" auftreten, umso problematischer ist es, deren Ursachenzusammenhänge aufzuklären und umso eher kommt man darin überein, sogenannte "konstitutionelle" Ursachen anzunehmen, die Psychopathogenese allein im Selbst anzusiedeln.

Und des weiteren ergibt sich bei strikter Betrachtung dieser dualistischen Auffassung: psychische Erkrankungen entstehen, entsprechend der Regelhaftigkeit der Entwicklung des Selbst, früher oder später im Entwicklungsverlauf, aber nicht außerhalb von ihm. Das heißt, die Bedingung der Möglichkeit einer Genese *vor* dem Beginn psychischer Entwicklung wird dann rein konstitutionell begründet: Mahler sagt denn auch, daß die "biologische und die psychische Geburt" zeitlich nicht zusammenfallen; die psychische beginnt mit dem "Loslösungs- und Individuationsprozeß", also mit der "Entstehung des Gefühls des Getrenntseins von (der) realen Welt". (Mahler 1975, S. 13) Die Entstehung von psychischen Erkrankungen *nach* Vollendung des Entwicklungsprozesses (nach der Adoleszenz) wird demgemäß als ein bloßes Aufbrechen virulenter Psychopathologie verstanden. Der Entwicklungsprozeß des Individuums bildet gleichsam die definitive Ausgangsbedingung für die Voraussagbarkeit seines konfliktfreien oder konflikthaften Daseinsvollzuges. Aus der determinierenden Bedeutung der Entwicklungsphasen für die frühkindliche Selbst- und Welterfahrung werden spätere lebensgeschichtliche Konflikte abgeleitet, so daß diese immer auf eine bestimmte Konfliktkonstellation der frühen Realitätserfahrung zurückzuführen sind: Lebensgeschichtliche Konflikte haben einen historischen Anfangspunkt und stellen deshalb auch nur jeweils bestimmte Ausprägungsformen bereits erfahrener Konflikte dar.

Die psychoanalytischen Objektbeziehungstheorien von Mahler und Kernberg kommen mit der traditionellen Psychoanalyse in dem Grundgedanken überein, daß die Vergangenheit den gesamten Daseinsvollzug, den Ausgriff des Individuums auf Zukunft bestimmt und zwar in dem Sinne einer Vorhersagbarkeit seines künftigen Selbst- und Weltverhältnisses aufgrund des von ihnen vorausgesetzten Determinationszusammenhangs zwischen der basalen Undifferenziertheit des Selbst und seinem, durch ein anderes Selbst (der Mutter) begründeten Konstituierungsprozeß *als* einer als vollständig bekannt angenommenen *Anfangsbedingung* des menschlichen Selbst-Weltverhältnisses. Mit der Grundannahme einer basalen imaginären Identität, die als zu überwindende *Verlust von Ganzheit* im Sinne von Vollkommenheit bedeutet, wird das Selbst durch die Fixierung an den Anderen auf einen Absolutheitsanspruch hin ausgelegt, auf die totale Präsenz des Anderen, und das heißt: auf die Verleugnung seiner Andersheit und den Glauben an seine Vollkommenheit. Und weil "Loslösung und Individuation", Trennung und Selbständigkeit sich im Anderen als Motivation des Selbst generieren, wird der Andere bloß als *Grenze* des Selbst erfahren und nicht als Bedingung der Möglichkeit seiner eigenen Verwirklichung, nicht als Selbstverwirklichung im Sinne *seines* Andersseins, sondern eben nur als die Verwirklichung der Andersheit *des* Anderen.

Entsprechend der unterschiedlichen Auffassung der Genese des Selbst und dem darin liegenden Bestimmungsgrund der Nicht-Übereinstimmung mit *sich*, bezieht sich das Subjekt der Objektbeziehungstheorie gegenüber dem Hegelschen Subjekt geradezu in gegensätzlicher Weise aus seiner Vergangenheit heraus auf Zukunft: Während dem Hegelschen Subjekt in der und die Erfahrung des Nicht-Übereinstimmens-mit-sich überhaupt erst seine Übereinstimmung mit *sich* gegenwärtig wird und sein Ausgriff auf Zukunft als das Noch-nicht dieses Gelingens bereits schon das Gelingen indiziert, bedeutet dem Subjekt der Objektbeziehungstheorien Nicht-Übereinstimmung-mit-sich soviel wie das Mißlungensein seines Selbst, weshalb sein Ausgriff auf Zukunft als dessen bloße Verlängerung, als Fixierung seines Nicht-Übereinstimmens-mit-sich fungiert. Während Hegels Subjekt in seinem Ausgriff auf Zukunft seines Gelingens immer schon gegenwärtig ist und das Noch-Nicht des Gelingens ihm als die Vergegenwärtigung seines Selbst als einem je gelungenen dient, "klammert" sich das Subjekt der Objektbeziehungstheorien allein "an die Hoffnung auf eine bessere Vergangenheit" und unterläßt das "gleiche für eine bessere Zukunft" (Greenson, 1958, in: Rohde-Dachser, 1979, S. 512); das mißlungene Selbst beherrscht das Subjekt als Ganzes, weil es sich *durch* das Subjekt verwirklicht.

Aus der Perspektive des Hegelschen Subjekts betrachtet, besteht der Grund der Herrschaft, die das Vergangene übers Subjekt ausübt, nicht schon – wie in der Psychoanalyse angenommen – in der Herrschaft selber, das heißt in der Psychopathologie, sondern bereits in der Realität des Subjekts als solcher, also in dem, wie und als was es *Realität* immer schon erfährt. Für Hegels Subjekt ist nämlich schon die Realität des psychoanalytischen Selbst die Bedingung der Möglichkeit seines Mißlingens. Und sie macht den Grund sichtbar, aus dem heraus sich das Hegelsche Selbst von *dieser* Realität abwendet und *sich* als dem dieser Realität gegenüber absolut Anderen zuwendet. Sofern die Realität des psychoanalytischen Selbst durch ein anderes Selbst konstituiert wird, versteht sich das Subjekt allein von diesem her, das heißt es versteht *sich* von dessen totaler Präsenz her. Da aber die Konstituierung des Selbst durch ein anderes sowohl einen unaufhebbaren Abstand zu ihm herstellt als auch das Selbst an den Anderen fixiert, verfehlt es nicht nur dessen totale Präsenz, es ist darin vielmehr immer schon ein an ihn Verlorenes. Die psychoanalytisch vorausgesetzte ursprüngliche Realitätserfahrung als die einer *Einheitserfahrung* ist eine *Mangelerfahrung*, weil sie das Bedürfnis des Subjekts nach liebender Zuwendung als Sehnsucht nach der Anerkennung seines Andersseins verewigt.

Nicht erst dies, daß das Selbst eine Entwicklungsstörung erleidet oder daß es durch einen konstitutionellen Mangel an Ich-Leistungen gekennzeichnet ist, bestimmt seine Psychopathologie, seinen Zwang, ans Vergangene fixiert zu sein, sondern bereits dies, daß es sich als ein durch ein anderes Selbst Konstituiertes weiß und sich von ihm her versteht, macht im Grunde die Psychopathogenese des Selbst überhaupt aus. Und das bedeutet nichts geringeres als dies: Der Konstitutionsgrund des Selbst impliziert immer schon seine Psychopathogenese. Das pathologische Selbst ist also gegenüber dem *normalen* nichts anderes, sondern bloß dessen Steigerung. Pathologisch *ist* das Selbst real erst indem und dadurch, daß die Selbstverwirklichung des Subjekts *als* die Verwirklichung seines Konstitutionsgrundes fungiert: sofern sich nämlich durch den durchs Subjekt zur Realität gebrachten Absolutheitsanspruch des Anderen seine Nicht-Übereinstimmung-mit-sich konkretisiert und als Zwang zur Fixierung an den Anderen Realität annimmt. – Für Hegels Subjekt macht eine derartige Herrschaft des Vergangenen übers Subjekt überhaupt erst den Zwangscharakter des Konstituierungsprozesses seines Selbst und darin allererst den Grund seiner befreiungsbedürftigen ursprünglichen Realitätserfahrung sichtbar. Mehr noch: Diese Realitätserfahrung selber bildet gerade für Hegels Subjekt den

Grund, *sich* vom *absolut Anderen* und nicht bloß von einem anderen Selbst her zu verstehen und sich seiner selbst allein *in* ihm als der Freiheit seines Selbst gewiß zu sein.

Einsichtig machen läßt sich ein solches *Selbstverständnis* aber nur dann, wenn man mit Hegels Subjekt davon ausgeht, daß in dem Akt, in dem und durch den es *sich* konstituiert, sich die Gewißheit des Absoluten generiert. Des Absoluten als der befreienden Macht gewiß zu sein, setzt aber nicht nur voraus, daß sich das Selbst im Akt seiner Konstituierung *umwendet*, das heißt, sich von seinen sinnlichen, endlichen Bezügen abwendet und sich dem Absoluten als dem Grund seiner Befreiung von ihnen zuwendet. Es setzt auch und vor allem voraus, daß sich die Fähigkeit zu einer solchen Umwendung der Gegenwärtigkeit des Absoluten verdankt. Oder genauer gesagt: die Umwendung als solche muß schon als Befreiung erfahren werden und zwar vermöge dessen, daß sich mit ihr die Gegenwärtigkeit der Zukunft des Selbst als die Übereinstimmung-mit-*sich*, nämlich *als* die im Absoluten erschließt. Dies wiederum gründet in der Annahme, daß das Subjekt mit seiner Abwendung von allem Endlichen *Ewigkeit* in der Antizipation seiner Übereinstimmung-mit-*sich* gleichsam vorwegnimmt. Und es nimmt Zukunft *als* Ewigkeit vorweg, weil ihm bereits in seinem Streben nach *sich* deren Erfüllung gegenwärtig ist, aber als noch ausstehende.

Des näheren bedeutet diese Annahme, 1. davon auszugehen: als die Manifestation des Absoluten *ist* das Selbst diese Antizipation und als solche ist es die Kennzeichnung von Subjektivität schlechthin, 2. zeigen zu müssen: in der und durch die Antizipation der Übereinstimmung-mit-*sich* offenbart sich den Subjekten ihre gegenwärtige Realität, indem sich in ihr die Präsenz des Absoluten bekundet, *als* jene Differenz (die sie durch die Umwendung in sich aufgerissen haben) zu sich, *durch* die sie allererst als *in sich* freie begegnen und den anderen Menschen *als* Anderen anerkennen. Dem anderen als *Anderen* zu begegnen, bezeugt aber überhaupt die Anwesenheit des *absolut* Anderen, weil sich die Begegnung als solche der Gegenwärtigkeit seiner Abwesenheit verdankt.

Wirkliche, in freier Begegnung des Anderen sich konstituierende Intersubjektivität stellt sich allein in der und durch die Präsenz *des* Anderen ein, *in* dem die sich aufeinander beziehenden Subjekte unendlich durch einander bezogen sind. Es ist die Antizipation der Übereinstimmung-mit-*sich*, das Bei-sich-selbst-Sein im Anderen, *als* die das Hegelsche Selbst gegenüber jenem, das sich nur von einem anderen Selbst her versteht, *sich* verwirklicht und nicht bloß sich *als* das eines anderen Selbst.

Während das durch ein anderes konstituierte Selbst auf "Loslösung und Individuation", auf Unabhängigkeit und Autonomie abzielt, ist das vom Absoluten gehaltene Selbst auf Macht hin verfaßt. Während jenes, durch die Fixierung an das andere Selbst, *sich* verfehlt, bleibt dieses auf den Erweis der Macht des Absoluten angewiesen und darin verwiesen auf den Glauben an das Gelingen der Vollendung seines Tuns; es bleibt verwiesen auf den für Wissen gehaltenen Glauben an die Übereinstimmung mit *sich*. Oder anders gesagt: das Subjekt bleibt angewiesen auf *sich* als auf seine metaphysische Erlebnisfähigkeit.

Ausblick

Am Ende des Weges der zum Teil recht abstrakten Analyse des *Ursprungs des Selbst* in Hegels Theorie des Selbstbewußtseins sowie in Mahlers und Kernbergs Theorie der Verinnerlichung der (subjektkonstitutiven) Objektbeziehung stellt sich mit Recht die Frage, von woher und als was sich das Subjekt verstehen kann, wenn es *sich* weder allein aus der totalen Zuwendung des *absolut* Anderen, noch aus der bloß durch ein anderes Selbst konstituierten *Differenz* heraus begreift. Diese Frage ist zweifellos schon deshalb umso berechtigter, als sich mit ihr die grundsätzliche Frage nach der Evidenz der Verknüpfung des Hegelschen Begriffs vom Selbst mit dem des klinisch-theoretischen von Mahler und Kernberg verbindet. Läßt sich überhaupt aus dieser Verknüpfung ein Verständnis vom Selbst sinnvoll begründen, das beiden Theorien gerecht wird, ohne die eine auf die andere hin auszulegen, ohne die eine zu Gunsten der anderen zu reduzieren? Läßt sich also ein Verständnis vom Selbst einsichtig machen und zwar in dem Sinne, daß jene *Abkünftigkeit* des *absolut* Anderen, aus der heraus sich der Ursprünglichkeitsanspruch des Hegelschen Selbst gegenüber der von den Objektbeziehungstheorien in Anspruch genommenen Ursprünglichkeit begründet, nunmehr, als die Abkünftigkeit des *konkret* Anderen, die unhintergehbare und unaufhebbare Voraussetzung gelingender Selbst-Konstituierung bildet?

Mag eine direkte Antwort auf jene Frage noch ausstehen, so wird die Untersuchung doch zumindest gezeigt haben, daß sich mit der psychoanalytischen Aufklärung der Genese der Psychopathologie des *Zwischen*bereichs von Psychose und Neurose die Perspektive auf einen Verstehenshorizont der Konstituierung des Selbst öffnet, welche als dialektische Bewegung von Abwendung und Wiederannäherung ihren *Grund* aber weder im *absolut* Anderen noch in einem anderen Selbst hat, sondern vielmehr in dem *Bedürfnis* sich gegenseitigen Zuwendens: *Als* dieses Bedürfnis konstituiert sich das Selbst, weil es – indem es dies *ist* – ein ebensolches Bedürfnis evoziert.

Die Perspektive auf ein solches Selbst-Verständnis hat sich mir aus dem Ursprünglichkeitsanspruch erschlossen, mit dem zum einen der objektbeziehungstheoretische Ansatz den Konstitutionsgrund des Selbst *in* einem anderen Selbst und den Verlust der basalen Ganzheit als die conditio sine qua non der Psychopathogenese überhaupt verständlich machen will und mit dem sich zum anderen für das Hegelsche Subjekt das Gelingen seines Daseinsvollzuges offenbart, weil ihm durch diesen Anspruch die Gegenwärtigkeit der Abwesenheit des *absolut* Anderen zur Gewißheit seiner *selbst* als dem gelungenen Selbst *im* Absoluten wird. Die Perspektive auf ein Selbst als das Bedürfnis sich gegenseitigen Zuwendens hat sich mir folglich erschlossen im Durchgang sowohl durch die dialektische Bewegung, *als* die das Hegelsche Subjekt *sich* als die "freie Macht" des Beisich-selbst-Seins im *absolut* Anderen verwirklicht, als auch durch die das diagnostische Verständnis der Psychopathogenese des Borderline-Syndroms begründende psychoanalytische Auffassung von der Konstituierung des Selbst durch ein anderes. Insofern steht das aus der dialektischen Bewegung und das aus einem anderen Selbst gewonnene Verständnis des Selbst auf dem Grunde von dessen jeweiligen Konstruktionsprinzipien. Indem es sich aber sowohl auf diese zurückführt als auch von jenem Ursprünglichkeitsanspruch abspringt, versucht es, das *Selbst* gleichsam *durch* sie neu zu begründen.

Eine ausgearbeitete Begründung kann und soll hier nicht geleistet werden, würde dies doch eine Untersuchung gleichen Umfangs erfordern. Um nun aber den Anspruch, den das Verständnis eines solchen Selbst gegenüber dem Hegelschen und dem objektbeziehungstheoretischen erhebt, wenigstens ansatzweise einzulösen, möchte ich dessen Evidenzcharakter dadurch aufzuzeigen versuchen, daß ich einen Entwurf vom Selbst skizziere, indem ich von dem Fundament abspringe, auf dem die These steht, in der sich der Ursprünglichkeitsanspruch beider Theorien am umfassendsten zum Ausdruck bringen läßt. Diese These möchte ich wie folgt zusammenfassen: Subjektivität konstituiert sich in der Abwendung, indem sie sich in der und durch die absolute Zuwendung konstituiert. Demgegenüber wende ich mich von dem impliziten Ursprünglichkeitsanspruch ab und versuche das Selbst im Ausgang von der These zu begründen: Subjektivität konstituiert sich in der und durch die Abwendung.

Meine Überlegungen zur Begründung des Selbst gehen demzufolge mit Hegel davon aus, daß sich Subjektivität überhaupt in der und durch die Abwendung konstituiert, und sie gehen mit Mahler und Kernberg davon aus, daß sich die Beziehungsfähigkeit des Subjekts erst aus seiner "Wiederannäherung" an das andere Subjekt verstehen und sinnvoll begründen läßt.

Indem ich aber die liebende Zuwendung, als die Hegel die Manifestation des *absolut* Anderen versteht, entgegen dieser Auffassung als die Anerkennung der Bedürftigkeit des Subjekts und zugleich als das Ausdrucksvermögen des Bedürfnisses nach dieser Anerkennung begreife, gehe ich von der Annahme aus, daß sich diese Zuwendung aus der Differenz der Subjekte *als* diese Differenz verständlich machen läßt: daß die Differenz also weder *als* die des Absoluten noch die durch ein anderes Selbst Konstituiertes *ist*. Diese Annahme gründet in der Überzeugung, zeigen zu können, daß sich die Manifestation der Dialektik von Abwendung und Zuwendung in der in der Liebe zum Ausdruck gebrachten Beziehungsfähigkeit des Subjekts weder der absoluten Zuwendung des *absolut* Anderen noch der absoluten Zuwendung eines anderen Subjekts verdankt, sondern daß sich diese Beziehungsfähigkeit vielmehr auf das *Bedürfnis* zurückführt, *als* das das Selbst auf ein anderes Bedürfnis hin ausgelegt ist.

Meine Annahme ist demnach von der Auffassung getragen: Es geht nicht um eine *absolute* Zuwendung, in der und durch die sich Subjektivität konstituiert, sondern um eine, die, *als* das Bedürfnis nach Anerkennung, ihrerseits eine Zuwendung evoziert, in welcher sich Subjektivität allein dadurch zu konstituieren vermag, daß die Anerkennung als Zuwendung das Bedürfnis zu einem "intermediären Raum" sich gegenseitigen Zuwendens ausfaltet. Und es geht in der *Beziehung* des Subjekts auf sich und in der auf ein anderes Subjekt nicht um ein *Einheitsbegehren*, sondern um die Anerkennung der Andersheit des Anderen schlechthin, um die gleiche Berechtigung, in der das eine dem anderen als das ihm gegenüber Andere gegenübertritt. Der Ort des Begegnens konstituiert sich *als* die

Differenz von Subjekten, als die sich das Bedürfnis sich gegenseitigen Zuwendens verwirklicht. In diesem Sinne verstanden, ist Subjektivität nicht auf eine *Einheit* und das Selbst nicht auf ein *Einheitsbegehren* hin verfaßt – im Gegenteil: Das Subjekt, dessen Selbst *als* das auf ein anderes Bedürfnis hin ausgerichtetes Bedürfnis ist, erfährt *sich* durch den aus der totalen Präsenz des Anderen hervorgehenden Absolutheitsanspruch als ein seiner Andersheit Enteignetes, nämlich bloß als das andere *des* Anderen zu sein. Und es erfährt *sich* als das seiner selbst enteignete, weil sein Selbst als das in sich Differenzierte das Organ der Differenzierung *ist*.

Um zeigen zu können: das Selbst *ist* das in sich Differenzierte und als solches das Organ der Differenzierung, folge ich zunächst der Konstituierung des Hegelschen Selbst und dem von Mahler und Kernberg vorausgesetzten Fundierungszusammenhang des Konstituierungsprozesses des Selbst. Dabei gehe ich – wie gesagt – mit Hegel davon aus, daß sich Subjektivität überhaupt in der und durch die Abwendung konstituiert und daß sich – Mahlers und Kernbergs Auffassung zufolge – die Beziehungsfähigkeit des Subjekts erst aus dessen Wiederannäherung heraus einsichtig machen läßt. Entsprechend meiner Annahme, daß die Differenz sich nicht der Gegenwärtigkeit des *absolut* Anderen verdankt, verstehe ich jene subjektkonstitutive Abwendung auch nicht als die Manifestation absoluter Zuwendung, sondern ich verstehe sie in dem Sinne als konstitutive Abwendung, daß sie das die Beziehung auf ein anderes Subjekt herstellende *Umschlagen* der auf reale Befriedigung abzielenden Begierde in das Bedürfnis sich gegenseitigen Zuwendens charakterisiert. Ich führe die Abwendung also nicht auf eine sie begründende ursprüngliche Einheit zurück, sondern ich verstehe sie selbst als die unaufhebbare und unhintergehbare Voraussetzung des Selbst, also so, daß das Selbst diese selber *ist*.

Mit der Überlegung, die subjektkonstitutive Abwendung so zu fassen, verbindet sich die Position, daß einem solchen Selbst, welches dem Hegelschen gerade erst als ein Befreiungsbedürftiges gilt und das sich für das objektbeziehungstheoretische Selbst als ein allererst durch es Konstituiertes darstellt – daß also einem solchen Selbst die Bewegung jener durch ein Anderes veranlaßten Abwendung als die Ausgrenzung seiner Nicht-Identität vorkommt, weil ihm nämlich, sofern es *sich* als das Gegebensein des ihm Vorgegebenen erfährt, der Zwang zur Identifizierung darin erfahrbar ist. Dem von mir verstandenen Selbst gilt die Abwendung des Hegelschen Selbst demzufolge als Abwendung von *sich*, und das heißt von *sich* als seiner unaufhebbaren und unhintergehbaren Voraussetzung: seine Differenziertheit motiviert eine Abwendung, die als *Abwehr* gegen ihre Rückführung aufs Absolute fungiert.

Zum anderen verbindet sich mit dieser Überlegung die Auffassung von einem Selbst, das sich als dialektische Bewegung von Abwendung und Zuwendung insofern konstituiert, als es *sich* in der Abwendung von sich *als* Zuwendung und zwar in dem Sinne, daß es *sich* als das Bedürfnis sich gegenseitigen Zuwendens konstituiert. In dieser Auffassung ist denn auch schon mitausgesprochen: die Konstituierung des Selbst verdankt sich weder der unmittelbaren Gegenwärtigkeit des *absolut* Anderen noch einer sie begründenden realen Präsenz eines anderen Selbst. Meine Überlegung ist folglich mit der Intention verknüpft, den *Doppelschritt*, in dem sich das Selbst *als* dialektische Bewegung konstituiert, nicht als die sich in der absoluten Zuwendung generierende dialektische Bewegung von Abwendung und Zuwendung *als* Zuwendung zu verstehen, sondern diesen Doppelschritt viemehr *als* die mit jenem *Umschlagen* auftretende Differenziertheit als das Phänomen der Differenzierung des Selbst einsichtig zu machen, und das heißt: das Selbst *als* die Fähigkeit der Intersubjektivität auszuweisen.

Zugleich wendet sich diese Überlegung gegen die psychoanalytische Auffassung, der zufolge sich ja die Konstituierung des Selbst der Konstituierung der Differenz durch ein anderes Selbst verdankt. Dementsprechend wendet sie sich gegen die Auffassung der Psychoanalyse, nach welcher das Subjekt *Realität* ursprünglich als absolute Zuwendung erfährt, und zwar so, daß es *sich* in der und durch die totale Präsenz des Anderen als das Gegebensein *durch* ihn erfährt.

Ich versuche der hier skizzierten Auffassung vom Selbst *als* dem Bedürfnis sich gegenseitigen Zuwendens Überzeugungskraft zu verleihen, indem ich ihr durch den Aufweis einer empirischen Entsprechung Rückhalt in der Realität verschaffe. Mit *empirischer Realität* meine ich allerdings eine bestimmte, nämlich die der Borderline-Persönlichkeit, oder genauer gesagt: die Realität, die eine Borderline-Entwicklung veranlaßt, und jene Realität der Borderline-Persönlichkeit selbst, die sich in der für sie charakteristischen *Abwehr* (der Spaltung) manifestiert.

Im Ausgang von Mahlers und Kernbergs Annahme, daß die Borderline-Entwicklung durch eine Traumatisierung des kindlichen Strebens nach Autonomie eingeleitet wird und sich durch die Fixierung an den Gefühlszustand des *Zwischen* von Abwendung und Wiederannäherung offenbart, gehe ich in meiner Auffassung vom Selbst zunächst mit davon aus, daß diese Borderline-*Abwehr* sich auf den sogenannten "Wiederannäherungskonflikt" zurückführt.

Gegenüber beiden psychoanalytischen Positionen, die den Abwehrmechanismus der Spaltung als rein Pathologisches verstehen – dies gilt letztlich auch für Kernberg, dessen ambivalente diagnostische Stellungnahme zum Abwehrvorgang der Spaltung diesen doch als "Ich-Schwäche", als "Mangel an Ich-Leistungen" und damit als Pathologisches definiert – gegenüber diesen Positionen möchte ich geltend machen: Der Abwehrvorgang der Borderline-Spaltung läßt sich als Psychopathologie nur einsichtig machen, wenn man ihn als die durch die traumatisierte Erfahrung des kindlichen Autonomiestrebens motivierte *Reaktion* auf diese Erfahrung versteht und diese Reaktion als solche für eine pathologische ausgibt. Und die Reaktion als eine pathologische begreifen heißt, sie nicht zurückführen auf eine ihr zugrundeliegende Realitätserfahrung, aus der heraus sie die Energie für die Abwehr bezieht. Die Abwehr auf eine ihr zugrundeliegende Realitätserfahrung zurückführen bedeutete demgegenüber aber, sie in der für Borderline-Persönlichkeiten charakteristischen Fähigkeit der Differenzierung zu begründen, sie also in jene *Beziehungs*realität zurückzubinden, als die der Borderline-Patient die liebende Zuwendung als Reaktion des Anderen auf seine Abwendung von der Außenwelt erfahren hat.

Obwohl Kernberg in überzeugender Weise dargelegt hat, *wogegen* sich die Abwehr wendet: das ist das In-Beziehung-Sein mit anderen, so gewinnt er jedoch das Kriterium für seine Unterscheidung zwischen Normalität und Anomalie nicht aus der die Abwehr begründenden Realitätserfahrung: das ist das Nicht-in-Beziehung-sein-Können, das *als* Abwehr gegen das Streben des In-Beziehung-sein-Wollens nämlich auf das zurückverweist, was das Selbst *ist:* es ist ein Selbstverhältnis, sofern es sich als solches in der und durch die Beziehung auf ein anderes verwirklicht. Das heißt, Kernbergs Unterscheidung bezieht sich nicht auf die *Beziehung* zwischen dem Selbst und dem Anderen, so daß er die Borderline-Abwehr auch nicht als das Resultat einer Beziehungsstörung verstehen kann. Und er kann das Kriterium für die Unterscheidung zwischen Normalität und

Anomalie nicht aus der *Beziehung* als solcher heraus gewinnen, weil sich eine solche Sichtweise seiner dualistischen Auffassung vom Selbst entzieht. Sofern und soweit er das Selbst als ein durch ein anderes Konstituiertes definiert, gilt deren *Beziehung* nämlich als ein aus der subjektkonstitutiven basalen Einheit Abgeleitetes, und deshalb kann sie auch nicht als die ursprüngliche Realitätserfahrung des Selbst angenommen werden. Indem Kernberg das Selbst an der von ihm für normal gehaltenen basalen Einheitserfahrung orientiert, zentriert er die Normalität des Selbst im wahrsten Sinne des Wortes *ausschließlich* auf den Anderen. Und das heißt, er schließt in der *Grund*legung des Selbst das Selbst insofern aus, als er es nicht *als* jenes Streben zu denken vermag, das die Bedingung der Möglichkeit der Beziehungsfähigkeit des Subjekts ist. Das hieraus entstehende Problem findet seine umfassendste Ausdrucksform in der Mehrdeutigkeit seiner diagnostischen Beurteilung jener Borderline-Abwehr. Dies Ungenügen begründet sich darin, daß er die Abwehr als eine pathologische Reaktion auf eine pathogen wirkende Realität, nämlich auf das sich der "Wiederannäherung" entziehende Subjekt versteht und daß er – wie gesagt – die Reaktion selber nicht auf eine ihr zugrundeliegende Realitätserfahrung zurückführt, aus der heraus sie sich selbst und das, wogegen sie sich wendet, überhaupt erst verständlich machen läßt. Unaufgeklärt bleibt deshalb bei Kernberg nicht bloß die von ihm (nicht hergeleitete) behauptete basale Aggressivität des Selbst, sondern auch und vor allem das, worauf sie beruht.

Das Problem der Unaufgeklärtheit der von Kernberg als Psychopathologie behaupteten Borderline-Abwehr hängt nicht erst seiner Theorie vom Selbst als der Verinnerlichung von Objektbeziehungen an – bereits dem die psychoanalytische Entwicklungstheorie begründenden Freudschen Triebdualismus liegt dieses Problem implizit zugrunde. Auch bei Freud blieb jener "Rückzug" aus der Realität unaufgeklärt, der in der Psychose als Reaktion auf eine "unerträglich erscheinende Wunschversagung" von Freud lediglich auf dieses Motiv zurückgeführt wird, in dem allein er den *Grund* für den "Zerfall mit der Außenwelt" erblickt. (Freud 1924a, S. 335) Ich möchte nun behaupten, daß die Unaufgeklärtheit sowohl des Abwehrvorgangs der Borderline-Spaltung als auch die des psychotischen Rückzugs von der Realität untrennbar verbunden ist mit deren Bestimmtheit als reiner Pathologie, oder anders gesagt: weil sie nicht auf eine ursprünglichere Realitätserfahrung des Subjekts zurückgeführt und deshalb auch nicht als Prozeß verstanden werden, können sie auch nicht aus dem Blickwinkel des Gesunden wahrgenommen werden, das sie aber zweifellos *als* Reaktion auf eine krankmachende äußere Realität zur Darstellung bringen: Ihre Bestimmtheit als reine Pathologie beruht auf der Unaufgeklärtheit ihres *Grundes*, die ihrerseits in der Unaufgeklärtheit der basalen *Realität des Selbst* liegt.

Unaufgeklärt ist die ursprüngliche Realität des Selbst meines Erachtens insofern, als sich aus der vorausgesetzten basalen Einheitserfahrung heraus nicht hinreichend begründen läßt, worin die Motivationsbasis des Loslösungs- und Individuationsprozesses des Selbst wurzelt. Und das bedeutet: die Herkunft der Differenzierungs- und Beziehungsfähigkeit des Selbst bleibt unbegründet und zwar sofern sie sich nicht aus dem Selbst selber herleitet, sondern bloß ein aus der Totalpräsenz des Anderen Abgeleitetes ist. Unbeantwortet bleibt bei Mahler und Kernberg letztlich die Frage nach dem, was das Selbst überhaupt *ist*.

Um meine Auffassung vom Selbst aus dem Abwehrmechanismus der Spaltung bei Borderline-Persönlichkeiten verständlich machen zu können, stelle ich die These auf:

1. Die Abwehr als Psychopathologie zu begreifen, gründet in der fundamentalen Voraussetzung einer sich nicht durch das Selbst selber generierenden Abwendung.

2. Diese Borderline-Abwehr läßt sich als Psychopathologie allein aus der Binnenperspektive des Selbst, und das heißt aus dem Prozeß seiner Konstituierung heraus erschliessen. Und das bedeutet, daß sie sich als solche nur aus dem Selbst selber, das in seiner Konstituierung auf *halbem Wege* steckengeblieben ist, verständlich machen und sinnvoll begründen läßt.

Ich gehe mit Mahler und Kernberg von der Auffassung aus, daß der Abwehrmechanismus der Spaltung als die Reaktion des Kindes auf die sich seinem Wiederannäherungsbedürfnis entziehende liebende Zuwendung der Mutter zu begreifen ist. Daraus rechtfertigt sich die Behauptung, daß der Grund für die Borderline-Entwicklung dieser "Wiederannäherungskonflikt" ist. Um nun aber diese Reaktion als solche verstehen zu können, genügt es – wie gesagt – nicht, sie aus dem Motiv der traumatisierten Erfahrung des sich wiederannähernden Kindes zu erklären. Sie muß vielmehr aus einer ihr zugrundeliegenden Realitätserfahrung des Kindes beschrieben und aus dieser heraus begründet werden. Erst daraus wird meines Erachtens nämlich der vollständige Bedeutungsgehalt ersichtlich, den die *Wiederannäherung* für das sich konstituierende Selbst besitzt. Und zugleich wird sich aus dieser ursprünglichen Realitätserfahrung *in bezug* auf die Erfahrung der sich der kindlichen Zuwendung entziehenden Zuwendung der Mutter allererst die Frage aufklären lassen, was unter dem Selbst des Menschen überhaupt verstanden werden darf.

Ich führe jene Borderline-*Abwehr* auf eine basale *Abwendung* zurück, aus der sich die *Borderline*-Abwehr, also die für Borderline-Patienten charakteristische *Zwischen*stellung des Selbst, seine "Fixierung" auf das *Zwischen* seiner Abwendung und Wiederannäherung begreiflich machen läßt. Diese basale *Abwendung* verstehe ich als das Konstituens von Subjektivität überhaupt. Indem ich die Abwehr auf diese basale Abwendung zurückführe, begründe ich sie in einer Realitätserfahrung, die ich als die *Realität des Subjekts* schlechthin verstehe. Aus diesem Begründungsversuch folgt für mich: Sofern und soweit die Borderline-Abwehr durch die sich der Wiederannäherung des Selbst entziehenden Zuwendung der Mutter veranlaßt wird und sich durch die Fixierung des Konstituierungsprozesses des Selbst auf das *Zwischen* seiner Abwendung von der Mutter und der Wiederannäherung an sie bekundet, zeigt sich, was durch die Fixierung auf das *Zwischen* in ihm manifest wird: das ist deren dialektische Bewegung, die als die des Selbst seine Konstituierung *als* Konstituierung der *Differenz* zwischen ihm und dem Anderen offenbart, aber als gescheiterte. Und gescheitert ist sie, weil die Bewegung der Wiederannäherung, indem sie die Abwendung des Anderen von ihr motivierte, ins Leere lief.

Das Scheitern der Wiederannäherung als das Scheitern der Konstituierung des Selbst anzunehmen, verbindet mich mit der Auffassung von Mahler und Kernberg, nach welcher sich ja das Mißglücken der Beziehungsfähigkeit der Borderline-Persönlichkeit aus dem Wiederannäherungskonflikt heraus erklärt. Indem ich aber mit Hegel gegen Mahlers und Kernbergs dualistische Konzeption des Konstituierungsprozesses davon ausgehe, daß sich die Konstituierung des Selbst in *einem* Schritt, das heißt *als* dialektische Bewegung von Abwendung und Wiederannäherung vollzieht, mache ich eine, gegenüber dieser psychoanalytischen Position unterschiedliche Auffassung vom Konstitutions*grund* des Selbst und darin einen von ihnen unterschiedenen Begriff von der Beziehungsfähigkeit des Subjekts geltend: Das Scheitern der Konstituierung des Selbst als das Mißglükken der Beziehungsfähigkeit des Subjekts anzunehmen, begründet sich nicht aus dem Scheitern der Wiederannäherung, so daß man nicht sagen darf, die Abwendung (deren Gelingen die Differenzierungsfähigkeit zum Resultat hat) stellt ein Erstes im Dasein des Selbst dar, dem ein Zweites, die Bewegung der Wiederannäherung folgt (deren Traumatisierung die Fixierung des Selbst auf den Spaltungsmechanismus, der als Abwehr gegen das Bedürfnis der Wiederannäherung fungiert, zum Resultat hat). Es muß vielmehr davon ausgegangen werden: Das Mißglücken der Beziehungsfähigkeit als das Scheitern der Konstituierung des Selbst ist als das Mißglücken der dialektischen Bewegung als solcher zu verstehen, denn das Selbst *ist* die dialektische Bewegung; *ist* es diese aber, so konstituiert es sich *als* die Bewegung von Abwendung und Wiederannäherung. Gegen Mahler und Kernberg möchte ich deshalb behaupten: Der Wiederannäherungskonflikt zeichnet sich nicht allein dadurch aus, daß die Mutter dem sich ihr wiederannähernden Kind die liebevolle Zuwendung entzieht, wodurch dessen Autonomiestreben unterlaufen und in das Einheitsbegehren zurückgebogen wird. Im Wiederannäherungskonflikt wird vielmehr manifest, die Bewegung der Abwendung von seiten der Mutter bezieht sich auf den Prozeß der Setzung des Selbst als einem eigenständigen; oder anders gesagt, die liebevolle Zuwendung entzieht sich der dialektischen Bewegung des Selbst als ganzer und darin entzieht sie sich dem Selbst überhaupt. Im Scheitern der Wiederannäherung manifestiert sich das, was das Selbst immer schon *ist*, und darin wird offenkundig, als was es Realität ursprünglich erfährt.

Zur Darlegung meiner Auffassung vom Selbst als der dialektischen Bewegung von Abwendung und Wiederannäherung versuche ich mit Hegel gegen Mahlers und Kernbergs dualistische Konzeption die Konstituierung des Selbst aus einer ursprünglichen Realitätserfahrung verständlich zu machen, aus der heraus sich wiederum jenes Streben einsichtig machen läßt, welches Mahler und Kernberg als das nach Selbständigkeit verstehen, das sie aber nicht auf das Selbst selber zurückführen können, weil sie dies als das ursprünglich Undifferenzierte, die ursprüngliche Realitätserfahrung als Einheitserfahrung voraussetzen.

Ausgehend von der Überlegung, daß sich der Spaltungsmechanismus, der als *Abwehr* gegen das (traumatisierte) Bedürfnis der Wiederannäherung fungiert und zugleich, als die Fixierung auf das *Zwischen* Abwendung und Wiederannäherung, die gelungene Differenzierungsfähigkeit der Borderline-Persönlichkeit zum Ausdruck bringt, – ausgehend von der Überlegung, daß sich die Borderline-*Abwehr* auf eine ursprüngliche Realitätserfahrung zurückführen läßt, die als *Abwendung* gewissermaßen auch eine *Abwehr* gegen die Totalpräsenz das Anderen ist, möchte ich nun versuchen, meine Auffassung vom Selbst zu explizieren. Dabei geht es mir zunächst darum, die dialektische Bewegung von Abwendung und Wiederannäherung, entgegen der Hegelschen Auffassung, nicht als die Manifestation des Absoluten, sondern vielmehr *als* die des Selbst selber, das heißt als dessen unableitbare und unhintergehbare Voraussetzung verständlich zu machen. Indem ich also mit Hegel davon ausgehe, daß sich das Selbst *als* die dialektische Bewegung konstituiert, gegen Hegel aber die Auffassung vertrete, daß sich diese nicht aus dem Absoluten heraus begründet, versuche ich die Konstituierung des Selbst als *einen* Schritt aus dessen ursprünglicher Realitätserfahrung heraus zu begreifen. Ich möchte deshalb die These aufstellen: Abwendung und Wiederannäherung sind aus der ursprünglichen Realitätserfahrung heraus je aufeinander Bezogene. Wie und wodurch sind sie aber darin aufeinander bezogen?

Meine Auffassung vom Selbst *als* der dialektischen Bewegung von Abwendung und Wiederannäherung geht davon aus, daß das Selbst immer schon, das heißt ursprünglich als ein Bedürfnis zu verstehen ist, das als solches auf die *Beziehung* zum Anderen hin ausgelegt ist. Wenngleich es, auf die reale Befriedigung seiner vitalen, lebenserhaltenden "Begierde" (Triebe) ausgerichtet, seine Zugehörigkeit zur Natur bekundet, so schlägt die Begierde in dem Augenblick, in welchem sie auf die Realität (der Außenwelt) trifft, um in das auf die Beziehung zum Anderen hin abzielende *Bedürfnis:* Indem das Selbst *als* Begierde auf Realität trifft, schlägt es in sich um in das Bedürfnis, das 1., indem es die Beziehung zum Anderen herstellt, sich als nicht auf reale Befriedigung Angewiesenes, sondern vielmehr als auf die liebende Zuwendung des Anderen Verwiesenes erweist, weshalb es sich 2. als das in sich Differenzierte in Differenz zum Anderen zeigt; es befindet sich gleichsam in Differenz zum Anderen, weil es *sich* als das Differente immer schon vorfindet. – Diese kurz skizzierte Darlegung meines Verständnisses vom Selbst begründet sich zum einen aus dem Versuch, einen Begriff vom Selbst unter Vermeidung von Letztbegründbarkeitsansprüchen zu gewinnen, und sie führt sich zum anderen auf die Auffassung zurück, daß das Selbst nie *als* Begierde, sondern *als* Bedürfnis und deshalb immer schon als sozial Vermitteltes begegnet, weil es *sich* als auf ein Gegenüber hin ausgelegtes je vorfindet. Meine Konstruktion des Selbst wendet sich demnach sowohl gegen dessen Rückführbarkeit auf eine im Absoluten wurzelnde und das Selbst begründende Ursprünglichkeit, als auch gegen dessen Aufhebbarkeit durch ein anderes, in realer Befriedigung sich (distanzlos) auf das Selbst beziehendes Selbst: Im Gegensatz dazu ist sie vielmehr darauf aus, das Selbst *als* die Fähigkeit der Intersubjektivität auszuweisen.

Ich verstehe das *Umschlagen* der auf reale Befriedigung abzielenden Begierde in das auf das In-Beziehung-Sein abzielende Bedürfnis als die ursprüngliche Abwendung des Selbst von sich und zwar so, daß sich gleichsam, indem sie *ist*, der Realitäts*bezug* des Selbst *als* dessen Zuwendung (Wiederannäherung) offenbart. Und das bedeutet, die Abwendung als das Umschlagen des Selbst in sich stellt als Zuwendung den Bezug des Selbst zur Außenwelt her, welche ihrerseits das In-Beziehung-Sein mit ihm bekundet, sofern sie das Umschlagen und darin den Bezug des Selbst auf sie veranlaßt hat.

Durch die Abwendung von sich verwandelt sich die Begierde des Selbst in das Bedürfnis und darin übereignet sich das Selbst gleichsam dem Anderen, von dem her es eine Zuwendung erwartet, die, auf *Gegenseitigkeit* hin ausgelegt, sich auf die des Selbst *als* auf dessen Beziehung zu ihm bezieht. Um *sein* zu können, was es *ist*, bedarf das Selbst infolgedessen eines anderen Selbst, auf das es sich aber nicht bedingungslos zu beziehen vermag, sondern nur derart, daß es das, als was es in der und durch die Beziehung zum Anderen diesem gegenübertritt, auch selbst *sein* kann: das ist die in der Gegenseitigkeit des sich befriedigenden Bedürfnisses der Zuwendung sich verwirklichende Beziehungsfähigkeit des Selbst.

Das Selbst ist, wenn es *ist*, das heißt auf Realität trifft, als das in sich umgeschlagene Bedürfnis, die auf die Zuwendung des Anderen sich beziehende Zuwendung. Indem es nämlich auf Realität trifft, reißt es in sich eine Distanz auf, in der und durch die es sich in einer anderen Beziehungsstruktur als die des auf die bloße Unmittelbarkeit abzielenden Einheitsbegehrens befindet: das ist die Beziehung, die sich als das Bedürfnis sich gegenseitigen Zuwendens in dem *Absehen* von jenem Einheitsbegehren *als* Liebe manifestiert.

In Distanz zu sich ist das Selbst demnach durch eine zum Anderen und zur Welt hin bezogene *Offenheit* gekennzeichnet. Und als solche ist das Selbst auf eine Zuwendung angewiesen, deren Bedürfnis ebenfalls auf Gegenseitigkeit hin abzielt. Das bedeutet, das Selbst ist auf die Offenheit eines anderen angewiesen. Wenn das von mir so gedachte Selbst durch sich in bezug auf die Realität diese Offenheit *ist*, dann scheint sie *als* das Prädikat des Verhältnisses des Selbst zu sich das Prädikat der *Beziehung* zwischen ihm und dem Anderen zu sein, und sie bringt sich in dem Bedürfnis sich *gegenseitigen* Zuwendens zur Sprache. Zur Sprache bringt sich die Offenheit des Selbst, sofern und soweit sie das Medium bildet, aus dem heraus sich die Selbste aufeinander beziehen. Und weil sie sich nur derart, nämlich als in sich Differenzierte, aufeinander zu beziehen vermögen, stellt die Offenheit gleichsam das *Beziehung* Stiftende dar. In diesem Sinne verstanden, begegnet dann das eine gegenüber dem anderen Selbst nicht als Grenze, sondern immer schon als die Bedingung der Möglichkeit der Selbst*verwirklichung*.

In Distanz zu sich ist das Selbst *frei* nicht nur vom Angewiesensein realer Befriedigung, sondern auch und vor allem frei von der Totalpräsenz des Anderen. Deshalb läßt sich sagen, daß die Offenheit des Selbst zugleich dessen *Grenze* ist als das Abgegrenztsein realen Befriedigungserlebens, und folglich *ist* es *innere Negation* gegenüber jenem sich ihm entziehenden Bedürfnis *gegenseitiger* Zuwendung, das den Wiederannäherungskonflikt verursacht und damit die Borderline-Entwicklung eingeleitet hat. Die Offenheit *als* Grenze des Selbst zu fassen, ermöglicht es meines Erachtens überhaupt erst, die Fähigkeit jenes Selbst, die von der Objektbeziehungstheorie als die Pathologie der Borderline-*Abwehr* begriffen wird, als die Fähigkeit der Intersubjektivität und damit als die Beziehungsfähigkeit des Subjekts zu verstehen. Denn die Offenheit zeigt, was *zwischen* ihr und der Grenze des Selbst manifest wird: Das ist die Intersubjektivität *als* die Beziehung des Subjekts auf *sich*.

Das Bedürfnis sich gegenseitigen Zuwendens manifestiert sich in dem Bedürfnis der "Wiederannäherung", und darin wird ersichtlich: Das Bedürfnis der Wiederannäherung will nicht die Distanz zum Anderen schließen. Sondern indem es auf ein ebensolches Bedürfnis abzielt, indiziert es immer schon *Distanz*, und demzufolge bringt sich in ihm zugleich die *Anerkennung* der Andersheit zum Ausdruck und zwar *als* die liebende Zuwendung des Selbst.

Es ist denn auch wesentlich die Abwesenheit des Anderen, als die das Subjekt Realität ursprünglich erfährt und in der und durch die es *sich* als das erfährt, was es *ist*, sofern es nämlich die Abwesenheit des Anderen *als* seine Abwendung von realer Befriedigung erfährt, wogegen es die Totalpräsenz des Anderen als die Versagung der Befriedigung seines Bedürfnisses gegenseitiger Zuwendung erführe. Insofern ist mit der Abwesenheit des Anderen nicht die Erfahrung einer "Versagung" verbunden – wie Freud meint –, sondern im Gegenteil: sie ist gerade die Voraussetzung für das Gelingen von Selbstverwirklichung im Sinne dessen, daß *durch* die Abwesenheit des Anderen *wirklich* werden kann, was das Subjekt *ist*.

Wie gesagt, von *Abwesenheit* kann nur insofern die Rede sein, als sie *Nicht*-Anwesenheit realer Befriedigung meint, die sich ihrerseits auf die Nichtanwesenheit der auf reale Befriedigung abzielenden Begierde bezieht. Die Abwesenheit des Anderen hat ihre Entsprechung in der Gegebenheitsweise des Selbst und als solche stellt sie die ursprüngliche Selbst- und Welterfahrung des Subjekts dar.

Sofern die Abwesenheit des Anderen das *Bedürfnis* des Selbst evoziert, erfährt das Subjekt die Abwesenheit des Anderen als dessen Anwesenheit und zwar *als* die sich auf sein Bedürfnis gegenseitiger Zuwendung sich beziehende Zuwendung. Jene Anwesenheit des Anderen, die, als die Totalpräsenz der Mutter, von der Psychoanalyse der Konstituierung des Selbst vorausgesetzt wird – das ursprüngliche Einssein zwischen dem Selbst und der Mutter – bekundet sich für die von mir angenommene ursprüngliche Realitätserfahrung als eine Mangelerfahrung, weil dem Subjekt nämlich durch sie *versagt* wird, sich als das zu erfahren, was es selbst ist.

Die mütterliche Abwesenheit ist aber *als* jene Zuwendung immer schon Anwesenheit der Mutter, sofern und soweit sie die Zuwendung des Kindes beantwortet, die sein auf gegenseitige Zuwendung ausgerichtetes Bedürfnis fordert. In dieser gegenseitigen Zuwendung, als die das Selbst Realität ursprünglich erfährt, generiert sich die Beziehung der Selbste als *kommunikative*, die sich als solche in der *Liebe* zur Sprache bringt und den Ort sichtbar macht, in dem die conditio humana situiert ist.

Zu meiner hier in aller Kürze vorgestellten Auffassung von der Genese des Selbstseins haben die Beobachtungen der neuen Säuglingsforschung, insbesondere die von Daniel N. Stern (1986, 1990) und Joseph D. Lichtenberg (1983, 1990) wesentlich beigetragen. Dies umso mehr, als ich sie erst im Ausgang der Entwicklung meines Verständnisses vom Selbst des Menschen aufgenommen habe; insofern besaßen die Interpretationen dieses klinischen Materials einen besonderen Stellenwert, weil ich durch sie gewissermaßen eine Bestätigung meiner Auffassung fand.

Der zentrale Befund, der sich aus dem, mittels Zeitlupen-Video-Aufnahmen, beobachteten Interaktionsgeschehen zwischen Mutter und Säugling für die Forscher ergibt, läßt sich im wesentlichen wie folgt zusammenfassen: Intersubjektivität wird dadurch ermöglicht, daß die Mutter, indem sie sich in die *Emotionen* des Kindes hineinversetzt, gleichsam ein Ineinandergreifen des sich gegenseitigen Zuwendens evoziert und dadurch für das Kind erfahrbar macht, daß seine Intention mit der ihrigen immer schon übereinstimmt und nicht erst durch sie zur Übereinstimmung gebracht worden ist. Die psychische Integration von Selbst- und Objektrepräsentanzen ist nach diesen Befunden als das Resultat eines Interaktionsgeschehens zu verstehen, welches gerade nicht – wie im klassischen Entwicklungsmodell der psychoanalytischen Theorie angenommen – durch die in realer Befriedigung vollzogenen Pflegehandlungen der Mutter zustandekommt, sondern vielmehr durch ein sich gegenseitig spiegelndes Aufeinander-Beziehen. Grundlegend für einen solchen Interaktionsrahmen ist die Anerkennung des kindlichen Selbst als einem eigenständigen: als seinem Anderssein, durch das sich die Mutter sowohl ihrer selbst als einem der Zuwendung Bedürftigem als auch ihres eigenen Andersseins inne wird. Durch die Fähigkeit der Mutter, sich gegenüber dem Kind als das Andere und zugleich *wie* es zu verhalten, entsteht nach der Auffassung von Stern ein "Selbstgefühl" beim Kinde, das es ihm erlaubt, zwischen sich und der Mutter einen *Raum* zu entfalten, aus dem heraus es – die Nicht-Einheit mit ihr wahrnehmend – eine innere Empfindung für die Wirksamkeit seiner der Mutter entgegengebrachten Zuwendung entwickelt.

In diesem *Zwischenraum* wird manifest, daß das Selbst *als* das Bedürfnis sich gegenseitigen Zuwendens die *Beziehung* zum Anderen herstellt, und daß nicht nur die Rückbindung des Selbst auf einen illusionären Urzustand passiven Geliebtwerdens scheitert, sondern auch und vor allem, daß die Bezugnahme des Selbst auf den Anderen *als* auf das Andere *seiner* selbst mißlingt. Und sie mißlingt deshalb, weil der Andere immer schon als das Anderssein begegnet, weil die Gegenwart des einen nie jener Vergangenheit entspricht, aus der heraus der Andere auf ihn trifft. Mag die Begegnung als solche auch eine unmittelbare sein, so stellt doch das *Einssein* beider Selbste in ihr sich als deren Verhältnis aufeinander dar, das immer *mehr* ist als dieses Einssein. *Mehr* als dies ist es aber durch das uneinholbare Anderssein des Anderen, auf das sich das Selbst bezieht, wenn es sich auf den Anderen bezieht. Und es bezieht sich auf das Anderssein durch die Akzeptanz von dessen Uneinholbarkeit, in der es wiederum sich seinerseits auf *sich* bezieht, sofern sie es ja ist, die den Grund seiner selbst *als* die Unhintergehbarkeit seines Andersseins ausmacht. In ihr und durch sie erfährt das Subjekt Andersheit überhaupt als Erweiterung seines Selbst.

Am Ende meiner skizzierten Auffassung vom Selbst möchte ich den Psychoanalytiker D.W. Winnicott zu Wort kommen lassen, dessen dialektisches, aber als solches leider nicht von ihm explizit gemachtes Verständnis für eine philosophische Reflexion auf die Genese des Selbst, so, wie ich sie verstehe, eine große Bereicherung darstellt, versucht er das Selbst doch aus jenem *Zwischenraum* heraus zu begreifen und klinisch zu begründen, den ich als den Konstitutionsgrund des Selbst verständlich zu machen versucht habe: Winnicott bezeichnet diesen Zwischenraum als "intermediären Raum", und das heißt für ihn, als jenen "Erlebnis- und Erfahrungsbereich", der zwischen dem Selbst- und dem Weltvollzug des Menschen liegt. *Zwischen* Selbst- und Weltbeziehung ist das (in sich umgeschlagene) Selbst ein in ständigem *Übergehen* (in der *Beziehung* mit Anderen und anderem) Befindliches, weshalb sich das, als was und wie es sich auf *sich* und Andere und anderes bezieht, an seinen "Übergangsobjekten" ablesen läßt. Obschon sie im Verlaufe des Daseinsvollzuges einem Bedeutungswandel für das Selbst des Menschen unterliegen, bleiben sie als "Übergangsphänomene" ein Leben lang bestehen. Sie verlieren ihre Bedeutung und zwar insofern, "als sich die Übergangsphänomene über den gesamten Bereich auszubreiten beginnen, der zwischen innerer psychischer Realität und der äußeren Welt liegt, (...) das heißt über den gesamten Bereich dessen, was wir als Kultur bezeichnen". (1969, S. 671f.)

Winnicotts Auffassung von der Genese des Selbst besitzt meines Erachtens ein hohes Maß an Überzeugungskraft vor allem für die Aufklärung und das Verständnis der Genese des Borderline-Syndroms in bezug auf die objektbeziehungstheoretische Begründung des Wiederannäherungs*konfliktes*. Wenn es zutrifft, daß die *Beziehungen* von Borderline-Patienten durch eine Fixierung auf jenen *Zwischenbereich* gekennzeichnet sind, dann läßt sich aus diesem Zwischen heraus verständlich machen, was wirkliches Selbstsein zu seiner Voraussetzung hat. Und vor allem manifestiert sich der Konflikt, in den das sich dem Anderen wiederannähernde Subjekt mit *sich* gerät, als Beziehungsstörung – aber als eine Störung in der Beziehung des Anderen auf sich selbst. Als Beziehungsstörung bekundet sich nämlich die Beziehung des Anderen auf *sich*, sofern dieses Selbstverhältnis nur *sein*, das heißt existieren kann, wenn es sich auf das des anderen Selbst *als* auf sich selbst bezieht, oder anders gesagt: wenn sich das andere Selbst dem Anderen unterwirft, indem es *als* das des Anderen fungiert. Dementsprechend ist die *Fixierung* des Borderline-Patienten auf jenen Zwischenbereich als gesunde Reaktion auf die krankmachende (Selbst-)Beziehung des Anderen zu verstehen.

Selbstsein, das anderes meint als einen bloß abstrahierenden Rückzug des Subjekts auf sich und das mehr sein soll als ein Selbstwerden *durch* den Anderen, setzt die bedingungslose Anerkennung der Andersheit, die Selbstheit der Subjekte als deren gegenseitige Zuwendung ihres unhintergehbaren Andersseins voraus. Als das Medium des Begegnens konstituiert sich dann jener Zwischenbereich durch die Selbstheit der Subjekte und zwar als jener Freiraum, in dem sich das Subjekt als das erfährt, was es wirklich *ist* und nicht bloß als etwas, was es für den Anderen *sein soll* und in welchem es "ausruhen darf von der lebenslänglichen menschlichen Aufgabe, innere und äußere Realität voneinander getrennt und doch in wechselseitiger Verbindung zu halten". (S. 688)

Eine derartige Auffassung vom Selbstsein begründet sich aus einem nichtontologischen Verständnis von Sozialbeziehung. Und mit einem solchen Verständnis verbindet sich ein bestimmtes von Beziehung überhaupt: Denn in unserer Beziehung zu Sozialpartnern manifestiert sich immer auch unsere Verhältnisweise zur Mitwelt, zur Umwelt und die zu unserer Nachwelt.

Verzeichnis der Abkürzungen

(Genaue bibliographische Angaben siehe Literaturverzeichnis)

Der Andere	Die *Großschreibung* des Anderen in dieser Arbeit erfolgt aus zwei Gründen: zum einen meint der Begriff *der Andere* das im Hegelschen Sinn *absolut Andere*, das *Absolute*, und zum anderen bezeichnet er den *signifikant* Anderen, d.h. das *signifikant andere Subjekt*

1. **G.W.F. Hegel**	– Texte zitiert nach: Werke in zwanzig Bänden.
PhdG	Phänomenologie des Geistes (Bd. 3)
FrSch	Frühe Schriften (Bd. 1)
LI	Wissenschaft der Logik I (Bd. 5)
LII	Wissenschaft der Logik II (Bd. 6)
Enz II	Enzyklopädie der philosophischen Wissenschaften II (Bd. 9)
Enz III	Enzyklopädie der philosophischen Wissenschaften III (Bd. 10)
NHS	Nürnberger und Heidelberger Schriften (1808–1817) (Bd. 4)
GePhil I	Vorlesungen über die Geschichte der Philosophie I (Bd. 18)
PhR II	Vorlesungen über die Philosophie der Religion II (Bd. 17)
JR	Jeanaer Realphilosophie (1805–1806) in: Frühe politische Systeme, Frankfurt/Berlin/Wien 1974

2. **S. Freud**	– Texte zitiert nach: Studienausgabe in zehn Bänden.
1900	Zur Wunscherfüllung (Bd. II, S. 525–545)
1911 a	Formulierungen über die zwei Prinzipien des psychischen Geschehens (Bd. III, S. 17–24)
1911 b	Psychoanalytische Bemerkungen über einen autobiographisch beschriebenen Fall von Paranoia (Bd. VII, S. 139–203, einschl. Nachtrag)
1912	Zur Dynamik der Übertragung (Ergänzungsband, S. 159–168)
1924 a	Neurose und Psychose (Bd. III, S. 333–337)
1924b	Der Realitätsverlust bei Neurose und Psychose (Bd. III, S. 357–361)
1925	Die Verneinung (Bd. III, S. 373–377)
1926	Psychoanalysis (Bd. VI, S. 301f.)
1927	Fetischismus (Bd. III, S. 383–388)
1940	Der psychische Apparat und die Außenwelt, in: Abriß der Psychoanalyse, Frankfurt 1953, S. 51–59

Sonstige Texte

ND	Adorno:	Negative Dialektik
SN	Sartre:	Das Sein und das Nichts (Hamburg 1962)

Literaturverzeichnis

Textausgaben

Freud, Sigmund: Studienausgabe in 10 Bänden und einem Ergänzungsband. Hrsg. von A. Mitscherlich/A. Richards/J. Strachey. Frankfurt 1982 (Wiederabdruck der Studienausgabe, Frankfurt 1969–75 in der Reihe *Conditio Humana)*

Freud, Sigmund (1940): Abriß der Psychoanalyse, Frankfurt 1953

Hegel, Georg Wilhelm Friedrich: Werke in 20 Bänden. Auf der Grundlage der *Werke* von 1832–1845 neu editierte Ausgabe, Redaktion: E. Moldenhauer/ K.M. Michel. Frankfurt 1969–1971 (Theorie-Werkausgabe)

Hegel, Georg Wilhelm Friedrich: Frühe politische Systeme. Hrsg. und kommentiert von G. Göhler. Frankfurt/Berlin/Wien 1974 (Ullstein Buch 3031)

Hegel, Georg Wilhelm Friedrich: Phänomenologie des Geistes. Neu hsrg. von H.-F. Wessels/H. Clairmont. Hamburg 1988 (Philosophische Bibliothek 414)

Literaturverzeichnis

Adorno, T.W. (1963): Drei Studien zu Hegel. Frankfurt (es 38)

Adorno, T.W. (1980): Negative Dialektik. Frankfurt, 2. Aufl. (stw 113)

Angehrn, E. (1977): Freiheit und System bei Hegel. Berlin/New York

Angehrn, E./Fink-Eitel, H./Iber, C./Lohmann, G., Hrsg. (1992): Dialektischer Negativismus – Michael Theunissen zum 60. Geburtstag. Frankfurt (stw 1034)

Arndt, A. (1985): Karl Marx – Versuch über den Zusammenhang seiner Theorie. Bochum

Arndt, A. (1990): "Die Nacht des Bewußtseins". Über den Zusammenhang von Aufklärung, Reflexion und Naturverhältnis im Ausgang von Hegels Fichte-Kritik. In: Hegel-Jahrbuch 1990 (Bochum), S. 11–24

Arndt, A. (1994): Dialektik und Reflexion. Zur Rekonstruktion des Vernunftsbegriffs. Hamburg

Asseyer, H. (1991): Objektverlust und psychotische Regression. In: Psyche Bd. 45, S. 289–314

Bach, H., Hrsg. (1981): Der Krankheitsbegriff in der Psychoanalyse. Bestimmungsversuche auf einem Psychoanalytiker-Kongreß der Dtsch. Gesellschaft für Psychotherapie, Psychosomatik und Tiefenpsychologie 1980. Göttingen

Bach, H. und Heine, M. (1981): Pseudonormalität und "Normalpathologie". In: Bach, H., Hrsg.: Der Krankheitsbegriff in der Psychoanalyse. Bestimmungsversuche auf einem Psychoanalytiker-Kongreß der Dtsch. Gesellschaft für Psychotherapie, Psychosomatik und Tiefenpsychologie 1980. Göttingen

Bätzing, W. (1990): Ökologische Stabilität und menschliche Arbeit – naturphilosophische Überlegungen zur Mensch-Natur-Beziehung aus geoökologischer Sicht. In: Hegel-Jahrbuch (Gießen) 1990, S. 455–460

Bätzing, W. (1993): Natur als Kompensation? Über die Chancen einer umweltverträglichen Freizeitgestaltung. In: Kommune – Forum für Politik – Ökonomie – Kultur (Frankfurt) 10. Jg., Nr. 11, S. 44–51

Bateson, G. (1972): Ökologie des Geistes – anthropologische, psychologische, biologische und epistemologische Perspektiven. Frankfurt 1983, 4. Aufl.

Bateson, G. u.a. (1984): Schizophrenie und Familie – Beiträge zu einer neuen Theorie. Frankfurt (stw 485)

Baudrillard, J. (1978): Agonie des Realen. Berlin

Baudrillard, J. (1982): Der symbolische Tausch und der Tod. München

Baumgart, M. (1991): Psychoanalyse und Säuglingsforschung – Versuch einer Integration unter Berücksichtigung methodischer Unterschiede. In: Psyche Bd. 45, S. 780–809

Beierwaltes, W. (1980): Identität und Differenz. Frankfurt

Benhabib, S. (1986): Kritik des *postmodernen Wissens* – eine Auseinandersetzung mit Jean-François Lyotard. In: Huyssen, A., Scherpe, K.R. Hrsg.: Postmoderne. Zeichen eines kulturellen Wandels. Reinbek bei Hamburg. (re 427)

Biemel, W. (1973): Martin Heidegger in Selbsterzeugnissen und Bilddokumenten. Reinbek (rowohlts monographien 200)

Binswanger, L. (1957): Der Mensch in der Psychiatrie. Pfullingen

Bleuler, E. (1911): Dementia praecox oder Gruppe der Schizophrenien. Nachdruck mit einem Vorwort v. M. Bleuler. Tübingen 1988

Börsig-Hover, L., Hrsg. (1989): Unterwegs zur Heimat – Martin Heidegger zum 100. Geburtstag. Fridingen

Bohleber, W. (1989): Neuere Ergebnisse der empirischen Säuglingsforschung und ihre Bedeutung für die Psychoanalyse. In: Psyche Bd. 43, S. 564–571

Bohleber, W. (1992): Identität und Selbst – die Bedeutung der neueren Entwicklungsforschung für die psychoanalytische Theorie des Selbst. In: Psyche Bd. 46, S. 336–365

Bonsiepen, W. (1977): Phänomenologie des Geistes. In: Pöggeler, O.: Hegel. Einführung in seine Philosophie. Freiburg/München

Breuer, S. (1992): Sozialpsychologische Implikationen der Narzißmustheorie. In: Psyche Bd. 46, S. 1–31

Bryce Boyer, L. (1985): Psychoanalytische Arbeit mit einer Borderline-Patientin. In: Psyche Bd. 39, S. 1067–1101

Buber, M. (1954): Das Problem des Menschen. Heidelberg

Buber, M. (1954): Schriften über das dialogische Prinzip. Heidelberg

Bubner, R. (1969): Problemgeschichte und systematischer Sinn einer Phänomenologie. In: Hegel-Studien 5, Bonn

Bubner, R. (1980): Zur Sache der Dialektik. Stuttgart (Universal-Bibliothek Nr. 9974)

Busche, J., Hrsg. (1977): Martin Heidegger – Fragen an sein Werk. Ein Symposion. Stuttgart (Universal-Bibliothek Nr. 9873)

Ciompi, L. (1981): Psychoanalyse und Systemtheorie – ein Widerspruch? Ein Ansatz zu einer *Psychoanalytischen Systemtheorie*. In: Psyche Bd. 35, S. 66–86

Ciompi, L. (1988): Außenwelt – Innenwelt. Die Entstehung von Zeit, Raum und psychischen Strukturen. Göttingen (Sammlung Vandenhoeck)

Claesges, U. (1981): Darstellung des erscheinenden Wissens. Systematische Einleitung in Hegels Phänomenologie des Geistes. In: Hegel-Studien, Beiheft 21, Bonn

Cramer, B. (1991): Frühe Erwartungen. Unsichtbare Bindungen zwischen Mutter und Kind. München

Crowcroft, A. (1978): Der Psychotiker – zum Verständnis des Wahnsinns. Frankfurt (FiBu 6701)

Deneke, F.-W. (1989): Das Selbst-System. In: Psyche Bd. 43, S. 577–608

Derrida, J. (1972): Randgänge der Philosophie. Frankfurt/Berlin/Wien 1976 (Ullstein-Buch 3288)

Derrida, J. (1987): Vom Geist – Heidegger und die Frage. Frankfurt 1988

Deutsch, H. (1934): Über einen Typus der Pseudoaffektivität. In: Internationale Zeitschrift für Psychoanalyse Bd. 20, S. 323–335

Döhmann-Höh, G., Red. (1983): Die neuen Narzißmustheorien – zurück ins Paradies? Hrsg. v. Psychoanalytischen Seminar Zürich. Frankfurt (Syndikat/EVA-TB Bd. 18)

Dornes, M. (1992): Rezension von "J. Lichtenberg: Psychoanalyse und Säuglingsforschung. Berlin/Heidelberg/New York 1991". In: Psyche Bd. 46, S. 884–888

Dornes, M. (1993): Psychoanalyse und Kleinkindforschung. In: Psyche Bd. 47, S. 1114–1152

Dornes, M. (1993): Der kompetente Säugling. Die präverbale Entwicklung des Menschen. Frankfurt

Dornes, M. (1994): Können Säuglinge phantasieren? In: Psyche Bd. 48, S. 1154–1175

Drüe, H. (1963): Edmund Husserls System der phänomenologischen Psychologie. Berlin (Phänomenologisch-psychologische Forschungen Bd. 4)

Düe, M. (1986): Ontologie und Psychoanalyse – Metapsychologische Untersuchung über den Begriff der Angst in den Schriften Sigmund Freuds und Martin Heideggers. Frankfurt

Düsing, K. (1976): Das Problem der Subjektivität in Hegels Logik. In: Hegel-Studien, Beiheft 15, Bonn

Eagle, M.N. (1988): Neuere Entwicklungen in der Psychoanalyse. Eine kritische Würdigung. München/Wien

Elsaesser, Th. (1986): American Graffiti und Neuer Deutscher Film – Filmemacher zwischen Avantgarde und Postmoderne. In: Huyssen, A., Scherpe, K.R. Hrsg.: Postmoderne. Zeichen eines kulturellen Wandels. Reinbek bei Hamburg. (re 427)

Emde, R. (1991): Die endliche und die unendliche Entwicklung. Teil I: Angeborene und motivationale Faktoren aus der frühen Kindheit. In: Psyche Bd. 45, S. 745–779. Teil II: Neuere psychoanalytische Theorie und therapeutische Überlegungen. In: Psyche Bd. 45, S. 890–913

Erdheim, M. (1992): Das Eigene und das Fremde – über ethnische Identität. In: Psyche Bd. 46, S. 730–744

Erikson, E.H. (1966): Identität und Lebenszyklus – drei Aufsätze. Frankfurt 1979 (stw 16)

Fetscher, I. (1970): Hegels Lehre vom Menschen – Kommentar zu §§ 387 bis 482 der Enzyklopädie der Philosophischen Wissenschaften. Stuttgart/Bad Cannstatt

Fetscher, I., Hrsg. (1973): Hegel in der Sicht der neueren Forschung. Darmstadt (Wege der Forschung Bd. 52)

Fetscher, R. (1985): Das Selbst, das Es und das Unbewußte. In: Psyche Bd. 39, S. 241–275

Fetscher, R. (1985): Der Aufbau des Selbst. In: Psyche Bd. 39, S. 673–707

Fink-Eitel, H. (1978): Dialektik und Sozialethik – kommentierende Untersuchungen zu Hegels *Logik*. Meisenheim

Fink-Eitel, H. und Lohmann, G. Hrsg. (1993): Zur Philosophie der Gefühle. Frankfurt (stw 1074)

Frank, M. (1991): Selbstbewußtsein und Selbsterkenntnis – Essays zur analytischen Philosophie der Subjektivität. Stuttgart (Universal-Bibliothek 8689)

Frank, M., Hrsg. (1991): Selbstbewußtseinstheorien von Fichte bis Sartre. Frankfurt (stw 964)

v. Friedeburg, L./Habermas, J., Hrsg. (1983): Adorno-Konferenz 1983. Frankfurt (stw 460)

Fulda, H.F. (1966): Zur Logik der Phänomenologie von 1807. In: Hegel-Studien, Beiheft 3, Bonn

Fulda, H.F./Henrich, D., Hrsg. (1973): Materialien zu Hegels *Phänomenologie des Geistes*. Frankfurt (stw 9)

Fulda, H.F./Horstmann, R.-P./Theunissen, M. (1980): Kritische Darstellung der Metaphysik – eine Diskussion über Hegels *Logik*. Frankfurt (stw 315)

Gadamer, H.-G. (1973): Die verkehrte Welt. In: Fulda, H.F. und Henrich, D. Hrsg.: Materialien zu Hegels Phänomenologie des Geistes. Frankfurt (stw 9)

Gadamer, H.-G. (1973): Hegels Dialektik des Selbstbewußtseins. In: Fulda, H.F. und Henrich, D. Hrsg.: Materialien zu Hegels Phänomenologie des Geistes. Frankfurt (stw 9)

Gadamer, H.-G. (1993): Über die Verborgenheit der Gesundheit. Frankfurt

Geleerd, E. (1966): Borderline-Zustände in der Kindheit und Adoleszenz. In: Psyche Bd. 20, S. 821–836

Glatzel, J. (1990): Melancholie und Wahnsinn – Beiträge zur Psychopathologie und ihren Grenzgebieten. Darmstadt

Greenacre, Ph. (1960): Considerations regarding the parent-infant-relationship. In: Int. J. Psycho-Anal. 41, S. 571–584

Greenson, R. (1961): Zum Problem der Empathie. In: Psyche Bd. 15, S. 142–154

Gruen, A. (1984): Der Verrat am Selbst – die Angst vor Autonomie bei Mann und Frau. München 1990, 6. Aufl. (dtv 15016)

Haag, K.-H. (1983): Der Fortschritt in der Philosophie. Frankfurt

Hanzig, E. (1988): "Hemmung und Begierde" – zur Dialektik des Selbstbewußtseins. Die Nahtstelle zwischen Hegel und Freud. In: Hegel-Jahrbuch 1984/85 (Bochum), S. 309–318

Hanzig, E. (1987): Die Negativität des Sollens – zur Konzeptualisierung des Selbst-Seins im Übergang von Hegels Phänomenologie des Geistes zur Logik. In: Hegel-Jahrbuch 1987 (Bochum), S. 284–292

Hanzig, E. (1988): Offenes Weltbild und Erkenntnisgrenze – philosophische Überlegungen zu mathematisch-physikalischen *Chaostheorien*. In: Kommune – Forum für Politik-Ökonomie-Kultur (Frankfurt) Jg. 6, Nr. 9, S. 59–65

Hanzig, E. (1989): Die *Katastrophe* in den Naturwissenschaften – philosophische Grenzfragen im Naturbild der neuen mathematisch-physikalischen *Chaos-Theorien* (Theorien nichtlinearer Gleichungssysteme). In: Hegel-Jahrbuch 1989 (Giessen), S. 355–364

Hanzig-Bätzing, E. (1994): Sozio-kulturelle Voraussetzungen umweltgerechten Handelns. In: Hofkirchner, W. Hrsg.: Weltbild –Weltordnung. Perspektiven für eine zerbrechliche und endliche Welt. Münster

Hartmann, H. (1972): Ich-Psychologie. Stuttgart

Hattstein, M./Kupke, C./Kurth, C./Oser, T./Pocai, R., Hrsg. (1992): Erfahrungen der Negativität – Michael Theunissen zum 60. Geburtstag. Hildesheim

Heidegger, M. (1924): Der Begriff der Zeit – Vortrag vor der Marburger Theologenschaft, Juli 1924. Herausgegeben und mit einem Nachwort versehen von H. Tietjen. Tübingen 1989

Heidegger, M. (1927): Sein und Zeit. Tübingen, 11. Aufl. 1967

Heidegger, M. (1929): Was ist Metaphysik? Frankfurt 1969, 10. Aufl.

Heidegger, M. (1957): Identität und Differenz. Pfullingen, 9. Aufl. 1990

Heinz, R., Kamper, D. und Sonnemann, U., Hrsg. (1993): Wahnwelten im Zusammenstoß. Die Psychose als Spiegel der Zeit. Berlin

Henrich, D. (1971): Hegel im Kontext. Frankfurt (es 510)

Henrich, D. Hrsg. (1978): Die Wissenschaft der Logik und die Logik der Reflexion. In: Hegel-Studien, Beiheft 18, Bonn

Henrich, D. (1982): Selbstverhältnisse – Gedanken und Auslegungen zu den Grundlagen der klassischen deutschen Philosophie. Stuttgart (Universal-Bibliothek 7852)

Henrich, D. (1982): Fluchtlinien – philosophische Essays. Frankfurt

Henrich, D. (1987): Konzepte – Essays zur Philosophie in der Zeit. Frankfurt (es 1400)

Hösle, V. (1990): Die Krise der Gegenwart und die Verantwortung der Philosophie – Transzendentalpragmatik, Letztbegründung, Ethik. München

Hogemann, F. und Jaeschke, W. (1977): Die Wissenschaft der Logik. In: Pöggeler, O.: Hegel. Einführung in seine Philosophie. Freiburg/München

Honneth, A., Hrsg. (1994): Pathologien des Sozialen. Die Aufgaben der Sozialphilosophie. Frankfurt

Horstmann, R.-P., Hrsg. (1978): Dialektik in der Philosophie Hegels. Frankfurt (stw 234)

Horstmann, R.-P. (1990): Wahrheit aus dem Begriff – eine Einführung in Hegel. Frankfurt (Anton Hain Nr. 6)

Huber, J., Hrsg. (1992): Wahrnehmung von Gegenwart. Basel/Frankfurt

Husserl, E. (1950): Cartesianische Meditationen und Pariser Vorträge. Den Haag (Husserliana Bd. I)

Husserl, E. (1950): Die Idee der Phänomenologie – fünf Vorlesungen. Den Haag (Husserliana Bd. II)

Husserl, E. (1950): Ideen zu einer reinen Phänomenologie und phänomenologischen Philosophie. Erstes Buch: Allgemeine Einführung in die reine Phänomenologie. Den Haag (Husserliana Bd. III, 1)

Husserl, E. (1966): Zur Phänomenologie des inneren Zeitbewußtseins (1893–1917). Den Haag (Husserliana Bd. X)

Husserl, E. (1968): Logische Untersuchungen. Erster Band: Prolegomena zur reinen Logik. Zweiter Band: Untersuchungen zur Phänomenologie und Theorie der Erkenntnis. Tübingen, 5. Aufl.

Huyssen, A., Scherpe, K.R., Hrsg. (1986): Postmoderne. Zeichen eines kulturellen Wandels. Reinbek bei Hamburg, (re 427)

Jacobson, E. (1964): Das Selbst und die Welt der Objekte. Frankfurt 1978 (stw 242)

Jacobson, E. (1971): Depression – eine vergleichende Untersuchung normaler, neurotischer und psychotisch-depressiver Zustände. Frankfurt 1983 (stw 456)

Jameson, F. (1986): Postmoderne – Zur Logik der Kultur im Spätkapitalismus. In: Huyssen, A., Scherpe, K.R. Hrsg.: Postmoderne. Zeichen eines kulturellen Wandels. Reinbek bei Hamburg, (re 427)

Janke, W. (1977): Historische Dialektik – Destruktion dialektischer Grundformen von Kant bis Marx. Berlin/New York

Kernberg, O.F. (1978): Borderline-Störungen und pathologischer Narzißmus. Frankfurt 1983 (stw 429)

Kernberg, O.F. (1981): Zur Behandlungstechnik bei Borderline-Persönlichkeitsstörungen. In: Psyche Bd. 35, S. 497–526

Kernberg, O.F. (1981): Zur Theorie der psychoanalytischen Psychotherapie. In: Psyche Bd. 35, S. 673–704

Kernberg, O.F. (1988): Innere Welt und äußere Realität – Anwendungen der Objektbeziehungstheorie. München/Wien

Kernberg, O.F. (1988a): Objektbeziehungen und Praxis der Psychoanalyse. Stuttgart, 3. Aufl. (Standardwerke der Psychoanalyse)

Kernberg, O.F. (1992): Aggression und Liebe in Zweierbeziehungen. In: Psyche Bd. 46, S. 797–820

Kesselring, Th. (1984): Die Produktivität der Antinomie. Hegels Dialektik im Lichte der genetischen Erkenntnistheorie und der formalen Logik. Frankfurt

Kessler, A.S. (1989): Zur Entwicklung des Realitätsbegriffes bei Sigmund Freud. Würzburg (Studien zur Anthropologie Bd. 2)

Kienzle, B./Pape, H., Hrsg. (1991): Dimensionen des Selbst – Selbstbewußtsein, Reflexivität und die Bedingungen von Kommunikation. Frankfurt (stw 942)

Kimmerle, H. (1970): Das Problem der Abgeschlossenheit des Denkens. Hegels *System der Philosophie* in den Jahren 1800–1804. In: Hegel-Studien, Beiheft 8, Bonn

Knudsen, H. (1972): Gottesbeweise im Deutschen Idealismus – die modaltheoretische Begründung des Absoluten, dargestellt an Kant, Hegel und Weisse. Berlin/New York (Theologische Bibliothek Töpelmann Bd. 23)

Koch, T. (1967): Differenz und Versöhnung. Eine Interpretation der Theologie G.W.F. Hegels nach seiner *Wissenschaft der Logik*. Gütersloh

Köhler, L. (1990): Neuere Ergebnisse der Kleinkindforschung und ihre Bedeutung für die Psychoanalyse Erwachsener. Vortragsmanuskript zum Vortrag vor der Schweizerischen Gesellschaft für Psychoanalyse, Sektion Bern vom 20. Oktober 1990, 28 S.

Kohut, H. (1969): Die psychoanalytische Behandlung narzißtischer Persönlichkeitsstörungen. In: Psyche Bd. 23, S. 321–348

Kohut, H. (1973): Narzißmus – eine Theorie der psychoanalytischen Behandlung narzißtischer Persönlichkeitsstörungen. Frankfurt 1976 (stw 157)

Kohut, H. (1977): Introspektion, Empathie und Psychoanalyse – Aufsätze zur psychoanalytischen Theorie, zu Pädagogik und Forschung und zur Psychologie der Kunst. Frankfurt (stw 207)

Kohut, H. (1979): Die Heilung des Selbst. Frankfurt 1981 (stw 373)

Korte, H., Hrsg. (1990): Gesellschaftliche Prozesse und individuelle Praxis – Bochumer Vorlesungen zu Norbert Elias' Zivilisationstheorie. Frankfurt (stw 894)

Kuhlmann, W., Hrsg. (1986): Moralität und Sittlichkeit – das Problem Hegels und die Diskursethik. Frankfurt (stw 595)

Laing, R.D. (1960): Das geteilte Selbst – eine existentielle Studie über geistige Gesundheit und Wahnsinn. Reinbek 1979 (rororo 6978)

Laing, R.D. (1967): Phänomenologie der Erfahrung. Frankfurt 1970 (es 314)

Laing, R.D. (1969): Das Selbst und die Anderen. Köln 1976 (k & w pocket Bd. 68)

Lambrecht, R. (1994): Melancholie. Vom Leiden an der Welt und den Schmerzen der Reflexion. Hamburg

Laplanche/J.-B. Pontalis (1973): Das Vokabular der Psychoanalyse. Frankfurt (stw 7)

Lasch, Ch. (1986): Das Zeitalter des Narzißmus. München, (dtv 15024)

Lévinas, E. (1981): Gott und die Philosophie. In: Casper, B., Hrsg.: Gott nennen. Phänomenologische Zugänge. Freiburg/München

Lévinas, E. (1983): Die Spur des Anderen. Untersuchungen zur Phänomenologie und Sozialphilosophie. Freiburg/München

Lévinas, E. (1984): Die Zeit und der Andere. Hamburg

Lévinas, E. (1987): Totalität und Unendlichkeit. Versuch über die Exteriorität. Freiburg/München

Lévinas, E. (1988): Wenn Gott ins Denken einfällt. Diskurse über die Betroffenheit von Transzendenz. Freiburg/München

Lévinas, E. (1992): Ethik und Unendliches. Gespräche mit Philippe Nemo. Wien

Lévinas, E. (1992): Jenseits des Seins oder anders als Sein geschieht. Freiburg/München

Lichtenberg, J. (1983): Psychoanalyse und Säuglingsforschung. Berlin/Heidelberg/New York 1991

Lichtenberg, J. (1990): Einige Parallelen zwischen den Ergebnissen der Säuglingsbeobachtung und klinischen Beobachtungen an Erwachsenen, besonders Borderline-Patienten und Patienten mit narzißtischer Persönlichkeitsstörung. In: Psyche Bd. 44, S. 871–901

Lipovetsky, G. (1995): Narziß oder die Leere. Sechs Kapitel über die unaufhörliche Gegenwart. Hamburg

zur Lippe, R. (1984): Autonomie als Selbstzerstörung – zur bürgerlichen Subjektivität. Frankfurt, 2. Aufl.

Loch, W. (1969): Über die Zusammenhänge zwischen Partnerschaft, Struktur und Mythos. In: Psyche Bd. 23, S. 481–506

Lorenz, K. (1950): Ganzheit und Teil in der tierischen und menschlichen Gemeinschaft. In: Über tierisches und menschliches Verhalten. Gesammelte Abhandlungen Bd. I und II, Frankfurt/Wien/Zürich 1967

Lüders, W. (1975): Symbiose und Separation – ein Beitrag zur Phänomenologie menschlicher Beziehungen. In: Psyche Bd. 29, S. 1057–1077

Lüders, W. (1986): Narzißmus und Aggression – Einführung in das Tagungsthema. In: Psyche Bd. 40, S. 412–422

Lukács, G. (1948): Der junge Hegel – über die Beziehung von Dialektik und Ökonomie. Frankfurt, 2 Bde. (stw 33)

Lyotard, J.-F. (1982): Das postmoderne Wissen. Ein Bericht. Bremen

Lyotard, J.-F. (1985): Grabmal des Intellektuellen. Graz/Wien

Lyotard, J.-F. (1987): Der Widerstreit. München

Mahler, E. (1963): Therapeutische Chancen bei der Behandlung von Grenzfällen. In: Psyche Bd. 17, S. 436–449

Mahler, M. (1961): Entdifferenzierung der Wahrnehmung und psychotische *Objektbeziehung*. In: Psyche Bd. 15, S. 298–305

Mahler, M. (1975a): Die Bedeutung des Loslösungs- und Individuationsprozesses für die Beurteilung von Borderline-Phänomenen. In: Psyche Bd. 29, S. 1078–1095

Mahler, M./Pine, F./Bergmann, A. (1975): Die psychische Geburt des Menschen – Symbiose und Individuation. Frankfurt 1980 (FiBu 6731)

Mahler, M. (1979): Studien über die drei ersten Lebensjahre. Frankfurt 1992 (FiBu 10798)

Mahler, M. (1989): Symbiose und Individuation – Psychosen im frühen Kindesalter. Unter Mitarbeit von M. Furer. Stuttgart, 5. Aufl. (Standardwerke der Psychoanalyse)

Malinowski, B. (1944): Eine wissenschaftliche Theorie der Kultur und andere Aufsätze. Frankfurt 1985 (stw 104)

Marquard, O. (1987): Transzendentaler Idealismus – Romantische Naturphilosophie – Psychoanalyse. Köln (Schriftenreihe zur Philosophischen Praxis Bd. 3)

Marx, K. (1844): Ökonomisch-philosophische Manuskripte aus dem Jahr 1844. In: Marx-Engels-Werke, Ergänzungsband 1. Berlin 1973, S. 465–588

Marx, K. (1844a): Zur Kritik der Hegelschen Rechtsphilosophie – Einleitung. In: Marx-Engels-Werke, Bd. 1. Berlin 1972, S. 378–391

Marx, W. (1971): Hegels Phänomenologie des Geistes. Die Bestimmung ihrer Idee in "Vorrede" und "Einleitung". Frankfurt

Marx, W. (1986): Das Selbstbewußtsein in Hegels Phänomenologie des Geistes. Frankfurt

Marx, W. (1987): Die Phänomenologie Edmund Husserls – eine Einführung. München (UTB 1434)

Masterson, J.F. (1980): Psychotherapie bei Borderline-Patienten. Stuttgart (Konzepte der Humanwissenschaften)

Masterson, J.F. (1988): Die Sehnsucht nach dem wahren Selbst. Stuttgart 1993

Meyer-Drawe, K. (1990): Illusionen von Autonomie – diesseits von Ohnmacht und Allmacht des Ich. München

Negt, O., Hrsg. (1970): Aktualität und Folgen der Philosophie Hegels. Frankfurt (es 441)

Ottmann, H. (1977): Individuum und Gemeinschaft bei Hegel. Bd. 1: Hegel im Spiegel der Interpretationen. Berlin/New York (Quellen und Studien zur Philosophie Bd. 11)

Parin, O. (1961): Die Abwehrmechanismen der Psychopathen. In: Psyche Bd. 15, S. 322–329

Parin, P. (1983): Der Widerspruch im Subjekt – ethnopsychoanalytische Studien. Frankfurt (Syndikat/EVA-TB Bd. 9)

Plänkers, T. (1986): Zum Verhältnis von Psychoanalyse und Systemtheorie. In: Psyche Bd. 40, S. 678–708

Plessner, H. (1976): Die Frage nach der Conditio humana – Aufsätze zur philosophischen Anthropologie. Frankfurt (st 361)

Pöggeler, O. (1961): Zur Deutung der Phänomenologie des Geistes. In: Hegel-Studien 1, Bonn

Pöggeler, O. (1963/1964): Hegels Jenaer Systemkonzeption. In: Philosophisches Jahrbuch 71

Pöggeler, O. (1966): Die Komposition der Phänomenologie des Geistes. In: Hegel-Studien, Beiheft 3, Bonn

Pöggeler, O. (1973): Hegels Idee einer Phänomenologie des Geistes. Freiburg/München 1993, 2. Aufl.

Pöggeler, O., Hrsg. (1977): Hegel. Einführung in seine Philosophie. Freiburg/München

Pöggeler, O., Hrsg. (1984): Heidegger – Perspektiven zur Deutung seines Werkes. Königstein/Taunus, 2., durchgesehene Aufl. (Athenäum-Taschenbuch 1513)

Pöggeler, O. (1994): Schritte zu einer hermeneutischen Philosophie. Freiburg/München

Pothast, U. (1971): Über einige Fragen der Selbstbeziehung. Frankfurt

Pothast, U. (1987): Die Unzulänglichkeit der Freiheitsbeweise – zu einigen Lehrstücken aus der neueren Geschichte von Philosophie und Recht. Frankfurt, Neuausgabe (stw 688)

Rangell, L. (1963): Die frühen psychischen Funktionen im Lichte der Psychoanalyse. In: Psyche Bd. 17. S. 401–413

Redlich, A. (1971): Die Hegelsche Logik als Selbsterfassung der Persönlichkeit. Meisenheim

Ricoeur, P. (1965): Die Interpretation – ein Versuch über Freud. Frankfurt 1974 (stw 76)

Riedel, M. (1976): Theorie und Praxis im Denken Hegels – Interpretationen zu den Grundstellungen der neuzeitlichen Subjektivität. Frankfurt/Berlin (Ullstein Buch 3238)

Rohde-Dachser, C. (1979): Das Borderline-Syndrom. In: Psyche Bd. 33, S. 481–527

Rohde-Dachser, C. (1983): Das Borderline-Syndrom. Bern/Stuttgart/Wien, 3., durchgesehene Aufl.

Rohde-Dachser, C. (1987): Ausformungen der ödipalen Dreieckskonstellation bei narzißtischen und bei Borderline-Störungen. In: Psyche Bd. 41, S. 773–799

Rötzer, F., Hrsg. (1987): Denken, das an der Zeit ist. Frankfurt (es 1406)

Rosenkranz, K. (1844): Georg Wilhelm Friedrich Hegels Leben. Nachdruck: Darmstadt 1977

Sarlemijn, A. (1971): Hegelsche Dialektik. Berlin/New York

Sartre, J.-P. (1938): Der Ekel. Roman. Reinbek 1982 (J.-P. Sartre: Gesammelte Werke, Romane und Erzählungen Bd. 1)

Sartre, J.-P. (1943): Das Sein und das Nichts – Versuch einer phänomenologischen Ontologie. Hamburg 1962

Sartre, J.-P. (1943): Das Sein und das Nichts – Versuch einer phänomenologischen Ontologie. Hrsg. von T. König. Reinbek 1991 (J.-P. Sartre: Gesammelte Werke, Philosophische Schriften Bd. 3)

Sass, L. (1992): Das Selbst und seine Schicksale – eine *archäologische* Untersuchung der psychoanalytischen Avantgarde. In: Psyche Bd. 46, S. 52–90

Schmid Noerr, G. (1980): Sinnlichkeit und Herrschaft – zur Konzeptualisierung der inneren Natur bei Hegel und Freud. Königstein (Monographien zur philosophischen Forschung Bd. 193)

Schmid Noerr, G. (1987): Eros und Todestrieb – zur Dechiffrierung der psychoanalytischen *Mythologie*. In: Psyche Bd. 41, S. 677–698

Schmid Noerr, G. (1990): Das Eingedenken der Natur im Subjekt. Zur Dialektik von Vernunft und Natur in der Kritischen Theorie Horkheimers, Adornos und Marcuses. Darmstadt

Schmidt, B. (1994): Postmoderne – Strategien des Vergessens. Ein kritischer Bericht. Frankfurt, (stw 1136)

Schott, H. (1979): Traum und Neurose – Erläuterungen zum Freudschen Krankheitsbegriff. Bern/Stuttgart/Wien (Jahrbuch der Psychoanalyse, Beiheft Nr. 5)

Schülein, J.A. (1989): Symbiotische Beziehungen und gesellschaftliche Entwicklung. In: Psyche Bd. 43, S. 1007–1028

Schütze, J.C. (1986): Aporien der Literaturkritik – Aspekte der postmodernen Theoriebildung. In: Huyssen, A., Scherpe, K.R. Hrsg.: Postmoderne. Zeichen eines kulturellen Wandels. Reinbek bei Hamburg, (re 427)

Schulz, W. (1963): Das Problem der absoluten Reflexion. Frankfurt (Wissenschaft und Gegenwart Heft 24)

Schwartz-Salant, N. (1989): Die Borderline-Persönlichkeit – vom Leben im Zwischenreich. Olten/Freiburg i.Br. 1991

Sechehaye, M. (1973): Tagebuch einer Schizophrenen – Selbstbeobachtungen einer Schizophrenen während der psychotherapeutischen Behandlung. Frankfurt (es 613)

Söder-Mahlmann, J. (1991): Computerfaszination und Gesellschaftsentwicklung. Eine sozialpsychologische Studie. Sozialpsychologische Studien, Bd. III, Hannover 1992

Spinner, H.F. (1974): Pluralismus als Erkenntnismodell. Frankfurt

Spitz, R.A. (1957): Nein und Ja – die Ursprünge der menschlichen Kommunikation. Stuttgart 1978, 3. Aufl.

Spitz, R.A. (1960): Zur Entstehung der Überich-Komponenten. In: Psyche Bd. 14, S. 400–426

Spitz, R.A. (1976): Vom Säugling zum Kleinkind – Naturgeschichte der Mutter-Kind-Beziehungen im ersten Lebensjahr. Unter Mitarbeit von W.G. Cobliner. Stuttgart, 5. Aufl.

Stern, D.N. (1986): Die Lebenserfahrung des Säuglings. Stuttgart 1992

Stern, D.N. (1990): Tagebuch eines Babys – was ein Kind sieht, spürt, fühlt und denkt. München/Zürich 1991

Stierlin, H. (1971): Das Tun des Einen ist das Tun des Anderen – eine Dynamik menschlicher Beziehungen. Frankfurt 1981, 3. Aufl. (st 313)

Stierlin, H. (1971): Die Funktion innerer Objekte. In: Psyche Bd. 25, S. 81–99

Stierlin, H. (1981): Die *Beziehungsrealität* Schizophrener. In: Psyche Bd. 35, S. 49–65

Stierlin, H. (1992): Von der Psychoanalyse zur Familientherapie. München (dtv 15097)

Tausk, V. (1919): Über die Entstehung des *Beeinflussungsapparates* in der Schizophrenie. Nachdruck in: Psyche Bd. 23/1969, S. 354–384

Taylor, C. (1978): Hegel. Frankfurt

Taylor, C. (1994): Quellen des Selbst. Die Entstehung der neuzeitlichen Identität. Frankfurt

Theunissen, M. (1969): Gesellschaft und Geschichte – zur Kritik der kritischen Theorie. Berlin

Theunissen, M. (1970): Hegels Lehre vom absoluten Geist als theologisch-politischer Traktat. Berlin

Theunissen, M. (1977): Der Andere – Studien zur Sozialontologie der Gegenwart. Berlin/New York, 2., um eine Vorrede vermehrte Aufl.

Theunissen, M. (1977): Was heute ist – über Not und Notwendigkeit des Umgangs mit Heidegger. In: Martin Heidegger – Fragen an sein Werk. Ein Symposion. Stuttgart, S. 21–27

Theunissen, M. (1978): Begriff und Realität – Hegels Aufhebung des metaphysischen Wahrheitsbegriffs. In: R.-P. Horstmann (Hrsg.): Dialektik in der Philosphie Hegels. Frankfurt, S. 324–359

Theunissen, M. (1980): Sein und Schein – die kritische Funktion der Hegelschen Logik. Frankfurt (stw 314)

Theunissen, M. (1981): Kritische Theorie der Gesellschaft – zwei Studien. Berlin/New York (de Gruyter-Studienbuch)

Theunissen, M. (1982): Selbstverwirklichung und Allgemeinheit – zur Kritik des gegenwärtigen Bewußtseins. Berlin/New York

Theunissen, M. (1984): Die Gegenwart des Todes im Leben. In: R. Winau/H.P. Rosemeier (Hrsg.): Tod und Sterben. Berlin/New York, S. 102–124

Theunissen, M. (1991): Das Selbst auf dem Grund der Verzweiflung – Kierkegaards negativistische Methode. Frankfurt (Anton Hain Nr. 14)

Theunissen, M. (1991): Negative Theologie der Zeit. Frankfurt (stw 938)

Theunissen, M. (1993): Der Begriff Verzweiflung – Korrekturen an Kierkegaard. Frankfurt (stw 1062)

Trede, J.H. (1975): Phänomenologie und Logik. Zu den Grundlagen einer Diskussion. In: Hegel-Studien 10, Bonn

Tugendhat, E. (1967): Der Wahrheitsbegriff bei Husserl und Heidegger. Berlin

Tugendhat, E. (1990): Die Hilflosigkeit der Philosophie angesichts der moralischen Herausforderungen unserer Zeit. In: Information Philosophie Nr. 2, S. 5–15

Tugendhat, E. (1992): Philosophische Aufsätze. Frankfurt (stw 1017)

Tustin, F. (1993): Anmerkungen zum psychogenen Autismus. In: Psyche Bd. 47, S. 1172–1182

Volkan, V.D. (1978): Psychoanalyse der frühen Objektbeziehungen – zur psychoanalytischen Behandlung psychotischer, präpsychotischer und narzißtischer Störungen. Stuttgart (Konzepte der Humanwissenschaften)

Volkan, V.D. und Ast, G. (1992): Eine Borderline-Therapie. Göttingen

Voy, K., Polster, W. und Thomasberger, C., Hrsg. (1993): Gesellschaftliche Transformationsprozesse und materielle Lebensweise. Marburg

Wahl, F., Hrsg. (1968): Einführung in den Strukturalismus. Frankfurt, 2. Aufl. 1981 (stw 10)

Weischedel, W. (1947): Der Abgrund der Endlichkeit und die Genese der Philosophie – Versuch einer philosophischen Auslegung der *Pensées* des Blaise Pascal. In: Beiträge zur geistigen Überlieferung. Godesberg

Weiss, H. (1988): Der Andere in der Übertragung – Untersuchung über die analytische Situation und die Intersubjektivität in der Psychoanalyse. Stuttgart/Bad Cannstatt (Jahrbuch der Psychoanalyse, Beiheft 11)

Welsch, W. (1993): Unsere postmoderne Moderne. Berlin

Welsch, W. (1995): Vernunft. Die zeitgenössische Vernunftkritik und das Konzept der transversalen Vernunft. Frankfurt

Widmer, P. (1990): Subverion des Begehrens – Jacques Lacan oder: Die zweite Revolution der Psychoanalyse. Frankfurt (FiBu 4188)

Winnicott, D.W. (1960): Primäre Mütterlichkeit. In: Psyche Bd. 14, S. 393–399

Winnicott, D.W. (1965): Familie und individuelle Entwicklung. Hrsg. v. J. Stork. Frankfurt 1984 (FiBu 42261)

Winnicott, D.W. (1969): Übergangsobjekte und Übergangsphänomene – eine Studie über den ersten, nicht zum Selbst gehörenden Besitz. In: Psyche Bd. 23, S. 666–682

Winnicott, D.W. (1971): Vom Spiel zur Kreativität. Stuttgart 1989, 5. Aufl. (Konzepte der Humanwissenschaften)

Winnicott, D.W. (1987): Babys und ihre Mütter. Stuttgart 1990 (Konzepte der Humanwissenschaften)

Wolff, M. (1981): Der Begriff des Widerspruchs. Eine Studie zur Dialektik Kants und Hegels. Königstein/Ts.

Wyss, D. (1992): Die Philosophie des Chaos oder das Irrationale. Die Bestimmung des Menschen in einer irrationalen Welt. Würzburg

Zepf, S. und Nitzschke, B. (1985): Einige kritische Anmerkungen zum Narzißmus-Konzept von Otto Kernberg. In: Psyche Bd. 39, S. 865–876

Über die Autorin

Evelyn Hanzig-Bätzing, geb. 1947. Nach 12-jähriger Berufstätigkeit 1979 allgemeine Hochschulreife auf zweitem Bildungsweg (Begabtenabitur). Studium der Philosophie, Psychologie und Soziologie in Berlin und Marburg von 1979–1988 und währenddessen drei-jährige klinische Tätigkeit in der Psychiatrie und Intensivmedizin. Von 1989–1995 Dozentin für Philosophie an der Volkshochschule Bern. Lebt seit Herbst 1995 in Erlangen.

Printed and bound by CPI Group (UK) Ltd, Croydon, CR0 4YY

30/09/2026

14973052-0001